1954 年，温斯顿·丘吉尔首相神情肃穆地步入伦敦圣保罗大教堂，参加一位共事多年同事的追悼会。

布尔战争期间，丘吉尔在南非任战地记者。

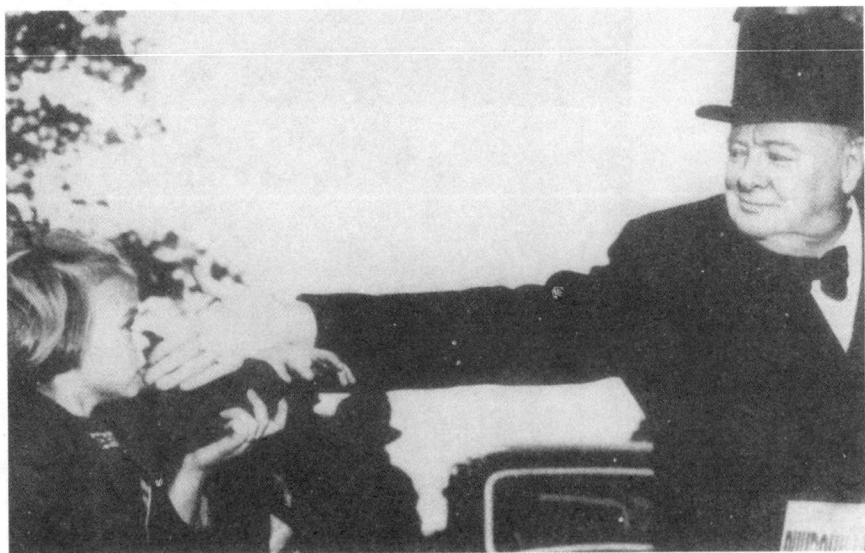

1950 年，丘吉尔作为反对党领袖竞选连任议员，一年后再次就任首相。

1954 年，丘吉尔访问华盛顿，尼克松陪同其乘车从机场前往白宫。

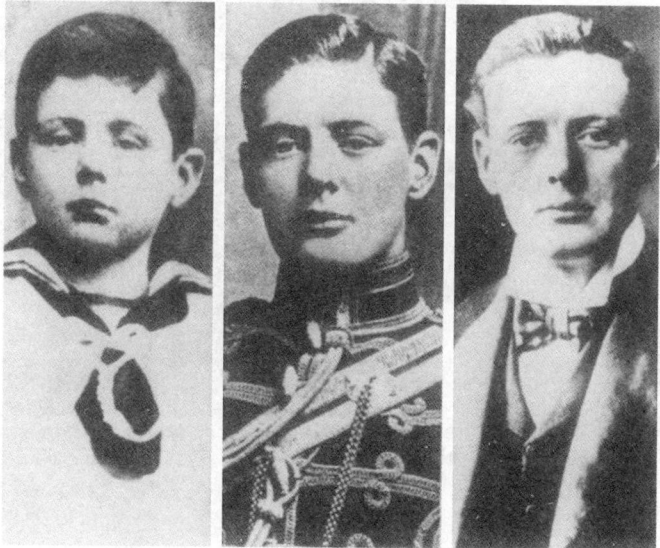

（自左至右）儿童时期的丘吉尔、第四轻骑兵团军官、议会中的年轻议员。

1969 年，法国总统戴高乐陪同尼克松参观凡尔赛宫。

1960 年，戴高乐夫妇乘坐敞蓬马车前往伦敦市政厅出席午宴。

戴高乐总统的标准像。

在一次记者招待会上，神采飞扬的戴高乐。

1958 年，麦克阿瑟 78 岁寿辰的宴会上，尼克松与麦克阿瑟合影。

1957 年尼克松与前总统胡佛在一起。

（上）麦克阿瑟当军校学员时的照片。麦克阿瑟与母亲在一起；麦克阿瑟在西点军校学习期间，其母搬到学校附近居住。

（中）第一次世界大战中，麦克阿瑟是指挥彩虹师的准将。1945年在日本登陆后不久，麦克阿瑟抽烟斗（烟斗用玉米棒子芯制作）的神采。

（下）1951年，麦克阿瑟被杜鲁门撤职后，在旧金山市向群众发表演说。在参议院朝鲜问题听证会上做证。

1944 年，麦克阿瑟率领美军在菲律宾以南的莫罗泰岛登陆，他在驳船上向士兵们挥手致意。

1946 年 5 月，麦克阿瑟陪同访问日本的艾森豪威尔将军驱车前往活动地点。

1954 年，曾任驻日盟军最高司令的麦克阿瑟会见正在纽约访问的日本首相吉田茂。

吉田茂穿着和服在自己家中。

1954 年，吉田茂作环球旅行时，在联邦德国会见阿登纳总理。

1963年，阿登纳作为联邦德国总理最后一次访问法国，他的朋友戴高乐总统作为国家元首破例亲往机场迎接。

1963年尼克松在波恩与联邦德国总理阿登纳在一起。

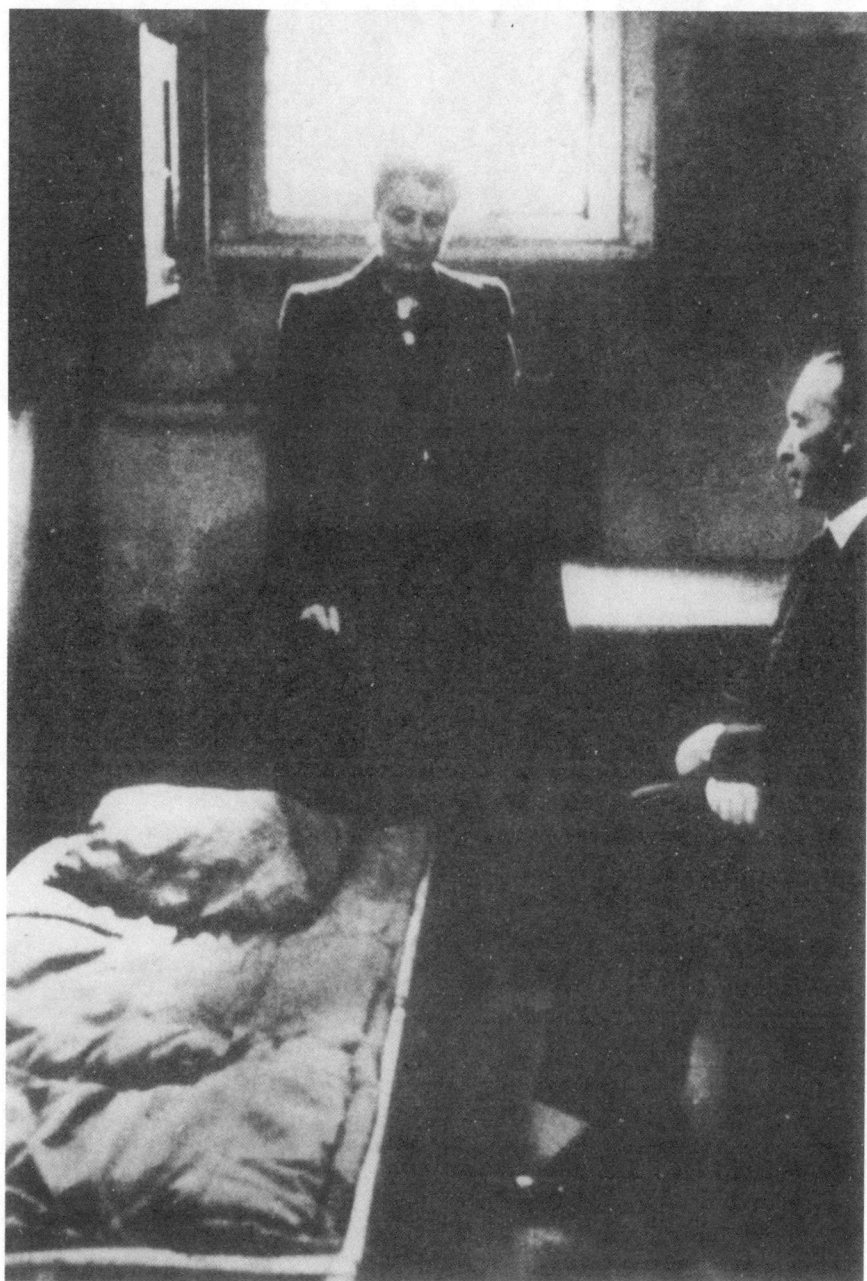

阿登纳夫妇战后重访 1944 年阿登纳被纳粹监禁的牢房。

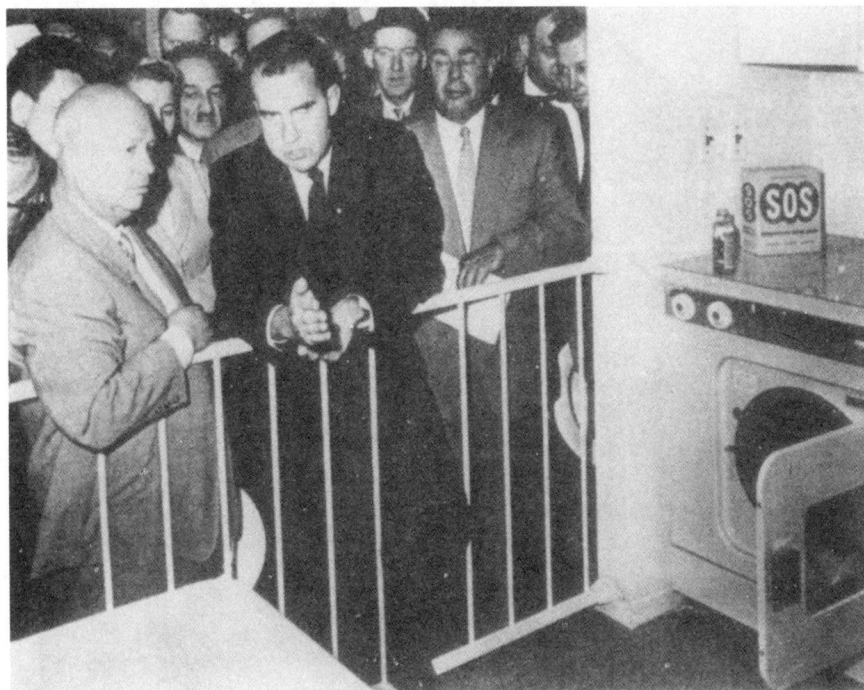

1959 年，美国在莫斯科举办展览，赫鲁晓夫与尼克松在厨房设备展厅里展开了"厨房辩论"。站在尼克松背后的苏联官员勃列日涅夫，当时尚属无名之辈。

在莫斯科河上游弋，赫鲁晓夫让汽艇停住，与游泳的群众握手。

1973 年，尼克松在圣克利门蒂家中的书房，与苏联最高领导人勃列日涅夫讨论问题。

1973 年美苏首脑会晤结束时，勃列日涅夫在圣克利门蒂录制对美国人民的讲话。

1972 年美苏首脑在莫斯科会晤期间，两国首脑在勃列日涅夫的办公室，凝视着地球仪。墙上挂的是列宁像。

1972 年，周恩来与加拿大外交部长会晤前，坐在沙发上。

尼克松于 1972 年首次访问中国，走下飞机伸手与周恩来的历史性握手。

1936 年，周恩来在与国民党谈判间
歇期间，回到延安。

20 世纪 50 年代后期，毛泽东与周恩来。

1972 年，毛泽东在他的书房会见了尼克松。

1947 年，印度尼西亚总统苏加诺同他的一位妻子（他共有六个妻子）在庆祝印尼摆脱荷兰统治，实现民族独立的招待会上。

演说家苏加诺。

1960 年赫鲁晓夫对印尼进行国事访问，与苏加诺一起穿上印尼民族服装。

1953 年，印度总理尼赫鲁和他的女儿英迪拉·甘地同尼克松夫妇在一起。

尼赫鲁与尼克松交谈。

1972年，蒋介石正全神贯注地准备讲话稿，右上角像框中是1943年任代总统时的蒋介石。

宋美龄和尼克松夫人在台北。

1948 年，意大利总理阿尔契
德·加斯贝利宣布其天主教民
主党在大选中取得了决定性的
胜利。

1957 年，加纳摆脱英国统治独立，
举行庆祝活动时，尼克松与恩克
鲁马在交谈。

1956年，菲律宾总统麦格赛赛驾驶吉普车，左边是尼克松，两位总统夫人在后座。

1953年，在总统选举中大胜的麦格赛赛。

梅厄 8 岁时移民美国的照片。

梅厄当以色列总理时的照片。

1969 年，以色列总理梅厄抵达白宫出席欢迎她的国宴。

在国宴上，尼克松与梅厄。

以色列第一任总理本－古里安。

1966 年，尼克松在与卸任的本－古里安交谈，这是在本－古里安杂乱的书房里。

1956 年在开罗，周恩来和埃及总统纳赛尔（右一）、印度尼西亚总统苏加诺在一起。

1981 年 8 月，埃及总统萨达特在他一生中最后一次访问美国之前，在伦敦举行记者招待会。

1980 年，尼克松参加伊朗国王的葬礼。（自左至右）伊朗国王遗孀、尼克松、王太子礼萨·巴列维、萨达特总统。

1953 年，尼克松在德黑兰第一次同伊朗国王见面。

1958 年，伊朗国王访美时尼克松夫人陪同贵宾进入宴会厅。

1974 年尼克松访问沙特阿拉伯期间与费萨尔国王在一起。左二为当时的白宫办公厅主任黑格。

1967 年，戴高乐与费萨尔在爱丽舍宫。

1969 年，尼克松与新加坡总理李光耀在尼克松的椭圆形办公室。

1950 年，孟席斯和印度总理尼赫鲁在新德里。

1952 年，孟席斯在唐宁街 10 号英国首相府拜会丘吉尔。

【全译修订版】

领袖们
LEADERS

［美］理查德·尼克松（Richard Nixon）著

施燕华 洪雪因 黄钟青 等 / 译

施燕华 / 校

海南出版社
·海口·

版权合同登记号：图字：30-2024-040 号

图书在版编目 (CIP) 数据

领袖们：修订版 /（美）尼克松 (Nixon,R.) 著；施燕华，洪雪因，黄钟青译 .—修订版 .—海口：海南出版社，2012. 2 (2024. 11 重印).

书名原文：Leaders

ISBN 978-7-5443-4071-7

Ⅰ.①领… Ⅱ.①尼…②施…③洪…④黄… Ⅲ.①政治人物 – 生平事迹 – 世界 – 现代 Ⅳ.① K817=5

中国版本图书馆 CIP 数据核字 (2011) 第 216752 号

领袖们（全译修订版）

LINGXIU MEN（QUANYI XIUDING BAN）

作　　者：[美]理查德·尼克松（Richard Nixon）
译　　者：施燕华　洪雪因　黄钟青　等
校　　者：施燕华
责任编辑：张　雪
策划编辑：黄宪萍
装帧设计：MM末末美书 QQ:3218619296
责任印制：杨　程
印刷装订：三河市祥达印刷包装有限公司
读者服务：唐雪飞
出版发行：海南出版社
总社地址：海口市金盘开发区建设三横路 2 号 邮编：570216
北京地址：北京市朝阳区黄厂路 3 号院 7 号楼 101 室
电　　话：0898-66812392　010-87336670
电子邮箱：hnbook@263.net
经　　销：全国新华书店
出版日期：2012 年 2 月第 1 版　2024 年 11 月第 18 次印刷
开　　本：787mm×1092mm　1/16
印　　张：28.25
字　　数：373 千
书　　号：ISBN 978-7-5443-4071-7
定　　价：78.00 元

出版说明

　　本书作者美国前总统尼克松为西方政治家，书中对一些事务、人物的叙述与评价属于作者个人观点，请读者阅读时注意。书中的注释为译者所注。

海南出版社

目　　录

再版序言

一

　　美国前总统尼克松是一个以美国利益为中心的政治家，但同时也是一个极富全球眼光的国际战略家；既是现代世界最著名的政治家之一，也是政治家中最杰出的作家之一。在他的许多著作中，《领袖们》一书，无疑最有识见，最有思想深度，最有可读性，因而传播最广，最为人知。早在2008年，海南出版社就出版了《领袖们》这本书，赢得了大量的读者。现在，海南出版社将再版该书，并嘱我为该书再版写几句话，我深感荣幸，情不自禁地联想起与《领袖们》一书的作者和译者有关的往事。

　　尼克松出生于美国加利福尼亚州，也长眠于他出生的地方。我出使美国、常驻美国的地方就是尼克松的家乡加州。我担任中国驻美国旧金山大使衔总领事期间，曾与尼克松的家人见面。为纪念美国飞虎队支援中国抗战，我上门看望了数位年届百岁的飞虎队老兵，在中国驻旧金山总领事馆隆重举行招待会向飞虎队老兵致敬，邀请8位老兵出席，同时特邀尼克松的外孙克里斯托弗·尼克松·考克斯与会，请他专门致辞。活动期间，我们谈到了尼克松，谈到了《领袖们》这本名著。我开玩笑说：希望考克斯像他外祖父尼克松一样，将来能够进入领袖们的行列，也期待他能写出新的关于领袖们的著作。

领 袖 们

《领袖们》一书的译者之一施燕华大使，曾担任周恩来、邓小平、李先念等中央领导的翻译，参加了中美建交谈判、中美关于美国售台武器问题联合公报的谈判。她既是久负盛名的翻译家，也是老资格的外交家。她的丈夫吴建民大使，曾任外交学院院长，是我的前任，我出任外交学院主要领导职务时，曾上门看望。在与吴建民、施燕华大使夫妇的交往中，我们都谈到了尼克松，谈到了《领袖们》和尼克松的其他著作。

在《领袖们》一书中，尼克松写了他与之打过交道的众多世界级的领袖人物，毫无疑问，他自己也是领袖们当中的一位，甚至是具有独特影响力的一位。尼克松的《领袖们》是一位领袖人物去描写同时代的其他领袖们的书，书中选取的领袖人物，皆是作者本人有过接触并熟悉的领袖人物。因此，阅读尼克松的《领袖们》，有必要先了解一下尼克松的独特之处。

尼克松早年得志，可以说是一步登天的幸运人物。尼克松全名是理查德·米尔豪斯·尼克松（Richard Milhous Nixon，1913—1994），生于1913年1月9日，爱尔兰人后裔。父亲是汽车加油站和百货店老板。尼克松毕业于惠蒂尔学院和杜克大学。1937年至1942年在加利福尼亚州惠特尔当律师。1938年6月加入共和党。1940年，尼克松与特尔玛·罗恩结婚，有两个女儿。1942年至1946年在海军服役，升为海军少校。1946年，尼克松当选为美国众议院共和党议员，开始步入政界，时年仅33岁。1950年，37岁的尼克松当选为美国联邦参议员。1952年，他作为艾森豪威尔的竞选伙伴，当选为美国副总统，时年仅39岁。1956年他再度当选为美国副总统。尼克松担任了8年副总统。他于1960年参选总统，以微弱票差败给肯尼迪，1962年竞选加利福尼亚州州长仍然落败。竞选失败后，尼克松先后在洛杉矶和纽约从事律师工作。1968年尼克松重返政坛，在当年的美国大选中，他击败民主党人休伯特·汉弗莱和独立竞选人华莱士，当选为美国第46届（第37任）总统。1972年，他在总统选举中以压倒性优势获得连任。

尼克松是敢作敢为、敢于担当的权势人物。他在任期间，美国与苏联签订了反弹道导弹条约并实施缓和政策。尼克松还发起倡议向癌症和非法药物开战，实行工资和价格管制，在南方州学校中强制废除种族隔离，推行环境改革，还提出法案，对医疗保险社会福利加以改革。他主持了阿波罗 11 号登月计划，之后以航天飞机任务取代了载人太空探索。尼克松曾加大美国对越南战争的参与力度。1970 年 4 月 30 日，尼克松总统宣布，他已向柬埔寨派遣了美国作战部队，以摧毁在那个国家的共产党军队避难所。在一次向全国的电视讲话中，他将这次行动说成"不是对柬埔寨的侵略"，而是以保护美国军人生命安全和缩短战争时间为目的对越南战争的必要扩展，由此导致了印度支那战争的扩大。不过之后，尼克松又果断将美军撤出了越南。1973 年 1 月 27 日，美国签署《关于在越南结束战争、恢复和平的协议》。3 月 29 日，美军体面地完全从越南撤出。至此，这场美国历史上持续时间最长，也使这个国家陷入危机的越南战争结束。这叫该软的软，该硬的硬，尼克松政治手腕之不一般，可见一斑。

尼克松是登上《时代》周刊杂志封面次数最多的美国总统。从 1952 年被提名为副总统候选人第一次登上《时代》周刊封面开始，直到 1994 年去世，尼克松 54 次成为《时代》周刊封面人物，1968 年和 1972 年两度荣登"时代周刊年度风云人物"。

尼克松是开启新的中美关系的历史人物。任内提出尼克松主义，主张与中华人民共和国直接接触。1969 年珍宝岛事件后，毛泽东主席决定和美国加强关系。而担任美国新总统的尼克松，为遏制苏联力量，结束越战，也想与中国进一步走近。在此历史背景之下，尼克松于 1972 年开始了"破冰之旅"，成为第一位访问中华人民共和国的美国总统。访华期间中美两国政府发表了著名的《上海公报》。尼克松为打开中美关系大门并为改善和发展中美两国关系做出了重要贡献。尼克松此次访华是 20 世纪国际外交史上最重大的事件之一。尼克松在北京访问时，当着周恩来总理等中国领导人的面，特别引用毛泽东主席的词："多少事，从来急。天地转，光阴迫，一万年太久，只争朝夕。"他认为，中美两国创造历史，"就是今日，就在此时"。1974年，尼克松辞职后，带着落寞和疲惫回到加利福尼亚。才不过几天，就意外收到了周恩来的电报，电报表达了周总理对尼克松的始终如一的良好祝愿。两个月后，当尼克松因患静脉炎住院时，毛泽东亲自打去了电话。毛泽东通过翻译告诉尼克松，他认为尼是历史上最伟大的政治家之一。他还说中国在任何时候都欢迎尼克松来访。这让心绪不佳的尼克松感到无比温暖。1976年，尼克松应毛泽东的邀请再次访华。

尼克松的执政生涯充满了奇闻轶事，堪称世界政坛上的传奇人物。1959年7月，时任美国副总统理查德·尼克松受总统艾森豪威尔之托出席在莫斯科举行的美国国家博览会（American National Exhibition）开幕式。为了这次展览，整个展馆特意布置了美国人心目中每个国民能拥有的一切。展馆内到处都是现代的、自动化的休闲娱乐设备，用以显示在资本主义制度的美国规模巨大的商品经济和市场经济的成果。在一座美式别墅的厨房展台模板前，尼克松和苏联最高领导人尼基塔·赫鲁晓夫之间展开了一场关于东西方意识形态和核战争以及资本主义经济体系和共产主义（社会主义）经济制度优劣的论战。大多数美国人认为尼克松赢得了这场辩论，他在本国的威信也因此大大增加。这就是著名的"厨房辩论"。

尼克松是美国历史上第一个为了避免国会对其滥用职权进行弹劾而辞职的总统。水门事件不断发酵，导致他失去了大部分的政治支持。1974年8月9日，面临国会弹劾罪名几乎必然会成立的情况，负有极大撤职压力的尼克松宣布辞职。福特继任总统职位后宣布赦免尼克松的一切刑事责任。尼克松由此成为美国历史上第一位在任期内辞职的总统，也是迄今为止唯一一位辞职的美国总统。

二

尼克松的《领袖们》一书，既是诸多世界级领袖人物的一部评传，也是现代国际关系史的一部名著，更是关于领导科学、管理科学的一部经典。在《领袖们》一书中，尼克松告诉读者，作为成熟的领导者、成功的领袖人物，必须具备八个基本品质：

一是意志坚定。尼克松认为，有建树的领袖人物都意志坚定，而且懂得如何调动别人的意志。如他认为毛泽东、周恩来、丘吉尔、戴高乐、麦克阿瑟、吉田茂等领袖人物，都意志坚定，并且用自己的意志影响了历史发展的进程。作为与众不同的历史人物，他们之所以能成功，不是凭愿望，而是靠他们的意志。这对理解领导力极为重要。凭愿望是消极的，凭意志则是积极的。

二是高屋建瓴。尼克松认为，领袖是同时代的领导者中出类拔萃的人物。领袖人物一定要能够看到凡人所看不到的眼前利害以外的事情。他们需要有站在高山之巅极目远眺的眼力。有些人只管现在，却记不得过去，也看不到未来。有些人抱住过去不放。极少数人则善于把过去应用于现在，并且在应用中看到未来。领导力就体现在这一方面，领袖就应该有这种本事。尼克松认为，戴高乐和麦克阿瑟都属于高瞻远瞩的人物。

三是推己及人。也就是富有人情味，尼克松通过与诸多国家领导人交往后得出结论说，他所认识的领袖人物，都是非常有人情味的。他认为周恩来、丘吉尔、戴高乐、阿登纳和吉田茂，都是在公众面前掩饰个人感情、能自我克制的领导人的榜样。尼克松认为，领导人跟演员、电影工作者一样，都懂得如果观众厌烦了就等于失去了观众。因此，领导力强的人对民众既恒于晓之以理，又善于动之以情。领导者如果不能在感情上赢得人民，他们提倡的路线再英明也会失败。

四是富于智慧。尼克松认为，领袖人物高于其他人，不在于美德，而在于智慧。作为一流人物的领导者，之所以超出二流人物，在于他们更加坚强有力，更加足智多谋，具有敏锐的判断力，能避免颠覆性的错误，并能抓住瞬息即逝的机会。富于智慧不是抽象地思考问题，不是创立种种学说。对领导人来说，智力与学说都是分析问题的有用工具。有建树的领袖人物应该具备的最重要特征除了聪明、勇敢、勤奋、坚韧、有判断力、有献身精神、有人格魅力等，还需要深谋远虑，要甘冒巨大而又适当的风险，也需要运气。最要紧的是，必须坚决果断。要精明地、不带个人感情地分析种种选择的可能性，但一经选定就必须付诸行动，切不可一味分析，一无所成。

五是宽容大度。尼克松指出，有一件需要做但又往往被忽略的事，曾使许多领导人断送了本来一片光明的前途，这就是缺乏宽容大度，特别是不能"容忍蠢人"。因为领袖往往认为自己优越，所以对自以为不如他们的人显得缺乏耐心。尼克松告诫说，不能"容忍蠢人"会带来三个麻烦。首先，领导者需要有拥护者，而许多他所需要的人恰恰有的被他认为愚蠢；其次，被他认为是蠢人而想打发走的人不一定蠢；第三，即使是个蠢人，领导者也还可能从他身上学到东西。领导者与被领导者之间需要保持一种神秘联系。如果领导者不屑与被领导者为伍，那么上述的联系很可能就烟消云散。由此，领导者永远不可目中无人，一定要学会"容忍蠢人"。对要争取支持的人，应当表示尊重。

六是学会沉默。尼克松认为，领袖不仅应该学会如何说话，而且同样重要的是，要学会何时沉默。戴高乐尖锐地指出，沉默可以成为领导人手中强有力的工具。尼克松对这句话非常欣赏。他强调，领导者要善于倾听别人讲话，而不是沉醉于自己侃侃而谈。尼克松认为，油嘴滑舌者常常是思想浅薄之辈。对那些可能会当领袖的人来说，有一条很好的规律：凡有可能的话，就该少摆弄舌头而多开动脑筋。

七是善于授权。也就是要举重若轻，而不是举轻若重，避免事必躬亲。尼克松认为："许多领导人最难接受的事情之一，就是授权别人替自己办事。艾森豪威尔曾就此简略地对我说起，作为一个行政长官，他必须克服的一个大难题就是学会签署水平低劣的信件。也就是说，明知自己可以把信写得更好，也得在别人代写的信上签上他的名字。"领导人最宝贵的是时间。如果在无足轻重的事情上浪费时间，就会失败。领导者的高明在于，选择什么事该亲自处理，什么事可以让别人去办，以及选择什么人代表自己办事。领导者必须能网罗到能干的人，也能淘汰那些无论如何都做不出成绩的人。尼克松指出，领袖不能事必躬亲，他必须避开眼前的迫切问题，把注意力集中在绝非一般的、有关遥远未来的问题上。总之，如果要当一个伟大领袖，就必须集中解决重大决策的问题。

八是游刃有余。"像思想家那样干，像实干家那样想。"尼克松认为，政界里的思想家常常不会干，实干家常常不思考。成功的领导者应是像威尔逊那样，既是一个伟大的、富有创造性的思想家，又是一个果断的实干家。一般说来，成功的领导者就出在那些既是思想家也是实干家的少数人当中。尼克松认为，周恩来、丘吉尔、戴高乐、加斯贝利、尼赫鲁等，都是深刻的思想家，同时又是果断的实干家。这些人有两个共同点：一是博览群书。读书不仅开阔思想，而且能使大脑活动，得到锻炼。另一个共同点是，埋头苦干。领导人要防止掉入一个最危险的陷阱，那就是工作时间过长。领导人既要拿得起，又要放得下，适当时候脱开身去，换一个环境，改变一下节奏，以便在必要时以最良好的状态全力以赴地工作。对领袖人物说来，重要的不是看他在办公桌上花多少小时，或者看他的办公桌放在哪里，而要看他是否善于做出重大决策。如果离开办公室回一趟农场可以使他心旷神怡，那就该把文件搁在一边，回农场去。

以上是尼克松从大半生经历中总结出来的领袖之道。对于一个活跃在领导舞台上的人来说，如能努力做到以上各方面，不难成为一个有魅力和政绩的领导者。

三

尼克松有着罕见而丰富的阅历，读尼克松的《领袖们》，仿佛在与领袖们对话。尼克松生活在一个世界呼唤领袖人物，时代造就领袖人物的时代，美国在全球的地位和尼克松所处的美国权力顶峰的位置，给了他观察世界独特的视角。尼克松从政期间访问过 80 多个国家，结识了当时世界上几乎所有的二战以后的领袖，同他们有过密切接触和深入交往，他对这些影响世界历史的人物进行了栩栩如生的描述。在《领袖们》一书中，我们能看到中国传奇式的领导人——毛泽东、周恩来，以及蒋介石；美国的对手——赫鲁晓夫和勃列日涅夫；新日本的共同缔造者——美国五星级上将麦克阿瑟和日本战后第一任首相吉田茂；我们了解到注重公开形象的戴高乐又是一位极为重视家庭生活的人；我们探知到德国前辈总理阿登纳务实却又有些理想主义的哲学；而我们读到丘吉尔轶事时，又感到兴味盎然；尼克松还向我们介绍了南欧、非洲、亚洲、澳大利亚以及中东等国家卓越而富有个性的领导人。在尼克松的笔下，领袖们并不是完美的，并没有被神化。他们也有凡人的一面，也有着自己固有的缺陷：丘吉尔固执、保守；戴高乐装模作样（尽管高明而成功）；阿登纳倚老卖老；麦克阿瑟飞扬跋扈，目中无人；吉田茂两边讨巧；赫鲁晓夫"笨拙无能，是俄国老妈妈身上掉下来的一块土疙瘩"；苏加诺贪恋美色……

本书所表达的是一位曾经执掌过政权，深切体会过掌权甘苦的人的见识。他知道领导者所拥有的令人敬畏的潜力，他们可以制造历史的灾难，他们也可以推动历史的进步。

更重要的是，尼克松对领袖应具备的素质及人民对领袖的要求，以及他们为什么能成功，他们又为什么会失败，做了透彻的解析。在《领袖们》一书中，尼克松这样评价中国现代三大风云人物，他认为毛泽东语言简略平和，但涉及重大事件往往语出惊人；周恩来不露锋芒却极有原则，为国家鞠躬尽瘁；蒋介石极度自信和执拗，眼神十分锐利。在尼克松看来，中国现代这三大风云人物，不管哪一位都是非凡之人。最有意义的是，尼克松在本书中花了相当多的笔墨描写他眼中的毛泽东和周恩来。在对中国的领袖人物进行评价时，尼克松给了周总理极高的评价。书中说到'恩来'译成英文是'恩惠降临'之意，这个名字很能概括他的风度和气质。他待人很谦虚，但沉着坚定。他优雅的举止，直率而从容的姿态，都显示出巨大的魅力和泰然自若的风度。尼克松同意用冰雪覆盖的火山来形容周恩来。书中有如下一段记载：

在我们的谈话中，周恩来不断地提到有必要了解和克服他们自己的不足之处。我们第一次会见时，他就提到出席会议的双方人员平均年龄的巨大悬殊，说："我们的领导层中，年纪大的人太多了。就这一点来说，我们应该向你们学习。"类似的是，当我们游览北京十三陵时，一个低级别官员特意吩咐一些孩子穿上鲜艳的衣服，还教他们在我们一行到达时应该怎样做。周恩来对此表示歉意，说："有人带了一些小孩来这儿，是为了点缀陵墓的风光，造成一种假象。你们的记者向我们指出这一点，我们承认这是不对的。我们不愿意文过饰非，而且已经批评了当事人。"在我们访华的过程中，我情不由己地想起赫鲁晓夫的高谈阔论是多么装腔作势，而中国人的待人接物又是多么平易近人。其实，赫鲁晓夫的吹牛不过是为了掩盖其自卑的心理；周恩来机警的自我批评则是自信心充分发展的明显表现。我知道，这只是如何待人接物的一种方式，但在事实上，这表明中国人对他们的文化和哲学的绝对优势坚信不疑。凭借这一优势，他们总有一天会战胜我们和其他人。

1974 年尼克松辞职时已 61 岁，一般而言应该长期隐居，安度晚年，可尼克松不是这样，他要做一件看来几乎没有可能实现的事情——用另一种努力改变他在美国公众心目中的形象，挽回自己的声誉。在此后 20 年的时间里，尼克松不断反思自己，积极参与国际间事务，为美国的在任总统出谋划策，在国内外讲演数百次，写出了包括《尼克松回忆录》《六次危机》《真正的战争》《领袖们》《别再有越南》和《1999：不战而胜》《超越和平》等多部畅销书。尼克松以极大的耐心和真诚的悔恨来求得公众的原谅，并用实际行动来等待时间的裁决。他的行为终于让美国人感动了，他重新赢得了人们的信任。

1994 年 4 月 18 日傍晚，尼克松在新泽西家中突患中风，当即被送往纽约康奈尔中心急救。21 日下午起，他陷入"深度昏迷状态"。22 日在纽约康奈尔医疗中心逝世，享年 81 岁。白宫宣布葬礼当天为全国哀悼日，88 个国家的代表参加了葬礼。他以失败的政治家的身份黯然去职。他以成功的国际战略家的身份辞世。在他的墓碑上雕刻着这样一句话："历史所能赋予的最高荣誉是和平缔造者。"

尼克松是西方政治家，他的一些论断，他的一些分析，当然难以避免历史局限，但毕竟开卷有益，读他的《领袖们》，多读有益，多思有益。

袁南生

2022 年 8 月 26 日

（作者系前外交学院党委书记、常务副院长，曾任中国驻印度孟买总领事、驻津巴布韦大使、驻苏里南大使、驻美国旧金山总领事、中国国际关系学会副会长、中国国际法学会常务副会长）

值得一读的好书

海南出版社将尼克松 1983 年所撰写的《领袖们》重新出版，我认为这是一件好事。

在这本书中，尼克松专门写了丘吉尔、戴高乐、麦克阿瑟、吉田茂、阿登纳、赫鲁晓夫、周恩来等领导人，介绍了他同这些领导人接触的情况和对他们的看法及评论。在书的开头，尼克松概述了他对改变世界的领导人的看法；在书的结尾，他对领导人所必须具备的品质和怎样才能当好领导人等问题，较为全面地阐述了他的观点和体会。对于正处在大发展和急剧变化的中国社会中的各级领导人来说，这是一本很值得一读的书。

这本书之所以值得读，首先是因为尼克松的独特的视角。

尼克松出生于 1913 年，1994 年去世，他经历了 20 世纪世界最动荡的时期，两次世界大战和一次冷战。美国于 1913 年人均 GDP 超过了英国，成为世界上第一强国，整个 20 世纪是美国人非常风光的世纪。1946 年尼克松在 33 岁时就当选为美国国会议员，是当时美国国会中最年轻的议员。1953 年，他风华正茂，40 岁就担任了美国副总统，干了两届，到 1961 年卸任。1968 年 11 月他当选为美国总统，1974 年 8 月因为"水门事件"下台。存在决定意识，美国在全球的地位和尼克松所处的美国权力顶峰的位置，给了他观察世界独特的视角。

这本书之所以值得读，是因为尼克松有着特有的罕见而丰富的阅历。

尼克松同20世纪的历史巨人打过交道。20世纪前半叶是人类历史上最坎坷的几十年。根据战争历史学家的研究，在过去4000多年的人类历史上，共打过12 500场战争，其中最血腥、最残酷、给人类造成最大伤害的是两次世界大战。时势造英雄，人类经历的最严酷、最困难、最复杂的时期，造就了一批时代巨人。这些人在平常时期是产生不了的。尼克松同他们不仅有过直接接触，而且进行过多次长时间交谈，对他们有过近距离的观察。

尼克松是登过高峰，也下过深渊的美国总统。年轻时他是美国政界的"少年才俊"，平步青云，虽有过挫折，但总体顺遂，直至当选为美国总统。他在事业上处于最高峰时，因为"水门事件"，被拉下了马。他知道如何登上权力的顶峰，以及处在权力顶峰时如何把握历史机遇，做该做的事；他也尝过落入深渊的苦涩，懂得跌下来之后如何做人处事。他这个经历，在美国历届总统中是少见的。

我记得1974年8月9日那一天，当时，我在纽约的中国常驻联合国代表团工作。我通过电视实况转播看了那天上午尼克松的全部活动。看到尼克松夫妇如何迎接白宫的新主人福特总统夫妇，如何向白宫的工作人员告别，如何离开白宫，向大家挥手告别，直到登上直升机。尼克松热泪盈眶，但是仍然能够控制住自己的感情，做完他离开白宫前所应当做的全部事情。虽然他辞去总统职务是被迫的，但他在离开总统宝座的最后一幕却表现出了勇气、尊严和很强的自制能力。我的美国朋友在谈起此事时，都表现出了对尼克松的同情和钦佩。

此外，尼克松在担任美国总统期间，妥善处理了美国在国际上面临的三大难题：一是越战，二是对苏关系，三是对华关系。

越战是二战结束后美国所陷入的第一个最深的泥潭，从1961年打到1975年。尼克松就任美国总统时，正是美国在越南处境越来越困难的时期。他面临着十分艰难的抉择，继续打下去还是结束战争？他果断地选择了后者。历史证明，他的决策是明智的。

尼克松自青年时期步入政坛后，就是以反共、极右而著称的。在尼克松就任总统期间，苏联利用美国深陷越南的困境，加快了在世界上的扩张步伐。十分明显，苏联是美国最主要的对手，如何应对苏联的挑战，是美国在外交上面临的又一大难题。值得注意的是，尼克松应对苏联，不是就事论事，而是把美苏关系置于世界全局中来考虑，有针锋相对的斗争，也有谈判妥协；有正面应对，也有大迂回。

如何处理对华关系是尼克松在外交上面临的第三大难题，对华关系又与越南战争和对苏关系密切相关。尼克松打开对华关系的战略决策是令人钦佩的。1972年2月21日至28日，尼克松对中国进行了历史性的访问，这不能不说是尼克松在外交上最大的、影响极其深远的建树。当然，由于"水门事件"，尼克松未能在任内实现他所期望的中美建交，这是令人遗憾的。但是，中美之间的坚冰已经打破，航向已经指明。后来在美国总统卡特任期内实现了中美建交，这是尼克松打开中美关系逻辑的延续。

这本书之所以值得读，还因为尼克松本人的特点。他十分注意观察和他打交道的外国领导人，注意倾听别人的意见，注意收集资料，也十分善于思考。

在20世纪80年代，我第二次到中国常驻联合国代表团任职，其间我结识了美国前任驻印度尼西亚大使马歇尔·格林，他是一位很有见地的美国外交官。他告诉我，1965年尼克松总统访问印度尼西亚期间，他请尼克松吃饭，并进行了长谈。尼克松注意倾听了他对越战、亚洲局势特别是对中国的看法，认为他说的有道理，就立刻提出能否对讲话进行录音，格林同意了。十分明显，录音是为了收集资料。资料的贮存是为了深入思考和作重要决策之用。

尼克松不仅录别人的谈话，也录自己的话。他对在白宫举行的会议，同身边比较亲密助手的谈话和讨论问题都进行录音。这为他日后写回忆录提供了丰富而精确的资料。

最后，这本书之所以值得读是因为本书的思想深度。本书是在尼克松下台后，经过八九年的思考才写出来的，书中有些分析和看法入木三分，闪烁着智慧的光芒。

比如，他在书中最后有这样一段话：

"美国在同世界各国相处时，最常犯的一个毛病，就是我们往往用西方民主的标准来衡量各国政府，用西欧的标准来衡量各国的文化。""西方民主是经过几个世纪才发展起来，并扎下根的，它并不是笔直的阳关大道。"

尼克松甚至还直截了当地指出："倘若明天早上民主降临在沙特阿拉伯或者埃及，其结果很可能是灾难性的。"看看今天的伊拉克战争和中东局势，尼克松的以上看法是多么富有远见和智慧啊！

尼克松从政近30年，又长时间同世界上那么多领导人接触过，他在书中总结出来的作为一名领导者所需要具备的品质和素养是很值得后来的领导者参考和借鉴的。

比如，尼克松认为，领导人必须把自己的时间和精力集中在重大决策上而不是婆婆妈妈地把精力放在小事上。领导者给历史留下印记是通过重大的历史决策。下面人给你起草的信件可能不如你自己写得好，但是你没有时间对每一封信都进行修改。要学会在不满意的信上签名。尼克松所处理的国际问题是留下了他的印记的，你不能不佩服他在处理国际问题上的大手笔。

尼克松特别告诫后来的领导人要多读书，不论你多忙，一定要抽时间读书。他特别提倡读历史、哲学和文学方面的书籍，他认为不能满足于看电视。他说："看电视是消极接受，而读书是积极吸收。"他认为读书可以开阔眼界，深化思考，摆脱眼前事务的干扰，使领导人提升到应有的高度来观察、思考和处理问题。

总之，这本书的内容是丰富的，我相信大家读后一定会从中得到一些启迪和教益。当然，人无完人，任何人观察社会、世界，都有他自己的局限性，尼克松也不例外。然而，从他的许多观察和思考中，我们是能够汲取不少营养的。

中国驻法国前大使
外交学院前院长
吴建民
2008 年 4 月于北京

作者再版前言

　　我写的第三本书《真正的战争》，分析了地缘政治中的具体因素，如军事和经济力量，同时也涉及了人的精神因素。人的精神因素是无形的，但却远比军事和经济力量强大。罗伯特·汤姆逊勋爵曾说，国家实力等于资源的利用加人力和意志，而一个民族的意志主要来自于领导人的榜样。20世纪70年代后期，美国缺乏强有力的领导，因此整个国家缺乏意志和目标。当时，领导的缺失使美国陷入犹豫不决、缺乏自信的困境，我研究这一状况时，也自然而然地研究了领导才能的问题，从而产生了《领袖们》这本书。

　　在我所有的著作中，我最喜欢的是《领袖们》。我写作的样板是丘吉尔的著作《当代伟人》，我第一次读《当代伟人》是在1979年。这本书收集了丘吉尔在第二次世界大战前政治上不得志时写的一些文章，有些文章是当时丘吉尔为赚钱而写。而我在1978年写了回忆录，非常成功，与丘吉尔相比，我的经济状况要好得多，但我的政治处境却比他差得多。我和他不同，我根本没有东山再起的念头。我发现写作是保持头脑活跃和敏锐的最好办法，因为只有写作和作决策一样，需要思想高度集中。

　　在我准备创作本书时，我再次邀请我任总统时白宫写作班子的负责人的雷伊·普赖斯帮忙。在我写作《真正的战争》一书时，他在文字上提出了许多宝贵的修改意见。雷伊找了一群聪明能干的大学生，收集各种专著、提供参考书目及其他有助于研究的工具书。当时我仍在对《真正的战争》做最后的润色。后来我和夫人搬回纽约居住，我全身心地投入本书的写作。我感到最困难的是书中应入选哪些领导人，因为在长达33年的时间里，我访问过80多个国家，会见了许多领导人。

我定了两个标准：一是我必须认识他们，这条标准淘汰不了太多的人，因为除了斯大林，战后所有主要的领导人我都见过；二是纳入本书的领导人必须是出类拔萃的，他们建设了自己的国家，或拯救了自己的国家，或以其独特的方式使世界前进。我十分赞赏汤因比的进退论，所以毫不犹豫地把政治生涯中大起大落的领导人纳入了本书，其中有丘吉尔、戴高乐、阿登纳和意大利的加斯贝利，他们每个人都在国家处于严重危机时，东山再起，领导自己国家的人民走出深渊。

我最初的列选名单中包括了一些非常伟大的美国人，如德怀特·艾森豪威尔、鲍勃·塔夫特、里查德·拉塞尔。但最终入围的只有一个美国人——麦克阿瑟，原因是他最大的贡献是和吉田茂一起，创建了现代日本。我任总统期间，参议员马克·哈特菲尔德是我的好朋友之一，他也是我的忠实读者，有一次他问我，为什么我最终决定不写其他美国人。我的理由很简单，篇幅不够。但在我写作过程中，我逐渐认识到，我所要写的不仅是这些领导人的个人素质，而且这些领导人还应是左右战后世界格局的人物。他们有的来自苏联、中国、日本、西欧等重要权力中心，有的来自摆脱了殖民统治的第三世界，有的来自形势极为紧张的中东热点地区。我希望我的这本书，能吸引美国年轻人阅读，美国的学生们虽然对影响本国前途的力量有一种直觉的了解，但是民意调查显示，他们对世界其他地方有影响的力量和人物知之甚少，所以我决定把美国领导人留作下一本书的写作对象。

究竟这些领导人有什么独特之处呢？我虽然从未研究过这个问

题，但我敢打赌说，本书详细描述的 22 位领导人没有一个做过民意调查。今天，人们常常以领导人是否能"揣摸国民心态"或具有"避难就易"的本能来评价他们。而本书中大多数的领导人之所以出类拔萃，是因为他们有能力改变国民心态，他们善于处理不得民心的问题，并赢得人民的支持。我们都具有民主的信念，习惯于认为领导人应该追随人民的想法。但是，即使在一个民主国家，一个伟大的领导人是应该在面临严重危机或挑战时，提出全国一致的目标。

假设我是在 1990 年写这本书，那么谁有资格入选呢？当然，马格丽特·撒切尔应在考虑之列，因为英国在工党执政的一代人的时间内，在世界上变得无足轻重，经济停滞，是撒切尔振兴了英国。米哈依尔·戈尔巴乔夫也可以入围，因为他认识到长期的共产主义影响使苏联沦为二流国家。除了新加坡的李光耀之外，我在本书中只写了已故的领导人。因为李光耀是本世纪最伟大的执政兴国的领导人之一，把他作为唯一的例外，是为了突出他。

最后，我想增加的唯一的领导人是已故的巴基斯坦总统齐亚·哈克，我们曾在纽约多次会见，1985 年我访问伊斯兰堡和白沙瓦时也见到了他。在阿富汗战争关键时刻，齐亚不怕苏联的恐吓，不顾国内日益扩大的动荡，为阿富汗抵抗运动及因战争而背井离乡的 300 万阿富汗难民提供了庇护所。正是由于他执行了果敢的政策，苏联才从阿富汗撤军。齐亚在当代是一位与众不同的领导人。

1990 年 3 月 1 日
于新泽西州

第一章

他们与众不同

——改变世界的领袖们

在伟大领袖们的脚步声中，我们可以听到历史的滚滚雷声。有史以来——从古希腊人，经过莎士比亚，直到现代，很少有什么主题能像伟大的领袖人物那样经久不衰地吸引着戏剧家和历史学家。是什么使这些领袖人物与众不同？领导者和被领导者之间那种特别的、难以形容的激越感情又是什么引起的呢？

这些领袖们扮演的角色之所以引起人们如此之大的兴趣，不仅仅是因为它的戏剧性，更是因为它的重要性、它的影响。当一出戏闭幕时，观众鱼贯退出剧场，回家去继续他们正常的生活；而当一位领袖的生涯结束、降下帷幕时，观众自己的生活也就起了变化，同时历史的进程也可能会随之发生深刻的变化。

我在过去三十五年中有着非同寻常的机会，使我能在一个不平凡的历史时期，对世界领袖们作第一手的调查研究。在第二次世界大战后这段历史时期内的世界主要领导人中，除斯大林以外我都认识。我访问了八十多个国家，不仅与这些国家的领袖打过交道，而且看到了他们是在什么条件下行动的。我观察到有的领袖成功了，有的失败了，并且有机会根据我自己的经历去分析他们成功或失败的原因。由于我对公共生活的高峰和深谷均有所了解，我懂得，除非你尝到过深谷的滋味，否则你就不可能真正领略险峰的情趣。如果你只是站在局外旁观，那么你也不可能真正懂得一个领导人的动力来自何处。

在我担任公职的那几年中，人们最经常问及的问题之一是："在你所认识的领袖中谁最伟大？"要用一句话来回答是不可能的。每一个领袖都从属于一个特定的时间、地点、环境，领袖和国家是不能互换的。就是像温斯顿·丘吉尔那样的伟人，要他成功地扮演康拉德·阿登纳在战后德国所扮演的角色也是难以想象的。反过来说，阿登纳也不可能像丘吉尔那样在英国最危急的关头力挽狂澜。

一个领导人跻身于伟大领袖之列的可靠公式有三个要素：伟大的人物、伟大的国家和伟大的事件。丘吉尔曾评论过19世纪英国的一位首相罗斯伯里勋爵，他说，罗斯伯里的不幸在于生活在"伟大人物未遇重大事件"的时代。我们通常给予战时领袖的地位比和平时期领袖的地位要高。这部分是由于战争所固有的戏剧性，部分是由于历史书中对于战争总是大书特书。但是，这也是因为，只有当一位领袖的能力受到最大限度的挑战时，我们才能充分地衡量其伟大的程度。在我颁发荣誉勋章的时候，经常想到那些勋章获得者中间一定有不少人是以极大的勇气奋起对付十分复杂的局面的，他们原来肯定是相当平凡的人。没有那样的复杂局面，他们的勇气就显示不出来。战争的复杂局面所揭示的领袖们的品质我们可以一目了然。和平时期对领袖们的考验可能同样严峻，但经受这些考验相形之下既不那么富有戏剧性，也不那么显而易见。

一个渺小的人物在一次巨大的危机中领导一个伟大的国家显然谈不上伟大。一个伟大的人物在一个渺小的国家里可以展示伟大领袖的一切品质，却永远得不到承认。也有另一些人物，他们虽是大国的大人物，却生活在巨人的阴影之中：例如周恩来，他总是小心翼翼地让舞台上的聚光灯照射在毛的身上。

有一点必须弄清楚：那些被公认为"伟大"的领袖们并不一定都是好人。俄国的彼得大帝是个残忍的恶霸。尤利乌斯·恺撒、亚历山大大帝和拿破仑之所以被人们铭记在心，并非因为他们是政治家，而是因为他们是征服者。当我们谈及历史上的伟大人物时，只是偶尔谈到那些曾经将管理国家的本领提高到较高道德水平的领袖。我们更多的是谈论这样一些领袖，他们能在如此宏大的规模上有效地行使权力，以致能大大改变他们国家以及整个世界的历史进程。尽管丘吉尔和斯大林表现的方式不同，但他们都是伟大的领袖。不过，如果没有丘吉尔，西欧也许会遭到奴役；如果没有斯大林，东欧也许已获得自由。

在写领导人的过程中，我本打算把我了解的一些非政府的各界杰出领袖包括进去。我注意过大公司和工会领导人如何像所有政治家那样顽强奋斗而一步步上升到最高位置，进而以堪与外交部长的外交才能相媲美的能力去行使职权。学术界的阴谋诡计与一次党代表大会的阴谋诡计一样完全是拜占庭式的。我认识新闻界的领袖们，例如亨利·R. 卢斯，他们对世界的影响要比许多国家的领袖大得多。

但是，本书是专门写我最了解的那一类领导人的，在我看来他们是至关重要的。本书是写那些领导国家的人物的，他们不仅拥有这种地位所带来的权力，而且还负有责任。

这里所写的每一个人都有自己的目标、理想和事业，这些对于他们个人都是极其重要的。有些人赢得了流芳百世的美名。另一些人可能在他们自己的国家之外很少被人们记住。关于领导的本质，以及关于这几十年来遍及世界的矛盾冲突，他们每一个人都有一些重要的话要对我们说。

我本来打算在本书内还要写一些我认识的领导人，但结果没有写——其中有杰出的拉丁美洲的领袖，如墨西哥的阿道夫·鲁伊斯·科蒂内斯，阿根廷的阿图罗·弗朗迪齐，哥伦比亚的阿尔贝托·耶拉斯·卡马戈，以及那个富于幻想的，主张内地对外开放的巴西总统儒塞利诺·库比契克。或者还有加拿大的莱斯特·皮尔逊和约翰·迪芬贝克，他们两人在性格和政治方向上差别甚大，但都关心加拿大的命运，都对世界有清楚的认识。还有巴基斯坦的总督吴拉姆·穆罕默德和总统穆罕默德·阿尤布·汗，南斯拉夫的铁托元帅。还有西班牙的佛朗西斯科·佛朗哥，他在私下里的为人与给予公众的印象竟有着这样大的差别。教皇庇护十二世和保罗六世各以自己的方式，不仅在精神舞台，而且在世界政治舞台上扮演了极有意义的角色。战后国际大家庭中走在前列的领袖们有比利时的保尔·亨利·斯巴克，意大利的曼利奥·布罗西奥，法国的罗贝尔·舒曼和让·莫内。本来可以写入本书的领袖人物还很多，但是仅仅举出这几位就足以看出，最近几十年世界上涌现出人数众多、才能各异的领袖人才。

我之所以选择下列各章所描写的领袖人物，有的是因为他们具有别人所没有的声望，或对历史的进程具有极大影响，有的是因为他们生来就具有令人瞩目的素质，有的代表了这一动乱的历史时期内席卷世界的力量。除了道格拉斯·麦克阿瑟以外，我没有涉及美国的领袖。麦克阿瑟为重建现代日本所起的作用是他最具深远意义的贡献。

多数历史书籍写的都是历史事件，只是偶尔写到在历史上起了作用的人物。这本书写的是领袖人物，以及他们如何影响事态的发展，是写他们如何使事态改观，如何与众不同，写他们赖以产生影响的特点以及为何产生影响。

杰出的领导才能是一种特有的艺术形式，既需要超群的力量，又需要非凡的想象力。长久以来，美国国内有一种普遍的看法，即这个国家真正需要的是找一个最高级的企业家来管理政府，找一个业经事实证明能够卓有成效地管理大型企业的人。这种看法没有看到本质。企业管理是一回事，领导国家则是另一回事。正如南加利福尼亚大学企业管理学院的沃伦·G. 本尼斯所说："管理人员的目标是把事情办妥，领袖人物的目标则是去做应该做的事。"

尽管领导需要有技巧，但领导远远不是有技巧就行。就某种意义来说，管理企业好比写散文，领导国家好比写诗。在很大程度上，领袖办事必然是靠符号、形象，以及成为历史动力的能启发觉悟的思想。人们可以被道理说服，但要用感情来感化，他必须既能说服他们，又能感动他们。经理考虑的是今天和明天。领袖必须考虑后天。经理代表一个过程，领袖代表历史的方向。因此，一个没有管理对象的经理就不成其为经理，但是，一个领袖即使失去了权力，也还能对其追随者发号施令。

伟大的领袖需要有伟大的想象力，它能激励领袖，又能使领袖去激励全民族。人民会爱戴也会憎恨伟大的领袖，但他们很少会对他无动于衷。

一个领袖仅仅知道该做什么还不够，他必须还能够去做该做的事。想当领袖的人如果没有作出正确决断的判断力和洞察力，他就会因为缺乏想象力而失败。只知道该做什么但又做不到的领袖会因无能而失败。伟大的领袖既需要想象力，又需要有能力去完成该做的事。他雇用管理人员去帮助他，但只有他自己才能确定方向，提供原动力。

一个领袖所关心的伟大事业可能是创造新事物，也可能是维护旧传统——而且每一争端的对立双方常常都有其利益互相冲突的坚强领导人。一个从事渺小事业的坚强领导人可能压倒一个从事重大事业的软弱的领导人，或者说坏的事业也可能压倒好的事业。世界上没有一套永世不变的可以据以预测历史，或据以衡量历史的简单规则。在回顾历史时，这些事业也同领袖们自己一样会显得与开始时不同。有时判断是依据谁赢得了胜利来作出的。历史学家总是偏向胜利者而不是失败者，而且在对待事业方面也和对待领袖人物差不多。

我所了解的真正强有力的领导人都是十分聪明、训练有素、工作刻苦的人，他们特别自信，为理想所驱使，推动别人前进。他们放眼向地平线以外展望，其中有些人比另一些人看得更清楚。

二次世界大战以后年代的变化比世界历史上任何一个类似年代的变化都大都快。当超级大国之间互相对抗时，我们看到了巨人之间的争斗；当古老的帝国被几十个新兴国家取代时，我们看到了一次次天翻地覆的大动荡；当武器的发展甚至已超过科学幻想小说的思想时，我们看到了灾难日益深重的时代。伟大的事变造就伟大的领袖。动乱的年代既造就最优秀的人物，也产生最低劣的人物。赫鲁晓夫是个强有力的领袖，却是一股危险的力量。毛移山倒海，也改变着成百万人的命运。

今后的年代要求有最高水平的领袖。有人说，那些不研究历史的人必然会被迫重复历史，而相反，如果一个时代的领导人比他们的前任看得更远，那是因为他们站在先行者的肩膀之上。这本书写的是过去的领袖，但却是为未来的领袖们写的。书中的每一位领袖都研究了历史，并从中得到教益。我们又能进而向他们学习，这就使今后的世界有更好的向前发展的可能。

第二章

温斯顿·丘吉尔

——我们时代最伟大的人物

温斯顿·丘吉尔年轻时跟他的一个朋友谈到过生命的意义。他的想法富于哲理，恰到好处；坦白直率，堪称典型。他说："我们大家都是虫子。"他接着又补充说，"不过，我的确认为我是一只萤火虫"。

丘吉尔认识到自己的命运所向，而且对此深信不疑，这成了他毕生的动力。这一点使有些人愤怒，又使许多人振奋。他在追求自己决心要得到的某种东西时，从不知道什么叫"不行"，尽管他经常听到别人这么说。每当他投身于军事战斗或政治竞选时，他就把"失败"这个词从他的词汇中抹掉。

我第一次遇到他是在 1954 年 6 月。丘吉尔作为首相到华盛顿作正式访问，我率领欢迎队伍去迎接他。我至今还记得当他的飞机出现在上空时，我那种激动期盼的心情。在此以前，我到过国外很多地方旅行过，见过许多国家和国际上的领导人，以及许多著名人物。但是他们之中没有一人能与高于现实生活的传奇人物丘吉尔相匹敌。第二次世界大战期间我在太平洋地区服役时，他的演说比罗斯福总统的演说更使我感动。自从我进入政界以后，我越来越意识到，在那最最需要勇气和耐心的年代里，由他来领导英国对全世界是有多么大的意义。即使用最高级的形容词也难以充分地评价他。他是 20 世纪最伟大的领袖人物之一。

根据当时的礼宾规定，来访的国家元首由总统去机场迎接，但政府首脑与总统的第一次会晤则是在白宫，因此，去迎接女王的是艾森豪威尔，而迎接这位首相的任务便落到了我的头上，这是我的幸运。

头一天晚上，我花了一个多小时准备了一篇历时一分半钟的欢迎词。他的飞机进入视野以后，我在脑子里迅速地把欢迎词复习了一遍。

四引擎的波音 377 飞机着陆了，它从跑道上滑行过来，最后在我们面前停下。舱门打开了。过了一会儿，丘吉尔独自出现在舷梯顶部，头上戴着一顶珍珠灰的软毡帽。他看起来那么矮小，使我相当吃惊。这也许是因为他是溜肩膀，肩膀上扛着个硕大的脑袋，好像根本没有头颈似的。实际上，他的身高是五英尺八英寸（约 1．73 米）。正如你不会把五英尺八英寸高的西奥多·罗斯福说成是"矮个子"一样，你也完全不会把丘吉尔说成是"矮个子"。

他的助手们在他身前身后手忙脚乱地搀扶他走下舷梯。他迅速地向下面扫视了一眼，当他看到欢迎的人群和许多照相机镜头时，便立即拒绝了任何帮助。他拄着一根带有金顶的手杖，开始缓慢地走下舷梯。一年前他得过一次中风，如今他每迈一步都显得犹豫不决，显然缺乏信心。大约走到梯子中间时，他发现有四个空军士兵在向他致敬，于是他稍停片刻，向他们还礼。

我们互相握手，他表示第一次和我见面非常高兴。像许多英国人一样，他握手时只轻轻地碰一下而不使劲。与国务卿杜勒斯寒暄之后，他径直向着照相机镜头和话筒走去。不等我致欢迎词，他就开始发表抵达演说。他说，他从自己祖国来到母亲的国家感到高兴（当然，这是指他的母亲①曾经是美国人这个事实）。演讲结束，人们报以热烈的掌声。他做了他那表示胜利的著名的 V 字形手势，然后大步走向那辆黑色林肯牌敞篷汽车，我们将乘着它驶往白宫。我煞费苦心准备的欢迎词根本没用上。尽管如此，却并不显得缺少了什么。

当我翻阅那天经我口授的日记时，我大为惊奇地发现，这位不久前患了中风，刚刚从横渡大西洋飞了一夜的飞机上下来的 79 岁老人，竟然能在我们去白宫途中的 30 分钟内津津有味地谈了那么多问题。他一边说，一边还不断地回过头去向大街两侧的人群挥手致意。

他首先告诉我，他曾关切过几个月以前我对东南亚的访问。他特

① 丘吉尔的母亲名珍妮·杰罗姆，是美国纽约金融家伦纳德·杰罗姆之女。

别欣赏我顺访马来西亚时，到农村去看望正与叛乱分子作战的英国军队。我告诉他，我十分钦佩杰拉尔德·坦普尔将军和其他官员在使马来西亚这块英属殖民地平稳过渡为独立国家的过程中所起的作用。他立即说："我只是希望在马来西亚人准备好担负起管理政府的职责时才让他们独立。"四年以后我在伦敦最后一次见到他时，他再次对此表示担心。

然后他又谈论到印度支那，那也是我亚洲之行访问过的地方。他说，第二次世界大战结束时，法国人本来应该作出决定，究竟是真正准备，还是只想半心半意地去拯救印度支那。他一边用一只胳膊向人群挥动，一边盯着我说，"结果，他们决定介入，但又不全力以赴，这是个致命的错误"。

他对着人群微笑了一会儿，然后转过脸来对我说："副总统先生，这个世界目前处于很危险的境地。我们两国人民携起手来十分重要。我们之间存在分歧，这是正常的，是不可避免的。但是相形之下它们毕竟是些小问题，而报界却老是加以夸大。"

这些表面上看来不关痛痒的交谈实际上具有相当大的意义。很清楚，他是在向我，也是通过我向政府发出信号，试图平息两个月以前他在参谋长联席会议主席阿瑟·雷德福海军上将访问伦敦时掀起的风波。雷德福在印度支那问题上与丘吉尔进行了一场令人不安的会谈，事后报界又对此散布了谣言，使英美关系突然紧张起来。

雷德福曾敦促丘吉尔帮助法国人维持在印度支那的殖民地，丘吉尔显然感到恼火。丘吉尔粗暴地问，英国自己都不愿为保住自己的殖民地印度而作战，为什么要为法国保住印度支那去打仗？雷德福并不是那种外交里手，他说，如果英国人拒绝与我们一起去击败共产主义在亚洲的侵略，国会也许会对英国人感到不高兴的。

丘吉尔接着很生硬地回击说："当我们不再依赖美国的援助时，我将感到高兴。"

丘吉尔不大愿意对印度支那的越共采取行动，因为他担心中国会干预。他认为，这可能导致中国与美国之间的战争，战争又会把苏联牵扯进去，从而使欧洲成为战场，英国成为目标。但是，当雷德福向艾森豪威尔汇报这次会谈的情况时，总统显然感到奇怪，甚至吃惊，因为丘吉尔在二次大战中克服了种种困难，成为善于应付局面的象征，但在东南亚问题上，他似乎自甘失败束手无策了。

丘吉尔一边继续向人群挥手，一边表达他对原子弹的严重关切。他说，我们谈论用这种"可怕的武器"进行报复是可以的，但是，与核武器有关的"饱和轰炸"理论使他感到担心。

我告诉他我刚读完他的二次大战回忆录第四卷《命运的关键》时，他评论说，在罗斯福去世前的四个月中，丘吉尔与美国政府之间几乎没有联系，也没有谅解。他以令人吃惊的直率态度补充说："罗斯福总统已经不是原来的罗斯福了。杜鲁门总统突然入主庞大的总统办公室时不知道自己在干些什么。"他的脸色变得十分严肃，又一次不顾欢迎他的人群而转过脸来对着我说，"那是一个严重的错误。当一个统帅知道自己有病在身，在位的日子已经不多时，就必须随时让他的接班人知道"。

这时，我们的汽车已驶近白宫。我说，读了他的回忆录以后，我经常想，如果同盟国接受了他的建议，向南部欧洲"柔软的下腹部"发动进攻，而不是集中兵力于 D 日[①]在诺曼底登陆，结果将会怎样呢？在我们进入西北门时，他淡淡地回答说："嗯，本来可以轻取维也纳的。"

丘吉尔的医生莫兰勋爵的私人日记透露了这位英国首相在这次访问华盛顿期间的身体状况。他不时感到剧烈疼痛，但只要一出场，凡见到他的人没有人会想到他身上的病痛。只要有大型活动，他总能"站起来"。

尽管在访问期间正式会谈的日程安排得很满，丘吉尔对为他举行

---

① 指 1944 年 6 月 6 日。

的晚宴却似乎总是满怀兴趣，而这些宴会往往时间拖得很长，有时甚至是枯燥乏味的。看来他是既爱谈论震惊世界的问题又爱唠家常的少数伟大领袖之一。他习惯于下午小睡片刻，即使在战争年代也没有中断，因此晚上他的精力最充沛。

在白宫国宴上，艾森豪威尔夫人看到丘吉尔用餐刀切肉似乎有困难，就悄悄地帮助他把肉切开。她还礼貌周到地说，白宫餐桌上的刀子不太锋利。席间，侍者给约翰·福斯特·杜勒斯斟的不是葡萄酒，而是他常喝的威士忌加苏打水。我的夫人问丘吉尔是否也要一杯。他不要，他说，他一般在早晨八点半喝第一杯威士忌，晚上喜欢喝一杯香槟酒。

在晚宴席上，丘吉尔又大讲自己的往事，成为席间交谈的主角。虽然他无意让别人参与交谈，但并不显得粗鲁无礼。像麦克阿瑟一样，丘吉尔的独白是那样吸引人，以至当他独占舞台不肯让位给任何人时却没有人感到愤慨。我的夫人后来告诉我，丘吉尔是她在宴会桌上所遇到的最有意思的人之一。当他讲述他在英布尔战争①中富有戏剧性的冒险经历时，我的夫人和艾森豪威尔夫人都听得出了神。

在丘吉尔访问的最后一天，英国大使馆举行了一个完全由男士参加的宴会，那是我观察这位了不起的客人的最好机会。礼宾规格再一次把艾森豪威尔排除在外，因而我成了最高一级的美国客人。

丘吉尔大约晚到了 15 分钟。他向所有的客人表示问候，并且站着交谈了一会儿。但是当国防部长查理斯·威尔逊显然准备长谈时，他特意向放着几把椅子的地方走去并坐了下来。我跟着他一起走了过去。他抬起头来看看我，咧嘴一笑说："我感到坐着要比站着舒服一点。"

我在宴会席上问他三天来繁忙的会谈日程对他的身体是否有影

---

① 指 1899～1902 年英国同荷兰殖民者为争夺对南非的控制权进行的战争。布尔人是荷兰移民的后裔。

响。他说除了有几次眩晕以外，在这次会谈期间他的感觉比以前相当长一段时间都好。他以习惯的夸大的语言补充说："每当我与你们这块从大西洋中冒出来的新奇土地一接触，我似乎总是能得到灵感和新的活力。"

后来，话题转入讨论休假计划，他说他准备走海路去摩洛哥休假。我说我经常乘飞机旅行，因为我容易晕船。他相当严峻但又饶有兴趣地注视着我说，"年轻人，不要担心。随着年龄的增长，你会习惯的"。那时我 41 岁。

丘吉尔不光以历史的创造者闻名，也以历史的写作者闻名。他的著作很多，我几乎全读了，发现他在描绘与本人无直接关联的历史事件时写得更好。他写的第一次世界大战史要比第二次世界大战史好得多，因为在第二部书中，他的叙述经常受他本人思想和评论的影响。他写第一次世界大战写得最好的是关于凡尔赛和平会议的《战后》和《东战线》，这是他完成其他五卷两年以后写的。这两本书中所谈的事，丘吉尔都不是主要的参与者。然而，在这两套多卷本的历史书中，他都非常成功地实践了他著名的格言："创造历史的最好办法是写历史。"

作为一个历史学家，丘吉尔每次对华盛顿的访问都能重新引起他对美国内战的兴趣。这一次也不例外。在那次男士宴会上，他评论说，他认为罗伯特·E. 李是美国历史上最伟大的人物之一，也是有史以来最伟大的将军之一。他说："李拒绝当联盟军队的统帅，回到南方，在归途中骑马通过波托马克河，应当有人把这一难忘的情景织一条壁毯或绘成一幅画。"

他说，那次战争最伟大的时刻之一发生在战争末期的阿波马托克斯地方。李向尤利塞斯·格兰特将军提出，他的军官们的马匹是他们自己的私有财产，并请求允许他们保留马匹。格兰特说："不管是士兵还是军官都可以保留自己的马匹，他们将来耕地的时候会用得着的。"丘吉尔的眼睛闪闪发亮，他环顾了一下听得着了迷的人们，说：

"在生活和战争的悲惨时期，这是多么了不起的举动。"

我询问他对于与苏联斯大林的接班人会谈有何看法。他说，西方必须执行实力政策，决不可在软弱的基础上与共产党人打交道。他告诉我，他期待着去访问苏联，但他无意做出任何可能对美国具有约束力的承诺。

他提到，除了在战时与苏联结盟以外，他一生都反对布尔什维克，并且说他"确信美国人民会相信我是个了解共产党的人并且是位反共斗士"。他最后说，"我想我为反对共产党人所做的事与麦卡锡为他们效劳所做的事一样多"。我还没有来得及说什么，他就笑一笑，朝我这边凑过来说："当然，这是私下的议论。我从来不主张干涉别国的内政！"

丘吉尔对我说，他对于激进挑拨者安奈林·比万的恶毒言辞极为愤慨。1947年，身为工党政府卫生部长的比万说，保守党人"比害虫还低下"，这甚至使他的一些同事都感到难堪。我不禁想，尽管比万的讲话非常有失优雅或巧妙，但是丘吉尔自己在使用尖刻的咒骂语言方面没有几个人可以同他匹敌。

丘吉尔在谴责詹姆斯·拉姆齐·麦克唐纳①在政治上缺乏坚忍不拔的精神时，编了下面这段故事：

> 我记得在我还是个孩子时，有人带我去看著名的巴纳姆马戏团的演出。那里有个畸形生物和可怕怪物的展览。但在展览中我最想看的是一种被描绘成"无骨怪物"的东西。我的父母断言，因为我年纪还小，那种怪物样子太令人生厌，太使人丧气，看不得，因而不让我看。我一直等了50年才看到那个坐在下院政府大臣席上的无骨怪物。

―――――――――

① 詹姆斯·拉姆齐·麦克唐纳（1866～1937），曾两次任英国工党政府的首相。

他把约翰·福斯特·杜勒斯描绘为"我认识的唯一随身携带瓷器柜的鲁莽汉①"。

第一位女议员阿斯特女士有一次对他说，"如果我是你的妻子，我会在你的咖啡里下毒"。丘吉尔反驳说，"如果我是你的丈夫，我会喝下那杯咖啡的"。

当拉博拉特·克莱门特·艾德礼有一次在议会发表讲话以后，丘吉尔说，"他是一个谦逊的人，在许多事情上他不谦逊是不行的"。

乔治·萧伯纳曾送给他两张戏票和一张便条，上面写着："来看我的戏吧。如果你有朋友，就请带一个来。"丘吉尔回复一个便条，上面写着："首场演出我没有空去，但我愿意第二天晚上去看，如果你的戏还演第二场的话。"

丘吉尔有一次谈到安奈林·比万时说，"战争年代那张好恶作剧的嘴巴铸成了和平时期最触目惊心的劣政，真是天公地道，罪有应得"。

丘吉尔在唇枪舌剑的交锋中受到了攻击，必定要反击。

丘吉尔在男士宴会上对自己的生活作风做了充分的评论。当谈到英国的原子专家普洛登勋爵时，他说，"没有一个人能像他那样，给世界作的贡献那么多，向世界索取的又那么少。他不吃肉，不喝酒，没有结婚"。丘吉尔自己喜欢优裕的生活。我相信他会承认，一方面他对世界的贡献很多，另一方面向世界索取的也不少。

他对于生活有一定的鉴赏力，因而有一位传记作家称他为"政治上的彼得·潘②"。他晚年放弃打马球以后，绘画成了他最喜爱的消遣。那刚劲挺拔的线条和绚丽鲜艳的色彩似乎是为了发泄他那被压抑的活力。有一次他说，"如果不作画，我就活不下去，我不能忍受生

---

① 来自英文成语 a bull in a China shop，中文意思是瓷器店里的一头牛，意指鲁莽闯祸的人。

② 苏格兰剧作家 J. M. 巴里所著剧本中的主角，是一个永远长不大的小孩子。

活的紧张"。

他访问华盛顿期间，我们比较了各自的写作习惯。我告诉他，我发现使用听写机器时工作效率最高。他脸上露出愉快的孩子般的嬉笑，说："与其使用一架冷冰冰的、没有人性的机器，我更希望让一个漂亮的秘书听写。"他又说，他有两个"非常漂亮的"秘书。

许多年以后，即 1972 年，在莫斯科最高级会谈期间，我将这件事描述给勃列日涅夫听。那位苏联领导人说，他同意丘吉尔选择秘书而不要机器的说法。接着他眨了一下眼睛并且咧着大嘴笑起来，补充说："此外，当你半夜里醒过来想要记下某件事时，秘书就特别有用。"

丘吉尔离不开物质文明带来的舒适生活。第一次世界大战期间，他总是带着一只锡制的澡盆上前线。禁酒时期他在美国作演讲旅行时，都在合同上写明，每次演说以前必须拿到一瓶香槟酒。

1969 年我就职后不久，白宫的一位老管家告诉我另一件事。丘吉尔来访期间，罗斯福总统总是邀请他在白宫下榻，并让他住在那间王后卧室内，室内装饰典雅，有一张十分舒适的床。有一次，罗斯福坚持让客人住在林肯卧室，以便客人事后有资格说他曾经在林肯的床上睡过。林肯卧室是根据美国 19 世纪中叶极其简朴的风格布置的，里面那张床毫无疑问是白宫中最不舒适的一张。

管家说，丘吉尔进卧室过夜，大约半小时后，他看到丘吉尔身穿一件老式睡衣，手中提着衣箱，踮着脚从林肯卧室穿过大厅走到王后卧室中去。丘吉尔不愿在一张不舒服的床上睡上整整一夜，尽管这是件颇有历史意义的事。听完这个故事，我想起 1954 年艾森豪威尔夫人曾请丘吉尔在王后卧室和林肯卧室之间任选一室时，他立即挑选了前者，而把后者让给了他的外交大臣安东尼·艾登。

丘吉尔也是美酒的鉴赏家。最近我访问了拉菲特·罗特希尔德堡，那里出产着许多人认为是法国最好的酒。主人告诉我丘吉尔曾访问过该地，人们专门为他打开了一瓶 1870 年的拉菲特·罗特希尔德酒，那种酒是 19 世纪美酒之最。宴会结束后，丘吉尔在宾客签名簿中写道，"1870——它不是法国兵器的好年头，却是法国美酒的好年头"。

我在华盛顿观察丘吉尔的三天内，经常追溯我自己最早注意他的年代，那是 1936 年我来到东部进入法律学校以后。他已经是相当知名又有争议的人物，这部分原因是在国王退位的危机中他支持了爱德华国王和辛普森夫人，但主要原因是他极力主张英国必须重新武装和民主国家应当团结起来抵制希特勒。

在那个年代里，美国孤立于世界之外，并且奉行着孤立主义。今天，我认识的一些人会因为协和式客机晚起飞 20 分钟而不耐烦。但是在 20 世纪 30 年代，到欧洲去的最快的办法是乘坐需要航行好几天的远洋轮船。我在加利福尼亚州和北卡罗来纳州的熟人中没有一个喜欢希特勒，却很少有人愿意为了除掉他而去打仗。我想，他那滑稽可笑的外表和歇斯底里的发作使得人们不大愿意认真对待他。我们也知道，即使是在英国，人们也普遍地把丘吉尔看作好战的牛虻一类的人。他喜欢夸大其词、过分吹嘘。而我们大多数人对于内维尔·张伯伦想要避免战争的众所周知的决心抱同情态度，并且欣赏他以耐心和尊严去忍受希特勒的辱骂。我记得当张伯伦开完慕尼黑会议回去，宣布他带回了"我们时代的和平"时，每个人都松了一口气。

只有当希特勒于 1939 年终于清楚地表明不征服欧洲决不会甘心时，我们才开始懂得丘吉尔一直以来是多么聪明，多么有远见。在欧洲令人震惊地突然瘫痪时，丘吉尔多彩的人格和富于戏剧性的演说立即变成了传奇的题材。当丘吉尔讲下面这句话时，他是完全抓住了自己扮演的角色的："具有雄狮之心的不是别人，而是那个遍居全球的民族和种族。① 我应召出来大吼一声，这是我的荣幸。"

战争一开始他就特别注意美国的动静。他知道，只有赢得我们这

---

① 指大英联邦。

个"民主国家的弹药库"的支持——最好是我们的干预——英国才能生存下去。他的气质特别适合于这个角色,这是因为他母亲珍妮·杰罗姆是出生在布鲁克林①的美国人。他甚至骄傲地、不无几分夸张地声称,杰罗姆家族这棵树上有着易洛魁印第安人②的树权。

他于 1874 年生于布伦厄姆宫,是伦道夫·丘吉尔勋爵和夫人的长子。父母对幼年的丘吉尔影响甚大,他爱他们,崇拜他们。但令人伤心的是他们都没有很多时间跟他待在一起,对他也没有多少帮助。

伦道夫勋爵是个聪明过人但反复无常的政治家。他将其整个生涯孤注一掷,并且输光了:为反对一项政府政策而请求辞职,同时相信首相会拒绝接受他的辞呈。然而,辞呈被接受了,伦道夫勋爵从此未能再进内阁。此时,他因为几年前染上了性病,健康状况开始走下坡路。真是祸不单行。由于自身难保,伦道夫勋爵对其儿子缺乏兴趣,并且认为他讨嫌,因为他的学业成绩差,对家里已经拮据的经济也是个负担。

对温斯顿来说,政治比学校的课程更使他神往。他渴望能与父亲谈论当时的政治事件和人物,但是伦道夫勋爵每次都拒绝。温斯顿后来写道,"每当我表露出与他是同行的念头,他便立即生气。有一次,我提议帮助他的私人秘书为他写几封信,他对我大发雷霆"。伦道夫勋爵在他 46 岁那年过早地去世,这就排除了在他们之间建立密切关系的任何可能性。

温斯顿写道,他的母亲"像晚间的星星那样照耀我,我很爱她——但是总保持着一定的距离"。事实上,伦道夫夫人是个生性轻浮的美人,对她来说,结婚丝毫未能改变她那种喜欢男人的陪伴和阿谀奉承的习惯。尽管那个时代很讲究谨慎小心,但她的社会关系却广为人知,其中威尔士亲王,即未来的国王爱德华七世便是相当重要的

---

① 纽约市的一个区。
② 易洛魁人为北美印第安人,由十几个部落组成。16 世纪中叶,其中五个部落曾结成"易洛魁联盟",是当时北美最强大的部落集团。易洛魁人强悍好战,文化程度较高。

一个。

我偶然想到所谓传统心理学的新"科学"大都是纯粹骗人的鬼话。例如，西格蒙德·弗洛伊德在他与前大使威廉·布利特合著的一本书中认为，伍德鲁·威尔逊崇拜父亲，但又下意识地恨他，这种憎恨使威尔逊与那些不赞同其外交政策的人打交道时武断生硬。这使我感到非常奇怪甚至觉得是愚蠢。

然而我倒认为，要了解一个成年人的想法和感情，根据常识，应当从其家庭背景和幼年生活中去寻找线索。

从丘吉尔的情况看来，他早年生活中缺乏感情这一点似乎并没有对他产生严重的影响。他为父亲感到极其骄傲，并且捍卫父亲的名声以及他为之奋斗的许多事业。伦道夫夫人很长寿，因而看到了她的儿子成长为一个著名的军人、作家和政治家。她像麦克阿瑟的母亲一样，利用她与握有大权的男人之间的社会联系，来开拓其儿子的事业。她在晚年真的喜欢起温斯顿来了，并且相当依赖他。

众所周知，丘吉尔跟爱因斯坦一样，年轻时的学习成绩一般。他的一位指导老师说，"那个年轻人不可能考取哈罗公学①，他肯定名落孙山"。如果在中国或苏联，他就不可能被作为精英的一分子挑选出来接受高等教育，也不可能在政府或工业部门中被委以重任。有一次我在北京访问时，中国一位教育家骄傲地告诉我，中国所有的儿童都能免费接受初级教育。他接着说，他们读完初级中学以后，要参加综合性的考试，只有合格的学生才能继续学习，不及格的就去工厂或农村劳动。他若有所思地补充说，"在我们的制度下，我们给人民大众以较好的教育，但也会失掉我们的丘吉尔们"。

一位敏感的学者能发现丘吉尔独特的才能，而一次大规模的考试是做不到的。他在英语方面是个天才。他讨厌拉丁语和自然科学。由于他这些学科的分数低，平均分数就不及格了。在哈罗公学里，他的

① 英国一家培训贵族和资产阶级子弟的中学。

分数使他屈居最差的学生之列，而那个学校是强调英语写作的。他后来写道，"这样，我把日常英语句子的基本结构铭记在心——这是件高尚的事情"。他很快爱上了英语，这种爱好丰富了他自己的生活，也丰富了说英语国家中许多代人的生活。

由于丘吉尔不可能按照正常途径，即通过牛津大学或剑桥大学开始其政治生涯，于是他家里决定把他送进桑赫斯特军校——英国的西点军校，当一名骑兵士官生。他为自己所受到的军事训练感到高兴，他的成绩就可以说明这一点：毕业时，他在班上接近于前列。

年轻的丘吉尔现在放眼世界舞台，寻找着任何可提供冒险的地方。他作为一家报纸的记者跑到古巴，去报导该岛叛军与西班牙殖民当局之间的游击战争。他后来写道，当他在地平线上看到古巴的海岸轮廓时，不禁产生一种"甜蜜而又怯生生的感觉"。"这是个正在动真刀真枪的地方，这是个大动干戈的场院，这里什么事情都可能发生。这里肯定会发生什么事情。我可能在此抛下自己的尸骨。"

他不久就回到英国去准备接受第一个军事任务：去印度服役八九年。他对这一前景感到害怕，他在给母亲的信中这样写道："您想象不出我是多么愿意几天以后就航行到充满冒险和欢乐的地方去……我不想到枯燥乏味的印度去——在那里，我既不会有享受和平的乐趣，也不会有参加战争的机会。"

在班加罗尔的岗位上，丘吉尔有不少自由支配的时间，他决心好好利用它。他往往连续打几小时马球，最后成了一名优秀的马球手。他还开始给自己补上在学校中未能学到的那些知识。他的学习方式是典型的广泛接触并讲究方法。他请母亲寄给他一整套年鉴，那是些有关英国政治和全世界情况的年鉴。他认真阅读，认真记笔记，逐渐掌握了其中的大量材料和知识。他读重要的议会辩论摘要时，总是先仔细地理一下自己对那个问题的看法，然后将自己的意见和分析与实际参加辩论的人作对比。

他也请母亲给他寄几位伟大的英语散文家——尤其是历史学家麦

考利和吉本的著作。当他的同僚们在印度那灼热的午后沉沉睡去时，他则在吸收着这些书中的词汇和韵律。

不久以后，他开始向伦敦一家报社投寄有关战争的报道文章。这对于一个年轻的军官来说是超乎寻常的，他的许多同事和大多数上司都表示反对。当他把关于西北边疆省份的战事报道汇编成书时，有人嘲讽地提议应给这本书取名为《一个陆军中尉给将军们的暗示》。人们以类似的态度盯了他一辈子——而他对此根本不予理睬。

丘吉尔从不遵守压抑其个性的陈规陋习。他鄙视那些为保住自己的地位而扼杀他人创造力的人。他被那种拘泥于小节的官僚主义心理逼得要发疯，因为它把生活降到最低的公共标准，在那里画一条线，不准任何人逾越。他鄙视被吉卜林①称作"小市民"——小官吏的心理，他们"渺小得既不值得爱也不值得恨"，他们会"把国家拖垮"。当丘吉尔碰上"小市民"的事例时，他甚至常常高声朗诵吉卜林的诗。

近几十年来在美国，我们在这个老问题上加进了新的麻烦。一方面，在我们臃肿的官僚机构中有许多通常是死气沉沉，只关心如何保住饭碗的小市民；另一方面，也有许多为自由派事业积极活动的人。因此，要使官僚机构去办成任何事情从来都是不容易的，而保守派的内阁部长、局长，甚至总统自己要推动这个官僚机构去做它政治上不同意的事现在几乎已经不可能了。

为了办成某件事，丘吉尔通常直接去找最高层领导，免得在那些不敢越过正常渠道作出决定的下层领导人身上浪费时间，这就激怒了不少人。第一次世界大战以后，伦敦流传过一则关于克列孟梭②、劳埃德·乔治③和丘吉尔的故事。这三个人死后，先后来到天国之门。克列孟梭第一个到达，他敲门要求进去。圣彼得走过来要他通报姓

---

① 英国作家（1865～1936），1907 年获诺贝尔文学奖。
② 法国政治家（1841～1929），曾于 1906～1909 年以及 1917～1920 年担任两届总理。
③ 英国政治家（1863～1945），曾于 1916～1922 年任首相。

名，以便去查阅档案，确定应该给他什么样的永久奖赏。劳埃德·乔治到达时也发生了同样的情况。最后，丘吉尔来了。他也敲了门。圣彼得跑来开门，并让丘吉尔通报姓名以便查阅档案，确定得什么奖。丘吉尔回答说，"你算老几？叫上帝来"。

当丘吉尔还在印度服役时，他利用自己和母亲的所有关系去说服基钦纳勋爵，以使自己能跟随英国军队去苏丹追击伊斯兰苦行僧的军队。因此，他作为战地记者参加了恩图曼战役，那是历史上最后的几次骑兵进攻战之一。

1899 年，丘吉尔退役并参加曼彻斯特奥德姆选区议员的竞选——这是他父亲的选区。他竞选失败，这失败对于他是个打击。在这第一次政治失败之后，他写道，他有一种"像一瓶倒了一半而又整夜没盖瓶塞的香槟酒或苏打水那样泄气的感觉"。但是他年轻，而且不久就遇到了新的冒险机会。

他以战地记者的身份去南部非洲采访英布战争。到那里不到两个星期，他就在一次与布尔人交战、英勇保卫火车的战斗中被抓获当了俘虏。他从抓住他的布尔人那里逃脱，他们悬赏二十五英镑要逮捕他——活捉或打死都行。多年以后，他把一份要抓他的告示装在镜框里挂在书房中。他喜欢对来访者说："我只值那么几个钱吗？才二十五英镑？"

当他还在非洲时，他的一部浪漫小说在纽约和伦敦同时出版。三个月以后，他出版了那本写了他自己战绩的关于英布战争的书，各方评价良好，销路也不错。

两个月后他回到英国时，已经成了民族英雄。有十一个选区询问是否有幸请他代表他们去当议员。但是，他选定再次为奥德姆选区竞选。这一次，他当选了。

人们对这个世界上任何事物喜爱的程度，很少能比得上温斯顿·丘吉尔对下院的热爱。自从他 1901 年第一次坐上下院的席位后，下院就深深地成了他精神上的寄托。由于父亲的门第以及他本人对历史的浪漫主义见解，使他感到自己与下院及其传统已经连成一体。他关于重建议会大厦的那些演讲是引人入胜的，他决心完全按照原样，重建被德国人在第二次世界大战期间炸毁的议会大厦。我们听到他讲的不是关于建筑物的故事，而是他本人与历史之间充满激情的关系。

他受到了议会里新同事们的欢迎，其中有许多人曾与他父亲共过事，他们对小丘吉尔几乎带有一种保护的感情。丘吉尔后来写道，他对在议会的初次发言曾一再推敲并加以练习，直到能信口从随便哪一段讲起，而且讲得十分流利。

他是一位非凡的公众演说家，他的讲演，在会堂里能使几千人屏息，通过广播扩音器可让几百万人入迷。他善于把对英语的精通与天赋的翩翩风度结合起来，但更为重要的是，他的演讲之所以激动人心是由于其本人也被他为之奋斗的理想所激励。澳大利亚前总理罗伯特·孟席斯爵士曾指出，丘吉尔的战时讲演仍然像过去那样扣人心弦，其原因是他"懂得了一个伟大真理，这就是，讲演者或领导人要想打动别人，首先得打动自己，他脑海中的一切都应该是栩栩如生的"。

但对他来说学会演讲并非轻而易举。开始的时候他写出并熟记每一篇讲稿，对着镜子研究说话时的手势，甚至试验以各种方法使用咬舌音，以增强效果。

我曾在1952年共和党全国大会上第一次遇见丘吉尔的儿子伦道夫，我告诉他，他父亲精彩的即席演讲给我留下的印象是何等的深刻。他笑着说："那些讲演精彩是应该的，他用了平生中最好的时间写讲稿并记熟它们。"在与伦道夫的交谈中我感觉到，伟人的儿子是很不好当的。我发现他聪明过人、讨人喜欢并很有才智，但与丘吉尔一比较，任何人都会相形见绌的，这对于恰巧又是他儿子的人来说尤其如此。

作为一名才华出众而又出身名门的青年议员，丘吉尔是世界上的顶级人物，他的前途似乎不可限量。

于是，他突然抨击起党内领导人的某些立场来了。他主张采取自由贸易方针，这就直接违背了保守党设置关税保护英国货的正式立场，结果造成了一次重大危机。这种青年议员各行其是的现象是绝对不能容许的，如果这些议员抱有升入内阁的企图则尤其不可容忍。

1904 年，丘吉尔迈出了果敢的一步。他在下院"倒戈"，从保守党转到自由党。在政治生涯中有时就得冒很大的风险，下的赌注要多高就能有多高，而结局也是一清二楚、毫不留情的，要么成功要么失败。政坛以外人士或政界新手们往往对冒政治风险的特殊性不甚了解。在商业活动中冒风险固然令人神经紧张，但至少还可用科学手段来预测可能出现的结果。然而在政治生活中，冒风险意味着纯粹凭勇气、直观以及在关键时刻作出决断的能力。

今天，关于贸易保护主义的整场辩论看来已经是遥远和毫无生气的事了。人们不禁会问，丘吉尔为了这一事业而冒那么大的风险是不是一个错误？但丘吉尔是从最广义的角度来看待自由贸易问题的，包括它与英国国内就业及生活水准的直接关系。当时许多英国人的生活条件跟狄更斯小说里所描述的凄凉景象差不多，然而他们并没有什么怨言。但是丘吉尔却意识到，英国普遍公民的生活水准如何，是本世纪英国政府将要面临的主要课题。

使丘吉尔感到震惊的不只是英国社会在经济上的不公平，而且还包括这种不公平所造成的不可避免的精神创伤。有一天他走过自己的曼彻斯特选区时，对助手说："想想吧，在这样一条街上生活，从来见不着什么漂亮的东西，尝不到任何美味的佳肴，吐不出半句妙语，这是什么样的日子啊！"

年轻人常常问我，若要成功地踏上仕进之途，需具备哪些条件？一听到这个问题，人们立即会想到聪明才智，反应灵敏、个人品德以及对一项伟大事业具有信念等。然而，具备这些品质的人很多，而具备为获得政治上的成功所不可缺少的品质，即为取得重大成就甘冒一切风险的品质的人却很少。你绝不应害怕失去什么。我的意思不是要你去鲁莽从事，但你必须得"敢"字当头。如果一位有希望当选的候选人对我说，除非党组织保证从经费和政治上支持他，同时民意测验又表明他准会获胜，否则他就不参加竞选，那我会断然告诉他，"别竞选啦，你准是个差劲透了的候选人"。总的来说，丘吉尔在其整个生涯中是敢作敢为的，虽然他有时也有点鲁莽，但从来不怕失败。

丘吉尔改变党属关系所造成的冲击波是巨大的。他的许多朋友公开指责他是个忘恩负义的机会主义者，他利用别人往上爬，尔后又反戈一击，加入了一个企图颠覆英国社会整个阶级结构的政党。这些朋友主张谨慎和少量地扩大参加治理国家的人选，大力推进选举制度的改革，但丘吉尔大大超出了这个范围。丘吉尔加入了准备打开大众民主的闸门，让平民百姓得以涌入的队伍。

人们对丘吉尔的反感是强烈的。他后来写道："我以前的行为举止未必能使人们对我产生经久不衰的热爱。"他这样说，充分表现了英国式的轻描淡写。不久前在许多圈子里，丘吉尔曾被捧为潜力巨大、前途无量的青年人，现在却成了弃儿，他被人称作"布伦海姆①的变节分子"，并且突然发觉，在伦敦许多最时髦的住宅里，他已不再受到欢迎。早期产生的这些愤懑情绪并非很快就能消除，直至十一年后，保守党人还提出将丘吉尔排除于内阁之外，企图以此作为他们加入战时联合政府的一个条件。

与其说敌对情绪最后消失了，不如说对他怀有敌意的人终于寿终正寝了。一个流行的说法是："活得好就是最好的报复。"这在政治舞台上可理解为："比谁都活得长就是最终的报仇雪耻！"

丘吉尔所受到的社会排斥要是落在其他政治家身上，许多人必定早就被压垮了。不少人是因为沽名钓誉而踏进政界的。一个人在成为

---

① 布伦海姆是丘吉尔的出生地。

有争议的政治人物后会失去众望、满怀辛酸、论战不休，要甘愿忍受这一切就必须具有另一种气质——尽管这种气质不一定更好。

在三十六年的公职生涯中，我见过许多有才华的青年男女，由于不愿意使自己或他们的家庭——受到因公开争议而造成的压力和孤立，宁愿放弃他们的政治生涯，回到民间。在这点上，"水门事件"前的政治和水门事件后的政治有着惊人的区别。今天，因政绩而备受赞许与尊敬的希望是很小的，而私生活遭到明显侵犯的危险性则大大增加了。进入政界后首先要准备做出种种牺牲，准备被人揭老底，这就使许多人望而却步。这必定会严重影响到有意投身于公职男女们的数量和质量。

1906 年，32 岁的丘吉尔进入首届自由党政府的内阁。在随后的数年间，他担任过六种内阁职务，他带着无穷的兴致与巨大的活力来对待每一项任职。作为商务大臣，丘吉尔带头提出一系列倡议，为现代英国社会奠定了基础。尤其是在任内务大臣期间，他改革制度，规定煤矿工人八小时工作制，提出井下应装置安全设备。他禁止秘密雇用 14 岁以下的童工；规定店员有权享受工间休息；设定最低工资线；在全国设立劳工介绍所以减少失业，并对监狱制度做了重大改革。

这些成绩实际上就是今日英国福利社会的雏形。但丘吉尔在进行这些改革的时候，就已明白无误地划清了社会主义与自由主义的界限。在他自己认为是最精彩的一次演讲中，丘吉尔说："社会主义试图把富人往下拉，自由主义则试图把穷人往上提。社会主义要扼杀企业，自由主义则要将企业从特权和优先权的桎梏中解救出来……社会主义称颂的是控制，自由主义称颂的则是人。社会主义打击资本，自由主义则打击垄断。"

他在立法方面成绩卓著。他富有创造精神、循循善诱，喜欢争论，但给人的第一个印象是，他常常显得粗鲁和不够圆滑。在需要朋友的地方却往往树敌。在有些情况下，假如人们对他了解得深些，造成的损害本来是可以补救的。然而，初次印象往往是难以消除的。正像他最好的一位朋友所说的那样，"第一次与温斯顿见面你看到的是他的所有缺点，然后你一生中所剩的岁月看到的则全是他的美德"。

像丘吉尔那样性情敏感、易于激动的人在政界里本来是很常见的。1947 年我刚进入众议院的时候，就有许多满身带刺的人物，还有一些人行为极其古怪。但从此以后，电视的普及把人们的政治个性都均同化了。全脂牛奶中的奶油是浮不到表层上来的，政治上均同化的结果也是这样。

过去，我们倾向于钦佩那些不但在思想上而且在风格上都敢于独树一格的政治领袖。然而在今天，许多政治家为避免因过度曝光而减色，或避免显得过火或失却检点，不是不得已就是假装地采取一种十分温和和不触犯别人的态度。"不要惹是生非"似乎是大部分新一代政治家的行为准则。

我这并不是说在政府里需要有怪人或狂人，但我们可以多容纳一些有创见的思想家和敢冒风险的人。我们的年轻一代政治领导者们有必要懂得，对于想要取得成功的人来说，比错误还要坏的东西只有一样，那就是迟钝呆笨。我有时在想，像丘吉尔和戴高乐这样富于独创精神的伟人们，如果也像今天的政界领袖那样备受新闻界在枝节问题上的不停轰击，不知还能否得以幸存？

丘吉尔为其高压手腕付出了沉重代价，他没几个亲近的朋友，而敌人却不少。据 C. P. 斯诺说，甚至连对丘吉尔怀有十分好感的劳埃德·乔治也认为他"有点蠢"。他成功时一切都好，但是，当他为早日结束第一次世界大战而提出派进攻部队在达达尼尔海峡的加利波利登陆这一大胆——我相信也是卓越的计划在实施中被笨手笨脚地搞糟后，政敌们就得到了打击他威望的武器，他被撇在一旁，只给一个名誉职务。

这使他无法忍受——不是因为他计较这次论战，也不是因为他的自尊心受了创伤，当然也不会是由于对达达尼尔远征计划产生怀疑，如果按他的方案行动的话本来是会成功的。真正击中他要害的是失去了筹划大事的能力。他的助手这样说："事情越是糟糕，他就越变得勇敢和从容——可怕地折磨着他的是一种被判定为无所作为的沮丧心理。"

就在这一时期，丘吉尔开始得了一种他称之为"忧郁症"的病——使他身心衰竭的沮丧心理每隔一段时间发作一次，每次发作可有几星期丧失活力。虽然英国的另一名散文大师、第一本英语词典的作者塞缪尔·约翰逊也曾遭受过同样的折磨，但丘吉尔并不因此而感到宽慰。这种间发性沮丧心情必定给他带来了莫大痛苦，但也许这能使他本来就是乐观并充满活力的心灵重新充满热情，为今后的战斗作准备。

使他感到安宁和满足的一个无穷源泉乃是他的婚姻。他于1918年与克莱门蒂·霍齐尔结婚。就像后来他写的那样，他们"从此以后生活得很幸福"。但婚后生活的幸福并不意味着事情都那么简单。丘吉尔夫人是她丈夫最有力的支持者和最坚定的同路人，但她从不喜欢把政治作为职业。对丘吉尔的许多政界朋友和世交她也无法容忍。既然丘吉尔不能放弃其政治生涯，那就只好找出一项解决办法。他们长期两地生活，他忙于公务，她到法国度假或住在伦敦郊外他们自己的房子里。丘吉尔从未表露过有意于其他妇人，他们常常通信，并写得很长，这些信件极好地表明，他们之间的爱情与相互信任都是很深的。

到20年代初期，看来丘吉尔已失去了多次机会。他当时只有47岁，但有不少新一代的政客已开始把他当老人对待。他曾经有一个虽然历经波折却又颇为高贵的职业，但上升的希望看来不大。因他改变党籍而对他不十分信任的现象仍旧存在，而且也躲不掉因达达尼尔远征而对他进行的尖锐指责。

1922年，他处于低潮中的最低点，急性阑尾切除手术使他无法为再次当选进行演说。由于未能施展其对选民进行个别游说的非凡能力，他被击败了，这是他二十二年来第一次不当下院议员。他诙谐地说，"转瞬之间发现自己丢了官，丢了议席，丢了党籍，甚至连阑尾也丢了"，但情绪非常低落。劳埃德·乔治的一位前助手看到过这时的丘吉尔，他报告说，"温斯顿意志如此消沉，乃至整晚默默无言，感到他的一切均已告终——至少可以说政治前途业已告终"。

塔列朗①曾说过，"一个人在战场上只能死一次，而在政治上下野则意味着东山再起"。丘吉尔的经历无疑证明了这一看法的正确性。格言虽好，但对刚刚在选举中遭到失败的人来说，是无可安慰的。我本人曾在选举中输掉过几回，知道失败的滋味。朋友们会对你说，"无官一身轻，这下子你随时都可以去旅行、钓鱼、打高尔夫球，难道不好吗？"我的回答是，"是的——大约在一周内是这样的"。然后就会有一种只有曾亲历其境的人才能体会的极度空虚感。

你在竞选中搞得筋疲力尽，脑子里空空的，一时还没有恢复过来，而神经却仍处于高度兴奋状态，因此开始时还不会感到太难受。但几个星期或几个月之后，你会认识到自己被人击败，已经覆水难收，你再也无法挽回败局了。要是你不富裕的话，为付清账单可能得另找职业，因为不管你心情如何，每个星期的账单是照样源源而来的。

丘吉尔确实就是这样，他恢复为报纸撰文以取得收入。他想返回议会，但争取了两次未能成功。他让全世界看到的是一张勇敢并恢复精神的面孔。但我敢肯定，每次失败都会带来剧烈的挫折感、失望与耻辱。不过，只要你不是放弃不干，政治生活中的失败倒也不是致命的。而丘吉尔是不知道"放弃"二字为何意的。

到 20 世纪 20 年代中期，工党已几乎完全吞并了自由党，剩下的少数几名自由党人则加入了保守党。丘吉尔以一名再生的保守党人身份参加竞选，终于在 1924 年重返议会。

———————————

① 塔列朗（1754～1838），拿破仑时期曾任外长，以善于谈判著称。

一个月之后丘吉尔有点时来运转，但后来证明是桩倒霉的差事。一个偶然的机会使他突然当上了财政大臣，在内阁里仅次于首相本人，坐上了第二把交椅。具有讽刺意味的是，这一次意外事件是由内维尔·张伯伦引起的。

斯坦利·鲍德温首相计划让张伯伦当财政大臣，任命丘吉尔为卫生大臣。但意想不到的是，张伯伦在最后一分钟提出要当卫生大臣。鉴于其他职位均已分配完毕，而丘吉尔还在客厅等候，鲍德温把他们的职务对调了一下，冷不防地问丘吉尔愿不愿意当财政大臣，丘吉尔欣然接受。

丘吉尔担任财政大臣的四年，至今仍常常引起争论。从许多方面看，这个工作是无法做好的。由于第一次世界大战的影响，英国的经济仍显得疲软。所有杰出的经济学家都极力主张进一步紧缩财政，以使经济能在坚实基础上真正得到复苏。军方则要求大幅度增加三军的开支，使其能弥补战争中的损失，恢复英国的军事优势。

对丘吉尔决心制订的开支庞大的社会福利计划——例如全国性退休金制度及对寡妇与儿童的保险制度——支持者为数不多。他提出了由雇主和职工共同出资设立退休金这一大胆方案，运用税收法规的某些新变动减轻中产阶级纳税人的负担，并通过刺激劳动生产率和投资来增加就业。

我认为，丘吉尔作为财政大臣名誉受损害的原因可能与赫伯特·胡佛形象受诋毁的原因如出一辙。当1929年大萧条袭击全球时，不幸他俩都在台上。除当权者外，谁该为这一灾难承担责任呢？胡佛与丘吉尔不同，他缺乏感人的魅力与热情的性格，无法使人们了解他对他们的困境是何等的焦虑！数十年后当我结识胡佛时，我发现他外表虽然十分生硬、冷漠，其实是一位腼腆、敏感和富于同情心的人。在他就任总统期间，他谈起失业者遭受的痛苦时，是含着眼泪的，但这情况只有他最亲近的朋友和他的家人才能见到。

一次意外的运气使丘吉尔青云直上，现在，无法控制的力量又把他打翻在地。政治荒野中的另一次漫长的寂寞、受挫时期开始了，忧郁的心情时常产生，他沮丧地写道，"我现在成了一名被抛弃、被排斥、被流放、被拒绝和被人讨厌的人物"。

这期间丘吉尔写过几本书，包括长达六卷的《马尔巴勒》和《当代伟人》，并为杂志撰写了不少文章。今天，不少文学评论家嘲笑丘吉尔的文体，认为辞藻华而不实，甚至过于夸张。然而我觉得，他的著作只是稍稍次于他战时的统帅能力，是他最伟大的遗产。

他采取的一系列立场并没有带来好处，反而使人人都知道他自行其是，很不可靠。他强烈反对政府关于让印度独立的计划，并为此退出斯坦利·鲍德温的影子内阁，从而在他本人与重新掌权的可能性之间布下了一条几乎是无法逾越的鸿沟。国王爱德华八世试图找到一种既能使自己保住王位，又能与离婚过两次的辛普森夫人结婚的办法。丘吉尔又一次离开了党的队伍，站到了国王一边。同时他还开始发起运动，提醒国会警惕德国急速进行重新武装的危险。

不管他在印度和国王退位问题上的立场功过如何，就他在德国问题上提出的警告而言，他在这块自欺欺人达到危险境地的土地上成了真理的预言家。丘吉尔之所以能够卓有成效地扮演卡珊德拉①的角色，是由于他时常从军方的文职人员中得到内部消息，他们对其上司闭目塞听的情况感到忧虑。这一小批文职人员的身份直至不久前才为人所知。准确地说，丘吉尔的作用是由于有了他们才得以发挥的。假如没有他们提供的事实和数字，人们会毫不犹豫地把丘吉尔视作好战的牛皮大王而不予置理。

只要人类的本性不变，人们就会为了实现自己的目的而泄露机密。在多数情况下，其目的是为了能使自己往上爬。不过在某些情况下，却是由于人们对某项政策的危险性表示担忧，因为他们认为这项政策是错误的。有些人可能会说，我一方面对在 30 年代透露德国进

—————————

① 卡珊德拉系希腊神话中能卜吉凶的公主。

行重新武装情报的人们表示敬重，另一方面却对那些在 60 年代和 70 年代把关于越南战争的文件泄露给报界的人们进行谴责，这是前后矛盾的。其实这是两种完全不同的案例。就后一个案例来说，当时战争正在进行。在《纽约时报》开始发表五角大楼的文件之时，死于越南的美国人已超过四万五千人，而且每星期还有几十人阵亡。为争取结束战争，我们正进行着高度敏感的谈判。大量的泄露事件——除五角大楼文件外还有其他许多例子——有损于我们的谈判地位，不但没有缩短反而延长了战争。我确信这不是文件泄露者们的本意，然而这却是他们的行为所造成的后果。

透露给丘吉尔的情报是经过选择的，这些情报使他在国会辩论中得以就政府的方针进行有力的争论。向丘吉尔提供消息的人决不会想到把原始情报交给记者去发表。我相信丘吉尔会认为，在战争期间泄露五角大楼文件是一种叛国行为。

1939 年夏，纳粹铁蹄踏入波兰，这一突如其来的悲剧，证明丘吉尔的警告是对的。张伯伦立即把丘吉尔召回任海军大臣——还是他二十五年前担任的那个职务。伦敦的这一著名信息传遍整个英国舰队："温斯顿又回来了。"

很显然，威信扫地的张伯伦当首相的日子不会太长了。但不管是他还是国王，都不愿意让丘吉尔接任，他们更倾向于让哈利法克斯勋爵接任。只是在勉强作出不宜从贵族院产生首相的决定后，才于 1940 年 5 月 10 日提议让 65 岁的丘吉尔担任这一职务。丘吉尔写道："当我凌晨三时就寝时，觉得有一种深切的宽慰感，我终于取得了在整个舞台上担任导演的权力。我觉得似乎是在与命运一道前进，而过去的全部生活只不过是为这一时刻、这一考验的到来作准备而已。"

假如丘吉尔被忽视而未当上首相，仍旧干他的海军大臣，指挥海上作战，那会是一种什么局面呢？对此进行推测，就像是在豪华客厅里做游戏那样趣味无穷，但我还没听说过哪位领导人曾花很多时间去对此左思右想的。为生活中的"倘使……将会怎样"费神，就会捆住你的手脚。

就美国来说，假如 1952 年是罗伯特·塔夫脱而不是艾森豪威尔当选总统，将会出现什么局面呢？竞选后十个月，塔夫脱便死于癌症。假使丘吉尔在 1939 年去世了，那又会怎样呢？人们会把他当成英国历史上许多极为突出的失败者之一，他的墓志铭将是"有其父必有其子"。然而该发生的还是发生了，丘吉尔又一次得益于他的运气、坚忍、能力和长寿。

在就任首相后的第一次下院演讲中，丘吉尔说，"除了鲜血、劳苦、眼泪和汗水外，我无可奉献"。他完全可以将领导能力也加进去，如果不是由于他的领导，英国可能无法幸存，西欧可能失去自由，在一个充满敌意的世界里，美国现在可能成了遍地设防的孤岛。我想借用他战时一句很值得纪念的话来说明这一点，"一个人为如此众多的人作出如此巨大的贡献，是前所未见的"。

丘吉尔在内维尔·张伯伦和他的地位突然对调之后对待张伯伦极其宽厚。他坚持将张伯伦挽留在政府内，继续让他参加所有的会议。丘吉尔没有公开批评张伯伦，而且总是与人为善地谈起他的前任本意如何崇高。这种高尚风格在任何国家里都是最优政治的典型。富兰克林·罗斯福当总统时并没有表现出这种宽宏大量，在他任期的十三年内，从未邀请胡佛夫妇进白宫参加过任何活动。哈里·杜鲁门就任总统后最先办的事情之一，就是邀请胡佛到椭圆形办公室参加一次会议，使胡佛感动得热泪盈眶。

第二次世界大战的爆发使丘吉尔的非凡能力和出众人格得到了大显身手的机会。高超的领导才能看来只有在战争的可怕环境中才显得格外清楚，这似乎是生活中的可悲事实。

罗伯特·皮尔爵士是英国最伟大的首相之一，他作出了废除谷物法这一难于作出的决定，但他并没有像在战争期间居住在唐宁街十号的迪斯雷利或其他首相那样广泛地留在人们的记忆中。在美国，可以说詹姆斯·皮尔克也是这类人，从能力和政绩上看，也许他可排入前四五名总统之列。此外还有艾森豪威尔，他结束了一场战争，并使和平维持了八年。但许多人认为他不如杜鲁门总统那样坚强有力或富于决断。出于历史的偶然，杜鲁门于 1945 年 8 月下令扔原子弹。在大多数历史学家们看来，衡量一个人是否伟大的尺度看来仍然是进行战争，而不是结束或避免战争。

尽管德国、意大利和日本彻底战败，但战争的结局对丘吉尔来说，很难说是胜利。

C. P. 斯诺注意到，丘吉尔的著名讲话是富有奇妙的戏剧性的，那就是："我当国王陛下首席部长的目的并不是为了主持解散大英帝国。"但这话至少有点不够真诚。很清楚，这正是任何一位在 1940 年当上首相的人不得不做的。即使在英国无人像罗斯福那样决心让所有的殖民地人民在战后获得自由，大英帝国内部要求取得独立的力量也已兴起，而且其势锐不可当。丘吉尔要想阻拦，无异于卡奴特王在海潮越来越往上涨时，拍击他的双腿命令潮水不要上涨一样。

对英国来说，甚至德国战败的后果也颇带讽刺性。丘吉尔懂得，要想抗衡苏联这块巨石，要在大陆上保持稳定局势，必须重建德国。他还懂得，德国必须从一片废墟中复兴。令人难以置信的是，重建德国竟比医治英国的半瘫痪状态更好办。重建后的德国，现代化工厂取代了被炸得粉碎的老厂。而英国呢，虽是取胜了，却只好对付着使用那些早在战前就大部分已经过时了的工业基础设施。结果，战败国比战胜国变得更富有、更强大。

英国人民还不得不备尝限量配给的困苦，不得不懊恼地认识到，不管他们作过多少努力，承受过多少痛苦和牺牲，英国再也不能像从前所习以为常的那样在世界事务中起主导作用了。

在战争开始之前很久，丘吉尔最为关心的事情之一就是英美的联合。在战后的年代里，这一联合成了他心中念念不忘的事。30 年代，他追求这种联合，为的是促进两国的繁荣；40 年代，这种联合是英国得以生存的先决条件；到 50 年代末，他把英美联合视为抵抗苏联在欧洲和世界扩张共产主义的唯一办法；而到了 60 年代，我猜想他会将这种联合看成是使英国在世界事务中保持影响的唯一途径。

在战后年代里，丘吉尔为维护英美两国的团结，不得不吞下许多苦药丸。珍珠港事件之后，美国参与了战争，但在这之前英国以十分高昂的代价守住了反希特勒的防线，度过了艰难的两年。美国的伤亡很大，但英国在两次世界大战中的伤亡远远高于美国。英国对美国的作用是深为感激的，因为如果没有美国，英国将无法幸存。但英国也必须意识到，要是没有英国的话，面对一个为希特勒完全控制的欧洲，美国可能也无法幸存。现在，英国感到有必要与美国的态度及看法持不同见解了。

担当领导的这把火炬已传给我们了，这不是因为我们的领导才能比别人强，而是因为我们的力量更大些。我这并不是暗示丘吉尔明显地表示过妒忌或不满。但在心灵深处，英国人会有一种恼怒的想法："以我们在外交政策及国际重大事务中长达数百年的全部经验，难道不比这些美国人更懂得怎样来领导吗？"我从 1945 年的一些会晤与交谈中觉察到，包括丘吉尔在内的英国领导人似乎都抱有一种相当消沉甚至是绝望的态度。

虽然美国有不少外交人才，但在我们到过的一些受英国影响较深的国家里，我发现，他们的外交官的知识往往比我们渊博得多，他们往往比我们更能胜任这种工作。我相信，今日的美国政策制定者们在作出重大决策之前，如能先征求其欧洲同行们的意见，而不是仅仅进行"磋商"或事后通知的话，定能从中得到教益。我们应时刻牢记，那些力量最强大的人不一定经验最丰富，智力最发达，眼光最敏锐或直觉最可靠。

丘吉尔觉得，战争结束后不久，美国的对苏政策特别幼稚。即便如此，他也没有把事情推向破裂的边缘。相反，他在力图对我们进行教育的同时继续奉承我们。许多人已经忘记，他那关于铁幕的著名演讲的中心点就是力促英美联合，以此作为抵制苏联扩张的最佳手段。这一预见性发言在当时曾引起激烈争议。埃莉诺·罗斯福说，她认为这种看法是危险的。议会里有一百名议员将其贬为废话。

30年代，当丘吉尔就纳粹德国的威胁向世界发出警告时，许多人拒绝正视现实。随着战争结束后联合国的建立，许多人希望从此出现一个不同国家和人民间和平与亲善的新时代，并为其祈祷。当这些人在40年代后期听到丘吉尔对苏联扩张的危险发出警告时，许多人还是不愿意相信他的话，但事实又一次说明他是正确的。他再次走在时代的前面，引导社会舆论而不是做舆论的尾巴。

大战期间，为了打败希特勒，丘吉尔随时准备接受任何必要的帮助。当纳粹德国入侵苏联时，丘吉尔欢迎斯大林加入反法西斯阵营，许多批评者指责他对斯大林的态度转了180度的大弯。他回答道，"假如希特勒侵犯地狱，我也会在下院为阎王讲好话的"。

丘吉尔与其另一主要结盟者罗斯福相处融洽。这位美国总统在给丘吉尔的信中写道："与你同处在一个年代里真是件快事。"而丘吉尔曾这样提到过罗斯福，"与他进行会晤有如打开第一瓶香槟酒时那么高兴"。

但这两人在政策方面常常有严重分歧。丘吉尔认为，罗斯福坚持要德国无条件投降，其后果将是灾难性的，并认为，主张将战后德国改造为农业国的摩根索计划是荒唐可笑的。最重要的是，他们在对苏联应采取什么政策的问题上意见分歧。至少在1940年的卡廷屠杀案①发生之后——当时得知有一万名波兰的反共军官遭谋杀——丘吉尔认识到战后斯大林贪得无厌的野心可能与战前的希特勒完全一样。与此同时，罗斯福似乎对英国的帝国主义比对俄国的帝国主义更抱戒心。有一次他说，"温斯顿，一个国家即使有可能从某处获得领土，但可能不想要它，这恰恰是你无法明白的"。

---

①　卡廷是位于波兰东部的森林地，二次大战期间，苏联在此对波兰军官进行集体处决。

正像亨利·格伦沃尔德在 1965 年所写的：

> 罗斯福不愿美英两国联合起来对付"乔大叔"①，相反，他尽量在丘吉尔与斯大林之间起调解人的作用。丘吉尔发现自己与罗斯福的隔阂越来越深。罗斯福的政策导致了一系列造成灾难性后果的协议，其中包括失去波兰，并使之投入共产党的怀抱。为换取俄国参与对日作战……在亚洲对俄国人实行领土和经济让步。而中国之所以沦入赤色分子之手与此有关。

假如丘吉尔当时能够说服罗斯福的话，事态发展的结局就会大不一样。

他对罗斯福越来越愿意信任斯大林感到忧虑，认为这是因为总统的健康日益衰退所造成的。罗斯福去世后他又担心，以前很少能从前总统那里了解到情况的杜鲁门正受到幼稚无知的亲俄国务院的影响。

丘吉尔坚信，防止俄国占领整个东欧很重要。因为他担心，他们一旦占领就决不会放弃。1945 年 4 月初他写信给艾森豪威尔，极力主张向柏林、维也纳和布拉格派遣美国部队。他写道，"我认为重要的是我们与俄国人握手的地点越往东越好"。然而当俄国人向西推进时，艾森豪威尔却按兵不动。

两个月之后，丘吉尔在给杜鲁门的一封电报中发出另一个警告，敦促他尽早召开波茨坦会议。就是在这份电报里，丘吉尔初次写出了在后来冷战时代成为典型的一句话："我对美军撤退到我们在中部地段的占领线深感不安，这样一来就把苏联的势力引进了西欧腹地，在我们与东边的一切之间降下了一道铁幕。"

丘吉尔认为，艾森豪威尔应对听任苏联人占领东欧一事负主要责

---

① 乔为约瑟夫的爱称，指斯大林。

任。艾森豪威尔与丘吉尔是属不同类型的将军。在丘吉尔看来，这位盟军司令官的坚定但又朴素无华的指挥作风及其随和的性格可能是盟军内部异常和睦的原因，这种和睦是盟军司令部内协作精神的具体表现。仅此一项就为赢得战争作出了必不可少的贡献。但丘吉尔后来估计，如果麦克阿瑟当时任欧洲最高统帅的话，美国就不会无动于衷地看着东欧屈从于苏联的统治。

艾森豪威尔把丘吉尔看做是伟大的领导人。丘吉尔去世后不久，他写道，"通过战时与他的交往，我发现，对他来说整个地球就像一位智者的操练场地，这位智者可以力图解决海陆空部队部署这样的紧迫问题，而几乎在同一瞬间，又能探索到遥远的未来，仔细考虑参战国在今后和平时期的作用，为他的听众设计着世界的命运"。

这一评论说明他由衷地尊敬丘吉尔。尽管如此，艾森豪威尔与丘吉尔也有分歧，不过他很少在我们白宫的会议上提到丘吉尔。偶尔有一次提及时，他对我说，他感到丘吉尔是最难打交道的人之一，因为他对所做的一切都很容易动感情。"你可知道，迪克，他在为自己的看法争辩时甚至会哭起来。"我能想象得出艾森豪威尔坐在老泪纵横的丘吉尔对面时的那副很不自在的模样！

在领袖人物中具有这一特点的并非绝无仅有。例如赫鲁晓夫与勃列日涅夫，有时为了试图在某一点上说服我，简直连眼泪都快流出来了。不过从他们身上我看不出有多少是出自真情实感，又有多少是为了表演给我看的。

丘吉尔有本事在关键时刻挤出几滴眼泪，或被自己的演说弄得忘乎所以，对此我并不怀疑。但他确是一位容易动感情的人。莫兰勋爵在他的日记中记载，当丘吉尔得知他可能因为中风而不能继续处于领导地位时，激动得几乎流泪。据他的秘书透露，在第二次世界大战的黑暗岁月中，当他口授一篇最著名演讲的结尾部分时，如同小孩一样地抽噎着："我们不能消沉，不能失败，要坚持到底。我们要在法国战斗，在大海大洋上战斗，以不断增强的信心和力量在空中战斗。我们要保卫自己的海岛，不管代价会有多大。我们要在海滩上战斗，在登陆点战斗，在田野里战斗，在大街上战斗，在山地里战斗。我们永不投降。"

丘吉尔越来越认识到，大战的结束将给英国带来许多新问题，对此他一定是极其焦虑的。但最严重的打击还在后头。

1945 年 7 月 25 日，丘吉尔参加波茨坦会议后告别斯大林和杜鲁门，飞回伦敦等候战后首次大选的开票结果。他半夜醒来，觉得肚子一阵刀刺般的剧痛，这是不祥的预兆。选举的结果犹如晴天霹雳，震撼了丘吉尔，也震撼了整个世界。工党以绝对优势取胜，保守党被撵出了政府。克莱门特·艾德礼当上了英国的新首相。

一旦和平有了保证，有成就的战时领袖便遭到抛弃，这并不罕见。戴高乐的遭遇也是如此。其原因之一是，造就战时伟大领袖所需要具备的那些品质在和平时期并不一定是人民所需要的。惠灵顿、华盛顿以及艾森豪威尔是有成就的军人兼国务活动家，但这只是例外，并不带规律性。

这怎么可能啊？当丘吉尔挨了这一闷棍坐在椅子上思考选举结果的时候，想必要问问自己。他不仅允诺而且带来了胜利，难道这就是他应该得到的报答吗？和以往一样，他用一句俏皮话来掩盖自己的痛楚。当妻子对他说，"这也许会因祸得福呢"，他答道，"这会儿福运看来是全被掩盖住了"。富有讽刺意味的是，恰好是十年之前，正是丘吉尔本人在其著作《当代伟人》一书中曾经指出，"最美好的时光消逝得也最快"。

大选带来的耻辱，领悟到大英帝国不可能原封不动地维持下去，对美国已取代联合王国而成为世界第一强国这一事实的认识，以及在冷战初期维护英美团结的种种困难，所有这一切必定会使丘吉尔在这一时期感到非常不快。有人认为他会就此引退，躺在战时成就的功劳簿上。1947 年，当我作为新当选的国会议员去英国的时候，同我交谈过的人中没有一个意料到丘吉尔会重新执政。他毕竟已是 72 岁的人了，而且最近刚得过中风。

但是真正了解丘吉尔的人都不认为他会在屈辱面前低头。相反，他坚持在下院当了六年的反对党领袖，直至 1951 年 10 月保守党重新上台，他再次就任首相。像这样重新当权的故事即使放在好莱坞影片里，都像是虚构的。但对别人来说可能是虚构的东西，对温斯顿·丘吉尔来说却是真实的生活。

当 76 岁的丘吉尔再次担任首相职务时，人们普遍推测他会比以前更多地把权力委托给别人，同时还推测，丘吉尔在实现了凯旋归政后，就会把权力移交给他选定的接班人安东尼·艾登。但对大多数人来说，要放弃权力是很难的。而对一个老人来说，放弃权力可能就等于放弃生命本身。

1970 年我在贝尔格莱德时，曾与铁托总统的夫人谈到这一点。她对我讲了她丈夫和丘吉尔最后一次会面的情形。当铁托走进屋里时，丘吉尔滑稽地对他吼道："你可知道，在战争期间我是不喜欢你的。但既然你现在已采取了与俄国人相对立的立场，我觉得比以前喜欢你一点了。"实际上，这两位二次大战的老战士是相处得很好的。

丘吉尔当时已 80 开外，终于退出了政坛。他抽的雪茄和饮的酒都被严格限量。精力仍很旺盛的铁托吞云吐雾似的吸着丘吉尔吸的大雪茄，喝着他自己的那份苏格兰威士忌，把丘吉尔的那份也给喝了。丘吉尔若有所思地望着铁托，问道："你保养得这么年轻有何奥秘？"任何见过铁托的人都能看出，他之所以看上去如此年轻，部分原因是由于染了头发。还没等铁托回答，丘吉尔便说："我知道是什么了。就是权力，权力能使人保持年轻。"

年纪较大的政治领袖如果没有任何严重疾患的话，通常都会以其智慧和判断能力来弥补他可能在精力、活力和脑子敏锐性方面的不足。1972 年我会见周恩来时，他 73 岁；1969 年的戴高乐是 78 岁；1959 年的阿登纳是 83 岁。当时他们都在执政，这是因为他们比各自政府中的年轻人更为坚强和能干。

要丘吉尔自愿放弃权力，简直是不可能的事。他一再把退休的日期往后推。起初说他要等到伊丽莎白女王的加冕典礼，接着便说要等到女王从澳大利亚访问归来，然后又说要等到艾登动肠道大手术完全恢复健康之后，后来又说要等到即将到来的日内瓦会议开完之后。几年过去了，而丘吉尔仍稳稳地固守在唐宁街十号。终于，他不能再无视自己赢弱的身体及同事们的呼声了，他自我解嘲地说："我很快就得退休了，安东尼不会长生不老的。"他于 1955 年 4 月 5 日辞职。

对这位活动家来说，甚至到了 80 高龄，退休生活也不是愉快的。1955 年当艾森豪威尔从日内瓦首脑会议回来时，他向我谈起了丘吉尔给他的一封信。这位引退了的英国领导人写道，他一方面因不再任职而在某种程度上减轻了负担，但当他看到某个重要外交会议竟在没有他参加的情况下照开不误时，有一种被剥夺得"一丝不挂"的感觉。

我最后一次见到丘吉尔是在 1958 年，当时我去伦敦参加在圣保罗大教堂举行的第二次世界大战美国阵亡将士纪念碑的揭幕式，我知道丘吉尔身体欠佳，对是否要与他会见我有些犹豫。他的助手觉得，让他与别人谈论一些问题，但不涉及他的健康状况，这对他是有好处的。我早就知道，决不能问病人感觉如何，因他可能会如实告诉你的。但有许多人，尤其是领袖人物，喜欢谈论天下大事而不谈他们自己。在约翰·福斯特·杜勒斯身患癌症，生命垂危，住在沃尔特·里德医院里的最后几个月里，我每次去看望他，总是就当时外交政策问题征求他的意见，而不是对他的感觉情况唠叨个没完。杜勒斯夫人、他的护士以及秘书都对我说，我的访问使他解脱极度的病痛，因而精神大振。

我按预约的时间前往位于海德公园门的丘吉尔住宅。当我进入他屋里时，我震惊地看到他的身体状况已极度恶化。他在躺椅上，半闭着眼睛，看上去就像是具还魂尸。他的问候轻得几乎听不到。他虚弱地伸出手，向助手要了一杯白兰地酒。酒到后，便当即一饮而尽，然后便几乎是奇迹般地苏醒过来，眼神也恢复了，说话也变得清楚了，开始关心起他周围所发生的一切了。

我从晨报中看到一条来自非洲的报道，说加纳正在考虑吞并几内亚。我对丘吉尔提到了这事，并问他对此有何看法。他吼道："这个，我想即使不吞并几内亚，现有的东西也足够加纳消化一阵子的了。"他又以令人吃惊的有说服力的论证接着评论说，罗斯福过早地迫使英国和其他殖民帝国容许其殖民地获得独立。他认为，这些国家尚未准备好就负起了管理国家的责任，其结果比独立前更糟。四年前我们初次见面时在驱车前往白宫的路上他也曾提出过同一观点。

我请他对东西方关系作些分析。他仍坚定地认为，自由国家只有力量强大，才能在世界范围内维持和平，推广自由。他强调，没有威慑就不可能有缓和。

大约一小时之后，我看他显得很疲劳。我知道这是我同他最后一次见面了，因此便试图——但担心有点不合时宜——对他说，美国及全世界千百万人会永远感激他的。我实在无法找到恰当的言词来表达自己当时的感情。

我起身告辞，他坚持要送到门口。他得让人扶着站起来，并且只能在两名助手的搀扶下顺着走廊缓步移动。

打开前门时，电视摄像闪光灯的强烈灯光照得我们几乎无法睁眼，但这在丘吉尔身上的反应却犹如电击般地迅速。他挺直身子，推开助手，一个人站在那里。当时的情景依然历历在目：下巴朝前，目光炯炯，举起手伸出手指呈象征胜利的 V 字符号。随着摄像机快门的声响，镁光灯一个个引燃爆发。一会儿工夫，大门又关上了。在摄像机前，丘吉尔这颗明星直到最后仍发出最耀眼的光辉。高龄可以征服他的身体，但决不能征服他的气概。

今天，如果丘吉尔还在世的话，他会给自由世界带来什么样的信息呢?

他虽然是一位非凡的战时领袖，但却决心为和平而献身，他准备战争为的是避免战争。他进行战争的目标只有一个：建立一个到处都有公正和平的世界。他赞成和平，但反对为此而不惜付出一切代价。

一方面，他会坚持认为，保持实力是维护和平的唯一途径。他会继续就苏联扩张的危险向西方提出警告。与目前某些欧洲领导人不同，他会认为，苏联向工业世界的矿产和石油资源供应地推进与隆隆坦克碾过德国中部平原所造成的威胁是同样严重的。

他会对玛格丽特·撒切尔首相大加喝彩，因为她对苏联在发展中国家的冒险行动表示担忧。他不会对美国的每一项外交政策都言听计从。但对欧洲人把美国与苏联都看做和平威胁的倾向，他会以其所向披靡的雄辩来加以谴责的。

另一方面对于"决不能因害怕而去谈判，但也决不能害怕谈判"这句用滥了的老生常谈，丘吉尔将恢复它的活力。他会敦促自由世界与其对手们进行谈判，以尽可能减少冲突，缩小最终导致战争冲突的可能性。1953年5月，他曾在下院表示过自己对与苏联人举行谈判的态度："我觉得，以为与苏俄任何一项协议都要等到所有问题都解决后才能达成，这种看法是错误的。"

尽管丘吉尔意识到我们面临着严峻的危险，但他内心对自己和对他所生活的这个世界仍是乐观的。1953年11月3日，他曾在下院作了最后一次重要的外交政策演讲。我相信，他在这次演讲中所表达的满怀希望也会在他给当今世界的信息中得到反映。在对核武器破坏力表示了担忧之后，他说，"我有时会产生这么一种怪念头，我觉得这些东西所具有的致命杀伤力反而可能给人类带来完全无法预见的安全。……毫无疑问，如果人类能够实现他们最宝贵的愿望，摆脱遭受大规模毁灭的恐怖，他们就可以另作选择，可以……以最快的速度扩大他们以往所不能达到或不能向往的物质福利……在人类历史的此时此刻，我们自己，还有所有的国家，正站在空前浩劫与无限美好这两扇大门的入口处。托上帝的福，我们会选择正确的大门的，这是我的信念"。

莎士比亚曾经写道："有的人生来就是伟大的，有的人是经过奋斗达到伟大的，还有的人的伟大是别人硬捧出来的。"从温斯顿·丘吉尔漫长的一生和他的事业中，可以看到这三者兼而有之的事例。有的领导人为权力而谋求权力，有的则利用权力自行其是，丘吉尔与他们不一样。他谋求权力，是由于确实认为自己比别人更善于掌权。丘吉尔相信，除了他以外，没有别人有这样的能力、品格和气魄去处理当时的重大危机。丘吉尔是对的。

他的判断能力很强，能正确处理自己为之奋斗的大部分事情。而且，当1940年他的祖国终于需要非他莫有的经验与领导时，他幸好由于长寿仍然健在。

在关于丘吉尔生活及其时代的数十本好书中，有一本艾赛亚·伯林所著的三十九页的小册子。在该书的最后一段，有一小节对丘吉尔作了最精辟的描写："他是一位高于现实生活的人，比普通人伟大，而且更质朴，是他这一时代的历史巨人。他胆略过人，坚强而又富于想象力，是本民族产生的两个最伟大的实践家之一。他的演说才能令人惊叹。他挽救了祖国，使之免于沦亡，他是一位既存在于现实生活，又充满传奇色彩的神话般的英雄，是我们时代最伟大的人物。"

Leaders

第三章

夏尔·戴高乐

——一个领导者的秘诀

1970 年 11 月 12 日，云集于巴黎的世界领导人为数之众多是前所未有的，即使当这个城市是一个横跨地球的帝国的中心时也不曾有过。三天前，夏尔·安德烈·约瑟夫·玛丽·戴高乐溘然去世，终年 80 岁差两周。今天，六十三位前来向戴高乐致敬的国家和政府的新旧领导人庄严地行走在巴黎圣母院内宽达 79 米的过道上。作为美国总统，我也在其中。但是我又是作为一个朋友的身份在场的。

我们来到这里不是为了埋葬戴高乐，而是来向他致敬。好几年以前，戴高乐早已为自己的葬礼作了严格的指示：不要铺张排场，不要富丽堂皇，不要高官显贵，只要去科隆贝一个教堂村的小墓地举行一个简朴的、不惊动人的仪式。遵照死者的遗愿，他被安放在一口朴素的，价格仅七十二美元的橡木棺材内，由他的乡亲——一个屠夫的助手，一个乳酪制造工人，一个农业劳动者——抬往墓地，安葬在他心爱的女儿安娜的身边。安娜是个天生的迟钝儿，先戴高乐二十二年而逝，时年仅 19 岁。按照戴高乐的遗愿，他的墓碑用词十分简单：“夏尔·戴高乐，1890～1970 年。”

巴黎圣母院内举行的庞大追悼仪式并不是戴高乐原定计划的一部分。这是政府给整个法国和整个世界要求向戴高乐致敬的人们提供的便利。

找个人问问，关于戴高乐他记得最牢的是什么，他可能会说“高个子”，或者说“很严厉”，或者说“难以相处的”，或者说“意志坚强的”。或者他会把戴高乐与法国的“威风”联系起来。或者，如果他是个上了些年纪的人，他就可能记得，戴高乐是在第二次世界大战中，在洛林双横杠十字架的旗帜下，领导了法国抵抗战士的那个人，或者他会回忆起以后被认为是出之于丘吉尔的评语："我不得不背的所有的十字架中，以洛林十字架的分量最重。"

当我追念戴高乐时，我会想到所有这一切。但是他又作为这样的一个人留在我的记忆之中：他待人格外和蔼，彬彬有礼，而且体贴周到，当我执政的时候是如此，在野的时候也是如此。对戴高乐给的劝告我是无比重视的，即使在我并不同意的时候。

究竟是什么使戴高乐能够如此之深地把他刻在人们的意识之中？为什么他的形象能够如此高大地矗立于 20 世纪，远远高于许多比法国更为强大的国家的领导人？

领袖们的所作所为令人怀念，但人们也怀念他们的为人：怀念他们的丰功伟绩，也怀念他们的品格。有些领袖作出的贡献要比戴高乐大。但是却不大有人具备戴高乐的品格力量。他是个固执的，任性的，高度自信的，极端利己主义的，而同时又是极端大公无私的人：他苛求不是为了自己，而是为了法国。他生活俭朴，但抱负宏伟。他参加了演出，扮演了他亲手创造的角色，这个角色在某个方面来说，是只适应一个演员的。不仅如此，他对他自己进行了塑造，以便去扮演这个角色。他创造了戴高乐这个出头露面的人物，去扮演这个法国的化身的角色。

戴高乐是个难以捉摸的人物——这是他精心塑造使之成为难以捉摸的。然而他又是个真正的英雄，一个矗立于 20 世纪的英雄，对法国来说，他是矗立于法国历史上各个世纪的英雄之一。犹似一种法国美酒，其味醇厚，有劲儿，而又清香，这些戴高乐都兼而有之。而也像这种美酒一样，戴高乐的品格经受了时间的考验。

我首次与戴高乐相遇是在 1960 年。在他重返政坛两年之后，他来华盛顿作正式访问。多年来我对他的看法一直没有跳出常规的旧框框。很久以来戴高乐是被用来进行特殊形式的、刻薄的挖苦讽刺的理想对象，这种讽刺在华盛顿为数众多的各界人士中还被认为是一种才华。戴高乐的举止容易给讽刺文章提供材料，正和他的长相宜于上讽刺漫画一样。对于那些乐于贬低别人以抬高自己的人来说，戴高乐就很容易地成了他们的目标。

在我见到戴高乐之前，我对他早已有了非常鲜明的印象：冷酷，小气，傲慢，令人不能容忍地极端自负，而且简直是无法相处的。丘吉尔的洛林十字架的评语又大大地加深了这种印象。这个例子说明，仅寥寥数字的短语就能够对一个知名人士造成多么严重的毁灭性的影响，这影响是如此难以抹掉，甚至是不可磨灭的了。爱丽丝·罗斯福·郎沃思把托马斯·E.杜威刻画成"结婚蛋糕上的新郎"也具有同样的效果。有人甚至认为这种描述所制造的虚假印象害得他在1948年的选举中败北。如果杜威的敌手用吝啬、浮夸、软骨头和矫揉造作等形容词来描述他，其作用将远远比不上那个短语来得有力。

1947年我作为一个众议员访问法国时，我所碰到的法国和美国官员几乎全都使我对戴高乐所持有的反面印象变得更加深刻。他们把戴高乐作为傲慢的极端主义分子一笔抹杀，认定他是永远不会再当权的。

我的想法又受到我国外交官们对戴高乐的几乎是赤裸裸的蔑视的影响。即使是查尔斯·波伦，这个美国最能干的有成就的外交官之一，他在肯尼迪和约翰逊任职内都担任驻法大使，也从不有意掩饰他对这位法国总统的厌恶。罗斯福的驻法大使威廉·布利特告诉我，波伦常在他使馆的筵席上以极端诙谐的言词讽刺戴高乐，并以精彩生动但不符合外交礼节的方式来嘲笑他的举止，以此取悦宾客。戴高乐风闻波伦厌恶他，就对他进行报复。我常常感觉到，这种个人间的敌意，在某种程度上可以解释为许多人所认为的戴高乐方面的反美偏激情绪。

1960年在我即将第一次会见戴高乐的时候，我实际上是临时抱佛脚地突击研究了他的背景。关于他的事情我知道得越多，我就越加发现老框框正在逐渐消失。我知道了，他像麦克阿瑟那样，在作战时表现得异常勇敢，他曾经走在时代的前面，就所面临的危险向他的国家提出告诫。同时我又为这样的事实深深打动——跟丘吉尔一样，戴高乐在出任最高领导职位以前，曾经写过广博而光辉的著作。而且他也同丘吉尔一样，曾经"野居山林"——被人摒弃，未能掌权——却利用这些年月写出了一些他最优秀的著作。

跟麦克阿瑟、丘吉尔、艾森豪威尔一样，第二次世界大战时期戴高乐对我来说也是一个比实际生活中的一般人更为伟大而又是格外遥远的世界人物。那时我作为一个年轻的海军下级军官，在太平洋的一个岛屿上，读着有关战斗中的法国人的这位暴躁倔强的领袖的简要新闻报道，我从来没有想到，在十六年以后，我会在华盛顿欢迎他，更没有想到，过了四分之一的世纪之后，他会作为法国总统和我作为美国总统在巴黎坐在一起晤谈。

当我 1960 年初次见到戴高乐时，我立即被他的仪表吸引住了。我知道他是高个儿——身高 1．96 米，法国军队中个儿最高的将军——而他的军人姿态使他的高度显得更加惊人。只是后来我才注意到他稍稍有些弓背。

在他来访时，我注意到，像他这样身材的人，他的举止就显得异常优雅。不论做手势、举步或在餐桌上使用刀叉，他从不显得笨拙或迟钝。他赋有一种安详的、感人的威严，而又兼有某种旧时代的彬彬有礼的风度。

我在 1960 年所见到的戴高乐，其性格同新闻记者和外交人员所描绘的傲慢和暴躁很不一样。我发现他是一个很难描述的、稍有一点怯生生的善良的人。他并不热烈，但也不生硬。我想说他简直是温文尔雅的。但是就大多数领袖人物来说，风度温文尔雅是一回事，政策又是另一回事。

我所认识的大多数领袖人物中，他们的性格中都有温文尔雅的一面，但如果称他们为温和人物，可就错了。那些真正温和的人物是很少善于使用权力的。一个领袖人物有时为了尽他的职责而必须坚强到近乎残忍。如果他对艰巨任务优柔寡断，或因溺于感情而心慈手软，那么他就做不好他必须做的工作，或者压根儿就不会去做这项工作。

由于多年来对戴高乐有了更多的了解，对于他，无论是作为一个领袖还是作为一个普通人，我都产生了无比崇高的敬仰。而这种感情似乎是双方共有的。1967 年，我的朋友弗·沃尔特斯到巴黎去担任美国武官。他从 1942 年起就认识戴高乐了。戴高乐为波伦大使举行了送别午宴以后，把沃尔特斯请了去，问他近来是否曾见到我。沃尔特斯答复说见过，戴高乐就加重语气地宣称，他相信我会被选为总统，又说他和我二人都得"跨越荒漠"——他常常用"荒漠"这个词来描述他不当权的年月。然后他又发表了一个议论，后来沃尔特斯发现这是令人惊奇的预言："尼克松先生将同我一样，在他本国成为流亡者。"

戴高乐是 20 世纪的，却又是 19 世纪的人物。他把法国推向两个方向：向前又向后。他一生的经历自始至终都浸透着法国历史的源远流长和亲切。他的名字——夏尔·戴高乐本身就是查理曼大帝和高卢人两个回声的混合。在戴高乐看来，威风、光荣、伟大，对一个国家至为必要，特别是对法国；而法语中"威风"这个词儿，在戴高乐的笔下或口中，有时又同时具有这三者的含义。

如果我们可以说戴高乐是属于历史的，这决非偶然。戴高乐就是立志要做到这一点。他一生致力于按照他所设想的模式来创造历史。正像一个评论员所说："对于戴高乐来说，政治主要不是使事情成为可能的艺术，而是使意志成为现实的艺术。"对戴高乐来说，意志是各个国家的中心动力，而他具有高度的信心，深信有本领用自己的意志力来塑造历史。

他又觉得有必要使法国立志走向伟大。他坚持不懈地号召他的人民攀登"高峰"，虽然"高峰"有时只不过是淡淡的影子，或者什么是"高峰"也并未说得很清楚。但对戴高乐来说，重要的是，人民感到自己是在向上攀登。只有这样，国家才能伟大。他曾说过："除非法国从事于一种伟大的事业，否则它就不成其为法国了。"他把自己看做是法国的化身，而他的使命就是发扬法兰西精神。

戴高乐是一个令人倾倒的人物，这不仅仅由于他在历史上的重要地位，而且还由于他在有关领袖人物所需具备的条件和技能方面向我们提供了非凡的见解。很少有人像他那样把领袖人物所需具备的条件和技能分析得如此令人信服，或像他那样写得如此富有洞察力。很少有人把他们自己的方法留在这样明晰的图纸上，然而，也很少有人像他那样依然笼罩着一层如此神秘的烟幕，这种烟幕是他精心制造的，老是环绕在他的周围，即使当他在说明自己如何这样做的时候。他是幻想的大师。而且，像一个老练的幻想家那样，他是表现自己品质的魔术师。表面上看来他在做不可能做到的事情，而他却往往做到了。

要探索戴高乐的奥秘，人们可以在他的著作中找到线索，不仅在他的非常有文采而又思想丰富的回忆录中，而且也在他早期的一些分析性的著作中，从某种程度上说，这在伟大的领袖中是罕见的。

在他先是出名而后当权以前很久，他就写了《剑锋》这本书，这实际是一本领导的指南，这本小册子本来是他在法国军事学院讲学的演讲集，后来于1932年出版。直到戴高乐去世以后我才发现了这本书。但是我读后发现，这本书把我所认识的戴高乐后来所显示的品质与技能叙述得淋漓尽致，几乎到了不可思议的程度。而当时机终于来到，他能够把那团结全国并加以领导的半神秘的"戴高乐将军"独具匠心地塑造出来的时候，他正是按照他在这本书中所开列的方案行事的，这一点是很清楚的，而这本书却是当他只是一个名不见经传的41岁的陆军军官时出版的。

因此，《剑锋》就成为考察戴高乐的一个方便的工具，也为了解戴高乐提供了必不可少的基础。

在《剑锋》里，戴高乐提出了一个领袖人物必须具备的三种关键性的品质：为了指出正确的道路，他需要有智慧和天赋；而为了引导人民遵循这条道路，他需要有权威。

由于政治学家们生活在学院式的世界里，他们就自然而然地强调领袖人物的智慧这一方面。但是戴高乐指出，领袖们自己往往懂得天赋的至关重要。亚历山大把天赋称为他的"希望"，恺撒称之为他的"运气"，而拿破仑则名之为他的"星宿"。当我们说一个领袖具有"远见"或"现实感"时，我们实际上是说他本能地理解事情是怎样进行的。戴高乐写道，天赋使领袖能够"深入到事物的规律中去"。

正像他所说的，"我们的智慧能向我们提供有关事物的理论性的、一般的抽象知识，但是只有天赋才能使人对事物有实际的、特殊的和具体的感觉"。天赋能洞察情况的复杂性而抓住其本质。然后智慧才把他称之为直观见识的"原料"加以推敲、整理与提炼。

他论证说，只有当一个领袖做到了在智慧与天赋之间保持很好的平衡时，他作出的决定才具有预见性。

预见性——懂得应该领导人们走哪条路——蕴藏在伟大的领袖人物的心中。领袖这个词的本身就包含着这样的意义：有引导的能力，能够在指出走向未来的道路时超越现在而看到未来。当我于1969年访问法国时，戴高乐对我发表意见说，"我是为后天的报纸制定政策的"。太多的政治领袖们总是忙于应付当天的头条新闻和此时此刻的压力，以致看不到长远的前景。然而戴高乐却不是为此时此刻而生存的：他精于运用此时此刻。

早在他成名以前，戴高乐就显示出了一种比他同时代的人更有远见的才能。当他论证马其诺防线战略之不可取，违抗向希特勒投降的决定，以及反对草率建立起来的第四共和国的政治制度时，他几乎都是孤军作战。但是在每一种情况下，结果都证明他是对的。

1934年，戴高乐在题为《未来的军队》一书中论述了他关于现代战争性质的理论。他论证说，那种为事先准备好的战役而制订的战略已经由于技术上的革命（内燃机的发明）而过时了。他写道，"机器掌握着我们的命运"。机器改变了生活的各个方面，战争不可能例外。

他建议成立一支由十万人组成的精锐部队，分为六个完全机械化的师团。他不断地强调，正像数量上的优势和压倒性的防御火力在上次大战中占上风一样，机动性与进攻的打击力量将在下一次战争中占上风。

戴高乐的见解在法国不受欢迎。贝当上将把这本书贬为"俏皮话"。魏刚将军则称之为"邪恶的批评"。

《未来的军队》销售了不到一千五百本。但是其中有两百本销到了德国，在那里受到了重视。法国记者菲·巴勒1934年见到了希特勒和德国摩托化部队司令阿·珲赫林。在谈到机械化战争时，珲赫林询问巴勒："我那伟大的法国同僚打算怎样来发展这种战术呢?"巴勒从未听说过戴高乐其人，不禁愣住了。那位德国将军却即刻说明，"我指的是贵国伟大的摩托化专家，你们的戴高乐上校"。

德国人为他的告诫所启发，而法国人则没有。在德国入侵前四个月，戴高乐起草了一份备忘录。他声称，不管政府如何加强马其诺防线，敌人都能摧毁或攻占它。他警告说，万一被攻破，那么整个马其诺防务系统就将垮台，而巴黎离马其诺只有六小时的汽车路程。而正像他在《未来的军队》一书中所说的，"在上一个世纪，每次巴黎一被占领，法国的抗战就会在一小时之内崩溃"。在1940年6月14日，这"一个小时"的时刻来到了，戴高乐的悲剧性预见终于应验了。

当法国在德军面前垮下去的时候，戴高乐看到——几乎没有其他法国人能看到——战争并没有打完，而只是刚刚开始。他飞往英国，决心继续抗战，即使他本国政府不抵抗。他坚持说，"法国输了一仗，但是并没有输掉战争"。

戴高乐在第一次从伦敦播出的广播中宣称，法国不是孤立的，因为法国之战已经点燃了另一次世界大战的战火。他说，法国人可以在英国的制海权和美国军火生产的巨大潜力的支持下，以他们的帝国为根据地继续作战而最终取得胜利。这一预见使戴高乐在法国人的心目中成为不朽的英雄，使他能够在黑暗的时期中成为法兰西灵魂永恒火焰的守护人。

战争结束以后，戴高乐对法国的希望被常规式的政治碰得粉碎。虽然法国人民欢呼戴高乐是救星，却对他所提出的政体改革不屑一顾，以致那些战前时期的政治家和政党得以把他推下台去。

戴高乐反对重新回到第三共和国的议会制度，因为他责怪那些导致 1940 年失败的错误的军事政策。那时有那么多的政党，却没有一个能够占有多数而制定出一项合理的政策。那个任性的国民议会正好像霍布斯①哲学所描述的自然界：众物相克。戴高乐警告说，议会政府一旦恢复，其结果必然是产生一连串的脆弱而无能的联合内阁，这种内阁一遇风吹草动就会倒台。正像他多年之后所说的，"国会中的议员们只会使行动瘫痪，却不能主动地有所行动"。

戴高乐懂得，法国本质上是个拉丁国家。一度担任过波多黎各总督的勒·姆·马林在谈到他自己的拉丁血统时曾对我说，"我以我的拉丁血统而自豪。我们对于家庭与教会的忠诚以及我们在哲学、音乐和艺术上所作出的贡献都是令人赞叹的。但我们拉丁人不善于治理国家。我们觉得很难在守法与自由之间保持平衡。我们好走极端——过于讲守法而不太讲自由，或者过于讲自由而不讲守法"。戴高乐的天才在于他有能力在法国保持这种守法与自由之间的微妙的平衡。

由于戴高乐在二次大战后反对恢复"政党政权"，很多左翼方面的新闻记者和政治家都指责他一心想建立独裁制度。他们错看了他。在法国解放的时刻以及解放初期，建立戴高乐所说的"某种帝政"是

---

① 霍布斯（1588～1679），英国哲学家。

必需的。但是一旦条件许可，他就毫不迟疑地让人民选择他们的政府。他对"主权属于人民"这一原则从未提出过异议。但是他认为，协商一致的领导不成其为领导。总统或总理必须领导议会而不是追随议会。

到 1945 年后期，戴高乐看出，他的这番见解是行不通的。第四共和国的宪法产生了一个权力极大的立法机构，而这个立法机构却控制着一个懦弱的行政机构。他开始认识到，他应该辞去政府职务，"在时势抛开我以前先离时势而去"。他召开内阁会议，宣布他决定辞职，然后突然跨出会议室而下野了。他坚信，总有一天法国会呼唤他出来领导国家，可是必须按照他的想法来领导。戴高乐又一次超越了时代，而他的那一天后来也终于来到了。

他有一种使命感，他不是仅仅为了要当总统而去当总统。只有当他觉得，他确实是能够成为法国所需要的独一无二的领导人选时，他才愿意当总统。在政治上，老成的人与年轻人的区别在于：年轻人爬上高位是为了想当个大人物，而老成的人则是为了做一番事业而登上高位。戴高乐要权力，不是为了权力能为他自己干些什么，而是为了能够运用权力来干些事情。

在他放弃权力以后还不到一年半的时间，戴高乐便发动了一场猛烈的运动以重掌政权。他已经把自己塑造成为伟大事件的主宰，现在他鄙夷地看着别人碌碌于区区小事之中。他再也不能等待法国来召唤他回去了，他发动了一场政治运动。法兰西人民联盟来使他重新上台。

1947 年，地平线上出现了冷战的风云，而法国人民则因物资奇缺、工资微薄与物价高涨而叫苦连天。戴高乐却不去理会他们这些日常生活上的忧虑，他说，他解放法国并不是为了在"通心粉配给问题上操心"。相反的，他大谈其全球争霸的问题，并且高唱法兰西的伟大。

在那纷扰的岁月里，这位往往被法国人民称为"风云人物"的戴高乐，其政治行情明显地上升了。到 1951 年，法兰西人民联盟在议会中获得了比其他任何政党都要多的席位。从一开始，戴高乐就不许该党的议员们去支持任何一个内阁，这个命令所产生的奇怪效果是，法兰西人民联盟实际上同共产党结成了联盟。

由于左翼和右翼都坚决反对，中间派的政府接二连三地迅速下台。但是尽管这样，到 50 年代初期，这些政府却终于使法国的国内与国际条件有所改善。那些第四共和国的政治家们可以说比那位"风云人物"抢先了一步。对于这一点，看来戴高乐也是承认的，因为他曾经绝望地对来访者说，"第四共和国把法国治理得很糟，但是把它自己保卫得不错"。

到 1952 年时，形势已很明显，法兰西人民联盟不能推倒第四共和国。在戴高乐下令该党议员拒绝接受组织政府的请求以后，党的纪律不起作用了。到 1953 年时，党员纷纷脱党，使法兰西人民联盟降格成为议会中一个小派别。在后来的一次市议会选举中，该党的成绩又很糟，于是戴高乐就与这个运动脱离了关系。

法兰西人民联盟这一段为时很长的历史证明，一个英明的领袖也并不总是正确的。戴高乐放眼未来，但是有时"现在"却愚弄了他，对于法国人民，他有时似乎有一种与生俱来的敬畏感，另些时候，他又看不清他们的倾向。他组织政党而告失败，正是一个很好的例子。他对于议会制政府所提出的批评是有预见性的，但是时机却不成熟。结果，他为实现他的预见而进行的努力就遭到了惨败。

使戴高乐得以重新掌权的那次危机发端于 1954 年下半年。那时，阿尔及利亚一部分穆斯林居民成立了民族解放阵线，对当地的法国殖民当局发动了游击战。战争持续了好几年，法国军队连连遭受挫败，就日益显露其残暴。第四共和国的政治家们怎么也没有办法结束这场战争。

1958 年，法国政府在处理阿尔及利亚问题上的无能使它自己陷入了危机。法国军队，特别是 1954 年在印度支那蒙受了失败的耻辱以后，决心不惜任何代价要保持阿尔及利亚依然隶属于法国。戴高乐派、右翼政治家以及阿尔及利亚的法国殖民主义者同军队结成了松散的联盟以反对法国政府。在法国政府无能为力之际，他们准备采取行动。

自从戴高乐于 1946 年辞职以后，第四共和国已经是第二十四次陷于内阁危机了，而正当阿尔及利亚问题处于危急关头之际，几乎有一个月之久没有一个稳定的政府。一群暴徒袭击了阿尔及尔的政府机关，而保卫部队却若无其事地在一旁观看。那里的将军们借口恢复秩序，推翻了阿尔及利亚的法国殖民政府。不到两个星期，科西嘉的法国部队就同叛乱的将军联合起来了。阿尔及利亚的叛军将领们计划在几天之内攻克法国本土，而法国政府却无力阻止他们。

在这件事的整个过程中，戴高乐显示了政治上的非凡精明。他对这次军事叛乱既不公开谴责也不公开支持，尽管某些参与者是他的支持者。他的沉默保证了当他最后宣布"准备接管共和国的权力"时能使各方面的人都倾听他的话。他注视着第四共和国的政治家们已经黔驴技穷，而当他们最终请求他出马时，他已准备好提出他进行合作的条款。

虽然他向政府提出了一些条款，但其中并未提出要当独裁者。然而很多法国人仍然对他投以怀疑的目光。传记作家勃·克鲁齐耶尔写到，当国民议会议长安·勒特洛克听了戴高乐重新上台的条件以后，向他大声说道："所有这一切都是违反宪法的。自从发生阿尔及尔事件以来我就把你看透了。你有一个独裁者的灵魂。你太爱个人专权了！"戴高乐严厉地答道："勒特洛克先生，复兴共和国的是我嘛！"

在戴高乐接管的时候，第四共和国的权威已经下降到如此可怜的地步，以致人们不能说他是搞政变上台的。他只是给那垂死的政权以最后一击使其免于痛苦而已。

戴高乐要求第四共和国授权与他，容许他通过公民投票把他的宪法改革方案直接诉之于人民。他就是用这些办法实施了第五共和国的宪法。这部宪法的中心环节就是总统制。宪法赋予总统不受国民议会无端干扰的制定与执行政策的权力，这样就可避免政策的摇摆与瘫痪，而这种摇摆与瘫痪曾经使第四共和国的政治、经济与社会濒于崩溃。

有人批评戴高乐把过多的权力赋予了总统。但是通过事后清晰的认识，我相信，这部宪法所导致的法国政治上的安定局面是戴高乐最大的遗产，正像拿破仑法典是拿破仑的最大遗产一样。

在我担任副总统时，我常常在机场迎接各国的总理，因为按照当时的礼宾规格，艾森豪威尔总统只是在国家元首来访时才去机场迎接。在戴高乐重新掌权以前的几年间，几乎每隔一个月我就得迎接一位新的法国总理或者一位新的意大利总理。意大利仍然没有解决政局不稳的问题，而戴高乐却在法国解决了。任何敏锐的宪法研究人员都可能拟定出类似的政府机构方案来，但是唯有戴高乐既能预见对这种宪法的需要，又具有使之实施的权威。

在希腊神话中，阿波罗给予卡珊德拉预言的能力。但是他后来把这种能力变成了一种祸害，他让凡是听到卡珊德拉警告的人都不相信这些警告。戴高乐知道，光有预见是不够的，一个领袖必须不仅对应该做的事作出正确的决定，而且还要能说服别人去做这件事。每一个美国白宫的主人都会在这个时候或那个时候感受到卡珊德拉的那种祸害，都会面临这样一种难办的局面：虽然看到了正确的途径，却无法推动官僚机构、国会或公众朝那个方向前进。戴高乐在《剑锋》中写道："一个领袖必须能够使他的部下具有信心。他必须能够维护自己的权威。"

戴高乐论证说，权威来自威信，而威信"则主要是一个感情、情调和印象的问题，它主要是由于一种天赋，一种无法剖析的天生的颖悟"。这样的天赋是少见的。他写道，"人们几乎可以看出，某些人权威的气质是与生俱来的，好像权威是一种液体，流淌在他们体内，但是无法确切地说明这种气质所包含的内容是什么"。

近来流行一个时髦词，叫"领袖的魅力"。这是一种没有人能说清楚而又人人都能认识的品质。

戴高乐写道，一个领袖还必须给这种无法表达的气质加上三种具体的性格：神秘、高贵和威风。他宣称，"最重要的是，没有神秘就不可能有威信，因为对于一个人太熟悉了就会产生轻蔑之感。一切宗教都有神龛，而任何人在他贴身仆人的眼中都不是一个英雄"。一个领袖在他的部署和举止中必须含有某些"别人揣摩不到的东西，使他们感到迷惑、激动并吸引他们的注意力"。

我还鲜明地记得戴高乐于 1963 年 11 月来华盛顿参加肯尼迪葬礼时的突出景象。那时，我和夫人从五月花旅馆我们住的一个套间的窗户中观看送葬的行列。来自全世界的大人物和次大人物都跟在灵柩的后面。戴高乐在体形上是一个巨人，可是正像他的身材一样，他似乎在威严、形象和魅力方面也都比别的人高出一头。

在我会见戴高乐的时候，不论是在公开场合还是私人接触的场合，他都显露出一种无上的甚至是特别高贵的威严。他那刚毅的举止使他显得有些冷漠。有人认为这是古板，但是以戴高乐而论，这不是古板。古板的本质是很不自然，而在戴高乐身上，冷漠却是很自然的。当他和另一个他认为与他处于平等地位的国家元首打交道时，他具有某种平易近人的风度，但是即使在与他的熟悉的朋友相处时，他也从来不是不拘礼节的。

在这一点上，戴高乐同我在 1969 年出任总统以前所认识的所有美国总统是一样的，只有约翰逊总统是例外。胡佛、艾森豪威尔、肯尼迪甚至杜鲁门，都强烈要求有个人的小天地，而不喜欢别人对他们太随便。

甚至在青年时期，戴高乐就与他的同辈人保持着距离。他的家里人说笑话，说他的个性这样冷漠孤高，一定是他在婴儿时被关进冰箱里了。法国军事学院的一位教师写道，戴高乐具有"流放中的国王的姿态"。

我不能设想，他会为强调一件事而拍拍某人的背，抓住别人的胳膊或者向他的选民或同僚搞称兄道弟那一套。他不反对别人这样做，但是他觉得，对他来说这是有失体统的。但是同时，他个人的态度并没有那种故作谦恭的傲慢，而这是那些做大事情的小人物所常有的特性。

作为一个举国景仰的人物，戴高乐吸引了一批非常忠诚的支持者，但是他依然与他们保持着距离，这说明他是按照自己的座右铭行事的：一个领袖"没有威信就不会有权威，而除非他与人保持距离，否则他就不会有威信"。在他爱丽舍宫办公室里写字台旁的桌子上放着两架电话机。但是电话机的铃声从来没有响过。他认为电话是一种当今时代令人难以忍受的讨厌东西，因此即使是他最亲近的顾问也不敢直接打电话给他。

像麦克阿瑟一样，戴高乐没有耐心进行闲谈。在会见他的时候，我看得很清楚，他总是要把话题立即转到严肃的问题上去。他在用词精确这一点上也同麦克阿瑟相像，不论在记者招待会上，在即席致词时，在回答问题时，甚至是在非正式的交谈中，他都用词精确。他们两位都善于运用最能表达意义上的细微差别的精炼词句讲话。他们之中的无论哪一位，要是担任美国国会议员的话，都无须修改他的讲话稿就可印成《国会记录》。

戴高乐对于不称职的人是不能容忍的。1960年在我为他举行的正式宴会上，他把法国驻美国某大城市的总领事调来做翻译。这位译员在翻译戴高乐的祝酒词时手都发抖了，译错了很多。我可以看出，戴高乐十分恼火。后来我得知，他辞掉了这个总领事，在余下的旅程中换了个人来接替他。

戴高乐从来不参加东拉西扯的自由座谈会。在内阁会议上，他总是倾听部长们讲话，有礼貌地做些记录。如果要同某个部长交换意见，他往往会安排一次私下会谈。

有关重大问题的决定都是戴高乐一个人作出的。他并不认为他有像所罗门国王那样的智慧，但是他的确相信他有所罗门国王那样的判断能力。他总是先把有关某一具体问题的"所有文件"都要来，运用他那掌握详情的非凡能力，了解必须知道的一切。然后他离开他的顾问们而退居书斋，在孤独中思考他要作出的决定。他懂得，对于一个领导者来说，有时间进行思考是何等的重要。由于他的坚持，他手下的人每天都为他留出几个小时供他进行不受干扰的思考。

我当了总统以后曾试图采用他的办法，但是我发现，一个领导者最难办的事情之一就是贯彻这一纪律：不同意政府官员、国会领袖以及其他人为占用他的时间所提出的要求。他们总认为，当他们看到总统的日程表里有空当的时候，他就有时间接见他们，他们执意认为他们所要办的事就是总统应该首先过问的事。但是他们的优先事项通常并不是也不应该是总统的优先事项，因为总统所负的责任总要超过他们。

我作为总统时，很少在椭圆形办公室中作出重大决定。当我要作重大决定时，我往往离开几个小时，躲到林肯起坐间或者戴维营、比斯开湾或圣克利门蒂的小图书馆去。我发现，远离华盛顿的嘈杂声而躲进孤寂的场所，我能够进行最好的思考，作出最好的决定。

戴高乐写道，除了冷漠以外，神秘还需要寡言和少摆姿势，并且一举一动要讲究风度。他还说，"没有比沉默更能显示出权威的了"，但是沉默这个"强者的最重要品德"，只有在它显得是蕴藏着意志与决心力量时才会产生效果。"权势正是从内在力量与表面克制的鲜明对比中获得的，这好比一个赌徒的赌风，当他增加赌注时能够比平常表现得冷静，也好比一个演员，既能竭力控制自己，又能把感情表现出来，这样才能产生最显著的效果。"

戴高乐懂得，政治就是演戏——如果在实质上不是这样的话，在实践中确是如此。他之所以能够贯彻他的政治主张，一部分原因是由于他擅长演戏。

像恺撒和麦克阿瑟一样，戴高乐常常在写作中讲到自己时用第三人称。例如，他会这么写："一种日益强烈的感情冲动向戴高乐呼吁"，必须"对戴高乐答复'是'""戴高乐将军没有别的选择"。一个记者曾经问他为什么会养成这种习惯。他答复说，有时是为了文章风格而用第三人称，但是"更重要的理由是，我发现，有一个名叫戴高乐的人，他生存在别人的心坎里，确实是一个脱离了我自己的另一个人物"。

他第一次看到他作为著名人物所拥有的力量是在战时访问法属赤道非洲杜阿拉城的时候。当时有成千上万的人夹道欢呼："戴高乐！戴高乐！戴高乐！"当他穿过人群时，他意识到，戴高乐将军已经成为一个活着的传奇人物，一个使夏尔·戴高乐相形见绌的比实际生活中一般人更伟大的形象。他后来说道，"从那一天起，我懂得我必须认真对待这个人，这个戴高乐将军。我几乎成了他的俘虏。在我发表演说或作出重大决定以前，我总得问问自己，'戴高乐会赞成吗？人们会希望戴高乐这么做吗？这是戴高乐的权力和作用吗？'"他又若有所思地说："有很多事情我想做而不能做，因为对戴高乐将军来说，做这些事是不合适的。"

夏尔·戴高乐努力保证，他的一举一动，不论是微小的细节，还是雄伟的姿态，都要合乎戴高乐将军的身份。在他晚年，白内障大大损害了他的视力。除非戴上一副深度的眼镜，否则，有时竟连一个他与之握手的人都认不出来。蓬皮杜对我讲过这么一件事，他与戴高乐在一列汽车队中同坐一辆车，那位法国总统侧过身来问他的总理，沿途有没有人在招手致意。人群排列在马路两旁，可是戴高乐压根儿没有看到，戴高乐将军的形象不容许他在公共场合戴上眼镜。由于他的虚荣心，同时也由于他的惊人记忆力，他发表讲话从来不用演讲提词器。

同麦克阿瑟一样，戴高乐毫不考虑个人的安危，而且他非常懂得这种胆量所具有的强大的效果。波·德马勒和克·普柳姆在他们合著的《目标——戴高乐》一书中叙述了这位法国总统遭到过三十一次暗杀的情景。1962 年，当他坐车经过巴黎的一个郊区时，一排机枪子弹打中了他的座车，其中有一发子弹离他头部仅仅 5 厘米左右。当他到了飞机场跨出汽车时，他掸了掸身上的玻璃碎片说道，"我运气好。这一次距离很近。这些先生们的枪法也太差了"。

戴高乐很善于安排他所有公开露面的场面。他一年两次的记者招待会更像是朝觐大典而不像一般的会见。招待会在爱丽舍宫中那间天花板下挂着晶莹吊灯的金碧辉煌的宴会厅里举行，这种招待会本身就是重大事件，吸引着上千名记者。

60 年代中期我访问巴黎时，在波伦大使办公室，曾在电视上看过一次戴高乐的记者招待会。随着暗示，两个系着白领带，穿着燕尾服的男士拉开了主席台后面的红色天鹅绒帷幕，每个在场的人都站起来恭候戴高乐的到来。他在扩音器后面站定。全体内阁部长分立两旁，于是他把手一扬，请大家坐下。他就事先挑好的一个题目讲了大约二十分钟，然后回答了不过三个问题，就散会了。

我们知道，整个会见从讲话直到回答问题，他都是事先写好稿子的，问题则是他的新闻官事先同某些记者一起编好的，对于这些问题他都背好了答复。尽管我们知道这是排演好的，它却有一种几乎令人陶醉的效果。戴高乐讲完以后，那位老讲这个法国总统坏话的波伦摇着头感叹："一场多么精彩的表演。"

对于其他的公开场面，他也悉心加以布置。1969 年他为我们访问团举行国宴时发表了一篇流畅的祝酒词，因为他不拿讲稿，看起来好像是即席致词。宴会结束以后，我的一个随员恭维戴高乐不备讲稿发表长篇讲话的能力。戴高乐答复说，"我写了讲稿，牢记在心里，然后把稿子扔掉。丘吉尔也常常这么做，不过他从来不承认"。

虽然他是一个善于演戏的大师，在同我谈问题时他却从来也没有使用过这种本领。我从来没有看到他说话时提高嗓门儿。他从不试图用威吓或浮夸来使人接受他的论点。如果他不同意，他宁可避而不谈而不会假装同意。当他对某些事情感受很深的时候，他会做出加强语气的姿势，但态度优雅。他的思想细密明晰，这在他公开或私下的讲话中都可以反映出来。他在谈话或思考问题时从不草率从事。他也许会做出不正确的结论，然而他有罕见的本领，能把事情从头到尾考虑透彻，然后以令人信服的逻辑发表他的意见。

在当今这个用吹风机和发胶打扮起来的政治家们纷纷进入电视的时代，我们应该想到，戴高乐是第一个出现于广播电台的最完美的人物。戴高乐在广播电台上创造了戴高乐将军。很多领袖人物都很擅长利用电子宣传工具，而戴高乐突出之处在于他是这方面的先驱，当他号召法国人民起来为他的事业奋斗时，无线电波就是他唯一的讲台。正是他从伦敦发出的无线电广播，使戴高乐在二次大战的黑暗日子里成了法兰西传奇的一个组成部分。

在戴高乐于50年代末期重掌政权的时候，正值电视成为卓越的宣传工具，他看到了电视所能提供的灿烂夺目的效果。像他后来所说的，"这里，突然出现了一种前所未有的可以使人到处现身说法的手段"。他懂得为了成功地出现在电视上，必须改变风格。他过去往往是在电台上念他的讲话稿的。"但是现在"，他写道，"电视观众一方面从电波中听他讲话，同时又能在荧光屏上看到戴高乐，为了保持我原有的形象，我得像面对面一样地对他们讲话，既不能用讲稿，也不能戴眼镜……这位70开外的老人，孤零零地坐在桌子后面，在耀眼的灯光下面，必须显得生气勃勃而又神态自如，以抓住观众的注意力，还不能出现过多的手势和不适当的面部表情，以免有失身份"。

他的电视讲话是精彩非凡的，他的声音深沉平静，态度安详坚定，给人以鲜明的亲切感。他运用法语，如同丘吉尔运用英语那样，庄重而又流畅。这是一种古典的，差不多是富有古风的法语。然而他讲得这样清晰而精确，以致他所要表达的信息似乎能脱离他的言词而回响。我想有些人即使没有学过法语也能领会他所讲的意思。

当那些殖民主义者和驻在阿尔及利亚的将军们向他的权威提出挑战时，他用一种演戏般的漂亮方式，穿上了他的将军制服向全国发表电视讲话。很多美国批评家嘲笑他的姿态，贬之为一出庸俗的闹剧。他们不懂得，穿上了将军服出现，戴高乐就拨动了深深地藏在所有的法国人心中的感情之弦，激发了他们之间的团结一致的精神，而这种团结的精神是只有在情况最坏而又渴望改善的时候才有的。

但是戴高乐不仅仅是用象征、演说或戏剧性的表演才创造了戴高乐将军这个形象的，而是用他在公开场合出现的整个过程——计划、布景、精心的布置，精心揣摩过而又故意说得模棱两可的词句，使他的讲话可以被志趣各不相同的人用不同的方式去理解，从而获得不同人们的拥护。戴高乐将军是个用门面装扮起来的人物，但却不是一个虚假的人物。在这个门面后面的是一个才华出众而又训练有素的人物，这个门面好比是一座雄伟教堂上的装饰物，而不是空洞、一戳即破的、用以炫耀的好莱坞电影棚里的道具。

神秘使人好奇，但是没有吸引力。因此领导者还需要戴高乐所说的品格。人们都认为品格是一种精神力量和刚强。但是戴高乐认为，一个领导者的品格是他要贯彻的主张的那种强烈的愿望和内在力量。正像他所说的，"一个人只有能够把来自他的品格的魄力与坚定的信念用在大众的事业上，他才称得上超群出众"。

戴高乐写道，具有品格的领导者在时势向他提出挑战时，总是转为内向而仅仅依靠他自己。具有这种"依靠自己的激情"的领导者会觉得，"困难对于他有一种特殊的吸引力"，因为只有在与困难搏斗中，他才能看出自己能力的限度而加以发展。他不会在关键时刻畏缩不前，而总是果断地迎着困难上。

他写道，具有品格的领导者能够把秩序带给集体事业，那些"统治阶层的蠢货"，那些迷恋于确保自己的官阶和职位的军人和大臣们，永远也不能赢得别人的信任和热情，因为"他们是些只拿不给的寄生虫，是些战战兢兢的软骨头，是些一有机会就毫不犹豫地投靠敌人的'跳娃娃'①"。

他还写到，只有那些在行动中证明其才能的、能正视困难而克服困难的、敢于"孤注一掷"的领导者才能赢得群众。"那些具有这种品格的人会放射出一种磁石般的力量。对于追随他们的人来说，他们是最终目标的象征，是希望的化身。"

有品格的人并不以讨好上级为重，而宁愿忠实于自己。他个性刚毅，行动坚强，这就使他不会被上级所喜爱，这些上级不懂得，他正是需要那些怀有坚强意志的人在他们下面工作。当戴高乐这样写时，也许是在下意识地描写他自己："国家最优秀的公仆，不论是军人或政治家，很少是最能顺从的人物。杰出的人物一定具有杰出人物的心灵和魄力，仅仅由于有坚强个性的人难于相处而把他们排斥于政府大门之外，这是最糟糕的政策。在事情顺利的时候，彼此容易相处，固然一切都好，但是在危急关头，这种关系可能会产生灾难性的后果。"

戴高乐常常劝告其他领导者，做到有力量，依靠自己，首先要能够独断独行。他对伊朗国王（此人对戴高乐十分尊敬）说过，"我对你只有一个建议，可这是重要的建议：你要竭尽全力以求保持独立"。他在1961年劝告肯尼迪采取那常常指导他自己行动的准则："只听你自己的！"1969年当我们从机场驱车前往巴黎时，他转身拉着我的手说道："你看起来年轻而有活力，而且握有实权。这很重要。你就这么着。"

戴高乐在战争时期的领导就是他关于品格的想法的一幅缩影。面临二次世界大战的艰巨任务，他表现了非凡的热情。在这方面，戴高乐与毛泽东相似。他们俩遇到巨大考验时都好像得到了新生。不同的是，毛泽东推翻了秩序以迎来斗争，而戴高乐则进行斗争以迎来秩序。

---

① 一种玩具。

当周恩来同我驱车往北京机场时，他讲到毛泽东在三十二年之后重回故乡时所写的一首诗。他说，这首诗说明了逆境是一个伟大的教师这样一个事实。我表示同意，并且指出，选举中遭到一次失败，的确比战争中受一次伤还痛苦。后者只伤了躯体，而前者却伤了精神。但是选举失败却有助于培养力量与品格，而这对于未来的战斗是很必要的。我讲到，戴高乐在台下度过的十二个年头对他树立他的品格是有助益的。周表示赞同并加以补充说，那些一生都走着平坦大道的人是培养不出力量的。一个伟大的领导者只有逆着潮流游泳才能培养出力量。

有些政治领袖从未遇到过逆境，另一些则从未克服过逆境。而某些政治领袖能在逆境中树立自己。戴高乐就是这少数中的一个。逆境对他来说是家常便饭。在第一次世界大战时，他受了重伤，被遗弃在战场等死，只有等着被俘并在战争的大部分时间内被监禁起来。第二次世界大战时他在极困难的条件下为恢复法兰西的荣誉而战斗，但在胜利以后不久却遭到国家的摒弃。可是十二年以后他又重新上台。

戴高乐从政治舞台上引退以后，他"野居山林"了。大多数政治家，一旦尝到了权力的味道，就舍不得离开它。美国很多参议员和众议员在失败或退休以后总不愿回到家乡去。他们宁愿待在华盛顿，厮守在权力的边缘。戴高乐却从来不忘记他出生的地方，他常常回乡并从家乡吸取力量。

科隆贝教堂这个市镇，无论是形象地说还是实实在在地说，都是戴高乐的避难所——"野居的山林"。科隆贝位于法国香槟地区朗格勒高原的边缘，在巴黎东南一百二十英里处。它只有三百五十个居民。在很多交通图上是找不到的。戴高乐那座有十四个房间的房子，是白色的石头建筑，屋顶上盖着棕色的瓦，房子一端有一座六角形的塔。房子掩映在树木之中，过往行人是看不到的。孤零零地生活在这个小小乡村的庄园中，戴高乐再不会找到比这更好的场所来增进他的神秘感了。

在科隆贝，戴高乐发现，如果他高高在上时可以是孤独的，那么在别的地方就会更加孤独了。但是他并不因此而后悔。他写道，"在人和事的扰攘之中，孤独对我曾是一种引诱，而现在它成了我的朋友。一旦你必须面对历史的时候，还有什么比孤独更能使你满足呢?"

丘吉尔和戴高乐，尽管在战时都有过杰出的贡献，却都在第二次世界大战后从领导地位上跌落下来。然而，他们用了截然不同的方法去重掌权力。法兰西人民联盟的失败使戴高乐得到了教训：在政治上，两点之间的最短距离很少是一条直线。在他于1955年的一次记者招待会上宣布下野以后，他采取了一种超然的不偏不倚的态度，几乎未作任何努力让自己在公众眼前出现。他是一个了不起的演员，正像大多数优秀演员一样，他懂得什么时候该离开舞台。

他也是一个老练的政治家。他的直觉告诉他，追求高位正好比追求一个女人。他遵循法国谚语行事，"你追女人，她会逃跑；而你后退，她会跟你走"。同艾森豪威尔一样，他直觉地懂得，有时候，取得权力的最好的办法是表现得你并不在谋求它。但是站在一旁等候却与丘吉尔的本性不符。丘吉尔在下台以后继续在议会中领导反对党，而且无时无刻不在公开地利用每一个可能性以重掌权力。两人都成功地重新掌权，而使用的方法却各不相同。

在美国政界中，我常常劝告那些热衷于攀登高位的人，心中有野心是一回事，在脸上露出野心则是另一回事。前者对于一个领袖人物来说是一种必需的、正当的特性，而后者则是令人厌恶的。

戴高乐每周一次离开科隆贝乡村的简朴生活，到他巴黎索尔菲里诺街的办公室去会客。虽然第四共和国的那些人不让戴高乐当领袖，很多人却恳切地来征询他的政治见解。但是他们在告别时却往往认为，戴高乐从谈话中得到的要比他们多。通过这些晤谈，在有关第四共和国的工作和失败方面，戴高乐所掌握的情况在法国也许是首屈一指的。

他也同竭诚拥戴他的人保持接触。这些人在他失势的时候甚至比他得势的时候更加忠心耿耿。他们是戴高乐极为重要的政治资本，是一个拥戴他的核心，使他能够在时机到来时立即抓住机会重掌权力。当他在台上时，他们也给予他强有力的、可靠的支持，这是在危机时刻一个领导者所必不可少的。

在他的追随者中，很多人欣赏的是他的为人而不是他的见解。安·马尔罗在政治上比戴高乐更左，却对戴高乐的品格崇拜得五体投地，简直成了一个卑躬屈膝的拥护者。在我第一次访华前不久，我在白宫宴请马尔罗，饭后我送他到汽车旁，那时他用崇拜的口吻谈到戴高乐。他说："我不是戴高乐，谁也不能成为戴高乐，但是如果戴高乐今天在这里，我知道他会说'所有理解你正在从事什么事业的人都会向你致敬！'"

个人崇拜往往人一死也就完了。戴高乐主义却不是这样，这对戴高乐是一种赞美。甚至到现在，戴高乐派在法国政治生活中仍然起着重要的，尽管是有所削弱的作用。在他隐居科隆贝的年代，戴高乐常常会见这些门徒，为他们心中燃烧着的忠诚的火焰加油。

最为重要的是，在他政治流亡期间，戴高乐增长了智慧。阿登纳曾经对一个记者说，戴高乐居住在科隆贝的年代"使他有很大收获，而现在他是西方最能干的政治家"。伟大的领导者从他们的失误中要比从他们的成就中学到更多的东西。戴高乐在他撰写三大卷的《战争回忆录》时，批判地重新检查了他过去的行动，他常常思考当时他可以采取什么别的办法，从而对他过去的行动进行重新估价。进行这样的再评价和自我批评需要超然的眼光，这在政治领袖中是罕见的，而这对于企图东山再起的人却是头等重要的。

戴高乐的一个同僚曾经说过，"撰写回忆录使他成了一个政治策略家"。这一点，在他于1958年出任总理以后不久表现得很明显。他要求议会授他以处理国家危机的特别权力。以前的戴高乐会要求议会授他以这种权力，如果不给就以辞职相威胁。而现在新的戴高乐懂得了安抚的重要。他掌握的政治机械学使他意识到，他得加上点油才能使机器运转得更顺当。

当他来到议会时，他同议员们谈笑风生，讲上一大堆好话。在休会时，他同他的对手们亲切友好地聊天以示讨好。他向他们保证，他的一切行动都是为了"使法兰西共和国更强大、更健全、更加有力而不可摧毁"。为了使他们高兴，他说，"我要让诸位都知道，今晚有机会来此与诸位相叙，我感到何等的光荣与愉快"。那些竭力想阻挡他东山再起的议员们听了这些话就不禁呆住了，接着报以雷鸣般的掌声——终于授予戴高乐他所要求的权力。

戴高乐对美国政治也能作出颇有见地的分析。在他1960年访问美国时，戴高乐对即将来临的总统选举表示出很大的兴趣。他小心翼翼地使自己显得不偏不倚，然而他确实提出了一些敏锐的忠告。他对我说，他知道我作为副总统应该用艾森豪威尔政府的治国记录来进行竞选，可是这样会使我难于采取他认为时代所要求我采取的立场。他用很重的语气说道，"你一定得为'新的美国'进行竞选"。当然，我不能这么办，因为这么做就会显得我是在批评我自己也在其中的政府。然而这个忠告是完全正确的，肯尼迪就是以"新的美国"为题竞选总统，结果他获胜了。

1962年我竞选加利福尼亚州州长失败以后，全家去欧洲旅行，在巴黎停留了几天。大大出乎我意外，更出乎波伦大使的意外，戴高乐邀请我和夫人在爱丽舍宫共进午餐，并且请波伦也参加。

在我两次竞选失败以后，无论是我自己，还是任何美国政治专家，都不相信我在政治上还有前途。因此，戴高乐的邀请就显得是一种很友好而慷慨的表示。在非正式的午餐会上祝酒时，戴高乐说，当他在三年前第一次见到我时，他就直觉地认为，我将在领导美国的事业中起更大的作用。他说他仍然坚持这种看法，他看出我将在"一个最高级的职位上"起作用。

这厚道的同时也是诚挚的祝愿，在我任总统以及在圣克利门蒂居住的整个期间，来美访问的法国官员中凡是熟识戴高乐的总要告诉我，在好多年以前，连美国报纸都没有提起的时候，他就预言我会当选总统的。

在我没有担任公职的年代里，我每次到巴黎访问，戴高乐总要接见我，除非他不在城里，虽然他通常只接见那些在台上掌权的人。我不是说，这几次接见表示戴高乐对我个人怀有特殊的敬意，尽管我相信我们两人是相互尊重的，而且这种景仰之心是在好几年中发展起来的。对于美国政治和世界形势，戴高乐是一个精明的观察家。我想他大概纵览过美国的政治史实，却没有看到美国有多少领袖人物对世界政局有着深刻理解。同时他可能认为，时势需要一个有这样的理解的领袖，因此我也许有机会东山再起。这样，我们两人的会晤对他来说是一个机会，可以借此同一个可能成为法国的重要盟邦的未来领袖的人建立友谊，并表达自己的意见。

而且我想，因为他看到我是另一个懂得"野居山林"的意义的人，所以对我从不怠慢。

失败的逆境帮助戴高乐培养了那种让他的忠诚追随者为之倾倒的品格。但是戴高乐写道，一个有个性的人还需要有威风才能成为一个实实在在的领导者。"他必须有崇高的志愿，显示他目光远大，做大事，这样就能在那些目光短浅的芸芸众生中树立权威。"如果他仅仅满足于平凡的事情，那么人们会认为他是一个优良的公仆，而"绝不是一个能赢得信任和吸引人类的理想的大师"。

戴高乐的事业就是法兰西。没有一件事比法国光荣的象征更能鼓舞他，也没有一件事比法国的软弱和失败更使他伤心。

在他的《战争回忆录》的一开头，戴高乐就宣称，"在我的一生中，我总是这样或那样地想到法国"。接着他用动人的词句阐明了一种不是有关法兰西民族国家而是有关法兰西民族灵魂的扣人心弦的见解。他写道，在感情上，他总是把法国看做一个不是取得伟大成功便是遭受惩戒性大灾难的国家。"虽然我是这么看，但是如果法国在一举一动中表现得庸庸碌碌，我就认为这是一种荒谬的变态，应该归罪于法国人的过失而不能认为法兰西民族缺乏创造力"。在理智上，他认为，"如果不是站在最前列"，法国就不是法国。只有要求把法国放在历史前列的宏大的民族雄心才能抵消法国人天生的不团结。"总之，依我看来，法国如果不伟大就不成其为法国了"。

1942 年戴高乐向美国海军上将哈·斯塔克解释说，"老的领袖倒下去的时候，新的领袖就从永垂不朽的法国精神中涌现出来，从查理曼大帝到贞德，到拿破仑、普恩卡莱和克里孟梭"。然后他又说："也许这一次，我是由于别人的失败而被推上领袖地位的人们之中的一个。"没有人有过任何怀疑，戴高乐把他自己看做法国救星之一。他的军队在洛林十字旗下行进，几个世纪以前，贞德就曾经把法国人团结在这面旗帜之下。他在第三共和国投降以后说，"该由我来担当起法兰西的责任"。他说这句话的意思是，他所做出的继续进行抗战的决定使他在法国人眼里成了法兰西的化身。

同盟国的人不了解这一事实，这使他们在二次大战时对戴高乐产生了好多敌对情绪。有一次，丘吉尔试图让他在某些小事上调整一下做法，戴高乐冷酷地加以拒绝，他说："首相先生，现在贞德终于站在你们一边了，而你却仍然决定要烧死她。"罗斯福总统不了解戴高乐的动机，一再同朋友们讲笑话，说戴高乐认为自己是贞德。虽然丘吉尔对戴高乐十分同情与尊敬，这位英国首相却往往被这位法国领袖的倔强所激怒。丘吉尔说的话比罗斯福更带有嘲弄性，"是的，戴高乐的确认为他是贞德，但是我那讨厌的主教却不让我烧死他"。

艾森豪威尔则不然，他真心夸奖戴高乐既是一个军事领袖又是一个政治领袖。他对于美国很多外交官员对戴高乐抱有成见很不以为然，对于戴高乐于 1958 年重新上台表示欢迎。他用加重的口气对我说，戴高乐固然难以相处，但要不是有他出来领导，法国就不能作为一个自由国家生存下来了。几年以后，在我 1969 年到法国去进行国事访问以前，我到华尔德里特医院去探望艾森豪威尔。那时他已 78 岁，卧床不起，只有几个星期的寿命了，可是他仍然思维敏捷、头脑清楚。他若有所思地说，"在战时我们对戴高乐的感情缺乏理解"。

作为总统，艾森豪威尔对待戴高乐十分尊敬，凡艾森豪威尔以一般的礼仪相待，戴高乐即报之以友情。60 年代法美关系惊人地恶化，这大部分是由于美国制定政策的人没有认识到这个简单的真理：尊重对方的感情，友好相待，是为在国与国之间保持良好关系所付出的小小代价。

戴高乐最担忧的是，法国虽然曾经创造过历史，现在可能会遭到被抛在一边的命运。我 1969 年到巴黎进行国事访问时，曾经在抵达后发表谈话，我提到了本杰明·富兰克林的那句话：每一个人都是两个国家——本国和法国——的公民。如果人们想到，法国曾经在艺术、文学、哲学、科学与治理国家方面对现代文明作出过很多贡献，那么这句老话听来还是有道理的。戴高乐正是献身于确保法国能继续这样做的。

战后的欧洲崇尚物质享受，这一点使戴高乐感到不安。他担心法国人过多地为他们的生活操心。他对一个记者说："这可不是一个民族的雄心壮志。与此同时，其他国家的人民却并不那样只关心生活，他们正在征服世界，甚至不需要进行战斗就能征服世界。"

戴高乐有一次对艾森豪威尔发表议论说："同英国人不一样，我们没有失去对优越的地位的爱好。"戴高乐从来没有失去过那种爱好，可是他的很多国民却已经失去了。他常常抱怨，认为在他为法国谋求威风的事业中，法国人民是最大的障碍。他努力领导他们"攀登高峰"，可是他们往往不跟上来。1969 年，戴高乐发表电视讲话，号召人民结束席卷全国的动乱，可是人民并不响应。戴高乐生气了，对他的助手们说："法国人是畜生，就是畜生。"

这似乎很奇怪，一个如此忠心耿耿于法国这个国家的人，却会这样鄙视法国的人民。可是，对戴高乐来说，法国并不仅仅是法国人民的总和。他所看到的境界是一种理想化的境界，他向法国人民提出他的见解以振奋他们的精神。民众仅仅是民众——庸俗的、不完美的，他们的眼睛看不到地平线以外的高峰，而只看到脚底下的土地。

他心目中认为最重要的是，法国必须站在世界各国的前列，必须成为历史的先锋。他为法国民族立下雄心壮志所进行不懈的努力并没有成功。他曾考虑在法国成就一种资本主义与共产主义之间在哲学上的妥协，但是法国人对此不感兴趣。然而他为保持法国的尊严而作出的努力却大体上获得了成功。他坚持法国要发展自己的原子武器和核力量。而在60年代，当美国政府在采取外交行动前未同戴高乐磋商时，他就让法国退出了北大西洋公约组织的联合司令部。

当我于1967年同戴高乐会谈时，他所专心致志的是法国在全世界的作用，无论在他进行这些会谈时的风度中，或者在他对重大外交政策问题所采取的立场中都表现了出来。我们在他爱丽舍宫的办公室中举行会谈，当时只有他的翻译在场。我能看出，戴高乐虽然从来不讲英语，可是他的理解力很强。凭着我在大学读书时所熟悉的法语，足以使我发现，当我们的翻译偶然译错了他用词中的一些细微区别时，戴高乐就用十分精确的语言重说一遍，把译错的那部分意思用加重的语气表达出来。由于他什么都力求完美，他大概不愿意讲不完美的英语。但是我也意识到，他之所以只讲法语，是因为他认为，法语应该恢复它以前作为国际外交用语的地位。

他也认识到，他在会谈时使用法语有其策略上的好处。在等待译员翻译我的谈话和问题时，他可以有加倍的时间来思考答复。他显然是有这种想法的，因为他在听我的原话时就像他听翻译时同样仔细。

我们是在1967年阿以战争爆发后不久会晤的。戴高乐要求举行一次首脑会议来讨论中东及其他多事地区。在我们晤谈时，他告诉我，他认为，中东局势使俄国人陷入了"困境"，他们也许会接受一种对阿以双方都公平的解决办法。

我问他，难道苏联支持纳赛尔在整个中东进行侵略的政策没能使他对苏联愿意寻求公正解决的诚意产生怀疑？他承认，苏联采取帮助埃及这样的"社会主义"国家的政策，经常企图利用中东紧张局势在阿拉伯世界扩大影响和势力。可是他强调，苏联并没有完全拒绝他的召开首脑会议的建议。

后来事实证明，俄国人对于同西方国家领导人会谈并不感兴趣。我相信，由于戴高乐竭力想使法国在国际上起更大的作用，这才使他犯了这个少有的判断上的过失。意大利总统萨拉加特有一次对我说："戴高乐是一个诚实而善良的人，不过他像一个照着镜子而不喜欢在镜子里所看到的形象的那种妇女。"

戴高乐不能忍受这样的事实：法国有着世界强国的伟大历史，却只拥有美国的经济与军事实力的一个零头。他不愿意美国和苏联不与法国磋商或没有法国参加而作出一切关键性的外交政策决定。他还认为，法国人具有外交方面的长期经验，因此能够用某些方法对改善东西方关系作出贡献，而这是缺乏经验的、鲁莽的美国人所做不到的。

虽然在上述的例子中，他对当前的判断是错误的，但他对中东的未来所做的分析却具有预见性。他认为，以色列将会坚持极为苛刻的条件来交换它所占领的土地。他指出，以色列人好走极端，他说，"只要看一看《圣经》上所记载的犹太人历史就知道了。"他又指出阿拉伯人也同样走极端。他评论说，"他们双方提出的要求，常常比他们应得到的要多得多。"

他说，美国和其他国家应该联合起来，谋求一种以和解而不是以报复为基础的和平。他认为这样的和平是符合以色列的长期利益的。他说："到今天为止，以色列在历次对阿战争中都取得了胜利，也将在下一次战争中获胜，但是到头来他们无法在仇恨的海洋中生存。"

同那时很多西方的领导人不一样，戴高乐把中东危机归罪于双方，以致某些人不公平地说他是反犹太人的。对戴高乐常常吹毛求疵的波伦却不同意这种说法。他告诉我："问题在于戴高乐认为犹太人一般都是国际主义者，而他自己首先是一个极端的民族主义者。"

我在结束会谈时说，在同俄国人打交道时，北大西洋公约国家之间有必要进行更多的磋商，美国在重大问题上不应该只是依靠同苏联的双边关系。他微微一笑答道："我会记住的。"而他果然记住了。

我担任了总统以后，戴高乐同我一起弥合了法美之间已形成的裂痕。同我的几位前任不同，我并不轻视戴高乐的忠告与意见，而是表示欢迎，因为我知道，从他在世界问题上的经验与智慧中，我可以得到很多益处。我认为，仅仅这种态度上的改变，在改进我们两国的关系方面就起了很大的作用。

戴高乐在《剑锋》一书里提出的有关领袖人物的教训，是十分简单而又十分鲜明的。如果一个领袖具有品格和威风，具有神秘感，他就能够有威信。如果他能够把威信和吸引人的魅力结合起来，那么就能够有权威。而如果他能够在权威之外还有预见，那么他就能够像戴高乐那样，成为使历史发生变化的极少数领袖中的一个。

但是，为了具有神秘而孤傲，喜欢依靠自己的品格，以及为了保持威风而高高在上，这些都要求付出高昂的代价。戴高乐写道，一个领袖必须在名望和幸福这两样东西中挑选一样，因为伟大和"淡淡的忧郁感"是连在一起的。"对于那些掌握大权的人来说，满意、安宁以及被称为幸福的寻常的快乐是没有他们的份的。"一个领袖必须忍受严格的自我克制，经常的风险和永不间断的内心斗争。

戴高乐要恢复他祖国的威风，并愿为此而付出个人的代价。他的拉长的脸，布满年龄和经历所刻画的皱纹，使他有一种领袖忧郁的气息。他的双唇紧闭，好像总是在苦恼之中。当他微笑时，嘴唇就展开，但好像从来没有向上翘过。他那双深陷下去的蓝眼睛，下面带着黑圈，似乎放射出某种忧郁感。他的左眼微微地向外斜视，给人的印象——他是一个能够看见自己的梦想却永远不能看到它成为事实的毫无希望的浪漫派。

为了保持他的孤傲，戴高乐觉得他必须躲避同事们的友情。他们之中没有一个人会用比"将军"略不正式的称呼叫过他。有一个传记作者甚至振振有词地说，戴高乐故意把为他长期工作的助手调开，以免他们同他搞得太熟。

但是谁也不能一年到头保持这种严酷苛刻的生活方式。戴高乐"人性的"一面偶然也会表露出来。例如，他十分重视家庭生活的传统价值。他对手下一班人的妻子儿女的名字都记得很熟而常常问起他们。

有时候，突然爆发出来的典型的法国式挖苦人的幽默会使戴高乐一贯严肃的举止变得轻快。在他任总统期间，有一次，一个助手想在一团乱麻似的巴黎电话系统中打通电话，但在绝望中他放弃了，就摔下听筒愤然叫道："所有这些笨蛋统统都给我死掉！"戴高乐在助手没有注意到的情况下走进了房间，他插嘴道："啊，这是多么宏大的计划，我的朋友！"

凡尔赛宫那位杰出的博物馆馆长凯普告诉过我另外一个例子。当戴高乐视察大特里安侬宫中经过修缮的国宾馆时，有人指出，拿破仑的浴盆对于约翰逊总统来说也许嫌小了一些，戴高乐立即就顶他，"也许，但是对于尼克松它却刚好"。

戴高乐曾经写道，一个领袖不能够享受友谊的乐趣，但在社交场合，他却证明自己这样说是错误的。他本人恰好体现了礼貌的本质。在正式的宴会上，他决不总是一个人说话，而是想办法使每个人都参加进来，包括尼克松夫人和戴高乐夫人。我当然知道他是一个伟大的官员，但经过仔细观察，我看到他又是一个伟大的绅士。

很多领导者埋头于公务或忙于自己的事情，以致他们对同桌进餐的人都不讲话或不感兴趣。戴高乐可不是这样。我们于 1960 年为他举行宴会时，我的夫人费了很大的劲儿，布置了一个美观的鲜花展览——在一张马蹄形桌子的中央，鲜艳夺目的热带花朵衬托着一个喷泉。戴高乐注意到了，和颜悦色地赞美说，一个女主人为举行一次正式的宴会要花多少时间来进行计划与布置啊。后来我的夫人指出，大多数来访的大人物要么不加注意，要么不屑为此向女主人道谢。她说："一个真正的绅士的标志是，他总是想到和讲到别人，而不只是自己。"

在公共场合表示热情的事例在那严酷的一生经历中是一些例外。戴高乐为他的家庭留有大量感情，他把一个领袖最挠头的一件事——尽忠于家庭与尽忠于职守的矛盾——处理得很出色。对于那些谋求高位的人来说，家庭在其竞争中往往成为第二位的东西——这倒不是因为那些领袖人物对家庭爱得不深，而是因为他们知道，其他千百万家庭的幸福都有赖于他作出的决定。因为他必须用很多时间进行工作，因为他必须遵守那经常变动的日程表，他的家庭往往就觉得不被重视了。在摄影机的监视之下，在一大队记者的追踪之下，以及在说长道短的人的包围之中过日子是不好受的，而家庭既然要忍受这些打扰，就需要当父亲的给予更多的支持，而不是更少。可是，通常他能给的时间却又更少。

戴高乐把自己的生活划分得很清楚，他把工作和家庭分开。在爱丽舍宫，他的办公室穿过一间大厅离他的住处只有几步远，但是简直像远隔一个洲一样，因为这两个地方完全是两个不同的世界。他的助手们都知道，在戴高乐结束了一天工作离开办公室以后就简直接触不到他了。除非有急事，否则谁也不找他。他同他家庭在一起的时间是他自己的、他们家庭的时间。同样的，在他处理公务的时候，他的家庭不打扰他，他也不会同家庭商量。但是这样一划分，他就做到了很少有人能做到的平衡——无论工作或家庭都不会成为次要的，它们在各自的范围内都是头等重要的。

一般情况下他总是晚上八点左右回到爱丽舍宫的住处。看了电视新闻，安静地吃了一顿晚饭以后，他就同家属一起看看书、听听音乐或者聊聊天，借此得到休息。戴高乐一家对各种体育都不感兴趣。像阿登纳、加斯贝利一样，戴高乐唯一的锻炼是散步。他一家都是虔诚的天主教徒，星期天的弥撒是从不缺席的。

作为一家之长，戴高乐在周末总是在拉鲍塞里同他的儿女和孙儿们在一起享受天伦之乐。他们全家是竭力拥护戴高乐和他的政策的。

对于一个领导者，家庭的支持常常是十分重要的。一个严格区分公私生活的人，一个严肃的、与人保持着距离的头面人物，甚至比别人更需要一个温暖而支持他的家庭。他需要一个地方，使他可以在少数几个熟悉的、信得过的人中间得到休息，可以脱下公共生活中的面具而还其本来面目。作为将军的戴高乐需要有一个能让作为私人的戴高乐生活的地方。他没有亲密的朋友，就更需要家庭。正像他在回忆录中所写的："这种家庭的和谐对我来说是宝贵的。"

戴高乐的夫人伊娃娜在世界各国的第一夫人中享有崇高的地位。她所起的作用，同蒋介石夫人和罗斯福夫人那样的第一夫人很不一样，蒋夫人和罗斯福夫人本身就是社会活动家，而戴高乐夫人不但不想，而且竭力避免出头露面。巴黎上层人物中有很多人对她不愿意穿戴时髦的衣饰，不肯在聚光灯下露脸颇有反感。可是她却坚定不移。

她赞美和尊敬戴高乐，认为自己就好比一个伟大的钢琴家为一个伟大的歌唱家伴奏。钢琴家必须使自己同歌唱家所扮演的角色相配合。钢琴家的伟大并不以人们记忆中他弹奏得怎样来衡量，而是以人们记忆中歌唱家表演得如何来衡量。同样，戴高乐夫人认为她所起的作用纯粹是要使戴高乐显得仪表堂堂，而不是迷恋于使自己显得雍容华贵。

伊娃娜·戴高乐不是一个迷人的、爱卖弄的女人，但她是一个地地道道的贵夫人。她经常穿戴得像一个贵夫人，举止像一个贵夫人，而且思想也像一个贵夫人。从我同她的谈话中，我可以说，她在生活中的使命就是为她的丈夫和儿女创造一个幸福的家庭。她用简单的语言雄辩地总结了她的整个态度："总统的职务是暂时的，而家庭是永久的。"她给戴高乐提供了他十分珍惜的简朴的私人家庭生活。我可以说，戴高乐对她感情很深，也很尊重她。正如他们家的一个朋友曾经说过的："很少有人知道，将军是多么依靠伊娃娜。这些年来她一直支持着他。"

戴高乐夫妇有三个孩子：菲利浦、伊丽莎白和安娜。人们往往不能凭家庭来判断一个领导人，但是对戴高乐却可以这样。如果一个领导人的儿女没有出息，这往往是由于他们应付不了政界的喧嚷的紧张生活。如果他们有出息，这常常是因为他们在成长过程中受到了高尚理想的熏陶，那种高尚的理想使领导人的公共生活生气勃勃。戴高乐的古典的豪迈气质，他的基督徒的高尚理想，他对妇女的尊重以及对家庭生活的热爱，都在他妻儿身上有所反映。戴高乐的家庭是他最珍贵的遗产的一部分。

菲利浦·戴高乐的面貌非常像他父亲。他在二次大战中曾同"战斗的法国"一起英勇作战。他现在是法国的一名海军上将。1980年我在巴黎遇见他的时候，他陪同我参观他父亲在野期间所住过的房子。这位将军的私人办公室的简朴给我的印象很深。房间里既没有华丽的家具，也没有高雅的绘画，只有几张陈旧的桌椅，一架年久失修的打字机和少量纪念品。这些年来我注意到，伟大的领袖人物并不依靠宽敞的办公室来使他的宾客得到深刻印象。不管是政界、商界或专业方面的领袖人物，在他们身上表现出的规律往往是：越是小人物，越是非要大办公室不可。

戴高乐上将告诉我，他对担任公职不感兴趣。他说他的愿望是当一名海军军官，为他的祖国服务，并且不做有损于"将军"声誉的事情。戴高乐的女儿伊丽莎白与一个陆军军官结了婚，她体现着她母亲那种纯朴贤淑的特点。

有一次我同戴高乐夫人谈话，她激动地说道，担任公职的人在抚养儿女并使家人能够过正常生活等方面有着多大的困难。尽管当时她没有明确说，我却感觉到，她是在想他们养育第三个孩子安娜的情况。安娜一生下来就是个迟钝儿，19岁就早逝了。尼克松夫人回想起，戴高乐夫人在访问华盛顿期间，对参加时装舞会或参观历史古迹并不感兴趣，她只想参观儿童医院和儿童收养所，看看它们是怎样照顾迟钝儿的。

戴高乐是否有足够的人情味儿？关于这一点如果真的还有疑问的话，那么安娜的生与死的悲惨故事就肯定可以驱散这片疑云了。

伊娃娜·戴高乐在快要生第三个孩子时被汽车撞倒。她没有受伤，但可能休克了。当她生下安娜时，医生告诉戴高乐夫妇，他们的女儿是迟钝儿，大概永远不会说话。他们陷于绝望。戴高乐夫人曾经写信给一个友人说："只要安娜能像别的孩子那样成为一个正常的女孩子，那么夏尔和我愿意把我们的一切：健康，钱财，前程，事业，统统放弃。"他们十分疼爱安娜，不愿与她分离。当有人建议把她放到收养所去时，戴高乐答道："不是她自己要来到人世间的。我们应当尽力使她幸福。"

在她短暂的一生中，戴高乐是唯一能使她笑的人。当他同她在一起的时候，他放下了他的一切威严架子。他们在科隆贝的一个邻居回忆说，戴高乐"同她手拉着手，围绕着他们的庄园散步，抚爱着她，轻声细语地对她讲一些她能理解的事情"。据传记作者吉恩—雷蒙·托诺说，他同她跳轻快的舞，为她表演小哑剧，唱流行歌曲。他甚至让她玩弄他的军帽，她是一看见这个军帽就会眼睛发亮的。她高兴的时候会发出相当清晰的声音，并且会像别的孩子那样地笑起来，"然后，她疲倦了，但却是快活的，便拉着她爸爸的手去睡觉"。

戴高乐夫妇千方百计地保护安娜，不让好奇的人和新闻记者来看她。战争年代在英国的时候，他不允许摄影记者在他乡间寓所照相时把他的任何一个孩子照进去，因为他知道，不管安娜出现或不出现在照片上，都会引起人们的议论。别的孩子会取笑她，因为她和别人不一样，而她由于不理解自己为什么和别人不一样，就更加感到痛苦。

戴高乐夫妇深恐他们去世以后没有人会保护安娜，因此设立了一笔托管金，以保证安娜可以得到适当的照顾。他们用自己一点菲薄的财产，在米隆·拉·香佩尔附近的林区购买了一所楼房。圣雅各修道院的女修士们答应给这个收容所配备职工。它是 1946 年成立的。戴高乐后来做了保证，把他所写的回忆录的版税的一大部分拿出来维持安娜·戴高乐基金会的费用。

1947 年，安娜在快要过 20 岁生日的时候，因患肺炎而去世。在科隆贝一个简陋的公墓内，在安娜墓旁举行了短短的安葬仪式，葬仪结束时，戴高乐夫妇默默地站着，眼睛里含满了泪水。过了一会儿，他拉着她的手说："走吧，现在她同别人一个样了。"

我们在历史上很少看到一个领袖能像戴高乐那样地把个性同所有高尚的品质结合在一起。戴高乐能够做到既是一个普通人又是一个超人。我荣幸地能有机会于 1960 年欢迎他来美国访问，并且在我卸任期间数度被他邀请去爱丽舍宫做客。但是最使我怀念的是最后几次的会见，那时我们两人分别作为本国的总统进行会晤。

1969 年 2 月 28 日，"空军一号"飞机在奥利机场降落，这是我作为总统第一次出国访问的最后两站。我永不会忘记那盛大的欢迎仪式——巨大的红地毯，庄严的仪仗队，修缮一新的迎宾大厅。戴高乐没有戴帽子，也没有穿大衣，寒风瑟瑟中站在舷梯下面，看上去他似乎是凌驾于一切之上的。

起初我想，因为我所代表的国家地位重要，他才安排了这样隆重的欢迎。但是弗·沃尔特斯告诉我，戴高乐坚决主张，对于小国的国家元首也要给以同样的盛大欢迎。他这种对小国领袖也要像对大国领袖那样尊敬的政策，大概是起因于二次大战期间他受到盟国规格较低的待遇而耿耿于怀。这种政策同时也是很明智的，因为它扩大了法国在非洲和拉丁美洲的影响。外交礼仪上的疏忽与失误，不管有意无意，对小国领袖产生的影响要比对大国领袖大得多。

爱丽舍宫的堂皇的国宴和凡尔赛宫的精美的午宴都经常使人对法兰西过去与现在的光荣肃然起敬。但是那次访问的最精彩部分是我们两人单独进行的十个小时的会谈，在会谈中，他不只是对法美之间的问题，而且对世界局势都发表了意见。我们谈话范围之广，简直同我们在特里安依宫会谈地点所能看到的御花园一样宽阔。他用一种横扫一切而又文雅的姿势说道：“路易十四就是从这个房间统治欧洲的。”在凡尔赛宫的庄严气氛中，戴高乐显得很自然得体。他并没有特意去摆什么架子，但是身上却似乎笼罩着一种威严。

在我们会谈时，他的表演——我用这个词决无贬义——惊人地精彩。他有时候口若悬河，有时候冷静而务实，而任何时候都条理分明——像麦克阿瑟一样——他并不总是对的，但他总是很自信。

我们讨论的第一个题目是西方的对苏政策。某些爱诋毁戴高乐的人说他是一个死硬的右派理论家，但他却是主张对苏奉行缓和政策的冷静的务实派。他虽然知道苏联的威胁是战后欧洲的基本事实，但他认为，苏联也是愿意改善关系的。他解释说，苏联对德国抱有传统的恐惧，现在又加上了同中国的麻烦。他说：“苏联人想到，他们有可能同中国发生冲突，他们知道他们不能够同时也对西方作战。因此我认为，他们最终会选择一种与西方和解的政策。”

“就西方而论，”他继续说道，“我们能有什么选择？除非你准备打仗或者把柏林墙打掉，否则就没有能接受的别的政策。争取缓和是合乎理智的：如果你不准备打仗，那么就得谋求和平。”

我们然后谈到那个从北大西洋联盟成立伊始就是个麻烦而到今天仍然很棘手的问题。我问道：“要是俄国人动起手来，你想他们会相信美国将以战略武器进行反击吗？对于苏联的进攻或进攻的威胁欧洲人相信美国会用大规模的常规地面部队进行反击吗？”

在我的问题被译成法语以后，他似乎等了一会儿才回答。他字斟句酌地答复说：“我只能代表法国答复你。我们认为，俄国人知道，美国是不会让他们征服欧洲的。但是我们也认为，如果苏联进军，你们不会马上使用核武器，因为这意味着要打一场全面战争而使对方的每一个人都死亡。”他接着说，如果苏联和美国双方都用战术武器，

"那么欧洲就会毁灭。西欧和英国会被苏联的战术武器摧毁，而东德、波兰、捷克和匈牙利将会被美国的战术武器摧毁。欧洲的局势将会十分悲惨。而美国和苏联却不会受到伤害"。

戴高乐讲了这种想法以后，显然认为这个话题已经谈完了。可是第二天他微妙地又回到了这个题目。我们开始谈到了二次大战使欧洲一些伟大的国家受到了灾难性的影响。他把卷帙浩繁的历史压缩成为简单的一句话，他说："在二次大战中，所有的欧洲国家都输了，其中两个国家是被打败的。"大约在他逝世前一年，戴高乐告诉马尔罗，"斯大林只对我讲过一句认真的话：'到头来死神是唯一的胜利者'"。回想起这两次的谈话来，我认为，在我们的会谈中，戴高乐想告诉我的是，一旦爆发核战争，那就不会有胜利者，而只会有失败者。按照他的见解，唯一合理的东西方政策，是把威慑和缓和结合起来。

当我问他对共产党中国的看法时，他说他"对他们的意识形态并不抱幻想，"但是他劝说美国不要"让他们在愤怒中陷于孤立"。他曾于1963年对我表示过同样的见解，而他的想法同我是一样的。我告诉他，在争取同苏联人进行会谈的同时，我也许要"对中国采取一些未雨绸缪的措施"。我又说，"十年以后，当中国在核技术方面取得了显著进展的时候，我们就将没有别的选择了。我们应该同他们进行比现在更多的交往，这是十分重要的"。戴高乐表示同意，并且说了一句巧妙的话："你现在承认中国要比你将来由于中国强大起来而被迫承认它更好一些。"

戴高乐并不喜欢联合国，他曾经在我面前轻蔑地把它叫做"那玩意儿"。丘吉尔对联合国的态度同戴高乐的态度很相像。这位英国领袖曾经对我说："没有一个大国能够允许别的国家就一个牵涉到它本身生死存亡的问题作决定。"戴高乐有一次对艾森豪威尔说："你们非常赞成联合国，因为你们仍然控制着它，但是当你们和苏联为了完全不同的理由而培育起来的'独立之花'盛开的时候，你们很快就不能控制它了。"他往下又说，苏联支持反殖民主义运动，为的是制造权力真空而加以利用，美国也这样干，因为它还有"那种错觉，认为乔治·华盛顿是一个把英国地主赶出去的印第安人的首领"。

对于世界上两个最强大的国家都竭力主张结束殖民统治的问题，他对艾森豪威尔讲到他的预见，"你们将失去对联合国的控制，把它让位给发展中国家和城邦国家，而这些国家不可避免地将很容易为苏联所操纵，但到那时候，你们已经把联合国搞成这样一个神圣的偶像，以致到那时他们要你们做某些违反常情，于美国不利的事情，你们也只得唯命是从了"。虽然这种说美国会愿意向联合国低头的话有些言过其实，可是对联合国内部将来会发生的问题却是一种有预见性的分析。

在 1967 与 1969 年，我们花了很多时间讨论越南问题。1967 年，他劝告我，作为一个总统候选人，我应当倡议在最有利的条件下早日结束这场战争。与阿登纳的看法不同，戴高乐认为，苏联是想结束印度支那战争的。他告诉我，柯西金在一次会谈时曾经对这场战争为苏联增加了很多麻烦而感叹。他说，这位苏联领导人用拳头在另一只手的手掌中猛击一下说道："你不知道，这场东南亚战争给苏联财政带来了多么大的麻烦！"

我认为，戴高乐的判断固然总是很敏锐的，但在这个问题上他却判断错了。他认为，一个领袖的最重大的责任之一就是保持国家经济的健全，抑制通货膨胀，稳定货币。他以为苏联的领导者们也会这样对待他们的问题。而我并不认为那时的情况是如此，也不认为现在的情况是这样。预算问题固然使苏联的领导者们感到焦虑，但他们的扩张主义的野心超过了对国内经济问题的考虑，因为他们对人民的怨言可以干脆充耳不闻。

1969 年我与戴高乐会见时，他敦促美国从越南撤军，但不是仓促地撤退，像他所说的"在灾难之中"撤退。他承认，撤退会使我遇到很多政治上的困难。他说他作出从阿尔及利亚——"法国的一部分"撤退这一"惨痛的"决定时，困难甚至还要大，但是对他来说，这是摆在他面前的唯一的道路。

他认为，美国必须从越南摆脱出来以便同苏联进行成功的谈判。在一定程度上，戴高乐这种想法是对的，要是不发生越南战争，我们同苏联的关系会简单得多。但是，我们一撤退是否就能改进谈判的气氛却是另一码事。1972 年莫斯科第一次最高级会谈快要举行的时候，北越对南越发动了一次大规模的进攻。当时大多数专家都劝告我，美国要是进行强有力的反攻，就会使最高级会谈告吹。我拒不接受这一劝告，并下令轰炸河内并在海防港布雷。这才是苏联人所能懂得的语言，我深信，这不仅不会破坏最高级会谈，反而会使他们更急于举行这次会谈。

尽管我并不一贯同意戴高乐的意见，我却一贯对他具有深刻的印象。在那三天的会谈中，他讲话时既没有看纸条也没有顾问在身边。他是这样地胜任、愉快，这样的聪慧，而有时又有如此深刻的见识，因此他能够以非凡的才能谈论任何一个题目或世界上任何一个地方的事情，在这一点上，我还没有见到过一个领袖能超过他的。

1969 年 2 月我们在巴黎会见以后，我又在一个月以后见到了戴高乐，那时他飞越大西洋来向他的朋友和战时的盟友艾森豪威尔（他于 3 月 28 日去世）表示最后的敬意。我们在白宫会见了一个小时，讨论了最近的国际局势。

戴高乐又敦促我设法尽快结束越南战争。另一方面他认为，我们从越南撤退，不要仓促从事，而应该有秩序有计划地撤出。他深信，一旦我们结束了战争，美国的力量和威望会大大加强，全世界也会对美国重新具有信心。

我把我们准备进行撤退的计划告诉了他，并且对他说，我们已经在同北越进行秘密接触。我又说，我们认为，只有秘密进行，谈判才能成功。他说，北越已经向法国表示，他们可能同意为结束战争而进行秘密谈判。回想起来，我认为我们那次会谈给基辛格的秘密访问巴黎奠定了基础，这次秘密访问的结果是，四年以后签订了巴黎协定，结束了美国在越南的战争。要是没有戴高乐的继承人——蓬皮杜总统和法国政府的协助，谈判是不会获得成功的。

戴高乐对英德两国生产超速离心机浓缩铀的协定深感不安。我对他说，我觉得法德和解是他任总统期间所取得的最大成就之一，很多人都曾认为这是办不到的，而他却使之成为事实了。

他对我的颂扬表示赞同，但他现实而又坦率地谈到，总的来说，尽管他对德国有疑虑，他还是决心要同阿登纳友好合作。他承认德国人"特别的生气勃勃，有魄力，有才能"，而且还相当"和蔼可亲"，但另一方面，他同德国和解却是小心翼翼的，因为他深深感觉到，德国人的骨子里有强烈的野心——如对此不经常加以遏制——它会给法国和其他国家带来痛苦。正因为此，法国人下了决心，永远不让德国人拥有他们自己的核武器。他说，他对英德协定表示关切，这是因为，当德国"有了浓缩铀的时候，那么凭它的技术力量，就不难生产核武器了"。他又说，这是法国所永远不能接受的。

从十三年以后的今天的形势看来，他关于苏美关系的见解是特别使人感兴趣的。我对苏联拥有巨大能力来加强它的军事力量，特别是它的导弹和海军实力，表示关切。但是我们也得到了暗示，苏联是愿意缓和东西方的紧张局势的。

我告诉他，我个人同克里姆林宫的统治者们不熟识，很想听听他对他们的评价，特别是他对于苏联的鸽派和鹰派可能分裂的传闻有什么看法。他发表意见说，尽管苏联的"野心很大"，那些克里姆林宫的领导人却不是一心要进行传统意义上的征服，他们是要使苏联成为一个不能攻克的，比其他国家——特别是美国——并不逊色的国家。

他说，波德戈尔内是一个"缺乏勃列日涅夫所具有的那种干劲和热情的老人"。在戴高乐的眼里，勃列日涅夫是无可争辩的克里姆林宫主人。他说，柯西金是个在政府机构中发迹起来的灵敏而又勤奋的人，比勃列日涅夫要灵活一些，根据法国人所得到的情报，他在1968年因群众闹事而入侵捷克的问题上要比他的同僚们稳健得多。

　　他说，尽管苏联领导人在诸如捷克这样他们认为微不足道的小问题上也许会有分歧，但在大问题上，特别是在加强苏联力量这样的问题上，他们是团结一致的。他在同他们的谈话中发现，他们似乎答复得很直爽、很坦率，甚至也有诚意，但他认为，这多半是伪装的。他结束谈话时说，"全世界都在等待美国总统去同他们接触或者等待他们来同美国接触"。当我问他，他是否认为这种直接接触会发生作用时，他的答复是十分肯定的："当然是这样。"

　　当我在会谈以后送他上车时，他要我向艾森豪威尔夫人表示同情和敬意。戴高乐是难得表露他的感情的，但从他谈话的方式中我可以感觉到，他是深深爱戴和尊敬艾森豪威尔的，他对艾森豪威尔的逝世确实深感悲痛。

　　举行艾森豪威尔葬礼时的那次会见是我最后一次看到他。我们正在为他来华盛顿进行国事访问制订初步计划时，他突然于 1969 年 4 月 29 日辞去总统职务。戴高乐并不是为了什么了不起的大问题离职的，而只是为了一件看起来很小的事情：他把他改革参议院和地方议会的方案提交公民投票，结果失败了。后来马尔罗问他，为什么他因为这样一个"荒谬的"问题辞职。他的答复正是人们意料会从戴高乐将军口里得到的一句话："恰恰因为这是荒谬的。"

　　同丘吉尔和阿登纳一样，戴高乐也感到，培养一个接班人是件难事。丘吉尔压倒了艾登，阿登纳压倒了艾哈德，戴高乐则压倒了蓬皮杜，我认为蓬皮杜是我所见到的世界领袖人物中较为能干的一个。要接替一个真正伟大的人物是非常困难的。杜鲁门，至少以他的历史眼光而论，是不配接替罗斯福的位置的，但是他以自己的方式在历史上留下了英名。谁也代替不了戴高乐，但是蓬皮杜作为世界上第一流的经济专家，是一个合适的接班人。使我对他印象特别深刻的是，在我们讨论外交政策时，他总是用全球的眼光而不是用狭小的眼光思考问题的。

　　戴高乐辞职的时候，我给他亲手写了一封短信，再次邀请他来华盛顿访问，我对他说，"如果您把我国数以十计的城市和州列入访问日程中的话，那么它们将不胜荣幸"。我在结尾时写道，"坦率地说，在这世界上大多数的领袖们都庸庸碌碌无所作为的时期，美国的精神需要您大驾光临"。弗·沃尔特斯把我的信呈交了住在科隆贝的戴高乐。戴高乐看了以后说："他真是一个志同道合的人。"他当天就在书桌旁坐下来亲手写了复信：

　　亲爱的总统先生：

　　　　您惠赐的正式书信以及您个人热情洋溢的手札使我深为感动。这不仅由于您担任着美国总统的崇高职位，而且是由于这些书信是从您——理查德·尼克松那里来的，我很有理由地对您怀有最大最诚挚的敬意、信任和友谊。

　　　　也许有朝一日我将有机会荣幸地再次见到您，而现在，我从心灵深处向您表示最好的祝愿，祝您在繁重的国内国际事务中取得卓越的成就。

　　　　请您向尼克松夫人转达我崇高的敬意，我夫人也附笔向她热烈问候。亲爱的总统先生，我谨向您表示忠实的、始终不渝的友谊。

　　　　　　　　　　　　　　　　　　　　夏尔·戴高乐

　　这是我最后一次接到戴高乐的来信。1970 年 11 月 9 日，他去世了，我飞往巴黎，同全世界的领导人一起，向他致最后的敬礼。

　　戴高乐在他的一生中，他在体形上凌驾于他周围的人们，但是他所发出的力量却是一种内在的力量。他那球茎状的鼻子，微微发胖的身体，柔软的双手，既不加强也不削弱这种力量。这是一种超越形体的力量——一种其影响超出本人之外的风度，它的存在使人肃然起敬。

　　戴高乐不谈他有怀疑的事而总是谈他能肯定的事。他有时可能会犯错误，但甚至他的过失也成为历史上的一种力量。

　　他要复兴法兰西过去的品德，而不是把它供奉起来。用马尔罗的话来说，他是"前天的人，又是后天的人"。

　　他是现代教堂的建造者。他所建造的教堂是一种概念，一种感觉——现实而又非现实的，可见而又不可见的，有形而又无形的。它就是法兰西，不仅仅是地理概念上的或政治意义上的，还是精神意义上的法兰西。戴高乐把理想中的法兰西形象指点给法国人看，告诉他们这就是法兰西，他在这样做的时候也就促使法兰西更接近于他理想中的形象了。

　　正像古代中国人那样，把中国看做是"中央帝国"——世界的中心，除此之外便都只是些边陲地区，戴高乐也把法兰西看做是某种中央帝国。至于世界其他地方则仅仅在与法兰西有关联时才有其意义。他在分析世界形势时是冷静而有远见的，但是他所制定的政策则完全在于增进或保护法兰西的利益。

　　他是法兰西的解释人、保护人、先知先觉者，它是法兰西的良心，为法兰西人带来鞭策与鼓舞。在某种意义上，他就是法兰西。这不是一种结合体，而是浑然一体的东西。他是法兰西的灵魂，不仅对世界，而且对法国人本身，他都代表着整个法国。

　　作为一个民族来看，戴高乐并不特别喜欢美国人，同样他也不特别喜欢法国人。但是这没有关系。他爱他的家庭和法国，而就他与其他国家的关系而言，则其关键不在于他是否喜欢他们的人民，而在于他们能够为法兰西或对法兰西作出什么贡献。他是一个政治家而不是一个人道主义者。

　　在戴高乐的一生中，人们对他常常褒贬不一，议论纷纷。但是人们会对他作出如下的结论应该是明白无疑的：没有戴高乐，法国就可能经受不住二次大战中遭受失败的悲剧。没有戴高乐，法国也许就不能够从二次大战的浩劫中恢复过来。没有戴高乐，法德和解也许就实现不了。没有戴高乐，法国就不会采纳第五共和国宪法，从而其政治、经济与社会就可能陷入一片混乱。而且没有戴高乐，那么法兰西精神——这种以它的活力、它的锐气、它的光辉以及它那把特殊性与普遍性融为一体的举世无双的特点，好几个世纪以来都鼓舞着世界的精神——就也许已经消亡而不会像今天这样强大而有活力了。

戴高乐和他的时代铭刻在我的记忆里的最生动的一幕莫过于他的悼念仪式行将结束时在巴黎圣母院里的景象了。当时，来自世界各地的显贵们开始鱼贯离场。很多人向我走来，对我代表美国人民来参加葬礼表示赞扬。就在那时，在我快要走到门口时，教堂里的大风琴奏出了扣人心弦的"马赛曲"。我当即停下来，把一只手放在胸前，转身走向祭台。正在那时，另外一个外宾无视这乐曲，过来同我握手问好，于是，一个很可能是高度戏剧性的时刻就突然消失了——会聚一堂的世界各国领袖们都转向祭台，在大风琴演奏的"马赛曲"乐声中，齐声高唱法国国歌，歌声响彻那古老的教堂，那么没有比这个场面更能恰当地把握住戴高乐的精神了！

第四章

麦克阿瑟和吉田茂

——东西方历史性的相会

1951 年春的一个下午，天气晴朗，一位 70 高龄的日本绅士正在当令第一个赏花会上接待客人。有人把刚从美国传到东京的消息告诉他：杜鲁门总统解除了道格拉斯·麦克阿瑟将军的一切职务，包括指挥朝鲜战争和驻日盟军最高司令官的职务。这位主人听了大惊失色，离开了迎宾队列。他心烦意乱，足足过了半个小时才镇定下来。

这位绅士就是铁石心肠的日本总理大臣吉田茂，他知道这可不是动感情的时候。他自己整过不少对手，明白政治是不讲情面的。麦克阿瑟和杜鲁门两人一直在进行一场巨大的政治较量，闹得难解难分，现在麦克阿瑟输了。不管杜鲁门的做法究竟是对是错，现在这位红极一时的将军下野了，而日美关系仍然要继续发展。吉田茂必须留心，别得罪美国总统，以免影响美日和约的签订——从 1946 年以来吉田茂就一直在为争取签订美日和约而努力。

然而吉田茂在向全国发表广播讲话时，却很不讲究策略，对这位即将离别的朋友赞不绝口。而且讲话时感情很激动，这就更不像吉田茂平时的为人了。他说："麦克阿瑟将军为我国利益所作的贡献是历史上的一个奇迹。无怪他深得全体日本人民的崇敬和爱戴。我无法用语言表达我国人民对他的离职所感到的依依惜别之情。"

虽然美国报刊报道了吉田茂的讲话，但是麦克阿瑟免职后，众说纷纭沸沸扬扬，完全淹没了吉田茂的话，人们很快就忘掉了这些赞语，而麦克阿瑟的后半生不断被社会上的说三道四所困扰。现在，事过三十年，大多数美国人一提起麦克阿瑟，就想到朝鲜战争或者想到他在二次大战中用兵如神的才能。但是麦克阿瑟留给后人的最大业绩却是在他刚刚下台时由吉田茂一语点明的。当时吉田茂说："是他把我国从投降后混乱凋敝的境地中拯救了出来，是他使民主在我国社会的各个方面牢牢扎根。"可是当时抨击麦克阿瑟的人却痛斥他鲁莽好战。

吉田茂自己在重建日本的过程中所起的作用同麦克阿瑟一样重要，可是这位总理大臣的话表明了他谦虚的本色。麦克阿瑟和吉田茂：一位是战胜者，另一位是战败者；一位是西方人，另一位是东方人；一位是将军，另一位是政治家。尽管如此，实际上他们两人却一起完成了世界现代史上最雷厉风行、卓有成效地改造一个大国的任务。

麦克阿瑟是美国的一位非凡人物，一位传奇式的人物，就像一则传奇故事一样，包含着各种矛盾和反差。他既是一位善于思考的知识分子，又是一位趾高气扬、唯我独尊的军人；既是一位独裁主义者，又是一位民主主义者；他是一位天才的、很有感染力的演说家，有着丘吉尔式的雄辩口才，打动过千百万人的心，同时也使许多自由主义者气得晕头转向。

吉田茂是日本最黑暗时刻的一位脾气暴躁、性格粗野的领袖，就是这位狡黠而爱抽雪茄的前外交官，使日本摆脱了军事上战败的困难局面而在经济上取得胜利。由于他性格刚毅，言辞锋利，体形矮胖，又由于他是在大多数人早该退休的高龄上台执政的，因此人们常常称他为日本的丘吉尔。

1945 年麦克阿瑟接管日本。当时日本在物质上和精神上都处于瘫痪状态。有二百万日本国民死于战祸，其中三分之一是平民。工厂只剩下残垣断壁。外贸原是 20 年代和 30 年代日本国力之基石，这时已不复存在，食品奇缺。更糟糕的是，日本人民原来都满怀信心，全力以赴地投入战争，认为上天是不会让他们战败的。现在天皇却下令叫他们放下武器，在日本历史上破天荒第一遭忍辱投降：裕仁天皇很快就要公开破除千百年来历代天皇自封为神的迷信，这也就破坏了日本宗教体制的根基。

军事上的失败还很少给一个国家在物质上和精神上造成如此严重

的真空。然而九年之后，当吉田茂卸任总理大臣时，日本已经成为一个繁荣昌盛、生机勃勃的民主国家，并且正在把自己建设成为自由世界的第二经济大国。

人们普遍认为这全都是麦克阿瑟一人的功劳，因为使日本改变面貌的各种社会、经济和政治改革大多是在 1945 ~ 1951 年间麦克阿瑟执掌大权时进行的。我对麦克阿瑟和吉田茂两人都很熟悉，也很了解他们的生平，我认为日本面貌的改变是两人共同努力的结果。他们之间存在着一种非同一般的伙伴关系，麦克阿瑟制订法典而吉田茂则负责执行。麦克阿瑟制订的法令是原则性的，由吉田茂予以加工，使之适应日本国情。结果仅在几年之内就使日本由独裁走向民主，由一个经济崩溃的国家变为名列前茅的世界经济强国。

对于他们两人来说这项任务均属意外。抨击麦克阿瑟的人说他是个爱摆架子、对部下管束极严的军人，结果却证明他是历史上最进步的占领军司令之一，而且是其中少数政绩卓著者之一。吉田茂是作为看守政府首脑上台的，对竞选和执政都毫无经验。结果却成了战后时期最好的总理大臣之一。他还创立了一种适中、保守、亲实业型的政府模式，至今日本仍然维持不变。

麦克阿瑟举足轻重、众目所瞩，因此在许多关于占领时期的记述中，吉田茂就显得微不足道了。其所以如此，原因之一是他们两人个性不同，这一点清楚地反映在他们各自的著述中。麦克阿瑟的《回忆录》把事情写得活灵活现，有时还自吹自擂，在他的笔下占领时期简直像是麦克阿瑟一人唱独角戏。书中除了引用吉田茂对他本人的赞颂以外，只有一处提到吉田茂，说他是日本"能干"的总理大臣。与此形成对照的是，吉田茂的《回忆录》却虚怀若谷。在回忆录中他似乎不愿把自家的许多功劳算在自己账上。

占领时期的实际情况介乎于这两种说法之间：在七年时间里，日本是由两个政府进行管理的，两者时而互相配合，时而互相冲突。麦克阿瑟的做法是发布公告，而吉田茂则是进行微调，容易被人忽视，

麦克阿瑟和吉田茂

甚至没有留下片言只字。他们两人同样重要，但是由于麦克阿瑟大权独揽，个性突出，使人难以看到吉田茂的作用。

更糟的是，许多学者习惯于把吉田茂当政的七年说得一无是处。有人说他是旧式保守分子，对麦克阿瑟实行的劳工、教育和警察制度的改革心怀不满，一有机会就尽快取消这些他看不惯的改革，走回头路。也有人说吉田茂对这些改革进行调整实际上是美国人的功劳，因为美国人忽然认识到有必要在远东扶植一个强大的反共盟友。

实际上吉田茂是一位谨慎的政治家，但具有基本上是自由主义的直觉。他认为美国人仓促进行的改革搞得太多太快，这种担心是有道理的。日本人大概是世界上最不害怕外来影响的民族，有着"借用"他国文化的悠久传统，但他们总是很注意对各种新来的影响进行调整，使这种影响对日本社会起到充实而不是破坏的作用。对于麦克阿瑟引进的一些新观念，吉田茂所持的正是这样的态度。麦克阿瑟创立了各种民主机制，期望日本人成为民主主义者。吉田茂则明白，要使日本人民既意识到新的自由给他们带来的好处，也意识到它所带来的责任，这是需要时间的。他也知道，在美国行得通的事，拿到日本来并不一定都行得通。

麦克阿瑟和吉田茂两人所起的作用迥然不同，也就需要两人有迥然不同的性格。两人在同我最初的交往中就显出了他们的性格各有千秋。

我第一次见麦克阿瑟是在 1951 年，当时我是美国参议员，在参众两院联席会议上听他发表《老战士永远不死》的演说。当时他正受到现代政治史上一次戏剧性大对抗的风浪的冲击，但是他的风度举止却威严非凡，犹如奥林匹斯山神①。他的讲话具有强烈的感染力，令听众如痴如醉。演说一次又一次地被长时间的热烈掌声所打断，最后他用这样一句扣人心弦的话向大家告别"老战士是永远不会死的，他

---

① 希腊神话中住在奥林匹斯山上的十二神。

们只是逐渐隐没罢了"。议员们一下子就全都站了起来，向他放声欢呼，其中许多人激动得流下了眼泪。这恐怕是在参众两院联席会上发表演说的人中，包括总统在内，受到的最为热烈的一次欢呼了。当时主持会议的是贝德兰。麦克阿瑟气宇轩昂地顺着中间过道走出了会议大厅。一位议员说，我们刚才听到的是上帝的声音。事后还有一位亲麦克阿瑟的参议员跟我打趣说，麦克阿瑟的演说使共和党人眼泪汪汪，民主党人尿湿裤裆。

两年后我在东京与吉田茂初次会面。他迟到了一会儿，来的时候用手帕捂着鼻子和嘴巴。他一再向我道歉，说刚才他流了鼻血，还不好意思地哧哧笑了两声，说是因为前一天晚上鱼子吃得太多了。我当时心想，没有几个国家领导人会如此老老实实地承认这么一桩事的，特别是当时他完全可以随便编造个什么借口，说因为有紧急公事所以迟到。

初次见面的这些印象在后来的交往中得到了证实。麦克阿瑟是位叱咤风云、举止不凡的英雄人物。他让应邀来访的客人毕恭毕敬地聆听，他一边在房间里来回踱步，一边随兴所至地就某个问题慷慨陈词——麦克阿瑟退休后寓居纽约，我应邀到他家做客时就有这样的亲身体会。麦克阿瑟之高不可攀正如吉田茂之平易近人、富有人情味儿。吉田茂同人交谈时很随和，你一言我一语地，谈话内容也很丰富。他矮矮的个儿，坐在椅子上，抽着雪茄，喷着阵阵轻烟，不时咧着嘴狡黠地一笑。

他们也有相似之处。两人都是博览群书的知识分子，都是年过70才大权在握。两人都生在维多利亚女王时代，在公开场合的举止都带有一种老派的庄重稳健。但是麦克阿瑟从来放不下架子，一位曾当过他助手的人说："即使在训人或者顶人的时候，他也仍然不失其高傲的绅士风度。"吉田茂则迥然不同，在必要时他可以粗鲁得出奇。例如，有一回他在国会骂一位社会党人是个"该死的蠢货"。还有一回一位摄影师把他惹烦了，他拿起一罐水就扣在他头上。

麦克阿瑟和吉田茂

如果要我根据同麦克阿瑟和吉田茂初次见面的印象猜一猜哪一位是高傲的理想主义者，哪一位是顽强的实用主义者，我想我是不会猜错的。事实证明这两个人都是战后的日本所需要的。如果没有麦克阿瑟的远见卓识，就未必能进行那些必要的改革。如果没有吉田茂对于具体问题的细致处理，这些改革可能会对日本产生不良影响，使这个国家的混乱状态越发恶化，发展到不可收拾的地步。

麦克阿瑟本质上是位毕生面向东方的西方人，而吉田茂则是位毕生面向西方的东方人，他们都有远见，都看到了他们所代表的两种文化可以在拥挤的岛国日本结合起来，使日本成为一个强大而自由的新国家。

道格拉斯·麦克阿瑟是美国最伟大的将领之一，也是一位最招摇的将领。因此，有时他的风度比他的成就更惹人注意。他的贵族派头和夸夸其谈的作风很容易成为追逐时尚的人和讽刺作家们攻击的目标。他们把他描绘成一位虚荣心十足的过时人物，一位自命不凡的维多利亚女王时代的遗老，可惜出世晚了五十年。他的演讲往往满篇都是慷慨激昂地宣扬美国制度如何伟大的高谈阔论，许多人讥之为沙文主义的滥调。

但是批评麦克阿瑟的人发现很难用一个固定的框框去套他。麦克阿瑟的个性如此复杂和多变，甚至连格雷戈里·佩克这样的大明星也觉得无法在银幕上把他演好。但是演员乔治·C. 斯科特却成功地扮演了另一位伟大的将军乔治·巴顿，因为他的性格不那么复杂。

我是在第二次世界大战期间开始对麦克阿瑟有深刻印象的。当时我是南太平洋美国海军陆战队某作战空运部队的作战指挥官。我所听到的统统都是关于他的坏话，因为这些议论一方面是受对麦克阿瑟颇有成见的报界的影响，另一方面是受陆海军之间向来就存在的矛盾的影响。

譬如说，当时我们使用的 C - 47 型客货两用运输机上有两种座位。一种是座板可以翻起的凹背单人坐椅，是给绝大多数军人坐的。

另外有两个像民航客机上的那种比较舒适的座位，是给高级军官坐的。大家就给这两个座位起了个诨名"麦克阿瑟席"。

其实这位将军的坏名声完全不符合实际情况。在日军围攻八打雁和科里吉多①时，麦克阿瑟坚持住在地面上的房子里，而不肯住掩蔽部，使自己和家人都冒着挨日军炮轰的危险。而我们听到的议论却说，他在八打雁时手下的士兵都叫他"蹲掩蔽部的道格"。当败局已定时，麦克阿瑟一心打算留在岛上，用自己的手枪尽量多结果几个日本人后再死在战场。末了是罗斯福总统下令要他撤离的。但是我们听到的议论却说，他在局势转危时带着老婆、3岁的儿子和中国保姆仓皇逃命。

麦克阿瑟在二次大战时竟然得了"蹲掩蔽部的道格"这个绰号，实在令人啼笑皆非。因为在第一次世界大战期间他才真的待在掩蔽部里——同美国步兵一起蹲在法国的战壕与地下掩体里。当时他先后担任美国彩虹师的参谋长和司令。他的士兵钦佩他，以至景仰他，因为他精通战术，并且身先士卒，不避艰险。他不只一次在美军冲锋时率先攻入敌阵，曾经在一年之中两次负伤，因作战勇敢而荣获七枚银星奖章。

在他的整个戎马生涯中，他多次死里逃生，简直是经常玩命。1914年，有一次他在墨西哥的维拉克鲁斯②完成惊险的侦察任务时，制服被子弹打穿了好几个洞。第一次世界大战期间他中过毒气，敌军的机关枪火力曾经把他的毛衣打得千疮百孔。他在梅斯③的指挥所在他搬走的第二天就被摧毁了。在搬走以前，有一次敌军进行炮击，他镇静地坐在自己的座位上，周围的工作人员自然为他担心，他却对他们说："整个德国也造不出一发能打死麦克阿瑟的炮弹。"

战后，有一次麦克阿瑟在纽约被拦路抢劫的强盗截住了车，他叫强盗放下手里的枪，同他格斗一场，赢了就给钱。当强盗了解到他截

---

① 八打雁是马尼拉湾西岸的一个半岛，科里吉多是半岛附近一个设有要塞的岛屿。第二次世界大战中，马尼拉陷落后，美军退守此处。

② 墨西哥东海岸最大城市，重要海港。

③ 法国东北部靠近卢森堡边界的城市。

住的是麦克阿瑟将军，是当年自己在彩虹师当兵时的上司，便一再道歉，放他走了。

第二次世界大战期间，人们经常可以看到麦克阿瑟在日本飞机进行扫射时仍然镇静地坐在自己的椅子上，用望远镜仔细观看战斗进行的情况，而旁人却都在琢磨炮弹来了该往哪儿跑。无论当官的还是当兵的劝他不要拿性命冒险，他都不听。他总是说那些子弹不是找他来的。

他经常在表现自己勇敢的同时来两下近乎莽撞的惊险举动。1945年他在菲律宾登陆后，视察了日本的战俘营，营中收容的是当年八打雁和科里吉多战役中流落下来的他的旧部，他们营养不良，受虐待。他转身对随军医生说："大夫，我真受不了。我要一个劲儿往前走，直到有人朝我们开枪，而且不是零零星星地打冷枪。"说罢他就大踏步往前走着，一路都是日军的尸体。直到听见前面有一架敌人的机关枪从掩体里向外射击的声音时，他才停住了脚步。然后他转过身来慢慢往回走，看日本人敢不敢朝他的后背开枪。

麦克阿瑟的整个一生，包括他天不怕、地不怕，有时是近乎蛮干的表现，从某种意义上说，都是为了力争无愧于他的先父阿瑟·麦克阿瑟将军。

不知是出于巧合还是有意安排，麦克阿瑟父子的戎马生涯有许多相似之处。1863年，年仅18岁的阿瑟在美国南北战争中担任北军副官，他是第一个把师军旗插上田纳西州传教士山山顶的战士，为此获得国会荣誉勋章，这次战役为谢尔曼将军率领大军横扫佐治亚州铺平了道路。道格拉斯也获得过荣誉勋章，奖励他在科里吉多岛英勇作战的功绩。阿瑟从军期间很多时候都是在当时美国的边远地区驻戍，先是在西南边疆，后来又到了菲律宾。而道格拉斯从1935年起到1951年免职时止，总共只回过一次美国。

菲律宾人把他俩一个称作老麦克阿瑟，一个称作小麦克阿瑟，以示区分。父子俩都念念不忘远东和菲律宾对西方未来的重要意义。两人担任军职期间都同当权的文官顶牛作对——道格拉斯是同杜鲁门总统闹矛盾，阿瑟是在出任菲律宾军事总督时，同当时的菲律宾民政委员会主席威廉·霍华德·塔夫脱不和。

如果说阿瑟为儿子树立了榜样，那么正是麦克阿瑟的母亲萍绮督促儿子终身发奋以父亲为榜样，争取青出于蓝而胜于蓝。麦克阿瑟到西点军校学习时，他的母亲也跟着去了，为的是督促他学习，管住这位漂亮的士官生不受风流韵事的纠缠，以免分心。他毕业时是全班第一名。第一次大战期间，38 岁的上校麦克阿瑟在法国的战壕里打仗时，他的母亲不断写信讨好他的上司，其中包括曾在麦克阿瑟的父亲麾下任职的珀欣将军。最后，到 1930 年，麦克阿瑟当上美国历史上最年轻的陆军参谋长时，他的母亲用手抚摸着他肩章上的四颗星说："要是你爸爸现在能亲眼看见你该多好！道格拉斯，他的愿望你全都实现了。"

麦克阿瑟总是有一种非得与众不同的愿望，因此就有一些十分显眼、但又无伤大雅的怪癖。在军队里，穿制服的目的之一是为了加强军官等级的概念。但麦克阿瑟偏偏不随大流，而要标新立异。一位军官问他为什么服装与众不同，他说："只有你不服从命令，才能使自己出名。"

一次大战期间他多次不按规定戴钢盔，而是戴着皱巴巴的鸭舌帽，穿着高领毛线衫，系着紫红色的缎子领带，还穿着马裤。有一次，人家把他错当德国人，拘留了一小会儿。

1919～1922 年麦克阿瑟在西点军校当校长时，人们可以看见他手执马鞭在校园里散步。后来，二次大战期间在太平洋服役时，他穿戴简朴而不落俗套，一副墨镜、一套褪了色的卡其布军装、一顶旧帽子和一支玉米棒子芯烟斗①。当时美国人经常看到这位将军在一个又一个南太平洋岛屿涉水登岸的图片，非常熟悉这个形象。他有二十二枚勋章，但一枚也不戴，只在衬衣领子上戴两小圈五星。

---

① 这种烟斗装烟叶的部分用干燥的玉米棒子芯挖空制成，故名。

麦克阿瑟和吉田茂

一般说来，麦克阿瑟不愿意穿镶金边的服装，不爱佩戴绶带、勋章等饰品，这理应招人喜欢，而不会得罪人，尤其考虑到 20 世纪中叶以后平民时代已经到来。但是，1950 年他和杜鲁门在威克岛会面讨论朝鲜战争问题时，麦克阿瑟的这副打扮却使杜鲁门十分不满。多年以后杜鲁门无意中脱口而出说，这位将军"当时戴着他那副臭墨镜，衬衣也不系扣子，帽子上挂了许多金属片。我真不懂……人都那么一把年纪了，何况还是位五星上将，为什么要在大庭广众之间打扮得像名 19 岁的少尉呢"。

麦克阿瑟用不着穿奇装异服就能显示出他与众不同，因为他是当年最漂亮的知名人士之一。他的风度也很有魅力，加上他的敏锐和聪慧，能够叫听众佩服得五体投地。他能激励部队的士气，也能使部下对他忠心耿耿。他在西点军校的一位助手说："所谓忠诚究竟是什么，是说不太清楚的。领导可以以威服人，但是，若要别人忠诚，却只能以德服人。麦克阿瑟却生来就知道怎样赢得别人的忠心。"

麦克阿瑟在赢得和保持部下对他的忠诚方面有着独到的本领，在我的政府和里根政府中均担任要职的亚历山大·黑格和卡斯帕·温伯格两人都在麦克阿瑟手下工作过，到现在他俩仍然崇拜他。温伯格在第二次世界大战快要结束时是太平洋地区麦克阿瑟部下的一位年轻上尉。黑格曾经是美国驻日占领军参谋部的一名中尉。首先把共产党入侵南朝鲜的消息报告麦克阿瑟的就是黑格，那天他是值日官。

麦克阿瑟几乎从不生病。他只练健身操，但他经常在办公室、起居室、飞机上甚至在正在作战的轮船甲板上来回踱步，有时一天要走好几英里。麦克阿瑟认为自己身体健康是因为坚持睡午觉，几乎滴酒不沾，饮食有节制，以及几乎任何情况下都能睡得着的本事。他笃信宗教，但不去教堂做礼拜。

麦克阿瑟无论在思想，还是言论和行动上都十分有章法。人们记得最牢的是他那篇《老战士永远不死》的演说和他在西点军校的告别讲话，但他在参院朝鲜问题听证会上作证则是他在公开场合最精彩的一次表演。我当时不是举办那次听证会的参院委员会成员，所以没有参加提问。在听证会的第一天我顺便进去，只是想了解一下麦克阿瑟怎样对付连珠炮似的问题，本想只待几分钟的。但他的表现精彩之至，令人着迷，结果三天的听证会我都去听了。出席听证会的民主党参议员威廉·富布赖特等人事先都做了充分准备，并且拒绝接受文职官员领导军人的原则，他们提出了一些尖锐而刁钻的问题。为了证明麦克阿瑟违背了总统指示。

在这种强大压力之下，稍差一点的人就会抵挡不住。可是麦克阿瑟自始至终掌握着主动权。他从来没有落入圈套而作任何不利的交代；他利用对方提出的每一个问题在答复中说明自己想要说的论点。在长达一整天的紧张答辩结束时，他仍然和早上刚开始时一样机警、敏捷。

但给人印象更深的与其说是他讲话的内容，不如说是他讲话的方式。不管所谈的问题多么复杂，他总是能用非常漂亮、规范的英语把事情讲清楚。他和戴高乐一样，讲话时从不结结巴巴，从不东一榔头西一棒槌，每句话都有头有尾，从不颠三倒四，好像事先把答话都写好背熟了似的。不久以后我亲眼看到他在私下谈话时也是这样。

我同麦克阿瑟第一次交谈是在 1953 年 8 月罗伯特·塔夫脱①的葬礼上。我提到塔夫脱生前是他最忠实的朋友之一，麦克阿瑟接过我的话说："我是他真正最好的朋友！"可谓快人快语。

不久之后，麦克阿瑟的助手考特尼·惠特尼将军给我捎信说，麦克阿瑟希望在我下次去纽约时同我见面。我永远忘不了那一天。我先在华尔道夫大楼 31A 号胡佛总统的寓所同胡佛共进早餐。我们都亲切地叫胡佛"头儿"，每次同他会面都对我有所裨益。那天胡佛照例征求我的意见，问我对政府预算和维持朝鲜停战的前景有什么看法，并

---

① 罗伯特·塔夫脱（1889~1953），美国参议员，1947 年和众议员哈特莱共同提出压制工人运动的"劳资关系法"，世称"塔夫脱—哈特莱法"。

且很注意听取我的观点。

胡佛为人平和，曾经支持过塔夫脱，但当时他关心的唯一问题是保证艾森豪威尔政府工作顺利。早餐后他请我同他一起抽高级古巴雪茄，这时我才感到不自在，因为往常我早上从不抽雪茄。此后，有二十五年我没有再碰雪茄。

我同胡佛谈完话后便乘电梯上楼去 37A 号麦克阿瑟的寓所。惠特尼将军在门口接我，把我送进客厅。胡佛的寓所以其简朴、整洁、大方给人留下深刻的印象。而麦克阿瑟的寓所尽管大小同胡佛的一样，却豪华富丽。满墙挂着他在太平洋地区任军职期间搜集的纪念品，琳琅满目，使我感到倒像是他，而不是胡佛曾经担任过美国的最高职务。他还收藏了一批精美的日本艺术品。

我一进客厅的门，麦克阿瑟就朝我走来，握住我的双手说："你来得太好了。"接着把我介绍给他的夫人。无论在当时还是在今天，麦克阿瑟夫人都数得上是我有幸见到的一位最亲切、最动人的女士。她询问了我的妻子和孩子们的情况，然后就走开了。

这次交谈只是开了个头，此后八年间我们俩接连进行过许多次引人入胜的谈话。我们通常谈论美国政局和当时美国外交上的问题——更确切地说，是他谈问题，我当听众。胡佛同我讨论各种问题时总是问我有什么想法，而麦克阿瑟几乎从来不问我的意见。同麦克阿瑟会见像是去上一堂研究生班的讨论课，他谈的题目就是中心议题，去了以后最好的办法是静静听讲或者记笔记。在美军占领日本期间，有一位上校事先约好同麦克阿瑟面谈十五分钟，但是麦克阿瑟滔滔不绝的独白使他听愣了，竟然忘了提起自己前去拜访的事由。后来这位上校听人说麦克阿瑟对他的评语是："健谈之至。"

我同麦克阿瑟的会面成了他同艾森豪威尔政府高级官员之间极为有限的接触中的一部分。我并没有向总统汇报我同他会面的情况，事实上我不记得自己曾同艾森豪威尔谈过麦克阿瑟。我当时一直明确感到，在他面前稍提一下麦克阿瑟都是不受欢迎的。

　　这两位美国的优秀将领从 30 年代起就有了隔阂，当时艾森豪威尔是麦克阿瑟的助手。到了 50 年代，我知道麦克阿瑟拼命想到华盛顿当官。当时，他经常不厌其烦地、极其详尽地对我说，如果让他当国防部长或参谋长联席会议主席，他将如何削减军费或在"一个月以内整顿好五角大楼"。但始终没有起用他。

　　艾森豪威尔大概有充分的理由不起用这位人们看法不一的五星级上将——五角大楼里的许多人是不会听他指挥的——但是这种冷遇却无疑伤害了麦克阿瑟的自尊心。他从不去直接诋毁艾森豪威尔，但他有时的确会转弯抹角地嘲弄他。有一次，他同我谈起当年艾森豪威尔作他助手的事说："只要你提观点，他就能做文章，而且既能宣传这种观点，也能驳斥这种观点，文章都写得一样漂亮。"

　　1955 年艾森豪威尔心脏病第一次发作，于是关于他是否会争取连任总统以至是否应当争取连任的议论四起。这时麦克阿瑟叫考特尼·惠特尼给我递了个口信。惠特尼对我说："麦克阿瑟将军一直支持副总统，他说应该让那个家伙立刻滚蛋。"麦克阿瑟在这种情况下给我这个口信是极不合时宜的。如果让艾森豪威尔知道了，我也会感到十分为难的。当时我想麦克阿瑟大概是盼着艾森豪威尔离开白宫，而不是盼我进去。

　　麦克阿瑟忌妒艾森豪威尔吃得开。他还认为二次大战期间和战后，由于大家都瞩目于艾森豪威尔和欧洲，助长了华盛顿当局忽视美国在远东地位的倾向。艾森豪威尔则认为，虽然麦克阿瑟是位优秀的将领，但是他高傲自负，夸夸其谈。通常艾森豪威尔是不跟别人谈他对麦克阿瑟的看法的，但是 1942 年他在收到麦克阿瑟关于战略方针问题的一些建议后，在日记中写道："真不明白他是怎样看待我们这些年来所学到的东西的，他的这番话要是用来给一年级新生上大课倒还不错。"

　　在 1960 年的总统竞选中，尽管麦克阿瑟没有公开出头露面，但他还是想方设法让我明白他是站在我这一边的。当年 6 月，我打电报给他，祝贺他因促进日美友好有功而荣获日本政府的嘉奖。我热情赞扬他对历史作出了"杰出的"贡献，并表示相信他的功绩将对"世界各地人民的自由传统"产生积极的影响。他回电说："你的来电好极了，我已把电报交报社发表，以表示我全力支持你当总统候选人。"恐怕只有像麦克阿瑟这样自负的人才会认为，他让报纸发表我赞扬他的电报竟是表明他在支持我，而他对此好像一点也不觉得难为情。

他经常在我面前大讲肯尼迪的坏话。我自然很爱听，因为在大选前听这样的话能增强我的信心，在大选后又可减轻我落选的痛楚。有一次在大选前，他对肯尼迪利用鱼雷快艇事件做文章表示很不以为然，说肯尼迪"有勇无谋"，还说"肯尼迪对这个事件判断失误，本当送交军事法庭处置"。1961 年 6 月，在吉隆滩①惨败两个月之后，他大肆抨击肯尼迪。他说自己不久前同吉姆·法利——传奇式的前民主党全国委员会主席、罗斯福总统的密友——议论过肯尼迪。法利强调肯尼迪的头脑灵活敏捷，而麦克阿瑟反驳说，他认为肯尼迪缺乏判断力——那种权衡各方面因素之后才作出决定的高瞻远瞩的判断力。麦克阿瑟接着对我说："一个指挥官最重要的任务是，在他所收到的情报中，分清其中百分之五的重要情报和百分之九十五的不重要情报。"他说他认为肯尼迪有关吉隆滩事件的各项决策说明他在这方面考试不及格。他还说，由于吉隆滩惨败，肯尼迪不幸已完全失去军方和中央情报局的信任。不过他确实赞扬过肯尼迪在政治上"机灵"，他认为肯尼迪为他去菲律宾叙旧之行提供专机是出于政治上的考虑。但他说肯尼迪"在决策时却十分愚蠢"。如此这般数落了肯尼迪一番之后，他又强调——他一贯是用强调语气说话的——"肯尼迪一定会占领古巴，现在时机未到，以后他非这样做不可，他一定会占领古巴"。

麦克阿瑟无论谈什么问题几乎总要提到亚洲。有一次他对我说，

---

① 位于古巴马坦萨斯省南部，又称猪湾。

如果当年在鸭绿江边他手里有五十万国民党军队的话，他就会把中国一分为二，一举改变世界的力量对比。但是这种时机已经一去不复返。由于共产党不断侵占，他对亚洲的未来比较悲观。但是他认为，美国卷入亚洲地面战争将是严重的错误。他劝林登·约翰逊不要再增派部队去越南，这是他最后一次为美国总统出谋划策。他觉得我们能发挥作用的唯一办法是继续采取威吓，支持当地政府平息苏联或中国支持的叛乱。

他对政治问题的态度也是毫不含糊的。他说由于他住在纽约，担任雷明顿·兰德公司董事长，使他有机会比较仔细地观察华尔街的实业家。他发现他们"毫无个性"。他说："他们从不坚持原则，他们遵循的唯一方针是挑选一位能够竞选获胜的人给予支持，而不管他的主张是什么。"60年代初他对我说，美国的主要问题一是税收太高，二是这个国家变得越来越保守。在1964年共和党全国代表大会前夕，他强调不能提名戈德华特为总统候选人，因为这个人太保守。

1961年他告诉我，1951年肯尼迪的父亲带着肯尼迪去华尔道夫大楼见他，当时肯尼迪看起来"几乎像个社会主义者"。他确实赞扬过肯尼迪有"非凡的记忆力"。他回忆说，肯尼迪当总统后他们又见过面，肯尼迪对十年前他俩会面的情形记得一清二楚。我听了这件事倒是对麦克阿瑟本人的记忆力感到惊讶不已。

麦克阿瑟曾对我提出过一点个人的忠告，许多人都认为我当时应该听他的话。1962年，我问他我是否应该竞选加利福尼亚州州长，他攥着我的手说："不要这样做，加利福尼亚州是个很好的州，但是那里狭隘的地方观念太重。你应该去华盛顿而不是圣克利门蒂。竞选国会议员才是你应该做的事。"两小时以前赫伯特·胡佛在六层楼下也向我提出了同样的忠告。

我回忆同麦克阿瑟的交谈，总要同时想起与胡佛的谈话。他们两人都上了年纪，都见多识广，都住在华尔道夫大楼，因此我常常在同一天拜访他们俩，而他们各自对我说的话时常要么奇妙地如出一辙，要么奇妙地针锋相对。

我最后一次同胡佛交谈是在 1963 年 8 月 10 日，那天我顺道去他家祝贺他 89 岁寿辰，他的护士告诉我，前些日子他病得很厉害，但居然又康复了，实在是个奇迹。然而他的头脑却从没有糊涂过。她说，他时常深更半夜起来，在他的黄本本上写东西。多少年来胡佛一向亲自写信——答谢几百份祝寿贺卡。他的护士说，他还能亲自过目祝寿贺卡，但已经不能亲自作复了。

当护士用轮椅把他推进客厅时，我看到他瘦得可怜，心里很不是滋味。但他握手时仍很有力，讲话的声音意外地洪亮，对各种问题的评论也很简练而中肯。尽管他坚决反共，他仍表示支持当月美苏两国签署的核禁试条约。他认为，"这样一来至少可以在当前缓和一下紧张局势"。他说："赫鲁晓夫需要朋友，因为他要对付中国人。"他不同意阿登纳提出的利用中国人对付俄国人的主张。他指出中国人处于共产主义初级阶段，因此特别咄咄逼人。他还对我说，中国人感情十分冲动，无论是对外还是对内都能做得出激烈的事情来。

胡佛对中国的这种态度是受了他亲身经历的影响。在 1900 年义和团运动期间他正在中国当采矿工程师。他和他的夫人曾在天津参与保卫租界，抵御排外的义和团。无论是义和团还是官军都对对方犯下了可怕的暴行，胡佛说他亲眼看到住所旁边的一条河上漂浮着数以千计的尸体。对于他来说，中国革命过程中的大规模相互残杀不过是这种暴行的继续。他预言二十五年毛主义的熏陶并不能改变中国人，因为"民族传统的改变是很缓慢的"。他说美国应当尽量少同他们打交道。

他对肯尼迪的看法比麦克阿瑟的要宽厚一些，说肯尼迪"比我预料的要好得多"。

胡佛对戈德华特的看法也与麦克阿瑟不同。他认为，最好是让极右势力有机会一试身手，然后"再把这种势力从我们的社会体制中清除出去"。

虽然麦克阿瑟和胡佛在许多问题上观点十分接近，但是我不记得他们中哪一个对我谈到过对方。起先我以为他们一定不常见面，可是后来麦克阿瑟夫人告诉我：胡佛总统每年请麦克阿瑟夫妇去他的住所赴便宴五六次，这两位当代出类拔萃的领导人在宴席上有过极精彩的交谈。

麦克阿瑟无视军队纪律，不只是不理会有关军官服饰的规定。军人应当严格服从上级的命令，这一点麦克阿瑟常常做不到，即使上级是美国总统亦不例外。

经常有这样的情况：麦克阿瑟的意见是对的，而上级的意见倒是错的。在二次大战中，他非常巧妙地在南太平洋战场采用跳岛战术，使他的部队在 1942～1945 年期间所遭受的伤亡比阿登一役①的美军伤亡还要少。跳岛战术的成功使他腰杆硬了起来，竟然对华盛顿发来的命令进行挑剔。

有一次，五角大楼对他说收复菲律宾民都洛岛的作战计划风险太大。但麦克阿瑟照样动手，并且成功了。攻克主岛吕宋后，他未经授权就开始攻取菲律宾群岛的其他岛屿——整个战役中只损失了八百二十人。他在日本大搞社会和经济改革，远远超越了他作为最高司令官的职权范围。但是他的成绩辉煌，以致杜鲁门总统只好对他赞许有加，然而后来因为麦克阿瑟不服从领导，仍然被免除了职务。

麦克阿瑟目无上司，除了由于父亲的影响以外还有两个重要的原因。首先，他从军伊始便开始怀疑其他军官暗中想拆他的台。在一次大战期间，他不信任设在法国肖蒙②的盟军司令部中珀欣将军身边的人。后来他的主要对头是曾在肖蒙珀欣手下任职的乔治·马歇尔之类的军官。

---

① 1944 年 12 月，希特勒为了挽救即将灭亡的命运，在西线卢森堡、比利时和德国交界处的阿登地区进行反扑。美军有 81,000 人伤亡和被俘。

② 法国东北部城市，在马恩河和叙伊泽河会合处。

小赫伯特·胡佛崇拜麦克阿瑟，有一次他同我交谈时把这帮军官叫做"五角大楼的军人小集团"。这些人的海外阅历局限于欧洲，观点也基本上是欧洲式的。麦克阿瑟认为其中有许多人，尤其是马歇尔，出于政治和个人的动机，对于他在太平洋地区的一切行动，想方设法处处掣肘。他还认为杜鲁门和他的军事顾问们并未竭尽全力阻挡共产党在中国取胜，而且由于美国政府的亚洲政策不明确，使南朝鲜遭到共产党的侵略。

麦克阿瑟鄙视坐办公室的人。他是个真正的打仗出身的将领，他觉得自己比坐办公室的人更懂得在战场上应当怎么办。美国历届总统当然要算是天字第一号的坐办公室人员了，所以麦克阿瑟并不怕他们，就像他在一次大战时不怕上司，二次大战时又不怕参谋长联席会议一样。

从30年代起，麦克阿瑟同任何一届总统的关系都不甚理想，虽然每次造成关系紧张的原因不尽相同。

胡佛当政时正是大萧条时期，发生了著名的退伍军人要求津贴的"进军"。那一次有两万五千名退伍军人和他们的家属来到华盛顿要求发给津贴。麦克阿瑟当时是陆军参谋长，他怀疑示威者别有用心，便亲临现场弹压。胡佛曾下令不准麦克阿瑟派军队进入示威者的临时宿营地，但是麦克阿瑟置若罔闻，还是派兵驱散了示威者。

麦克阿瑟和富兰克林·罗斯福总统虽然表面上很要好，但是在30年代两人对陆军和空军的预算问题意见不一。总统决定不派部队增援八打雁守军，也使麦克阿瑟将军十分不满。1945年当麦克阿瑟听到罗斯福去世的消息时，他对手下的一位工作人员说："罗斯福死了——只要谎言对他有用，这个人是不会讲真话的。"

但是麦克阿瑟和杜鲁门两人相恶的程度是任何两位美国领导人之间从来没有过的。早在1945年6月，杜鲁门就在自己的备忘录中写道，战后美国的一个大问题是"对那位趾高气扬、权势很大的五星将军麦克阿瑟先生究竟该怎么办"。他还写道："我们居然不得不派这种自命不凡的老顽固出任要职，真是十二分令人遗憾。我真不明白罗斯福当年为什么不把（驻八打雁守军司令）乔纳森·温赖特调回国内，而让麦克阿瑟（在科里吉多）去为国捐躯。"而麦克阿瑟则认为杜鲁门对亚洲一窍不通，并且"时有突如其来大动肝火而无法自制的毛病"，（例如，有位评论家说杜鲁门的女儿演唱水平太差，杜鲁门就扬言要揍他。）他还说杜鲁门在紧急关头容易惊慌失措。这两个人之间的紧张关系终于在朝鲜问题上发展到了顶点。

在麦克阿瑟指挥朝鲜战争期间，或者也可能是他整个戎马生涯中最为惊天动地的壮举，是他"攻其不备"战术的一个范例。

1950 年秋，朝鲜境内的联合国军被困于半岛东南隅的釜山一带。麦克阿瑟并没有冒大量伤亡的危险去正面攻击集结在釜山前线的北朝鲜共军，而是决定出其不意地在仁川登陆。仁川是汉城的外港，位于朝鲜西海岸。他计划登陆后从共军手中夺取南朝鲜首都，切断朝鲜南部敌军的后路，这种打法基本上就是他在太平洋与日军作战时采用的跳过一些岛屿不打而断敌后路的打法。

选择仁川作为登陆地点风险很大，麦克阿瑟的上司起先很犹豫。1950 年 8 月，杜鲁门派他的顾问艾夫里尔·哈里曼去东京会见这位将军，研究朝鲜局势。哈里曼的军事助手叫弗农·沃尔特斯，他是我的密友，后来我任命他为中央情报局副局长。

麦克阿瑟在占领日本时期同家人一道住在美国驻东京的大使馆。一天早上，这位将军在使馆餐厅吃早饭时递给哈里曼一张条子，上面开列了他在仁川所需的增援。

麦克阿瑟说："我不相信像美国这样一个大国不能给我提供我要求的这些微不足道的增援。"这种言词使沃尔特斯惊愕不已。"你告诉总统，如果他答应给我这些增援，我就趁 9 月 15 日涨潮时在仁川登陆，把登陆部队当做锤子，第八军当做砧子，粉碎并消灭北朝鲜的军队"。沃尔特斯后来对我说："我听了这话真是心惊肉跳。"

这番话也打动了哈里曼。麦克阿瑟得到了他所要求的增援，参谋长联席会议也批准了他的计划。1950 年 9 月 15 日，这位年届 70 的司令官在旗舰《麦金利山号》上亲自督战，以美国海军陆战队第一师为前导的美军在仁川登陆，击溃了三万多北朝鲜部队，而自己只损失了 536 人。到 9 月底，麦克阿瑟已经把共军赶回三八线以北，把汉城交还给千恩万谢的李承晚。

仁川登陆后，联合国安理会投票表决，确认麦克阿瑟部队的目标是统一朝鲜，实际上重申了美国杜鲁门政府的既定方针。但是同年 11 月底，麦克阿瑟的部队正在向鸭绿江推进时，数十万中国军队在林彪①指挥下（中央情报局和麦克阿瑟的谍报人员对这支部队的行踪判断有误）从山上居高临下大举进攻，迫使麦克阿瑟忍辱后撤，但这次撤退组织得十分巧妙，井然有序。

次年春天，麦克阿瑟听到杜鲁门决定谋求停战之后，发布了自己评价朝鲜战局的文告，其中有几处言辞尖锐，说中国军队不如美军实力强，并暗示共产党应该妥协让步。事后麦克阿瑟为自己辩解说，将军在外有权向敌军发布这种文告。但文告语气咄咄逼人恐怕总是不足为训的。由于文告受到北京和莫斯科的强烈抨击，杜鲁门不得不推迟了他的外交行动。

更糟的是，麦克阿瑟在公开呼吁中国人举行谈判的前几天，给众院共和党领袖乔·马丁写了一封信，答复他提出的是否应在朝鲜战争中使用蒋介石军队的问题。麦克阿瑟在信中说应当使用蒋军，并且指责外交官们企图用言词同共产党打仗。他说，共产党在亚洲的胜利必然导致欧洲的陷落。"打胜（这一仗），欧洲才很有可能既避免战争又保住自由。"他还写道："除了取胜，别无他途。"

马丁在众院讲台上宣读了麦克阿瑟的这封信，顿时在国会引起一场轩然大波，一直波及白宫。我所在的参院本来一向稳重，这次也举

---

① 当时中国人民志愿军的司令员是彭德怀将军。

座哗然。虽然马丁是在未经麦克阿瑟同意也未同他打招呼的情况下公开这封信的，但杜鲁门还是宣布决定免除这位将军的职务。麦克阿瑟最初是通过新闻广播得知自己已被解除全部职务的，这使他加倍感到屈辱。前总统胡佛设法跟麦克阿瑟直接通了电话，劝他立即回国，让美国人民听听他的说法——盖洛普民意测验结果表明，69%的美国人民支持麦克阿瑟而反对杜鲁门的决定。

麦克阿瑟被免职后，我在美国参院提出一项决议案，要求恢复他的职务。就此我在参院作了第一次重要发言，"我要说我并不认为麦克阿瑟将军从来没犯过错误，我也并不认为他所作的决定没有可批评的地方。但是我确实认为，他在这个具体问题上提出了一种可供选择的方针，那是能够并且将会得到美国人民的支持的。美国的政策在亚洲几乎把自己带到了灾难的边缘——那也就是在全世界把自己带到灾难的边缘。麦克阿瑟提出了一种改变这种政策的办法"。

回顾起来，我认为这样总结问题是经得住时间考验的，因为我对双方都进行了批评。麦克阿瑟公然蔑视文官掌握军队的原则，而且实际上已经干扰总统执行外交政策。但是杜鲁门政府的政策既软弱无力又含糊不清，多年来麦克阿瑟一直为美国政府的这种政策伤透脑筋，他是当时美国少数几个了解亚洲的领导人之一，知道邪恶势力正在亚洲进行活动，知道由于我们对于这些邪恶势力不敢坚决斗争，才招来了灾祸。

麦克阿瑟给马丁写信和发表对朝鲜战局的评价，并不是他第一次议论华盛顿当局的决策。杜鲁门后来说，他早在1950年8月就考虑过免去麦克阿瑟指挥朝鲜战争的职务，因为麦克阿瑟给出国作战的老兵协会写了一封谈论保卫福摩萨①问题的信。但后来他没有将麦克阿瑟免职，因为他不愿意"伤麦克阿瑟将军的个人感情"。

在整个朝鲜战争期间，杜鲁门政府对麦克阿瑟的评价高低始终随

---

① 指我国台湾省，意为美丽岛（下同）。

其政治需要而变化。麦克阿瑟给出国作战的老兵协会写信后，差一点被解职。仁川大捷后，杜鲁门亲自飞往威克岛同麦克阿瑟会面，看来唯一目的就是让新闻记者为这位处于困境的总统同这位红极一时的将军拍几张合影照片。在联合国军第二次占领汉城后，麦克阿瑟满怀信心要夺取战争的全面胜利，这却成了谈判解决问题的障碍。正如麦克阿瑟下台四天后，戴高乐在一次讲话中说的，麦克阿瑟是一位勇敢的军人，"人用其勇后则惧之"。

最后，自称十分照顾麦克阿瑟个人情绪的杜鲁门总统解除他的职务时甚至都没有给他捎个信去。麦克阿瑟写道："就是对办公室的勤杂工、干粗活的女佣或者随便什么样的仆人，也不能这样无情无义，不顾一般的体面，随便打发啊。"

麦克阿瑟和杜鲁门之间的个人冲突是关于朝鲜问题的争论中最热闹的高潮。但是也可以把他们的冲突看做是侧重亚洲的麦克阿瑟同特别侧重欧洲的美国外交政策之间的斗争。

杜鲁门的欧洲政策——杜鲁门主义、马歇尔计划和柏林空运等——是坚定明确的。而杜鲁门的亚洲政策却乱得出奇。共产党在中国的胜利和朝鲜的僵持局面预示着其他亚洲和东南亚国家也会落入共产党之手。当时这种认识对于杜鲁门政府的许多决策者来说，好像是海外奇谈。现在看来就不是什么海外奇谈了。

对远东问题缺乏远见是许多美国人的通病，这可能是由于他们的根子在欧洲。而麦克阿瑟一生在亚洲待的时间很长，许多人猜想麦克阿瑟同亚洲人在一起比同西方人在一起更自在。20年代和30年代麦克阿瑟在菲律宾任职期间，并没有把将菲律宾人同西方人隔开的"肤色隔离制度"当回事。30年代他在马尼拉所举行的宴会上难得看到几张白人的脸庞。

现在中国再次登上世界舞台——同时日本的经济奇迹对美国的经济优势提出了日益明显的挑战——美国人开始认识到，今后好几代的世界历史完全可能由东方的男女决定。美国人是用了很长时间好不容易才充分体会到这一点的。

1953 年是我担任副总统的头一年，我根据艾森豪威尔总统的要求，用两个月的时间访问了亚洲和太平洋地区的 19 个国家。艾森豪威尔总统感到前届政府忽视了亚洲，希望在作出影响该地区的重大决策之前，得到有关亚洲情况的第一手报告。我和夫人沿途会见了背景各不相同的数百名亚洲领导人和数千名其他人士。我们看到这一地区蕴藏着极大的潜力，但同时也有确凿的证据表明，北京和莫斯科都在进行直接或间接的共产党侵略，这是一个危险的动向。我们感到关切的是，一些国家，特别是法属印度支那各国，领导不力，无法顶住这一威胁。最重要的是，我们在亚洲各国所进行的访问和讨论使我们确信从美国政策的角度看，在本世纪的后几十年里，亚洲很可能成为世界上最重要的地区。这就是我在访问结束后对艾森豪威尔总统和全国所作汇报的要点。

但是一位副总统进行了这样一次访问，是不可能使整个国家开始改变态度的，美国仍继续面向西方。1967 年我在一篇文章中指出："许多人说，维护大西洋轴心，既合乎常情，也很有必要，但他们实际上认为吉卜林①说得对，亚洲人太'不一样'了，亚洲本身只不过是美国所关心的次要问题。"

半个世纪以前，麦克阿瑟亲自观察了远东，他也被远东的魅力迷住了。1903 年他离开西点军校后，同他父亲一起视察了日本在亚洲的据点和欧洲国家在远东各地的殖民地。此行用了九个月的时间，这是麦克阿瑟一生中最重要的大事之一。

他后来写道："这里居住着世界的一半人口，维持以后各代人生存的原料和半加工产品有一半以上几乎也在这里。""我看得十分清

---

① 吉卜林（1865～1936），出生于印度的英国作家，曾获 1907 年诺贝尔文学奖。

楚，美国的未来，以至美国究竟能否生存都无法不同亚洲及其外围岛屿联系在一起。"他在西点军校做了三年校长，立志革新（他下令在校内挂亚洲地图，供学员们学习）。此后二十多年里，麦克阿瑟的个人经历一直同美国在太平洋地区存在的历史联系在一起。

从 1930 年起麦克阿瑟对美国在东方的地位开始产生影响，当时他任陆军参谋长，任务是使陆军和空军随时做好备战工作。在和平时期要争取得到足够的军事预算，是件困难重重的工作，到了大萧条时期就难上加难了。

1934 年在白宫大闹一场之后，麦克阿瑟说服了富兰克林·罗斯福，不再进一步大砍国防预算。后来麦克阿瑟写道："当时我气急败坏，说话时什么也不顾了。我的话大意是，等到我们在下一次战争中打输了，如果有一位美国士兵被敌人的刺刀扎破了肚子，敌人的靴子踩着他的脖子，倒在泥里奄奄一息的时候，我希望他最后咒骂的不是麦克阿瑟而是罗斯福。"他离开总统办公室后，国防部长对他说，他"拯救了军队"。麦克阿瑟口出狂言之后，自己心里也很不是滋味，走到白宫的台阶上就呕吐了。

1935 年麦克阿瑟回到菲律宾，统率那里的军队。当时菲律宾是美国统治下的一个自由联邦。麦克阿瑟同他的父亲一样，相信菲律宾群岛对于美国在太平洋的防卫计划具有关键意义。但是他要求的军费大都没有到手，这是麦克阿瑟在二次大战前、大战期间和大战后同他所说的"北大西洋孤立主义"发生许多摩擦的开始，所谓"北大西洋孤立主义"是指华盛顿当局忽视美国在远东的利益，而一味关心西欧的局势。

尽管华盛顿当局在 1941 年终于拨给麦克阿瑟较多的军费，但是第二年菲律宾便落入日本人之手。在麦克阿瑟出色地指挥美军退守八打雁半岛之后，他在科里吉多岛上的要塞向苦战的部队说罗斯福正在派增援部队来，但结果增援部队却被派到欧洲战区去了——为此他对罗斯福心怀怨恨，对"五角大楼军人集团"也更加不信任。

他任驻日盟军最高司令官时，对自己的客人伤心地诉说美国还没有开始认识日本对亚洲的重要性和亚洲对世界的重要性，也没有看到亚洲的巨大潜力。1950 年 1 月艾奇逊声明，福摩萨（台湾）和南朝鲜不在美国防御范围以内。麦克阿瑟断定，这位国务卿"在远东问题上听从了人家的馊主意"，他邀请艾奇逊到东京去，但艾奇逊说他政务太忙，无法离开华盛顿，但他在任职期间却有时间十一次出访欧洲。1950 年，共产党侵略南朝鲜，麦克阿瑟最后一次上了战场。

我们应当把麦克阿瑟与华盛顿当局关于朝鲜问题的争论同上述情况联系起来看。麦克阿瑟认为，中国出兵干预朝鲜战争表明，"中国同自古以来一切向往做征服者的人一样，亟欲扩张其势力"。他认为同中国人妥协将会进一步鼓励共产党人在亚洲，甚至在欧洲进行冒险。他相信只要华盛顿给予充分支持，他就可以打败共产党，使他们不敢再进行这种冒险。当时离中苏分裂还有好几年呢，所以我们许多国会议员赞成麦克阿瑟的意见，认为在朝鲜打败中共"志愿军"对于遏制威胁整个自由亚洲的侵略势力来说是十分重要的。

麦克阿瑟同杜鲁门作对，并不是因为他急于把战争扩大到中国。实际上他从未建议用美国的地面部队来对付中国的干涉。他至死仍坚持认为，把美国士兵派到亚洲大陆上去打仗是愚蠢的。他之所以同杜鲁门作对，是因为他早就怀疑华盛顿的决策者们根本不了解亚洲，也不明白共产主义扩张对亚洲所构成的威胁。他还认为，如果让大家觉得侵略者可以同美国打一场小规模的战争而平安无事，那是很危险的。

麦克阿瑟凭实际经验明白了惠特克·钱伯斯凭直觉感到的东西。钱伯斯曾极力劝我支持杜鲁门作出的派美国军队去朝鲜打仗的决定。他说："对共产党来说，此战之意不在朝鲜而在日本。目前日本正在努力治愈战争造成的严重创伤，局势很不稳定，如果这时共产党人接管了朝鲜，那就会大大促进日本国内共产主义运动的发展。"

麦克阿瑟感到，杜鲁门在亚洲已经两次失利，一是他没有保住中国，二是他的朝鲜政策暧昧不清，可能鼓励了共产党进攻南朝鲜。现在中国军队参战了，麦克阿瑟觉得杜鲁门和艾奇逊又都不知所措，他担心杜鲁门政府的胆小怕事可能最后断送包括日本在内的整个远东。出于这种考虑，他才采取了那些招致自己下台的行动。

在麦克阿瑟被解职的当天，美国的一位最能干的外交官员、驻日占领军外交处处长威廉·西博尔德接到华盛顿的指令去拜访吉田茂总理大臣，向他保证美国对日政策未变。当西博尔德被请到楼上吉田茂的书房时，当天下午在赏花会上还穿着西服的总理大臣已经换上了和服。事后这位客人写道，吉田茂"显然心神不宁"。

西博尔德自己听到麦克阿瑟免职的消息后也心烦意乱，他怕吉田茂会辞职，一方面是因为这是日本人表示自己责任心的典型方式，同时也是因为总理大臣与麦克阿瑟关系十分密切。西博尔德对吉田茂说，在今后的日子里，日本人民将需要有坚强的领导帮助他们克服麦克阿瑟离任所产生的冲击。会见结束时，吉田茂向西博尔德保证不会辞职。

虽然后来吉田茂继续当政三年多，但是战后历史上这一最伟大的伙伴关系却到此告终。自从 1946 年以来，除了有很短一个时期吉田茂没有当政以外，他和麦克阿瑟共同协力在旧日本的废墟上建起了一个新日本。

相对来说，麦克阿瑟在建立新日本的事业中所起的作用是人所共知的。但吉田茂则是战后世界的一位无人歌颂的英雄。他精力充沛，富有同情心，能言善辩，有政治素养，大公无私，非常忠于祖国，是战后各国领导人中一位出类拔萃的人物，他也是直到退休以至逝世后仍继续发挥影响的少数几位领导人之一。甚至直到今天，他的影响仍然存在，因为到了 1982 年日本依然是按照三十多年前吉田茂确立的中庸与克制的基本方针治国的。

在这个世界上，每个小学生都知道丘吉尔和戴高乐的名字。尽管吉田茂在许多方面都可以同这两个人相媲美，但是除了日本人、学术界人士以及那些和我一样有幸同他有私交的人以外，却几乎无人知道他的名字。

吉田茂被西方的魅力所吸引，正如麦克阿瑟被东方的魅力所吸引一样。他与 19 世纪和 20 世纪的许多有文化的日本人相同，迫切希望日本能通过发展对外关系来争取本身的利益。从某种意义上说，他的一生反映了日本这个合二而一国家的情况：数世纪来日本积极接受外国影响而又不让其破坏日本的根本特点。

公元 7 世纪以后，中国对日本产生了巨大的影响。在政府和军队的体制、土地制度的改革、宗教和伦理道德以及文学艺术方面，中国都是日本的楷模。19 世纪以后日本又同美国关系密切，和它以往同中国关系密切的情形差不多。日美的这种新关系包括了 19 世纪 90 年代两国贸易的蓬勃发展、令人痛心的珍珠港事件和八打雁战役、广岛和长崎的劫难，以及战后时期两国间错综复杂的商业和安全方面的关系。

1854 年开始了吉田茂所说的"日本具有决定意义的世纪"。那年佩里①准将率领的黑色军舰出现在日本海岸，甲板上大炮林立，使日本人认识到再也无法抵挡加入现代世界的压力了。不久改革派便推翻了幕府，结束其挟天子以令诸侯的二百七十年统治。改革派还政于明治天皇，天皇的朝廷原来受限于京都一隅，在政治上被打入冷宫，这时又迁进了东京故宫，执掌最高权力。

明治天皇及其左右认为，日本要想免遭中国和印度支那的部分地区沦为西方列强殖民地的厄运，唯一的出路就是现代化。他们还认为用现代化方式治理国家可以促进经济繁荣。因此，日本在 19 世纪后期开始对美国和西方进行长期综合研究，不久就采用了它们的教育、法律和农业方针以及政府体制。

①　佩里（1794～1858），美国海军军官，1854 年率美国舰队至日本，强迫日本签订《日美亲善条约》，开始了外国对日本的侵略。

麦克阿瑟和吉田茂

明治维新在日本创立了民主制度，但这是一种极为有限的民主制度，接近德国俾斯麦式的民主，而不同于英美的民主。日本人把西方的东西移植到东方，做得很不彻底。他们虽然引进了西方的民主，但却乞灵于体现东方极权主义的天皇来推行这种民主。到了20世纪30年代，日本国内出现经济危机，在国际上日益遭到敌视。结果引起民族主义情绪的高涨，被人数不多的一些军国主义者所利用，夺取了政权。

军国主义者（吉田茂把他们叫做"穿军装的政客"）掌权后，人们服从了他们，因为他们同一个世纪以前的幕府一样，挟天子以令诸侯。

吉田茂生于1878年，正值明治维新的动荡岁月，虽然他出生在东京附近，但老家在土佐，土佐是日本最小岛上的一个县。土佐的居民是伐木工人和水手——都是些性格粗鲁的壮汉和个人主义者，而他们所处的社会却推崇以礼待人和协商一致。有人把土佐人叫做"日本的巴斯克族①"。吉田茂像土佐哺育的其他儿女一样粗暴，后来有人叫他"独夫吉田茂"，因为他实行专横的统治方式。

吉田茂排行第五，父亲是个积极赞成明治新政的土佐人。在占领时期日本废除长子继承权以前，家中长子以下的儿子常常过继给别的人家，吉田茂的养父是他们家的一个朋友，叫吉田健三。吉田茂11岁时，吉田健三就去世了，留给他一大笔财产。

吉田茂于1906年大学毕业后便开始了外交生涯。可能由于出身乡间，而先被贬派到中国去坐冷板凳。他整日挥霍家产，生活奢侈，但是他找对象很精明，他的妻子雪子是天皇心腹牧野伯爵之女。牧野是参加1919年巴黎和会的日本代表之一，他带上了年仅40的吉田茂赴会，这位年轻的外交官可谓平步青云。

---

① 巴斯克是西班牙一个强悍的少数民族，多年来要求自治。

日本人去凡尔赛开会时对威尔逊的门户开放外交政策寄予很大的希望。由此牧野建议在和约中加上一条，肯定各民族基本平等。但是英国人对日本人和日本海上力量日益加强深怀戒心，他们在美国的支持下否定了这个提案。吉田茂发现明治维新和门户开放的理想都抵不过战后国际关系的严峻现实。他大失所望地回国了。

我最后一次会见吉田茂是在 1964 年，他请我到大矶他家中赴便宴。当时这位退休的总理大臣已经 86 岁。他详细地回顾了他在凡尔赛的所见所闻。他说他常想，如果西方大国在第一次世界大战后能较好地采纳日本的意见，那么历史的发展是否会是另一个样子。就我个人而言，我总觉得吉田茂实在了不起，他没有因为在凡尔赛的经历就此永远对英美失望。这一点表明，吉田茂即使在年轻时也是豁达大度、信念坚定的人。

不过巴黎和会对他确实有影响。随着日本在国际上日益遭到敌视——美国在 1924 年实施排外法，全面禁止日本向美国移民就是一例——使他同其他许多日本人一样，更加关心确保在亚洲为日本产品找到庞大的市场，为日本工业找到充足的原料。1925～1928 年间吉田茂任日本驻沈阳领事期间，为 30 年代日本征服满洲准备条件，起了重要的作用。

然而吉田茂从来不在政治上赶时髦。正当日本变成军国主义的时候，他却开始不赞成军国主义。1932～1933 年间，他视察日本各驻外使馆时，会见了一位也参加过凡尔赛和会的人物：爱德华·豪斯上校。豪斯上校在第一次世界大战期间是威尔逊的亲密助手和顾问。他向吉田茂提出忠告，并自称在第一次世界大战前对德国人也提出过同样的忠告，即如果日本决定用暴力而不用和平手段解决对外争端的话，就会把明治时期以来含辛茹苦经营起来的一切全都毁掉。

吉田茂受过日本明治时期亲西方传统的熏陶，他极力提倡国际主义，尽管当时日本国内民族主义情绪正在抬头。他回国后就把豪斯的话告诉了所有愿意听的人。他的这种做法恐怕是造成"穿军装的政客"越来越讨厌他的一个缘由。

1936 年东京的一些军官发难，企图举行军事政变——牧野伯爵仅以身免——日本从此处于军国主义者控制之下。新上台的总理大臣想同军人抗衡，不久便提名吉田茂出任外务大臣。但军方否决了这一提名，结果他被任命为驻英大使。

吉田茂出使英国从两个意义上说都是一件幸事。首先，吉田茂因此离开了日本，而当时日本国内反对军方的人都有受"思想警察"折磨、被捕入狱，以至遭到暗杀的危险。再者，他连续三年观察英国政治之后，更加坚定了自己亲西方的温和的政治思想。如果明治维新的理想得以开花结果，那么，从许多方面来看，日本就可以变成英国那样的国家：成为一个强大的、举足轻重的岛国，实行君主立宪、拥有议会和强有力的称职的行政机构。

吉田茂确信，日本不必搞激烈的民族主义就可以保住它在亚洲的经济利益。他主张搞积极的外交，不搞军事侵略。1939 年他回国后，尽管持反对军国主义的观点，但是起先总算没有被关进监狱。吉田茂同日本政府中有权势的人物有联系，他当时极力设法避免同英美开战，但是没有成功。过了许多年后，吉田茂回忆起自己曾对东条内阁的外务大臣说，如果他无法制止"日本向美国宣战，就应该辞职，以使内阁无法进行讨论，甚至连军方也得三思。如果他因此遭到暗杀，死了也是幸福的"。珍珠港事件后，他致函美国驻日本大使约瑟夫·格鲁表示歉意，并设法保证被扣留在使馆里的格鲁大使不饿肚子。这是两个小小的姿态，但却需要极大的勇气。

二次大战期间吉田茂是"和平派"的一个成员，"和平派"是由并无一定形式、但相互之间有联系的反对军国主义的政界人物组成的。同纳粹德国的康拉德·阿登纳一样，他也避免大张旗鼓地进行反抗，以免坐牢或者遭到更坏的厄运。但是，他在大战期间曾数次同其他反对军国主义的人士讨论进行和平试探的可能性。1945 年 4 月，他终于被宪兵逮捕。他们审问他给格鲁大使写信的情况和他同上书天皇呼吁和平一事的瓜葛。政府安插在他家里工作的一个密探发现了这个奏折的副本，于是他被关进了监牢。

吉田茂坐了四十天的班房，在狱内兴致勃勃，一如往常。当时东条已经下台，他确信自己不会有太大的磨难。当年吉田茂呱呱坠地时，他的生身父亲也正在坐牢，是政治犯。吉田茂认为"尝尝铁窗风味，换换环境，对我也没有坏处"。他把家里给他送来的食品分给同牢的犯人和看守，因此大家都很喜欢他。在东京大轰炸中军事监狱被炸弹直接命中，随后他被转移到市郊的一所牢房里，（他后来写道："我当时想，要是活生生地给烤糊了，那会有多难受呀!"）不久就获释出狱。他回到东京以南四十英里的大矶家里休养，以为自己将作为一名退休外交官默默无闻地在此度过余生了——后来的事实证明他想错了。

美军占领日本初期，有一天，吉田茂坐的汽车正在大矶和东京之间人迹稀少的公路上行驶，"突然有两个美国大兵挥手示意，要我的司机停车"，他后来这样写道，"我以为他们是要拦路抢劫，后来才知道他们原来是在回东京途中迷了路的士兵"。吉田茂请他们搭车，"车还没有开出去多远，他们就开始把巧克力、口香糖，最后还有香烟往我身上塞"。

这是吉田茂特别爱讲的一个故事。他写道："我记得当时心想，美军之所以能直到对日占领结束也不放一枪一炮，正是由于他们这种自然的做派，以及一般美国人善良的天性。"我在1953年会见的一些日本开明知识分子似乎也有同样的看法。他们对我说，如果说日本有反美情绪的话，那也不是由于美军的行为造成的。

美国人的友好态度当然是使他们对日占领取得成功的一个原因。还有一个原因是日本人痛痛快快地认输，愿意接受失败带来的种种变化。但是美军对日本的占领之所以一开始就如此顺利而有声有色，则要归功于道格拉斯·麦克阿瑟当时立即发现了日本民族的这些特点。

麦克阿瑟和吉田茂

1945 年 8 月 30 日麦克阿瑟坐飞机去横滨，准备在那里建立临时司令部。附近有一些曾经拒绝投降的神风队①队员和二十五万名荷枪实弹的日本士兵。战斗才停了两个星期，双方自然都互有戒心。

许多日本人预计大获全胜的美国人会蹂躏日本，到处奸淫掳掠。许多美国人则担心天皇会带着他的残余军队上山长期打游击。没有人相信曾经举行过菲律宾死亡进军，在硫黄列岛等太平洋岛屿上一直战斗到最后一个人的日本军队会很快投降。

唯有麦克阿瑟与众不同。尽管他的助手一再劝他要小心提防，他还是坚持完全不带武器独自去横滨着陆。他甚至不准他的助手们携带随身武器。他确信这种大无畏的态度比炫耀武力更能打动那些还不肯就范的日本人。这又是一次赌博，而麦克阿瑟又是对的——他就是这么个人。麦克阿瑟在横滨平安着陆。丘吉尔说麦克阿瑟此举是二次大战中最勇敢的孤胆行动。

麦克阿瑟对菲律宾人来说几乎是半个上帝，他用以上这一类办法同日本人建立了类似的关系——这种关系的基础是双方都绝对信任对方。他凭一时灵感作出的决定缔造了这种持久的关系。许多人——包括英国人、俄国人甚至华盛顿的一些人士——都要求把裕仁天皇作为战犯进行审判。当时天皇本人破天荒第一次来到美国大使馆拜会麦克阿瑟，对他说日本挑起战争归根结蒂是他的责任，并且完全是他一人的责任。

但是麦克阿瑟认识到，人们崇敬天皇，即使在日本投降后也是如此，这是维系全国团结一致的力量。1945 年 8 月，裕仁天皇在电台发表广播讲话，要求他的臣民"忍其所不能忍"，认输投降，这也是麦克阿瑟之所以能在横滨平安着陆的一个原因。麦克阿瑟当下就喜欢上了这位书生气十足、不摆架子而又恬静庄严的君主。这位盟军最高司令官决定保留天皇，在整个占领时期始终以礼相待。根据 1947 年制

---

① 神风队是二次大战末期日本空军组织的敢死队，他们的任务是驾驶满载炸弹的飞机去撞击轰炸目标，与之同归于尽。

定的麦克阿瑟宪法，裕仁天皇成了立宪君主，起礼仪性的作用，而且对此还有详细的规定。麦克阿瑟决定保留天皇是违背了当时许多人对他所提的忠告的。只有深刻了解自己当时管理的日本人民的历史和文化，才能作出这样具有远见卓识的决定。

麦克阿瑟结果并没有废除专制的政治权威，而是把它从天皇那里转到了自己手中。他把自己的永久性司令部设在环绕皇宫的护城河对岸。他统治日本整整五年，一直就像裕仁天皇以往那样高高在上，神秘莫测。人们每天看见他不是在办公室里，就是在美国大使馆里他的住所，或者是在两地往返的路上。从 1945～1951 年，他只有两次离开东京地区，每次都是为了到日本以外的地方。

与此同时，裕仁则改弦更张。他访问各地的工厂、农村，观看棒球比赛，和自己的臣民打成一片。但是尽管大权先是从裕仁手中转到麦克阿瑟手中，最后又在 1952 年转到了人民手中，人们仍然觉得麦克阿瑟同以往的幕府和明治时期的革新家一样，只不过是奉天皇之命治国而已。有一个日本人这样说麦克阿瑟："天皇选的这个人再好不过了。"

尽管吉田茂主张搞议会民主，他对天皇仍然忠心耿耿。他认为麦克阿瑟对裕仁处理得当是美国对日占领之所以成功的最主要原因。吉田茂对麦克阿瑟感情极深，这也是重要原因。

1946 年吉田茂以 67 岁高龄出任战后日本第三任总理大臣，既没有思想准备，也感到有点勉强。由于麦克阿瑟清洗同军国主义势力有联系的人，自由党（实际上是保守党）提不出可任总理大臣的人选。当时吉田茂已离开大矾出任外务大臣。自由党的领导人找他出任这最高职务，不料他却不愿接受。他最后终于首肯，但事先给党内打了招呼，一不参与党内斗争，二不筹措经费。原来人们以为他只会当一届看守内阁的总理大臣，结果他却在台上长达七年多，主持了五届内阁。

吉田茂是一位作风果断的领导人，但有时过于生硬，令人难堪。

例如，虽然他小心翼翼而又真心诚意地尊重学术界对社会作出的贡献，但是他并不特别喜欢学者，除非他们赞成他的意见。有一次他公开骂一位同他意见不一的学者是个"文侩"。1947年他在新年文告中点到劳工运动中的"叛徒"问题，激起工人酝酿举行全国总罢工，后来不得不由麦克阿瑟亲自出马予以制止，吉田茂的第一届内阁就此倒了台。1953年，他要求对占领期间一些不太切合实际的改革作些调整，但反对派有人企图阻止他这样做，他盛怒之下大骂社会党的一名议员是"巴格牙路"（混蛋），于是反对派成功地对他的政府投了不信任票。但是在下一届大选中他又取得了胜利，得以继续搞他的那一套。

这位日本的丘吉尔是按照英国的丘吉尔提出的一条最实在的道理治国的。丘吉尔曾写道："那些不愿得罪人、不能力排众议的人不适于在艰难困苦之时担任政府部长。"战后日本局势一片混乱，众说纷纭，莫衷一是，但吉田茂坚定不移地推行自己的一套，怎么想就怎么干。他的岳父牧野伯爵佩服地说："吉田茂这个人不见得是最招人喜欢的，但他有骨气，这是最重要的。"

康拉德·阿登纳不信任德国人，而吉田茂却不像他那样不信任日本人。他把二次大战的灾祸只归咎于一小撮军国主义分子。吉田茂的一位亲戚告诉我说，其实这位总理大臣绝对信任自己的同胞，他确信只要领导勇往直前，日本人民能够重建自己的国家。

他常常戴着贝雷帽、披着长披风在东京街头漫步，听百姓怎样议论他。他很少被人认出来，而且不止一次地听到有人把他叫做"独夫"总理大臣，看来他并不认为这是对他的侮辱。对于他的统治手腕进行抨击的主要是吃过他苦头的少数党，以及反吉田茂的新闻界。人民则觉得他能够振奋人心，甚至还很风趣。还有一些政客因为他骂过一位反对派议员是"巴格牙路"而对他肆意诋毁。但是当时有一位美国记者写道，这个词一经吉田茂用过，顿时就变成好词了，现在如果你再把一位出租汽车司机叫做"巴格牙路"，"他可能会朝你一笑而不是瞪眼"。

吉田茂对他的下属有时也像对他的政敌一样不讲情面。有一次他为威廉·西博尔德举行宴会，同时邀请了一位即将派往美国工作的日本外务省官员作陪。这位官员和夫人为了要赶开往郊区的末班火车回家而提前退席。过了几天西博尔德听说，吉田茂已经撤销了派此人赴美工作的任命，原因就是他先于主宾退席。吉田茂认为，作为一位日本绅士，一位未来的日本驻外代表，这样有失检点，简直是太放肆了。

尽管吉田茂有时十分专横，但是他在拿主意以前总是注意听取专家和顾问的意见。他不是那种妄自尊大，刚愎自用，即使发现新的情况、听到很有道理的论点也不肯改变主意的人。他尊重在某一方面比自己更有经验的人。例如，吉田茂知道自己在经济政策方面比较没有把握。他和艾森豪威尔一样，在经济问题上总是更多地听取实业家而不是官僚的意见。日本很少有总理大臣吸收实业家入阁，但他却是其中之一。最重要的是，他同戴高乐和阿登纳一样，选拔了池田勇人之类精明强干的大藏大臣。池田是吉田茂的宠信，后来也当了总理大臣。

虽然吉田茂承认自己在经济方面经验不够，他对一些基本的经济问题却有一种本能的理解。譬如他正确地认为，日本要想在战后国际市场上获得应有的地位，就必须使其工业基础现代化。有一次他狡黠地说："幸运的是日本被炸成了一片灰烬。如果日本现在采用新的机器设备，它就可以成为一个了不起的国家，生产力会远远高于战胜国。拆毁机器要花很多的钱，可是敌人替我们做了这件事。"尽管吉田茂是在开玩笑，但是事实证明他的看法是完全正确的。

从 1953 年我和吉田茂在东京初次交谈开始，到 1964 年他在大矶家中设宴款待我为止，我们曾多次接触。我发现他在私下场合给人的印象同他在公开场合经常怒气冲冲的形象截然不同。他在私下场合谈言微中，妙趣横生。西方人不大熟悉日本人这种貌似正经、十分内涵的幽默，有时还一下子领会不了。1953 年有一次吉田茂设宴款待我们夫妇俩，我的夫人坐在他旁边，席间他转过头去对她说，有几艘美国驱逐舰在东京湾停泊。"请问这些兵舰是不是怕你受我们欺负而来保护你的？"

他当时脸孔铁板，又规规矩矩地剃了个小平头，初看上去严肃极了。只是当他眨了一下眼睛，脸上掠过一丝微笑时我们才意识到他原来是在开玩笑。

吉田茂常常在外事活动中借助于幽默。战后有许多亚洲国家要求日本赔偿战争损失。印度尼西亚总统苏加诺对日本进行国事访问时，吉田茂料到他可能也有这种想法，便采取先发制人的办法。

吉田茂满面春风地对苏加诺说："我一直盼望着您的光临。贵国总是朝我们刮台风，给日本造成了严重损失。我一直等着您来，以便请您赔偿贵国的台风给敝国造成的损失。"说罢吉田茂放声大笑。苏加诺听了目瞪口呆，无言以对。这在他的一生中是很少有的情况。他决定不再提出战争赔款问题。

吉田茂在政治活动和日常生活中都是兴致勃勃的，但是有一付天生的傲骨和上年岁人的自恃。每天早晨六点他在总理大臣府的花园里散步，用小镰刀为他心爱的盆栽树除草。他以谈心或骑马为消遣，他既有天生的口才又是一位耐心的听众。他小时候骑马上学，附近没有几个孩子有这样的福气。他当总理大臣的时候，就在御马苑里骑马。

他什么菜都喜欢吃，就是不喜欢中国菜，他好喝米酒，爱抽雪茄，一天要抽三支。他喜欢读日本最杰出的外交家的传记。也看法文和英文书，熟悉英法两种文字的文学作品。他失眠的时候不吃安眠药，而是用看书催眠。

同任何一位明治时代出身的地道日本人一样，吉田茂每日必读《纽约时报》和伦敦《泰晤士报》，凡是他认为助手应读的文章和段落，他都标上记号，送给各个部门去看。他读日本报刊的时间不多，他认为日本报刊太固执己见，没有规矩。他确实曾经接见过他所赏识的个别记者，但是他也经常用行动明白表示自己对新闻界的态度。有一回，他把警察叫来赶走赏菊会上的记者。人们还可以经常见到他用拐杖挡开摄影记者。

吉田茂非常爱他的妻子雪子。她是位业余诗人，日本的文学评论家很欣赏她的作品，因为她用外国的背景写日本的主题，这无疑是根据她回忆吉田茂当外交官时到过的各个地方的情境写成的。她是在二次大战开战前两个月去世的。她生病期间住院三个月，吉田茂天天去看望她。美国驻日大使约瑟夫·格鲁的夫人也每日去看望吉田茂夫人，并且给她捎去自己家里烧的菜汤。

吉田茂后来再也没有娶妻。一次，有人问起他对女人有什么想法，他的回答很简单："自从我的妻子去世后，我对女人就没有什么想法了。"

吉田茂夫人去世后，他的女儿麻生和子就成了家里正式的女主人。她通晓好几国语言。有的人说她是"总理宝座的后台"，尽管她并不以为然。但是在 1953 年我们访问日本前，曾在罗斯福政府时期出任美国驻俄和驻法大使的威廉·布利特对我说，在国际舞台上出头露面的几位第一夫人中，他认为吉田茂的女儿可以和蒋介石夫人相提并论，都是其中佼佼者。麻生和子从各方面说都无愧于布利特大使对她的评价。她聪明过人，仪态大方，完全配得上她那位杰出的父亲。有一次她对我说，许多国家领导人都不失为伟大的人物，却不是好丈夫。她说："我宁愿要个好丈夫。"显然她认为自己的父亲兼有这两方面的优点。

人人都说虽然吉田茂常公开吹捧麦克阿瑟，而麦克阿瑟却天生不会奉承对方，但是两人之间私交很深。

每日清晨，麦克阿瑟将军和他的儿子阿瑟一老一少都要在使馆里逗弄一阵子爱犬，然后阿瑟去上学，将军去司令部。吉田茂的亲戚告诉我这么一件事：有一天吉田茂去麦克阿瑟的办公室拜会这位将军，发现他情绪不好。麦克阿瑟说，有一只爱犬不幸突然死了。

当时吉田茂已经十分疼爱阿瑟，把他当做自己的儿子一样。这位总理大臣一声也没吭就设法搞到了那只狗的照片，交给农业大臣，叫他找一只一模一样的狗来。后来在国家畜牧研究所发现了一只，吉田茂便亲自把那只狗用小汽车送到美国使馆，给了阿瑟。麦克阿瑟在一旁看着十分高兴。

还有一次，吉田茂在东京微服逛街时为阿瑟买了一匹制作精巧的玩具马，交给了麦克阿瑟。过了几天，吉田茂又到麦克阿瑟办公室去，看见玩具马还在将军的办公桌上，紧挨着麦克阿瑟搁他有名的玉米棒子芯烟斗的架子旁。吉田茂问他为什么还不把玩具给儿子，这位最高司令官有点不好意思地说，他觉得这玩具太好玩了，自己一直在玩呢。后来他把这只玩具马给了阿瑟，但很舍不得。

麦克阿瑟让吉田茂连任总理大臣，这一点恐怕最能说明他对吉田茂的赏识。有超过20万日本人，包括吉田茂接任的自由党前主席在内，都被占领当局清洗了。麦克阿瑟本来可以在吉田茂同自己的某些意图顶牛时轻而易举地把他也清洗掉。吉田茂有时就是顶牛的。但是，人们知道，麦克阿瑟却反而应吉田茂的请求清洗了这位总理大臣的几个政敌。

吉田茂不是靠一团和气、有求必应来笼络民心的，同样，也不是靠唯唯诺诺才得到麦克阿瑟赏识的。1946年他在筹组第一届吉田内阁时，东京市内满街都是抗议缺粮的示威群众。不久，吉田茂就放出风声说，要是麦克阿瑟不保证从美国调运大批粮食来，他就不完成组阁任务。他私下对人说："美国人一看到日本全国各地的老百姓在整整一个月的时间内都打着红旗示威游行，是一定会把粮食运来的。"

麦克阿瑟一听到这个口风，便派了一辆带篷的吉普车把这位新上台的总理大臣接到自己的办公室。过了二十分钟吉田茂回家时，情绪明显镇静多了。麦克阿瑟已经答应，只要他负责管理日本一天，就绝不会让哪怕是一个日本人饿死。于是吉田茂答应当晚就完成组阁。

可是麦克阿瑟还必须设法说服华盛顿，因为美国政府中有人自以为是地反对用库存的多余军粮去支援不久以前的敌国，麦克阿瑟打电报回国说："给我面包，要不就给我子弹。"华盛顿当局终于把粮食运来了，麦克阿瑟履行了自己的诺言。

吉田茂这个总理大臣特别难当，因为他发挥自己主观能动性的余地极为有限。他的政府把绝大部分时间用来应付麦克阿瑟及其下属发来的指示。其中有些改革是吉田茂衷心赞成实施的。另外一些改革他顶了一阵子，最后仍不得不同意实施。还有一些改革他顶住了，并且最后终于取消了。

吉田茂夹在中间很为难。反对他的人骂他是唯美国之命是从的窝囊废。我在1953年访问日本时，约翰·艾利森大使对我说，日本国内的反美情绪实际上有一部分反的是吉田茂，因为他太亲美了。与此同时，美军占领当局的工作人员中也有一些人认为他是个惹是生非的人，1949年吉田茂第二次组阁时，他们企图不让他上台。

吉田茂支持麦克阿瑟为日本制定的总方针：非军事化、民主化和恢复经济。麦克阿瑟将军在日本实行重新分配土地、制定新宪法，这是他最早也是影响最深远的业绩。麦克阿瑟以迅速而果断的行动从体制上消除了日本军国主义的两大根源：一是农民不满现状，这种情况过去曾使军队不愁无人当兵；二是以天皇为中心的政府体制，它曾使当年的军国主义分子轻而易举地篡夺了大权。

时至1945年，大多数日本农民耕种的都是在外地主的土地，麦克阿瑟认为这种情况是"实际上的奴隶制"。吉田茂则认识到，30年代农民的不满情绪促成了军国主义的兴起，现在农民的不满情绪也同样容易引起共产党造反。根据麦克阿瑟制定的方针，吉田茂政府制定了一项彻底的土地改革法案。到1950年时，日本90%的农田已归农民自己所有。

麦克阿瑟的土改一方面使农民感受到了个人的尊严，一方面也调动了他们的生产积极性。在土改完成后，日本共产党的活动几乎完全局限于城市，因为共产党在农村可以大做文章的一个问题已经被麦克阿瑟釜底抽薪。正如传记作家威廉·曼彻斯特所指出的："在千百万人的心目中，麦克阿瑟竟然成了一个想在战场上解决共产党问题的人，真是令人啼笑皆非。"

台湾的"经济奇迹"如果不是在规模上，至少是在性质上，可以同日本的"奇迹"相提并论。蒋介石从中国内地退到台湾后不久，实行了开明的土改，这在很大程度上促成了台湾的"经济奇迹"。倘若蒋介石当年在中国大陆就能进行这种土地改革的话，毛泽东就未必能利用农民的不满情绪使中国共产党的革命取得胜利。这一切说来也同样是令人啼笑皆非的。

如果说麦克阿瑟的最明显的目标是改革日本的农业体制，那么他最棘手的一个目标就是改革日本头重脚轻的政治体制。日本人民应享有哪些政治权利和公民权利，从来没有任何具体的规定，而麦克阿瑟却以令人惊讶的速度解决了这个问题。他制定了人身保护法，取消了对公民自由的种种限制，并且遣散了五千名秘密警察。

他还让妇女有选举权，因为他认为"妇女不喜欢打仗"，他私下里对自己的一位助手说过这话。1946年4月，一千四百万日本妇女第一次参加了投票。其中许多人显然以为，如果不去投票，麦克阿瑟就会亲自惩戒她们，有三十九名妇女当选为议员，其中包括一位名妓。

一些日本政界人士希望，搞民主的路子从一开始就走正，他们认为这位妓女当选议员实在太不吉利。一位年事已高的议员惴惴不安地来到占领军司令部，把这个消息告诉麦克阿瑟。这位最高司令官问这位妓女得了多少票，那位议员叹了一口气说，二十五万六千张。麦克阿瑟回答说——他后来写道，他是"以尽量严肃的口气作答的"，"恐怕不会是全靠她那暧昧的职业得来的吧"。他给全体新当选的议员，包括这位妓女在内，发了贺信。

麦克阿瑟宪法是麦克阿瑟的民主学校所用的教科书。正当吉田茂上台以前的那届日本政府对于修改普鲁士式的明治宪法徘徊不前的时

候，这位将军便手拿一种供法律工作者使用的黄本子，亲自为新宪法
草拟纲要。最后由他的下属撰写出来的文本把美国的政府体制同英国
的议会制度结合了起来，尽管日文有些生涩别扭。新宪法取消了贵族
爵位，放弃以战争作为解决同其他国家争端的手段，并且作出了有关
人权的基本规定。最重要的是，宪法规定日本人民才是至高无上的，
而把天皇称作"国家的象征"。宪法由日本议会通过后，由天皇颁布
为国家大法。

非议麦克阿瑟宪法的向来不乏其人。有许多人说这部宪法不合
法，因为它是由外国人起草，强加于当时软弱无力、优柔寡断的日本
公众的。然而日本至今还是顶住了种种修改宪法的企图，大多数日本
人也显然赞成天皇做立宪君主。

※　　　※　　　※

麦克阿瑟理直气壮地顶回了苏联人公然想对占领日本施加影响的
企图。从名义上说苏联也是参加占领日本的国家。斯大林在东京的代
表提出，可以由俄国人占领日本最北端的岛屿北海道。麦克阿瑟的回
答是，哪怕只有一个俄国兵踏上日本的土地，也一定要把这位苏联代
表关进监狱。这样他就使日本免于遭受分裂为共产主义北方和非共产
主义南方的痛苦。

但是日本国内的共产党是更加危险的隐患。1949年，斯大林终于
把二次大战中的日本战俘遣送回国。可是苏联事先向这批战俘灌输了
共产主义思想，把他们训练成干部。翌年，苏联人命令日本共产党放
弃争取"和平革命"的政策，侧重以非法的恐怖手段进行斗争，于是
由共产党策动的暴力行动逐步升级。

1953年我去日本访问时深深地感到，由于共产党在当地策动暴力
行动，完全可以采取步骤取缔共产党。在1951年麦克阿瑟免职前，
他和吉田茂已经把共产党分子从政府机构和实业界中清洗了出去。但
是，使我感到惊奇的是，尽管吉田茂是我所见到过的一位最坚决的反

共人士，他却反对立即宣布共产党为非法，除非该党对日本的稳定构成更大的威胁。

对于美国 1945～1950 年之间对共产党态度的种种变化，吉田茂有一次以他固有的风趣说："美国人真有意思。1945 年你们来日本的时候，我们把共产党分子都关在监狱里，是你们要我们把他们放出来的。现在又要我们再把他们关起来，这就费事了，知道吗。"

吉田茂不愿意在 1953 年对共产党采取进一步的行动，大概是因为当时日本经济正迅速恢复，土地重新分配业已完成，农民的积极性高涨，劲头十足，当时我同一些农民谈话时就感到这一点。因此在选举中没有多少人支持共产党。

然而吉田茂对共产党还是很不放心的。1953 年在我们的一次会面中，他反复谈到"我们天生容易同情共产主义"。他之所以放心不下是因为年轻的知识分子倾向于支持左翼激进分子。麻生和子女士接着说，知识分子支持共产党是为了赶时髦。她说："现在去当保守派简直太不吃香了。"加上有许多共产党的口号——那些鼓吹自由、平等和工人权利的口号——提法很像麦克阿瑟的改革，只不过听起来略微刺耳一点罢了，这就使问题更不好办了。吉田茂认为许多日本人天生不太明白民主到底是怎么回事，把民主与放任自流混为一谈。麦克阿瑟在日本搞起了实行民主的大规模试验，但是吉田茂必须防止这种试验搞过头。

譬如麦克阿瑟打算提倡自由劳工运动，这种想法本身是很好的，但是他手下的工作人员中有许多涉世未深的、理想主义的社会工程师，他们起用日本共产党人来帮助他们建立新的工会，这些人自然容易提出不合理的要求、搞罢工乃至暴力行动。一旦有了可能，吉田茂就对新的劳工法进行修改，尽管反对派社会党为此气急败坏地大喊大叫也无济于事。结果绝大多数工会终于摆脱了共产党的控制。

美国人还专心致志地要解散托拉斯式的企业——不仅要解散三菱会社之类的财阀，而且还要解散一千多家比较小的公司。占领当局的许多工作人员错误地以为，不管在日本还是在美国，大企业是 30 年代的万恶之源。吉田茂却正确地认为，如果没有健全的商业和工业部门，日本就会站不住，所以他抵制了反垄断之风。许多解散大企业的计划终于被取消了。1953 年吉田政府还修改了过于苛刻的反垄断法。

日本和美国的开明人士都严厉批评吉田茂抵制麦克阿瑟手下的人坚持要搞的改革。但是现在回过头去看，吉田茂却是对的：许多改革——包括从劳工、实业到教育和司法方面的改革——并不适合战后日本的情况。在日本根本不能搞这些改革的时候，吉田茂坚决反对激进的改革，维护本国的利益，这正是麦克阿瑟的占领当局取得成功的一个关键因素。

尽管吉田茂在日本国内对于缓和占领当局的一些比较激烈的改革措施起了重要作用，然而他造福后世的最大业绩却是为日本制定了十分高明的对外政策，其中包括两个方面：一是反对大规模重新武装，这虽是国内问题，但却有国际影响；二是坚决谋求与美国签订和约，并结成安全同盟。这两个方面结合在一起，意味着日本不必花钱就可以保证国家安全，因此就可以把全部精力和资源都用于建设，使日本成为世界上经济最强大的国家之一。

作为一个美国人，我并不完全赞成吉田茂的外交政策。但是，从研究领袖人物和领导艺术的角度出发，我可以理解，如果设身处地站在他的立场来看，这种对外政策是明智稳妥的，而且对日本的经济恢复起了极大的推动作用。

当日本和美国尚未面临冷战的现实时，麦克阿瑟曾经认为日本可以成为一个新型的国家：一个经济强国，永远放弃以战争作为解决同其他国家争端的手段，即麦克阿瑟所谓"东方的瑞士"。这个想法写进了麦克阿瑟宪法，作为第九条，即"非战"条款。

弗农·沃尔特斯曾经对我说过："大多数将领只负责把仗打完，而麦克阿瑟看得更远。"日本宪法第九条最具体地证明，曾经亲眼目睹两次大战之恐怖的麦克阿瑟憧憬着一个不再需要打仗的世界。不幸,他乐观得太早了。到 40 年代后期,许多美国人都认为制定第九条是一个错误。日本的西边就是苏联,1949 年以后又出现了共产党中国,因此日本需要有一些自卫的手段。朝鲜战争打起来的时候,麦克阿瑟把他的大部分军队调到了朝鲜。为了顶替调走的美军,他就地招募日本人,建立了一支七万五千人的治安部队,后来起名"自卫队"。吉田茂认为,日本虽然已经放弃发动进攻性的战争,但是并没有放弃抗御别国侵略保卫自己的天然权利。他不顾社会党和怀有和平主义情绪的公众的反对,迅速着手尽量提高这支新部队的战斗力。

显然,这七万五千人,不管战斗力多强,是保卫不了一个面积等于一个半英国的岛国的。但是吉田茂在 1951 年日本独立前和独立后都顶住了要求进一步重新武装的压力。他主要是出于经济方面的考虑。他说:"在当前的经济情况下,只要建造一条军舰就会打乱整个政府的财政。"

杜鲁门委派约翰·福斯特·杜勒斯拟订日本对盟国和约的具体内容,杜勒斯就利用他的地位游说吉田茂重新武装日本。但是他刚一提起这个问题,这位总理大臣就对他说:"别胡扯。"尽管如此,艾森豪威尔政府也一直没有放下这个问题,杜勒斯当国务卿以后仍然继续关注这个问题。

1953 年我起程访日前,杜勒斯建议我在东京公开谈一谈这个敏感问题,以试探一下美国和日本国内的反应。11 月 19 日我在日美协会举行的午宴上讲话时指出,目前情况已经改变,同当年美国强制日本制定宪法第九条的时候根本不一样,其中孕育着危险。我们本来希望实现一个没有武力征服威胁的和平世界,但是由于苏联的侵略行径,这种希望已经破灭。

我说,因此宪法第九条用意虽好,却是一个错误。"我们当时之所以犯错误是由于没有正确判断苏联领导人的意图……我们认识到,在当前国际形势下,自由国家解除武装必然会导致战争。所以,正因为我们要和平，正因为我们信仰和平，我们自己才从 1946 年起就实行重新武装，而且认为日本和其他自由国家应当承担起自己进行重新武装的一份责任。"日本报纸以通栏标题报道了这篇讲话，不出所料，报道的重点不是我呼吁日本实行重新武装，而是我承认美国犯了错误。

吉田茂的反应很客气，但态度不明朗。他直到 1954 年退休时都一直坚持自己的立场。他下台后，日本的防务费用慢慢有所增加，但是直到现在也只占日本国民生产总值的 1% 不到，而美国却把国民生产总值的 6% 用于防务费用，苏联更高，达 18%。尽管日本自卫队在实行现代化方面有长足的进展，人数也增加了两倍多，但是仍然远远不合要求，甚至到了荒唐可笑的地步。比如说，日本穿军装的人数竟然要比北朝鲜少三分之二。

我认为日本必须为自己的防务挑起更重的担子。但是，我不能因为吉田茂不同意而责备他。要衡量一个对外政策制定者是好是坏，标志之一就是看他能否以最小的代价为本国做成最好的交易。按照这个标准，吉田茂的政策是极好的政策。

就像吉田茂的许多其他政策一样，这项政策在政治上对他个人是危险的。吉田茂虽然反对大规模重新武装，但又支持和鼓励自卫队。在当时日本国内和平主义情绪十分普遍的情况下，他的这种态度不可能像实行和平主义政策那样得到政治上的好处。同时，由于他把日本的安全置于美国的庇护之下，使得日本国内赞成重新武装的右派和反美的左派都对他怨声载道。

如果吉田茂宣称实行某种形式的泛亚中立，他在政治上就会比较好过。但是他知道，中立对一个弱国来说是毫无意义的，他请那些持不同意见的人记住一则日本的古谚："井底之蛙不知天地之大。"

吉田茂很现实，他知道日本需要有保护，以免受敌人之害。他很实在，知道日本人民自己负担不起这种保护所需的费用。他又很精明，知道美国是会代为出钱的。

　　吉田茂的日美安全同盟成为日本国内分歧最大的对外政策问题。抨击这种政策的人说它把日本实际上变成了美国的殖民地。1960 年发生反对延长日美安全条约的暴乱，使艾森豪威尔总统取消了对日本的访问。直到现在，虽然时间已经过了二十年，它仍然是一个引起争论的根源。但是，尽管日美安全条约受到种种抨击，它对日本成长为经济超级大国却起到了极大的促进作用。

　　如果他屈从反对派那种简单化的"美国佬滚回去"式的沙文主义主张，参加他们委婉地称之为"全面和平"的安排——这种安排将把中国和苏联包括在内，使日本得不到所需要的保护——那么麦克阿瑟的东方的瑞士就可能会变成东方的芬兰，成为共产党国家的一个事实上的卫星国，如果不是名义上的话。可是，日本并没有这样，相反，它却得以一心一意、全力以赴地建设经济，提高生活水平，成为几乎全世界所有国家都羡慕的对象。

　　吉田茂于 1954 年下台以后还活了十三年，看到自己制定的政策开花结果使他深感欣慰。当年反对他的人曾经说，他将使日本成为"亚洲的孤儿"，结果相反，他倒使日本变成了巨人。

　　吉田茂的政策所以能开花结果，原因之一是，从 1957 年起到 1972 年止，他的几位接班人都继续奉行他的政策，先是岸信介，后是池田勇人和佐藤荣作，后两位是"吉田学校"培养出来的人才。我有幸结识这三位先生，而且发现他们都是世界一流的政治家。大凡伟大的领袖人物都很少培养年轻人，因为他们为自己的功绩所陶醉，不能设想会有人接替他们——这是当领袖的通病。吉田茂却是个明显的例外。

　　吉田茂和西德的康拉德·阿登纳有许多相同之处，常常使我深以为奇。两人当政时都已 70 高龄，都曾在 30 年代勇敢地反对过统治他们国家的极权主义者，都在自己的国家战败以后主持恢复工作，并把它们建设成为超级经济大国。1954 年吉田茂周游世界时两人在波恩会晤。吉田茂向阿登纳承认，他一直设想自己是在同德国人进行一种友好的竞赛，因为两国的环境和背景十分相似。

但是他们两人之间有一点重大的差别。吉田茂着意培养大藏大臣池田接自己的班。而阿登纳对自己的接班人，和池田同样精干的财长路德维希·艾哈德却十分怠慢，以致 1959 年艾哈德同我谈起这一点时都抑制不住自己内心的苦恼。

吉田茂的唯我独尊并不一定比阿登纳差。其实最使一位领导人感到欣慰的，莫过于看到自己制定的政策在本人下台以后能继续长期地奉行下去。做到这一点的诀窍在于不要迷信自己是扮演领袖这个角色的唯一演员。阿登纳就是吃了这个亏。吉田茂却干得很漂亮，没吃这个亏。

我当总统以前就认识佐藤，在任期间又同他就各种问题进行过谈判。我们会谈的最重大结果是 1972 年冲绳回归日本。即使在那时，我们之间的交谈都好像有吉田茂参加似的。佐藤常常提到他的这位良师益友。有一次，佐藤派使者来华盛顿，在我们两人会晤前先同亨利·基辛格举行预备会谈。为了保密，佐藤的使者用了一个化名，他所选用的化名就是"吉田先生"。

吉田茂同麦克阿瑟一直保持联系，直到 1964 年这位将军去世为止。他本来希望能在 1951 年 9 月签订日美和约时见到麦克阿瑟，因为是麦克阿瑟促成了这个和约。但是杜鲁门和艾奇逊故意刁难，拒绝邀请麦克阿瑟将军参加在旧金山举行的签字仪式。吉田茂感到很失望。国务院还对吉田茂说，如果他在回日本以前到纽约去拜访麦克阿瑟，那将是"不合适"的。

吉田茂于 1954 年到华盛顿进行国事访问。他是战后第一个访问美国参议院的日本领导人。当时我是副总统，参议院的会议由我主持，因此有向他表示欢迎的极大荣幸。正是因为他和麦克阿瑟在战后取得了重大成就，我在介绍时称他为"美国和自由事业的良友"。我的话音刚落，参议员们便全体起立向他鼓掌欢呼。

同年次月，日本国会对第五届吉田政府投了不信任票，吉田茂下了台。由于各种原因，其中有许多事是吉田茂无能为力的，他的声望降低了。吉田政府的某些成员同一起造船舞弊案有牵连。当时既有人指责他是抱美国人大腿的马屁精，又有人批评他未能在访美期间搞到足够的美援。这种两面不讨好的情形很能说明此人的特点。后来，许多当初受到麦克阿瑟清洗的保守派又恢复活动，争权夺利。占领时期政治清洗结束以后，吉田茂还能在一年半多的时间内保住总理大臣的位子并颇有建树，这就足以证明他手段高明，具有不折不挠的顽强精神。

吉田茂下台是很不情愿的，下台时被整得十分狼狈。吉田茂对那些反对自己或使他不痛快的人从来不留情面，不讲方式，即使在他当外交官时也是如此。在 30 年代，有一次他曾劝一位胡搅蛮缠的上司冷静一点，要不然就到精神病院去。他当总理大臣期间去日本动物园时，常用政界知名人士的名字唤叫猴子和企鹅。当时日本的战败和被占领使人民感到屈辱，吉田茂这种不拘小节的做派很能逗人发笑，也有助于松快一下老百姓的心情，但是另一方面却往往伤害了政敌的感情和自尊。

他的敌人最后终于报仇雪恨了。1954 年下半年，日本国会就不信任决议案进行辩论，议员们简直撕破了脸皮。有一回吉田茂在发言中间停下来看讲稿，一时慌乱，嘴里"嗯……嗯……"了几声。反对他的议员们就恶狠狠地学着他的腔调大声嚷嚷："嗯……嗯……"同年12 月中旬，反对吉田茂的左派和保守派议员联合起来整他，通过了不信任案。人们认为他不大可能再在大选中获胜了，当时已 76 岁高龄的吉田茂终于给整倒了。

吉田茂当政七年又两个月，除了佐藤以外，没有一个日本总理大臣能比得上他，也没有一个像吉田茂那样是在风云莫测、政局不稳的大转变情况下治理国家的。吉田茂当权时经历了以下几个时期：军事占领时期和其后民族主义情绪突发的短暂时期，朝鲜战争，40 年代后期令人晕头转向的通货膨胀和 50 年代初期同样令人晕头转向的经济高涨，实现了根本改变日本面貌的社会和政府改革。

像失意政客通常的遭遇一样，吉田茂下野后有一阵湮没无闻。但他的门生佐藤和池田经常去大矶登门求教，共商大计。他撰写了回忆录和文章，后来又偶尔为他的后任完成一些外交使命。几年以后，人们开始更清楚地认识到他对日本的安定和经济繁荣所作的巨大贡献。吉田茂去世时是一位受到人们尊敬的政界元老。

现在，尽管他的政治生涯结束已近三十年，日本新的一代又以崇敬的心情缅怀吉田茂。日本政界人物来我处做客时，常常对我说他们不但十分景仰他的业绩，而且也十分景仰他的为人——他的胆略、他的豪爽，以及他为捍卫自己的信念和日本的利益而甘愿承受巨大政治压力的品质。就像戴高乐和丘吉尔将永远活在他们本国人民心中，特别是成为千秋万代青年的楷模一样，吉田茂也已经在日本人民的心中获得新的生命。

※　　　※　　　※

1960 年在我竞选总统期间隐居大矶，时已 82 高龄的吉田茂又奉命出山为国效劳。日本政府请他率领代表团来华盛顿访问，纪念日本首次派遣外交代表访问华盛顿一百周年。我们邀请他和麻生和子女士来我家做客。饭后，吉田茂送给我一件雕刻，他说是一位日本艺术家专门为我制作的。吉田茂提到这件雕刻的标题是"胜利"时故意装得像是随便说说的。当时竞选是我最大的心事，听了这话，我不禁会意地微笑了。

当年 11 月大选过后，他用心良苦地给我写了一封短信，信中说大选结果"十分令人遗憾"，还说希望我将来会东山再起，重新"在国内和国际上"发挥领导作用。当时我对之特别感激，因为这是雪中送炭，而不是锦上添花，所以更其难能可贵。况且，他当时所处的地位已不必非对我有所表示不可。吉田茂在当政的几年里变成了一位坚忍不拔、手腕高明的政治家。他的敌人指责他冷酷无情，自私自利。但是我了解他，知道他并不是这样的人。他在我患难之时的表现，说明他是一位忠贞的朋友，对此我铭记在心。

1964 年我在大矶最后一次见到吉田茂。本来我们早已约定在当年春天会面，不幸由于命运的捉弄而未能如期相见。当年春天我出访远东时，吉田茂已邀请我去他家出席午宴。不料麦克阿瑟在我到达东京前四天于 4 月 5 日去世。吉田茂和麻生和子女士立即赶赴美国参加葬礼。宴会因此改期，直到当年 11 月我再次出访亚洲时才得以举行。

我们驱车四十英里去大矶，沿途交通拥挤，比洛杉矶的高速干线还要挤，此行真是令人筋疲力尽，但我们觉得还是非常值得。吉田茂身穿和服在门口迎接我。我们以前见面时，他都是穿西式服装，甚至还显得特别喜爱维多利亚式的高领西服。这还是我初次看到他穿传统的日本服装，不由得再一次认识到，这位日本明治时期出身的人物真是聚东西方影响于一身。说来好像矛盾，在我认识的所有日本领导人中，吉田茂既是最西方化的人物，也是最地道的日本人。后来我听说，麦克阿瑟在 30 年代任陆军参谋长时，在华盛顿自己的办公室里有的时候也穿和服。

从吉田茂的家里可以望见壮丽的富士山。他的家宽敞舒适，但并不讲究排场，体现了麻生和子女士雅而不俗的审美观。这次又是她做我们的女主人。屋内的陈设布置体现了一般日本人讲求的比例和平衡，但在吉田茂家，所谓平衡是指西方和东方物品之间的平衡。在西方的书籍旁边就放着日本的艺术品。吉田茂睡的是榻榻米软垫而不是床铺。但是在他吃饭的阳台上却用西式的桌椅，而不用低矮的日本桌子。甚至他请我们吃的这顿饭也是既有日本菜，也有西菜。

我们天南海北地谈论国际问题。吉田茂回顾了他随牧野伯爵参加凡尔赛和会的见闻。有一位客人谈起我在 1953 年就重新武装问题发表的讲话，但他搞错了日期。我还没来得及说话，吉田茂就很快纠正了他。我心想那次讲话一定给他留下了非同一般的印象，尽管当时他表面上装得反应很一般。

他表示对戴高乐特别感兴趣，也特别想听我对这位法国领导人的评价。我对他说，我并不完全支持戴高乐的对外政策，特别是不赞成他对北约三心二意的态度。我表示，戴高乐在国际上之所以能采取（地道的日本话中所说的）"高姿态"，是由于他在法国国内所取得的成就和声望。我还说，鉴于日本的经济实力，日本政府像戴高乐一样，在国际事务中能够采取"高姿态"的条件是日本要建立更强大的军事力量，我表示坚信，"日本决不应当变成经济上的巨人，但又是军事和政治上的侏儒"。吉田茂仍然同1953年一样，很客气，但对我的建议又很坚决地避而不做正面回答。

回想起来，1964年我们席间所谈到的最重大的一个问题就是中国。早在十一年以前我同他在东京首次见面时就开始谈起了这个问题。吉田茂自打当年搞外交的时候起就是个"中国通"，当时他对我说，他毕生研究并且十分景仰中国文化。他认为过去没有任何侵略者能永远征服中国，现在共产主义的侵入要想克服千百年来的儒家影响，也必将失败。吉田茂说，中国的知识分子虽然在1953年一时黯然失色，但终究是会胜过共产党的空头理论家的。

尽管如此，吉田茂并不同意当时很流行的观点，即认为蒋介石还可能在大陆上起作用。他认为，尽管蒋本人是个儒家，但是已在知识分子中威信扫地，这在政治上是致命的。在这一点上，他的看法同裕仁天皇不同。我在那次访日期间见到了天皇，天皇仍然坚决支持蒋介石。

吉田茂在哲学思想方面几乎天生崇拜中国，这就促使他相信，扩大中国同亚洲非共产党国家之间的贸易最终会使中国抛弃共产主义，实行企业自由经营。他同艾森豪威尔一样，特别相信潜在的敌国之间进行贸易可以导致和平。他还觉得，中国在朝鲜进行干涉是出于一种反常的心理，因为它担心本国的边境可能会受到威胁。他认为中国人本质上是和平的人民，他们只会反抗侵略，而不会发动侵略。

由于他对北京的这种态度，他在 1951 年曾暗示，他有意同大陆打开关系。当时美国参议院正在审议美日和约，主持谈判和约的约翰·福斯特·杜勒斯对吉田茂说，如果他承认中国——当时中国正在朝鲜同美国打仗——美国参议院可能会拒绝批准和约，于是总理大臣就打消了这个念头。我 1953 年访日的任务之一就是重申杜勒斯的警告。尽管吉田茂并不否定我的预测，即如果他采取任何接近中共的行动都会引起美国的强烈反对，但是显然我并没有动摇他本人赞成同北京和解的主张。要是他 1954 年不退隐的话，日本很可能早在 50 年代而不是 70 年代就同中国重新打开关系了。

因此，到 1964 年，在吉田茂的议事日程上中国问题仍然占着很重要的位置，这并未使我感到惊讶。吉田茂和他的日本客人对当年 1 月法中打开外交关系很不放心，因为戴高乐采取这一行动时事先并未通知日本。吉田茂问我是否认为美国也可能做出同样的事情。我说我不能代表约翰逊政府讲话。这时前日本驻美大使朝海浩一郎说，他在华盛顿时曾经有过几次惨痛的经历，美国官员宣布对日本有影响的决策并不事先通知他。他预言，有朝一日美国会直接同北京谈判而不通知东京。我说我不能排除这种可能性——根据后来的情况来看，我当时的回答真是有点未卜先知。

1971 年 7 月发表了我将于翌年访华的公告，使人们感到非常突然。在公告发表前，我们同中国进行的谈判不得不对日本人以及美国的其他友邦保密。因为只要走漏一点风声，就可能坏了大事。这项公告刚一公之于世，日本国内马上编出了一个词，称之为"尼克松冲击"。尽管时常有人把美国打开对华关系说成是导致 1972 年 9 月中日恢复邦交的起因，其实中国人同日本人进行贸易，发展非正式关系已有多年。包括政界人士在内的各种日本代表团络绎访华已有时日。中日两国建立正式关系，主要不是"尼克松冲击"造成的结果，而是吉田茂早在二十年前就已预想到的逐步发展友好往来最后结出的硕果。

吉田茂念念不忘保持政治领导的延续性，使一位领导人所开创的事业可以由其他人来完成。那天他把我送到门口话别的时候，有几句使人黯然神伤的话清楚地说明了这一点。当时我对他说，盼望有一天同他再次相会。他笑着说："不，我看我们不会再见面了，恐怕我已经太老了。但是你还十分年轻（我当时 51 岁），可以在将来当领导。"

在我所见过的领导人中，晚年为人处世最为得体的除了赫伯特·胡佛以外就数吉田茂了。其中部分原因是，尽管吉田茂本人已不当权，但他所制定的政策仍由他自己一手培养起来并担任领导的人继续推行下去，这些人仍然非常重视征求他的意见。他心情很舒畅，因为他确信自己的事业后继有人。

吉田茂于 1967 年下半年在大矶逝世，卒年 89 岁。噩耗传出时，佐藤总理大臣正在对印尼进行国事访问。他立即飞回日本，赶赴大矶，在先师长眠的灵床边失声痛哭。几天后，日本为吉田茂举行了第二次世界大战后的第一次国葬。

麦克阿瑟一生的最后十一年在政治上一事无成。尽管他的才智不减当年，但是在 50 年代和 60 年代初期，由于种种因素，使他的才智未能得到应有的发挥。

原因之一是他卷入了党派活动。1948 年他在日本任职期间，就想一试身手，争当共和党的总统候选人，不料在共和党第一次全国代表大会投票时，很可怜，只得了十一票。1951 年他从朝鲜回国，向国会发表演说，接着又在国内到处宣传，反对杜鲁门的亚洲政策。

1952 年麦克阿瑟公开赞成提名罗伯特·塔夫脱参议员而不提艾森豪威尔为总统候选人。当年 7 月，共和党全国代表大会在芝加哥举行，人们推选他在会上做主旨演说。我们艾森豪威尔派的人担心他的讲话可能会使大会支持塔夫脱。麦克阿瑟自己甚至还认为代表们可能会转而支持他当候选人，爆一冷门。

但是他那次讲话的结果却很煞风景。尽管稿子写得很好，他讲得也很好，但是不知怎么回事，正如林肯可能会说的那样，"就是没劲"。其部分原因是他在晚上九点三十分才开始讲话，这时代表们已经疲惫不堪。当他慢条斯理地往下讲时，代表们越来越心不在焉。当时的情况简直令人尴尬。人们并没有像在1951年参众两院联席会上那样凝神静听他的讲话，有的代表咳嗽，有的在会场上转来转去拉选票，还有人上厕所。麦克阿瑟不断地使劲，想打动反应冷漠的听众，但是他当年发表《老战士永远不死》的讲话时的那种神奇魔力已一去不复返。当年他在风云突变的关头有应付裕如的过人才能，虽然他以往的凛凛威风现在依然留在人们的心中，但是他当年叱咤风云的场面却既不能再现，也无法重温了，于是就必然产生一种令人不堪回首的失望情绪。麦克阿瑟本是善于吸引观众的一流人物，现在却犯了一个不像是他所该犯的错误：本想露一手，结果却砸了锅。这次演说断送了他在政治舞台上崭露头角的机会。

罗斯福曾经对麦克阿瑟说过："道格拉斯，我认为你是我们最出色的将军，但是我觉得你将是我们最蹩脚的政治家。"他说得很对。麦克阿瑟并不是一个好的政治家，最后他自己也认识到了这一点。他在回忆录中援引了罗斯福对他的评价。其实，要说他政治上最大的失策，那就是他根本不该显露出对政治感兴趣，更不该亲自出马力图把自己的崇高声望变作政治资本。他应当让那些愿意为他出力的人去搞拉选票的活动。

我相信当时艾森豪威尔也同麦克阿瑟一样想当总统，但他机灵乖巧，不承认这一点。虽然艾森豪威尔一直咬定自己只是一个客串的政治家，其实他在搞政治方面倒是一个很高明的行家里手。他天生就明白，想争得权位，最好的办法是装出一副不想争的清高样子。1950年7月，我在加利福尼亚州的波希米亚树林初次见到艾森豪威尔。当时在场的实业界和政界要人全都在谈论他可能成为1952年共和党的总统候选人。所谓全都，并不包括艾森豪威尔在内。当人们谈起这个问题时，他就巧妙地把话题一转，评论起欧洲和大西洋联盟的前途来了。

1951 年 5 月，他的堪萨斯同乡弗兰克·卡尔森坚持要我在预定访欧期间去拜访艾森豪威尔。他觉得这位将军肯定要参加竞选，并且要我支持他竞选。我在巴黎的盟军司令部与艾森豪威尔会见了一个小时。他待我很热情，根本不谈自己，却称赞我在调查阿尔杰·希斯案时态度公正，并要我谈谈美国人对北约的感觉。他有非凡的本领，能使来访的客人走时觉得自己很不错而不是觉得他很不错。因此，大多数见过艾森豪威尔的人都成了他的热烈拥护者，当时我就是这样。

他的做法看来是让总统职位来找他。而不是摆出一副自己要去争当总统的架势，这就增加了他夺得总统宝座的可能。然而麦克阿瑟却早在 1948 年在日本任现役军职时，就摆出一副要竞选上台的姿态。他在被杜鲁门免职以后的举动更使人们觉得他急于从政。

这倒并不是说麦克阿瑟根本就不能当好总统。他对外交政策问题有深刻的认识。他在日本的工作表现出他有能力处理国内问题：他明智而公正地全盘处理了从劳资关系到教育方针的各种问题。他念念不忘保持通货稳定，奉行稳健、一贯的财政政策。其实，他年岁越大，在经济方面也就越保守，我在艾森豪威尔和戴高乐的政治生涯里也看到了同样的情形。在 50 年代和 60 年代初期，麦克阿瑟已经显然不大可能再出任公职了，这时他常常教我要平衡预算、削减税收、恢复金本位制。

麦克阿瑟如果当上总统，他面临的主要问题是如何适应这样一种情况：同他当将军管理部队的权力相比，同他当盟军最高司令官管理日本的权力相比，他当美国总统管理政府的权力所受到的约束更多。他会觉得，随着当总统而来的似乎没完没了的具体琐碎事务难以忍受也难以学会。在美国国内，麦克阿瑟也需要像在日本一样，有一个吉田茂式的人物来执行他的有独到创见的方针政策。

麦克阿瑟不仅在政治上栽了筋斗，而且还因为社会和军界风气的转变而吃了亏。在第一次世界大战中，他在法国战壕中的英勇事迹使

麦克阿瑟和吉田茂

他成为美国步兵的英雄。在第二次世界大战中，他已年逾花甲，尽管仍有同样突出的勇敢表现，却成了"蹲掩蔽部的道格"。

在两次世界大战之间，麦克阿瑟所代表的价值观念——勇敢、爱国和热爱自由已经开始不再时行。第二次世界大战期间，这些价值观念有所恢复。但在朝鲜战争期间再次受到削弱，到越南战争期间几乎丧失殆尽。即使在第二次世界大战期间，艾森豪威尔和布雷德利那一类的慈祥、谦逊、平易近人的将军也要比麦克阿瑟吃得开，不仅在有文化的上层如此，甚至在士兵中也是如此，因为这些士兵毕竟是完全由当时所谓平民世纪熏陶出来的第一代人。尽管麦克阿瑟有许多功劳，其中包括制定太平洋作战方针拯救了数以万计士兵的生命，但是这并不能抵消他那种爱摆架子的贵族老爷形象所造成的不良影响。世界上这种情形是屡见不鲜的。

他原来总算还能赢得美国公众的好感，他从朝鲜回国时在美国各地都受到了异常热烈的欢迎，就足以说明这一点。但是很快连美国公众也嫌弃他而选举他的对手艾森豪威尔当了总统。当时他们两人都渴望登上总统宝座。人们挑选了一个代表团结与中庸的人物，舍掉了一个有时派性十足、总是引起争议的人物。

道格拉斯·麦克阿瑟解放了菲律宾，重建了日本，而且指挥了仁川登陆及其以后的战役，阻止了共产党控制南朝鲜。他回国后却是一位引起激烈争论的人物，而且很快就沦为失意政客。其原因是美国很少有人了解亚洲和麦克阿瑟，也很少有人了解两者之间的关系。麦克阿瑟几乎单枪匹马地在远东花了整整二十年时间来保卫美国的利益，很少有人了解这是他命中注定的。

作为麦克阿瑟的崇拜者，我一直不能完全理解，像他这样一位功绩卓著的人物在美国知识界怎么会如此吃不开。麦克阿瑟在他的大半个生涯中不断遭受恶意攻击。这在一定程度上可以用布莱克勋爵在他的名著《迪斯雷利①传》的跋中所做的分析予以解释。

布莱克说，尽管迪斯雷利和格拉德斯通②是死对头，他们两人却同样受到许多同时代人的猛烈而又常常是不公正的非议。他说："其实两人都是非凡的人物，才华出众，尽管风格迥异。他们同在议会民主制度下进行活动的大多数才华出众的人物一样，是那些熙熙攘攘的庸碌之辈所十分看不顺眼甚至也十分不放心的，而这些庸碌之辈却在人类中占了大多数。"

1935 年后麦克阿瑟一直住在菲律宾或日本，中间几乎没有间断。要是他退休后到那里去住的话，他的晚年就不会那么空虚。当时日本人崇敬他，现在那些记得他当年任盟军最高司令官情形的人仍然还崇敬他。1961 年他到菲律宾访问的情景是感人肺腑的，当时有人告诉他，每次军人集合的时候都点他的名，由一名中士回答说："精神犹在！"许多美国人认为麦克阿瑟报了偷袭珍珠港之仇有功。日本人、菲律宾人和南朝鲜人却不把他看做复仇者，而把他看做救星。他使日本摆脱了极权主义和崇拜天皇的桎梏，使菲律宾人摆脱了日本的统治，使南朝鲜人摆脱了共产党的控制。

许多美国政治评论家可能觉得麦克阿瑟与时代精神格格不入，但是他在亚洲任职期间始终表现出有非凡的预见。20 世纪初他随父亲访问远东后，便推测日本可能有对邻国称霸的企图。30 年代，他预告日本对太平洋地区和平的威胁将日益增长。他在日本推行的进步改革范围之广和考虑之深远，都超出了在华盛顿坐办公室的官员为美军占领日本所制订的蓝图。他在朝鲜打仗时认为共产党不是在为南朝鲜，而是在为控制全亚洲而战。

麦克阿瑟始终围着日本转。起先是为日本对远东的威胁而日夜操心，战后又是为其他国家对日本的威胁而日夜操心。他统治日本的五

①　迪斯雷利（1804～1881），英国保守党首领，曾两度出任英国首相。任内大力推行殖民地扩张政策。

②　格拉德斯通（1809～1898），英国自由党领袖，曾四度出任英国首相。对内曾实行一些不彻底的改革。

年期间出现了两件看来自相矛盾的怪事。第一，麦克阿瑟是打仗的能手，结果却成了献身于和平事业的人物。第二，他使用专制独裁的手段完成了使日本永远摆脱专制独裁统治的任务。

第一件当然并不真是自相矛盾的怪事。所谓士兵和将军生性就是唯恐天下不乱的看法，只不过是 60 年代思想意识遗留下来的残余。正如 1962 年麦克阿瑟在西点军校发表极为精彩的告别讲话时所说："军人比所有其他的人更祈求和平，因为战争最深重的痛苦和创伤必然总是落在并留在他们的身上。"

美国历史上从来没有人在和平时期独揽大权。在民主制度下，权力分散在社会各个不同的方面，以防止滥用。可是，麦克阿瑟却在日本独掌大权达五年之久。事情怪就怪在不这样就根本不可能在日本建立民主。

有人在评论占领时期的情况时写道："麦克阿瑟主宰全局。要使日本成为一个爱好和平、民主、繁荣的工业国，即使是要用暴力、专制和经济混乱才能实现这一目标也在所不惜。"他说这番话的原意是想开个玩笑，然而却基本上说对了。日本人是善于背台词的演员，他们很快就像鹦鹉学舌那样学会了大讲抽象的民主原则。可是，要教他们从内心里信仰民主，那就完全是另一回事了。

二百三十年以前，让·雅克·卢梭①就如何才能确立公正的政治制度这一难题写道：

> 人们……并不是根据抽象的观念来指导自己行动的；除非强迫他们欢乐，否则就无法使他们欢乐，也只有使他们体会到欢乐，才能使他们热爱欢乐。这方面对英雄来说，是有用武之地的……

---

① 让·雅克·卢梭（1712～1778），法国启蒙思想家，哲学家，教育学家，他的思想对法国资产阶级革命有积极影响。

卢梭的论点是，在新社会的最初阶段，必须由某位英明而有远见的英雄自上而下地强制推行新社会的价值观念。拿日本的情况来说，麦克阿瑟就是使日本人体会到了民主，因而才热爱民主的英雄。他同吉田茂一起，使日本人珍爱自由，因而愿意捍卫自由。事实上，在现代政治史上还没有一个人物能像麦克阿瑟那样被称作法典制定者，几乎变成了半神话式的人物——在政治上高瞻远瞩，能够按照理想的模式单枪匹马改造一个社会。

就像明治维新时期日本本国的改革家一样，麦克阿瑟利用自己的特权地位来推行彻底的政治改革，不过他取消了很容易滥用的天皇专制权力，而明治体制却是以天皇的绝对权力为基础的。麦克阿瑟先是大权独揽，集裕仁天皇的全部实权和精神权威于一身。后来在亲自解决了制定新宪法、实行土地改革等最棘手的难题以后，就逐渐开始把权力一步步移交给日本人民选出的代表吉田茂。有一点很重要，吉田茂无论在占领时期之前还是在占领时期之后都能对麦克阿瑟所建立起来的体制进行调整。这种独一无二的伙伴关系产生了现代的日本，使日本成为一个伟大的自由国家，它代表了一种最美好的希望：有朝一日，其他亚洲国家也可以共同享有自由、公正和繁荣。

第五章

康拉德·阿登纳

——西方的铁幕

1963 年的一天，年事已高但依然令人生畏的康拉德·阿登纳监察着西德联邦议院正在举行的一次会议。这是他最后出席的几次会议之一。他的政治生涯已经走到尽头。柏林墙危机带来的严重政治冲击，使这位 87 岁高龄的总理在 1961 年险些未能再次蝉联。他不得不屈从年岁较轻的政客们的压力，同意第四届任期只干两年就下台。他留下来的是十四年的非凡成就。摆在前面的则是心绪不宁和难以忍受的四年退休生活。

联邦议院中的一个老对头，大概以为既然从不宽宥的阿登纳即将下野，那就不妨表现得大方一点，于是站起来对这位总理说，他 1954 年筹划西德加入北约一事，毕竟还是对的。

阿登纳冷冰冰地盯着此人，然后作了一个尖刻的答复。他说，"你我的差别，就在于我善于掌握时机"。

阿登纳用寥寥数语总结了他自己的成功之道，而这也是从一个重要的方面指出了所有伟大领袖人物的素质。许多人和这位反对党议员一样，有当事后诸葛亮的本事，而阿登纳则有先见之明。他在第二次世界大战结束后的动荡岁月里上台执政，当时各国之间排列组合的格局似乎将世世代代延续下去，他却有智慧和气魄在需要采取行动的时刻采取行动，而且能够运用政治技巧，战胜那些怯于或不愿采取行动的人们。温斯顿·丘吉尔在评价世界领袖人物时很少有溢美之词，但 1953 年他却对英国下院说，阿登纳是"俾斯麦以来最英明的德国政治家"。

阿登纳是西欧战后秩序的主要设计师。身为莱茵人，他一贯寻求德国和法国之间的和解，而且毕其一生都对欧洲联合的理想怀抱希望。他所憧憬的欧洲联合将永远消弭曾给前几代人带来灾难的冲突。他还从一开始就认识到，苏联所代表的是旧欧洲的坏的方面，而不是新欧洲的好的方面。因此他以钢铁般的决心坚守着自由欧洲东部的壁垒。

从某种意义上说，阿登纳是基督教民主主义政治家的典范。他认为，任何种类的专制暴政，无论是一个民族对其他民族的专制暴政，还是一国政府对自己人民的专制暴政，都是罪大恶极的，因为这扼杀个人自由。他对欧洲联合的梦想直接起源于对专制暴政的深恶痛绝。这种梦想诞生于第一次世界大战的灰烬之中，并由于纳粹时代的恐怖而变得更加坚定。

但是，第二次世界大战之后，从外部威胁自由欧洲的势力远远超过过去从内部威胁它的势力。起初只有少数人理解这种威胁的性质或其严重程度，阿登纳就是其中之一。他在 1949 年执政以后，就像易北河——自由世界的东部疆界——的中流砥柱一样，不为苏联的威胁所动，对他们偶尔提出的损人利己的和平姿态也不屑一顾。但他认识到，解除了武装和处境孤立的德国不可能单独遏制这种新的危险。在50 年代，美国和英国坚定不移地支持欧洲和世界其他地区对苏联的防务。但在七十五年中三次被德国的威力所蜇疼的法国，对重新武装其东部邻国的任何方案都深怀疑虑，而没有法国的参加，要在欧洲建立有效的反苏联盟是难以想象的。于是阿登纳再一次转向欧洲联合的梦想，他要拆除把欧洲人彼此分割开来的藩篱。这在从前是一种不切实际的、几乎是诗人的朦胧空想，而现在却成了当务之急。他以加倍的韧性来促其实现。

他在致力于建立欧洲抗苏统一战线的同时，还谋求建立一种经济上和政治上相互依赖的制度，以便把欧洲凝为一体，从而最终消除来自欧洲内部对和平的威胁。通过像北约组织、欧洲煤钢联营和1968年的法德友好条约这类首创行动，已经在这方面取得了显著的进展。

这在很大程度上要归功于阿登纳。

　　阿登纳在历时十年以上的时间里是我们自己的铁幕——他是一位既有钢铁意志又有无穷耐性的人物。他对基督教原则的深刻信念，使他在反对建立于无神论和精神压迫基础上的帝国的斗争中，成为西方最有力量、最坚定而又始终不渝的代言人。与此同时，尽管他外表严峻，反共立场顽固不化，为人却古道热肠、有幽默感、文质彬彬，受到他的人民和他的孩子们的爱戴。对于曾被引入歧途的祖国，他是一位慈父般的人物。

　　在战后德国的一片废墟之中，阿登纳像一座巍峨的大教堂那样昂然屹立。对被打败了的人民来说他是"老头子"，在民族遭受屈辱和充满迷惘的时刻，他是信念和不屈不挠精神的象征。他以自己的沉着、耐性和维护尊严的行动，也许还加上某种中学校长式的优越感，使他的人民重新获得信心。对那些挡他道的人，他是勇往直前和毫不留情的政治斗士。对于德国以外的世界，他是新的民主的德国可信赖的代言人。他在十年之内把这个德国从国际上的亡命之徒改造成为可靠的民主堡垒。

　　各国领导人之间建立友谊是少有的事。他们通常在事变的旋涡之中举行会晤，拘泥于各种礼宾规定，沉湎于对历史的回顾，并且被外交官、助手和译员所包围。当他们聚会之时，民族私利的幽灵就在他们的身边徘徊，使他们对于友好交流裹足不前。

　　我在自己的政治生涯中，虽然曾同许多外国领导人举行过友好会见，但我能称之为个人朋友的却寥寥无几，而康拉德·阿登纳就是这极少数中的一个。我们的友谊维持了十四年之久，无论是在位或在野，双方的友谊都持续不断。

　　1947 年秋，我是以克里斯蒂安·赫脱为主席的一个众院委员会的十九名成员之一。委员会成员访问了欧洲，并对当年 6 月宣布的马歇尔计划的实施提出建议。我们在德国的所见所闻，是我生平心情最为抑郁的经历之一。一座座城市被盟军的轰炸夷为平地，成千上万个家庭蜷缩在建筑物的断垣残壁和军事掩体里面。食品短缺达到惊人的程度。面黄肌瘦、衣不蔽体的孩子们围着我们，不是来乞讨，而是兜售他们父亲的军功奖章，或用它们来交换一点食品。

有一次在某地停留，委员会中一位平时表现冷漠而保守的南方议员，在看到孩子们的情景后，深受触动，以致把自己的肥皂、糖果和身上穿的羊毛衫都给了他们。他后来告诉我们，"我把最后一块巧克力糖给了一个年约 10 岁的小女孩，她怀里还抱着一个大约一岁半的婴儿。你们知道她拿到这块巧克力后怎么办吗？她自己不吃。她非常小心地把它放进婴儿的嘴里，告诉婴儿这是什么，让婴儿吃。看到她这样做，我简直再也不能控制自己了。我回到车厢，把我所有的东西统统给了孩子们"。

那时在华盛顿，国会正在考虑是否要发津贴给第二次世界大战的退伍军人。在埃森①我见到一名矿工，他和他的妻子及 22 岁的儿子住在一个地下室里，尽管他的儿子在战争中失去了一条腿，但还是得不到抚恤金，因为人们认为他的残疾不那么严重。

在参观一所煤矿时，我们看到工人们舍不得喝他们午餐时领到的不见肉影的清汤，他们要带回去同家人分享。德国煤矿工人人数同战前相等，煤产量却比战前少得多，因为饥饿和营养不良已使他们虚弱不堪。

然而，不愿乞讨的孩子们，和与家人分享仅有一点食品的男子汉们，用他们的行动告诉我，阿登纳在 1945 年后期说的话是对的，他说德国人民"低头了，但……并没有倒下"。

以卢修斯·克莱将军为首的美国军事占领当局要我们相信，德国人确实具有使自己复兴所必需的精神力量。克莱说，他们所缺少的是领导。德国在战争中失去了整整一代可资造就的领导人才，另有成千

---

① 西德煤钢工业中心之一。

上万的人因为同纳粹有牵连而不宜担任领导职务。他对我们说，德国公私两个领域都必须起用一批新人担任领导，战时和战前的人物都不能用。首先迫切需要一位献身于民主原则的强有力的国家领导人，他能把自己的人民带回自由国家的大家庭，同时面对东方正在出现的新的危险，他又能够保护他们。

在德国需要什么样的领导人这一点上，克莱是正确的。但是，以为这样一位领导人不可能从战前的一代脱颖而出，他却错了。

阿登纳出生于 1876 年，父亲是科隆法院的书记官，关于他的母亲，除了传闻他父亲为了同她结婚而放弃了在普鲁士军队中的似锦前程之外，其他很少为人所知。父母两人都很勤奋而且是虔诚的教徒。康拉德在天主教会的哺育下成长，毕生笃信宗教。

他童年生活严谨俭朴，但也安定快乐。他的家庭经济拮据，有一年甚至窘迫到要让孩子们来选择，究竟是一连几个星期天的午餐都不吃肉，以便省下钱来买圣诞树和蜡烛呢，还是反过来。康拉德和兄妹们都选择了圣诞树。

虽然他中学成绩不错，但父亲却对他说，家里无力负担他上大学。康拉德内心失望，但外表镇静。他接受了父亲的决定，并到一家银行当练习生。但是，在他工作两周之后，他父亲看出他异常痛苦，于是进一步紧缩家用，供他去念大学，学习法律。康拉德知道，他是由于家庭作出了牺牲才得以接受大学教育的，因此他发奋学习。他为了延长学习时间，夜里有时把脚浸在冷水桶里，以驱走睡意。

年轻的康拉德有毅力而又敢想敢干。他毕业两年后，在科隆中央党领导人考森开设的一家律师事务所工作。中央党是保守的天主教政党，即阿登纳的基督教民主联盟的前身。1906 年的一天，29 岁的阿登纳获悉，考森准备提名一位青年律师当科隆市议会的议员。他便闯进考森的办公室。"为什么不让我去？"他直截了当地提出要求，"我肯定不比他差。"这样提出要求，既要有胆量，又要有自信，而这也正是他在毕生事业中始终都有表现的两种气质。阿登纳确实是努力工作的好律师，他说能和别人干得一样好，的确言之不谬。考森把这个议席给了他，阿登纳从此开始了长达五十七年的政治生涯。

有一张阿登纳少年时代同四个朋友到乡间远足的照片。孩子们都埋在一个草垛后面，只露出头部。其他几名少年顽皮地露齿而笑，阿登纳却一本正经，表情严肃，他颧骨和嘴部以下的阴影使这种神情更加突出。但他的左手却伸在草垛上面，向着相机挥动。这就是典型的阿登纳：虽然故意表现矜持和超然，但仍自得其乐。

我第一次见到阿登纳，是他1953年到华盛顿进行国事访问。他当时77岁，毫无表情的面孔布满又匀又细的皱纹，有如水在沙面上划下的浅浅沟痕。他对周围事物毫不在意的神情仍然和那张照片一样，但那张面孔却已不尽相同。他41岁那年，因司机打盹，座车与电车相撞而出了车祸。阿登纳以其特有的坚忍，自己从汽车的残骸里爬了出来，虽然血流满面，但仍沉着地自己走到医院。司机只受轻伤，却是由担架抬走的。

阿登纳的颧骨破裂，脸部还有几处伤痕。这次事故的后果使他看上去更加古板严厉。后来许多作家说他的颜面同中国满清官僚颇为相似。这种对比真是少有的贴切，因为关于东方人高深莫测的古老说法，对阿登纳也是完全适用的。第二次世界大战之后出色地担任过美国首任驻德高级专员的麦克洛伊却有另一种说法。他告诉我，"阿登纳有一张美国印第安人的坚强而冷漠的面孔。他看上去像基罗宁莫酋长①"。

由于他外表严肃，许多批评他的人，甚至一些支持他但却对他了解不多的人，都以为他缺乏幽默感，甚至心肠冷酷。然而，尽管阿登纳不是爱说俏皮话或爱拍人肩膀的人，但他在冷漠的外表之下，却蕴

① 美国历史上著名的印第安人酋长。

藏着对别人的同情心和敏锐高雅的幽默感。

阿登纳很少在无关紧要的问题或劳而无功的事情上浪费精力。同样，他也只是为了某些实际目的才表现他的幽默感。1959 年，艾森豪威尔总统在白宫为前来参加杜勒斯葬礼的外国贵宾举行招待会。阿登纳看见我和苏联外长葛罗米柯站在一起，便向我们走来。葛罗米柯刚参加了陷于僵局的关于德国和柏林问题的日内瓦会议。我以轻松的心情告诉阿登纳，许多人都认为葛罗米柯和我外貌相似。

总理莞尔一笑，并说："的确如此，这倒使我有了一个打破日内瓦僵局的主意。你搭上葛罗米柯的飞机回到日内瓦，并让葛罗米柯留在这里当副总统。这样一来，我敢肯定我们能够打破日内瓦的僵局。"这使那位平时郁郁寡欢的俄国人也和我们一起大笑起来。

阿登纳的话引人发笑，却一语道破了苏联人在日内瓦毫不妥协的态度。过了若干年，在退休之后，他又用幽默来表明对其接班人路德维希·艾哈德的政治敏锐性感到失望。有一天记者前来采访，他在坐定之后问道："我们是讨论严肃的政治问题呢，还是谈谈艾哈德总理？"

1917 年，阿登纳因车祸住院疗养，两位市府官员到他所在的黑森林疗养院去看望他。当时科隆市长的职务空缺，市议会想让阿登纳出任此职。两人此行的使命是：把阿登纳拖入一场有关市政问题的讨论，以便判断车祸是否震坏了他的脑子。他很快就猜透了来访者的意图，告诉他们说："先生们，我的头部只是外表有点不大对头。"两位官员大笑，立即向他说明来意。这时第一次世界大战正接近尾声，科隆处于混乱之中。阿登纳立刻接受了这项职务。

最初，这位 41 岁的市长忙于替居民和从前线归来的士兵找到足够的食品和住处，在德国战败和德皇退位造成的政治真空里稳定局势。但随着生活恢复正常，阿登纳便着手制订一项恢复科隆古老文化和壮丽建筑的宏大计划。他高兴地对一位朋友说："发生政治灾难的时候，特别适宜于干一番新的创造性事业！"他的注意力已经越过了德国的边界。他把他的城市看做德国和西欧之间新的联结点。

即使在那时，为了取得同事们对他的计划的支持，他有时也表现得既聪明又狡诈。1926 年，他要建立一座跨越莱茵河的吊桥，但市议会中多数人主张建立一座拱桥。他把市议会的共产党议员找来，对他们说，赋予列宁格勒①以罕有而特殊的美丽的正是吊桥。实际上阿登纳对列宁格勒及其桥梁一无所知，但他深知人性，了解德国共产党人对革命的俄罗斯满怀激情。这样他就得到了他所要的吊桥，同时也获得了精明的政治实干家的名声。

在此前后，阿登纳拒绝了一次出任总理的机会。魏玛共和国时代，一任总理平均只能干七个月，因为执政党的议会联盟隔不多久就会破裂。中央党领导人认为，或许阿登纳有能力使政府维持得较为长久些，因此于 1928 年邀他组阁。

他的心为之所动。他虽然表情刻板，但却是个精明的政治家，不会干徒劳无益的事。他倒不是不愿承担风险，而是遇事总要把周密的分析同明察秋毫的政治本能结合起来，权衡得失。这是他一贯的做法。他到柏林去探测了政治气候，得出的结论是：成功的机会不大，不值一试。于是他拒绝出面组阁，回到了科隆。

日益加重的经济和社会压力，使德国当时难以组成强有力的政府。这对阿登纳也不例外。他的决定从个人角度看是可以理解的。但我有时倒真想知道，如果这位才能出众的政治领导人那时当上了总理，历史该会发生何等深刻的变化。也许希特勒在取得政权，并给德国和世界带来偌大悲剧之前，就会受到应有的惩罚。

三年半后，阿登纳第二次当选每届任期十二年的科隆市市长。他当时 53 岁，打算干到任期结束便告老退休。但希特勒当上总理以后，纳粹不要阿登纳这样有全国声望并有独立见解的领导人担任职务。因

---

① 1991 年恢复旧名为圣彼得堡。

为他从一开始就表明了桀骜不驯的独立性。在几周之内，他曾三次怠慢或抵制希特勒。首先，阿登纳对纳粹取消他自 1917 年以来即在其中担任议员职务的普鲁士邦议会提出过口头反对，但无成效。后来，希特勒在 1933 年 3 月大选前的竞选旅行中来科隆时，阿登纳断然拒绝去机场欢迎他。两天后，希特勒在科隆发表演说，当天早上他又命令市政工人取下挂在莱茵河桥上的纳粹旗帜，并派一队警察保护工人进行这项工作。

大选之后，纳粹掌握了绝对权力，阿登纳成为不受欢迎的人。他当众受辱，很快又被加上凭空捏造的反对科隆人民的罪名，被免除科隆市长的职务，并被逐出该城。纳粹对他抱有敌意，但在他们要消灭的人员名单中，他并不名列前茅。他在 1934 年的"长刀之夜"①曾经被捕，但在大屠杀过去之后即被安然释放。在纳粹时代的多数岁月里，他在科隆附近的吕思多夫家中深居简出，种植玫瑰，照顾家人。

但他并不是整天在家闲居，1944 年他曾经死里逃生。那年他被邀参与卡尔·戈德勒策划的暗杀希特勒的阴谋。这是一次大胆但不走运的行动。他估计了形势，认为这个计划失败的可能性太大，于是拒绝了叛逆分子的邀请。在暗杀企图果然失败之后，他被逮捕，并被监禁。他假装生病而逃避了被转送到布亨瓦尔德集中营的厄运，然后又在一位空军朋友的帮助下从医院潜逃。最后盖世太保发现他藏在距科隆 40 英里一处森林的磨坊里，并再次逮捕了他。他的儿子，德国陆军军官马科斯到柏林去替他父亲求情，纳粹终于在 1944 年 11 月放他回家。第二年春天美国人拿下科隆的时候，阿登纳在吕思多夫的家里。

尽管有这种戏剧性的经历，但阿登纳在纳粹时代过得最有意义的还是他遁世隐居的日子。1933 年春被逐出科隆后，他把家人留在老家，自己进了离莱茵河十五公里的一家修道院。他希望留在修道院至

---

① 指 1934 年 6 月 30 日夜间希特勒为镇压纳粹党内的冲锋队而在全国范围进行的大逮捕和大屠杀。

少可以暂时避开纳粹的注意。修道院的院长是他的老同学。阿登纳在那里居留了将近一年，大部分时间是用来进行思考，在林中漫步和阅读书籍。修道院有丰富的历史藏书，他贪婪地读了一本又一本。

希特勒上台之前，阿登纳是得天独厚、强大有力的"科隆之王"，同时又是一个人丁兴旺的家庭中既严厉又贴心的家长。希特勒上台后，他过着严格的苦行僧式的生活，权势离他而去，家庭也同他隔离，留下的只有自己的信念。他省察往事，看到一个民族屈服于好战的民族主义和专制暴君所招致的灾难，因而开始越来越强烈地寄希望于他终生梦寐以求的欧洲政治新秩序。在新的秩序中，自由和基督教原则将居于首位，民族权势和特性则退居第二位。

这在当时是一位觉醒者孤芳自赏的田园诗。十五年后，阿登纳掌握了西德政权。他讲求实际的政治本能重新占了上风。实事求是的政治考虑要求法国和德国消除它们之间的分歧，这是实现欧洲联合防务的唯一途径。此时阿登纳已在哲学思想上做好了准备。他过去一直要把这两个国家捏到一起，现在这不仅本身就是目的，而且还是实现一个更伟大的目标——保卫西方，对抗新的苏联帝国的手段。

1945 年美国人攻占科隆后，赶紧重新启用阿登纳为市长。但后来，把该占领区的管制权移交给了英国人。出于一些从未给予满意解释的理由，英国人很快就罢黜了他，并禁止他从事政治活动。他认为，由于英国工党政府想要德国社会民主党人掌握德国政权，因而不容一名保守派人物担任像科隆市长这样有影响的职务。这次罢官对阿登纳是沉重的打击，因为重建科隆对他来说是一种爱好，而不是为了报酬。

然而，科隆之所失，却是德国之所得。阿登纳再次被迫下野，但这次是被盟国而不是被纳粹所迫。这倒向他提供了实现自己夙愿的机会。他利用被迫离职的这两个月时间，把他对德国命运的设想变成了政治行动的具体计划。一旦英国人允许他重新参加政治活动，他便立即开始集中精力建设新的保守政党基督教民主联盟。到 1963 年为止这一直是他权力的基础。

阿登纳以他循循善诱的能力，顽强的工作和坚忍的意志，赢得了党的领导权，并迅速把它变成一支巨大的全国性力量。在一些经过仔细选择的时机，他也采取先下手为强的手段来获取权力。在一次重要的党的会议上，他昂首阔步而入，坐了下来，并宣布自己在与会者中年龄最长，因而理所当然地担任会议主席。其他与会者在惊愕之余竟没想起要提抗议。

人们也许会想，一位老年时期才进入议会政治生活的领导人，一定会感到竞选活动是一种使人烦恼，甚至是有失身份的苦差事。第二次世界大战后担任日本首相的职业外交家吉田茂就有这种看法，但阿登纳却不以为然。1960 年春，他就即将到来的美国大选向我提出了一些精明的战略性建议，并问我是否感到竞选是一种乐趣。我对他说，我认为这是一种折磨。我说，我在参加竞选活动之后的感觉，正和我在第二次世界大战中参加太平洋战役之后的感觉相同：我不愿错过它，但暂时我也不愿再干一场。他却出乎我意料地表示了不同看法。"我喜欢竞选活动，"他说，"我乐意能为自己的信念而战斗，同批评者辩论，反击他们。"

从这个意义上讲，他不像他伟大的朋友戴高乐。阿登纳喜欢短兵相接的个人政治搏斗，他喜欢同他的政敌在政治拳击场上交手。戴高乐则几乎以帝王般的傲慢而不屑为之。和人们的料想相反，法国人戴高乐是内向的，德国人阿登纳却是外向的。两人在政治上都获得了成功，但使用的方法迥然有别。

1949 年德国战后第一次大选以前的几个星期里，73 岁高龄的阿登纳周游各地发表竞选演说，表现出了惊人的效率和精力。他的耐力不亚于比他年轻一半的人。他还令人料想不到地掌握了做选民知心人的诀窍。败在他手下的社会民主党指望战争结束后立即成为西德第一大党，他们在竞选中曾诉诸人身攻击，但阿登纳很少以牙还牙。基督教民主联盟在大选中获得七百三十六万票，比社会民主党多得四十多万票。新组成的联邦议院以一票的多数选举阿登纳为德意志联邦共和国第一任总理。

作为一个被占领国的领导人，阿登纳的实权受到严格的限制。在同盟国和同政府内部的对手打交道时，他都必须大力依靠他的常识和他顽强的、钢铁般的耐心。他在谈判和辩论时惯用的手法，不是一开始就试图压倒对方，而是宁愿先听他们的意见，在他最后发言时，他的赌徒本能会帮他避开自己处境的弱点，而集中于他确知自己能够取胜的方面。

他使人感到难以对付的诀窍其实也很简单，就是正直、讲道理和事先做好准备。他周密详尽地研究议程上的各项议题，很少让人攻其不备，并能对反对者的论点迅速而有效地作出反应。英国高级专员伊沃恩·柯克帕特里克爵士说，阿登纳"总是很快就能发现对方盔甲上的弱点，并把他的武器刺进这种裂缝"。

但是，除了冷冰冰的钢铁般的逻辑之外，他还有别的武器。在内阁会议发生龃龉的时候，他有时便暂时中断辩论，让大家喝几杯葡萄酒，并进行友好的个别交谈，然后再继续主持会议。这样一来，反对派大体上就不那么坚决了。

阿登纳是佳酿的品尝家。他不仅热爱他的家乡莱茵区，而且也热爱该地葡萄园酿制的各种葡萄酒。他午餐桌上有时既备有莱茵葡萄酒或摩泽尔酒，又备有法国的波尔多酒，但法国酒完全是用来待客的。约翰·麦克洛伊告诉我，在一次小型宴会上，他给客人上了他通过军邮收到的一种葡萄酒——德国的好酒，但他注意到阿登纳只喝了半杯。第二天，他收到总理送来的一箱名牌摩泽尔酒，这是世界最佳葡萄酒之一。碰巧这也是我特别喜欢的一种酒。在白宫的国宴上，我有时也上这种葡萄酒。

阿登纳最大的资产之一就是到 70 多岁的年纪似乎仍然不知疲倦。他有一次告诉我，最好的政治家是"能把别人坐垮"的人。在必要的时候，他有意让会议拖到深夜。他耐心地坐在那里，困倦不堪的反对者只好一个又一个地接受他的观点。和我认识的每一个有成就的领导人一样，阿登纳对他从事的几乎每一项活动都力求胜过他的对手。艾森豪威尔尽管和蔼可亲，为人随和，但在高尔夫球场和在桥牌桌上却是不讲情面的竞争者。和艾森豪威尔一样，阿登纳在他所喜爱的意大利草地滚球赛中也是寸步不让的。麦克洛伊是训练有素的运动员，青年时代曾是具有世界水平的网球选手。他告诉我，阿登纳是一位顽强的竞争者，玩滚球的技艺高超，而且玩时全神贯注，即使是和亲密的友人一起玩，也志在必赢。他不同意这句古老的谚语："比赛不看胜负，但要看风格。"阿登纳的球风是好的，但他也总要赛赢。

他的政治风格同样如此。和丘吉尔一样，阿登纳是一位才智过人的议会活动家。阿登纳在 1949 年发表施政纲领的联邦议院会议上，还表现出了政治艺术的另一绝招：在紧张的气氛中，仍能保持机智和幽默。

那次会议实际上是德国十六年来第一次合法选举的获胜者发表就职演说的会议，场合应当严肃而又隆重。阿登纳知道，整个世界都在注视这次会议，要看德国人是否已经学会做民主分子。但在他讲到一半的时候，共产党议员和社会民主党议员便开始大声诘问。人们以为阿登纳是个自负的人，对破坏这种场面的行径会勃然大怒；人们又以为他是个缺乏幽默感的人，对诘问者会冷冰冰地不屑一顾。但恰恰相反，他制住了他们。一位名叫海因茨·仑纳的共产党议员挖苦地大叫，说阿登纳演说中有关苏联的部分是由这个问题的"专家起草的"。此时阿登纳停了一会，然后说："仑纳先生，您真是一位忌妒心很重的人！"这话博得了哄堂大笑。

阿登纳惯于使用以势压人的策略，并有政治角斗的技艺，这使他获得了冷酷无情的名声，而他对此并不在意。有一次有人指责他压制反对者，他却谦和地回答说："并不完全如此。"阿登纳同另一前轴心国的战后领导人，日本的吉田茂，彼此极为钦佩。由于两人都坚定地致力于民主事业，而实际上又都对搞"一言堂"有某种偏爱，这种相互钦佩之忱，变得更加强烈。

和有些人不同，阿登纳对新闻界一般是具有耐心的。但他不喜欢同蠢人打交道，并且拒绝像一些长期从政的政客们那样，常对恶劣的问题也回答得很好，这反而抬高了对方的身价。他把这看做是不能容忍的负担。他曾对一名记者吼叫：就凭你提这样的问题，"你搞外事工作我就要判你不及格"。

在阿登纳担任总理的十四年中，六年是处于盟国占领时期。他常对我说，如果没有马歇尔计划的援助，以及四位杰出的美国人提出明智的意见和给予支持，他绝不可能取得他所取得的成就。这四位美国人是：迪安·艾奇逊、卢修斯·克莱、约翰·麦克洛伊和约翰·福斯特·杜勒斯。他取得成就的另一原因是：他乐意与盟国达成妥协，只要这种妥协容许他向他的目标——保证德国的独立、经济复兴和与西欧其他国家实行一体化——哪怕前进一小步。

和吉田茂一样，阿登纳知道，与盟国合作远不是屈从于盟国。有时某些特别缺乏耐心的德国人的刺耳意见也使他感到恼火，那时他就说："到底他们认为是谁打了败仗？"1949 年，他在出任总理之前，曾在瑞士的伯尔尼向一次国际会议发表重要演说。他在演说中尖锐地抨击了占领当局的一系列政策。他也说到，如果德国人要重建并保卫他们的国家，他们就需要有新的民族自豪感——他谨慎地避免使用民族主义一词。

演说发表之后，许多批评者包括盟国首都的报纸在内都愤怒指出，盟国面对一名死不悔改的德国民族主义分子的对抗。但是，阿登纳同非常了解他的盟国军事长官之间的关系并未改变。他在他同胞中的声望却提高了。他用大胆闹独立性的办法，突出了他的个人尊严，这对拼命想要恢复民族尊严的德国人是巨大的鼓舞。

1953 年 4 月一个阴雨天的早晨，我在华盛顿的国家机场第一次会见阿登纳。他来同艾森豪威尔总统和约翰·福斯特·杜勒斯举行会谈。杜勒斯和我作为艾森豪威尔的代表去机场迎接他。

阿登纳总理的这次访问由于两个原因而具有重大意义。第一，德国总理从来没有来过美国。事实上，阿登纳是自第一次世界大战前以来，从德国来的第一位官方访问者。但是，这次访问之所以重要，还有一个理由，就是它距第二次世界大战的结束才八年时间。美国政界领导人和人民群众如何接待阿登纳，将会表明由希特勒和纳粹造成的敌意是否已经得到缓解。

当时美国是否支持阿登纳的外交政策还远没有确定下来。许多有权势的美国人建议，美国应当拒绝卷入欧洲的防务。如果我们同阿登纳的会谈是非建设性的，或者是不友好的，就会纵容这种孤立主义。我们在安德鲁斯机场举行了小型仪式，而且是在雨中举行的，这将会成为美国和欧洲千百万人初次印象的依据。

我第一眼看到阿登纳步出机舱的时候，就被他那六英尺多的魁梧身躯，腰板笔直的姿势，特别是那锐角形的狮身人面像式的面孔吸引住了。有些人的脸部会自动泄露他们的内心感情。另外一些人，像阿登纳，则完全不动声色，什么也不透露。在政治活动和国际关系中，如果一方能从研究面部表情正确地猜到对方的思想和感情，就可以从中得到好处。阿登纳的表情平静，几乎像禁欲主义者那样自我克制。这种表情把他的思想严严实实地包藏了起来。

我在欢迎辞中所要传达的信息是，阿登纳的访问标志着恢复而不是建立我们两国之间的建设性关系。两次世界大战已经使挺着腿正步走、支持民粹主义和军国主义的普鲁士纳粹分子，变成了德国的形象，并成了美国民间传说的一个部分。人们常说："德国兵要么卡住你的脖子，要么屈膝投降。"但我知道，德国和德美关系还有另外一面。我的夫人的母亲生于德国。我自己的母亲在大学念的是德文专业，并且一直高度评价德国名牌大学所获得的成就和达到的水平。在杜克法学院，我从隆恩·富勒教授那里了解到，德国学者对发展西方法律原则曾经有过深远的影响。

在欢迎阿登纳时，我要唤起更早的历史时期的回忆，以提醒美国人，德国人从一开始就曾帮助我们建设国家。我告诉阿登纳，离他在华盛顿下榻的布莱尔宾馆仅有几步远的地方，立有弗利德里希·威廉·冯·施图本男爵的塑像。冯·施图本男爵是一名普鲁士军官，1777年至1778年冬在弗基山谷曾在乔治·华盛顿的麾下服役，主管大陆军队的训练工作，并取得优异的成效。我说，美国人永远不会忘记冯·施图本和千百万其他德国人对美国作出的贡献。

阿登纳在致答辞时转过来对我说："您刚刚提到施图本男爵。我愿对您的宽宏大量表示感谢。您赞扬了美国和德国之间的友谊，而不提过去几十年的事情。"经他授权的传记作者后来写道，他显然为这次欢迎所感动。第二天，他向冯·施图本的塑像献了一个花圈。

阿登纳的内政和外交政策是以他生平最基本的教训为依据而制定的。他是在把对德国的忠诚和对法国本能的喜爱这两者糅合起来的政治和文化气氛中接受教养的。他所谋求的法德和解，是要在当今东西方对抗的世界，把两个民族的古老友谊，用来作为一种战略性的楔子。他受到的教育使他成为一名虔诚的、热爱自由的天主教徒，因而他谋求各国之间以及社会各种利益集团之间——政府、企业和劳工——的伙伴关系，以便阻止一个国家或一个集团对别人实行专制统治。最重要的是，由于他热爱自由，并且认为这对保存人类的精神至关重要，因而准备为保护他自己的和别人的自由社会免受共产主义和苏联的威胁而战斗。

他的思想既不复杂，也非独创，但却正确而且全面，这就赋予他以伟大领导人所必须具备的目标的一贯性。当然，目标的一贯性和良好的理性并不总是相伴而生的。我见到过一些领导人，他们是卓有成效的实干家，但缺乏明确的理想。我还遇到过另外一种人，他们是想入非非的理想主义者，但对如何实现自己的理想却连最起码的概念也没有。阿登纳是这样一种少有的领导人，在他身上实际政治才干和理想主义二者兼而有之。阿登纳是一种罕见的炼金术大师，他能够把自己深刻的精神信念化为有效的政治行动的基础。

阿登纳理解到民主事业的根基在于犹太教和基督教的伦理观。事实上，他对共产主义和纳粹主义两者最为恐惧的是，人们可能被迫在唯物主义的祭坛上牺牲他们的精神自我。但他不是起而改造非基督世界的现代十字军。对他来说，好的基督教政府的实质在于，让每个人都按照自己所希望的方式去向上帝汇报。

阿登纳的基督教政治把保护个人的自由与尊严作为最高的必须履行的职责，而这也是德国经济奇迹的核心。在这个领域里，他的本能恰好可以代替技术知识。他对经济懂得不多，也不参与制定专门的财政和货币政策。他把细节都交给他的非凡的财政部长路德维希·艾哈德去处理。但艾哈德是按照阿登纳的"权力分散原则"行事的，德国法西斯的十二年统治，和阿登纳对苏联的知识，使他深受启发。他对权力过分集中于政府或私人手里所带来的危险，看得一清二楚。他既反对工业国有化，也反对私人垄断资本；既反对工人罢工，也反对资方亏待工人。

1951年，阿登纳与德国工会领导人在一次历史性会晤中达成了一项协议，容许工人和资方人员一样参加企业监事会，双方的地位和表决权完全平等。这种伙伴关系使西德在三十年的时间里没有发生重大的工潮。

由于这项协定和艾哈德对经济管理得法，同时也由于阿登纳1949年说服了盟国，使他们大大削减了抑制德国工业的计划，因此西德取得了几乎长达三十年之久的惊人的经济增长。今天西德国民生产总值的人均水平超过美国，其工业产量等于战前德国的一倍半。战前的德国面积大得多，而且没有分裂。

正如阿登纳的伙伴关系的思想给西德带来了繁荣一样，它也有助于实现西欧的和平与经济联合。关于战后的国际舞台，阿登纳有一次写道："依我看，任何一个欧洲国家都不可能单凭自己的力量，保证它的人民能有一个稳定的前途。"

阿登纳和法国外交部长罗伯特·舒曼同意建立一个国际机构，把欧洲的大部分煤钢生产置于共同管理之下。这种安排没有先例，但在法国杰出的经济学家让·莫内的指引下，后来发展成为欧洲共同市场。他关于由各国提供军队组成一支欧洲军的梦想，由于法国议会拒绝加以考虑而告破灭。法国议会对德国人的不信任经久不衰。但是，阿登纳克服了最初的失望，并在丘吉尔和安东尼·艾登的帮助下，于1954年安排西德加入了北约组织，又于1955年结束了盟国的管制，使西德取得完全的独立地位。他和夏尔·戴高乐通过成功的相互访问和1963年签订友好条约完成了两国的和解。

有时可以把阿登纳同形象高大的查理曼大帝相比。查理曼通过个人品格和信念的力量，在8世纪末和9世纪初曾经短暂地把欧洲统一于一个基督教帝国之下。这种对比从多种意义上讲都是恰当的。查理曼和阿登纳两人体格都很魁梧，两人都有深刻的信仰，都热爱美好的生活。同时，两人虽然都是作为实干家而不是作为伟大的思想家而闻名于世的，两人都痴迷于同一梦想，而且还拥有把这种梦想变为现实的手段和能力。

查理曼的帝国在9世纪被他的三个孙子瓜分。法兰西和德意志是三分天下当中较大的两个部分。自那时以来，双方就周期性地发生敌对行动。阿登纳在他在野的岁月里进行了研究和思考，他越来越坚信，欧洲人民在友好相处的各国政府的领导下，能够根据他们信奉的基督教的价值观念再一次联合起来。战后，他优先考虑的问题就是使自由的欧洲联合起来，反对苏联的专制暴政。

具有讽刺意义的是，这个统一的梦想有其阴暗的一面。第二次世界大战之后，许多德国人认为，阿登纳对重新统一被分裂的德意志民族并不真正感兴趣。他们认为，他面向西欧，却背对东德的一千七百万同胞。这在一定程度上是真实的。

阿登纳生于莱茵区，这在中世纪是处于法兰西和德意志之间的"中间王国"的一部分。许多莱茵人生来就具有一种矛盾的心理，他们是德国人而同时又有点像法国人。一些批评阿登纳的人指责他亲莱茵区，甚至亲法国更甚于亲德国。尽管他的爱国主义从未合法地受到过怀疑，但他的心倒真的总是留在莱茵区，而且他也丝毫没有普鲁士德国人对法国人的那种反感。

约翰·麦克洛伊是这位总理的亲密朋友和崇敬者。有一次他同我谈话时引用了歌德的一句话来形容阿登纳："啊！在我的内心有两个灵魂。"一个灵魂是德国人的，另一个则是欧洲人的。一个灵魂热爱祖国，另一个却被军国主义和极权主义的这些插曲所驱除。阿登纳要把西德的首都设在莱茵区，这是使新的德意志和过去的普鲁士脱离联系的一种手段。波恩距巴黎比距柏林更近。

阿登纳对普鲁士德国的厌恶，也许是最终导致他垮台的原因。1961年8月当东德人开始修筑柏林墙的时候，他有九天之久不去柏林，这种延误使他遭到大声的，而且部分是正当的责难。如果他在危机一开始时就出现在现场，这对这个城市两个部分的居民都将是莫大的安慰。

当他终于来到柏林时——柏林人和他们的市长维利·勃兰特接待他时很冷淡——他坚定地走向设在波茨坦广场①的铁丝网，在距它四五码的地方停了下来，凝视铁丝网的另一边。东柏林官员通过高音喇叭嘲弄他，但他屹立不动。这种沉默的蔑视给人留下深刻的印象，但这不足以驱散许多西德人因他没有及时来到而产生的不满。在下个月举行的大选中，阿登纳的基督教民主联盟丧失了它在联邦议院的绝对多数。

---

①　波茨坦广场位于柏林市中心，东西柏林的分界线从广场中央穿过。

在他担任总理的整个期间，虽然阿登纳总是说他致力于统一两个德国，但人们很难确定，他说的话究竟在多大程度上是算数的。有一次他说，有三种德国人：喝烈性酒的普鲁士人、喝啤酒的巴伐利亚人和喝葡萄酒的莱茵人。他说，只有莱茵人才有清醒的头脑，能够统治其余两部分人。看来是存在这种可能性的，即这位精明的政治人物也许会担心，在一个统一的德国，东德选民更倾向于自由派，这可能使他失去担任总理的多数票。

倾向于宿命论的历史学家认为，一位胜任的领导人也就是一位设法使自己的政策顺应不可改变的历史潮流的人。简而言之，他们相信时势造英雄，而不是反过来。按照这个理论，是冷战的汹涌波澜和美苏之间的对抗把西德推向了西欧，使之离开了共产主义的东方。阿登纳仅仅是一位只能做些微小调整的舵手。

这种理论受到理论家的偏爱，因为他们是同抽象的东西打交道。这种理论却不能赢得政治家的尊重，因为他们是和具体的事物打交道，而且他们根据自己的经验，深知领导人的决定能够在多大程度上改变事态的发展。事实上，在战后初期那些困难重重的年头，法德和解——这是欧洲联合的关键——的前景似乎相当黯淡。在不到一个世纪的时间里，法国人和德国人三次兵戎相见，浴血残杀。相互之间的敌意和不信任似乎根深蒂固，无法消除。只是由于阿登纳的坚忍不拔，由于他树立了像舒曼和戴高乐这样的关键领导人物的信心，以及由于苏联威胁所引起的新的紧迫感，两国的和解才终于进入了坦途。在 20 世纪 50 年代的几个重要时刻，例如当建立欧洲军队的主张遭到法国议会否决之时，换另一位德国人当总理，也许会听任法德关系在新的一代人中再回到敌对状态。阿登纳却甘愿忍受他所受到的挫折。"我相信，忍耐是战败者武库中最强大的武器，"有一次他说，"而我很有耐性。我能够等待。"

在战后很长一段时期内，欧洲在联盟和孤立主义之间狭窄的边缘上徘徊。事态可能向这个方向发展，也很容易向另一个方向发展。在这种时刻，一个伟大的领袖可以起决定性的作用。阿登纳带着以中世纪初期的欧洲为基础而提出的对当代欧洲的设想，准备好了充当这样的领袖，并且圆满地完成了他的任务。

在1953年的访问之后，阿登纳在1961年之前又到华盛顿来过六次。他频繁来访的一个原因是，他同杜勒斯和艾森豪威尔总统的会谈具有异乎寻常的成效。他发现，美国政府比英国和法国政府更加始终如一地支持他对西欧防务的主张。1954年法国人否决了建立欧洲军之后，阿登纳告诉杜勒斯，他发现"最好的欧洲人"在美国。

他同杜勒斯非常接近，两人有许多共同之处。两人都笃信宗教。两人都有学习法律的背景。两人都深爱自己的家庭。尤其重要的是，两人都是有献身精神的国际主义者，都毫不畏惧地投入了抵制专制暴政的战斗。正如阿登纳的传记作者特瑞斯·普里提所写的，"把他们联结起来的最强大的纽带，也许是他们对上帝的忠实信念，和他们对共产主义的憎恨"。

阿登纳从不承认东德共产党政府的合法性，直到生命的最后时刻，他都把东德称之为"苏占区"。他不相信苏联人所说的，他们要建立一个独立的、统一的和中立的德国，而且这个德国将拥有民主选举产生的政府。第一，阿登纳知道，苏联人从未允许过东德举行自由选举。第二，他认为，在战后欧洲没有哪一个保持中立的国家能够长期保持独立。"一个人不能脚踏两条船"，他说。

在国内，阿登纳遭到反对派的猛烈批评，反对派坚决要求他对苏联不时提出的统一建议作出更加积极的反应。在杜勒斯那里，他的强硬观点却得到加强。正如他在回忆录中写的，"杜勒斯和我商定了一项关键原则：换不到对方的让步就不让步。我们被指责为顽固不化和思想僵化。全世界都认为我们应当更加灵活一点"。

《纽约时报》的著名记者索尔兹伯格有一天在波恩问阿登纳，谁是他会见过的最伟大的人物。阿登纳走到他的办公桌旁，拿起了一张嵌在镜框里的杜勒斯的照片。这是 1959 年杜勒斯最后一次访问德国时拍摄的，也是阿登纳最后一次见到他的朋友。

总理把照片递给索尔兹伯格说"在这里"。索尔兹伯格问他为什么挑出杜勒斯，阿登纳回答："他思想清晰，有远见，对将要发生的事总有预见，而且他说话算数。他信守他的诺言。"

一些批评者宣称，杜勒斯和阿登纳如此亲密无间，以致彼此助长了对俄国人的不合情理的僵硬态度，而且杜勒斯出于同德国领导人的个人友谊，使美国国务院实际上是在为阿登纳的外交政策效劳。更实事求是的说法应当是，在他们认为是至关重要的问题上，特别是在他们的国家如何取得最佳地位来对付苏联的问题上，他们的意见完全一致，而在这种完全一致之中便产生了不寻常的友谊。

1959 年 2 月，杜勒斯获知自己得了不治之症——癌症。他最早通知的那些人当中就有阿登纳。杜勒斯于 5 月间去世，83 岁高龄的阿登纳飞到华盛顿，加入了送葬者的行列。

1959 年杜勒斯的葬礼把世界各国的要人都吸引到了华盛顿，人数之多是创纪录的。有些人憎恨他，有些人害怕他，但所有的人都尊敬他。阿登纳则是为数不多的喜欢他的人之一。

有人认为英国人缺乏幽默感，日本人不能看清问题，这些看法是荒唐的。以为德国人生来就是禁欲主义者和感情冷漠的人，也是一种神话。我自己有这方面的体验，尽管德国人外表严肃，但其中多数是感情深沉的。阿登纳肯定属于这种类型。他同我谈到他对杜勒斯的感情和尊敬时，眼里充满了泪水。"当今世界上没有哪个人物能够填补他的位置。"他说。

就像许多人认为阿登纳冷漠和不动感情一样，也还有许多人，看到他的思想和纲领简单明了，几乎质朴无华，便认为他是一个头脑很简单的人。奥地利总理布鲁诺·克赖茨基是个能干，而且通常是有洞察力的人，有一次大贬阿登纳，说他文化水平不高，说不出什么像样的观点。诚然，阿登纳的演说不像麦克阿瑟那样的引经据典，带有辛辣味。他也不像戴高乐和丘吉尔那样是有造诣的作家。他曾告诉我，撰写回忆录对他是个负担，他只是出于对历史的责任感才勉力而为的。

尽管如此，他仍然是有教养和见多识广的人。和克赖茨基的印象相反，他经常读书，特别是读历史著作。这是从我和他的谈话中获悉的。他去外地度假时总要带着自己收藏的大量古典音乐的录音带，其中他喜爱的是舒伯特、海顿、贝多芬、费瓦迪和莫扎特的作品。众所周知，他是一位懂行的业余园艺家。但很少有人知道他也是鉴赏荷兰派油画的权威。华盛顿国家美术馆馆长曾以惊羡的口吻说，如果让他自己找接班人的话，他就挑选阿登纳。

杜勒斯葬礼后的第二天早上，阿登纳和我在我的国会办公室会晤。当天晚上，我和我的夫人在我们华盛顿家里宴请他。阿登纳交谈时从不讲英语，但我可以肯定，他懂得不少。他和戴高乐一样，在觉得自己的话没有恰如其分地得到传达的时候，有时就要纠正译员的翻译。

席间我们谈到竞选活动与国际旅行中的紧张劳累。他忽然问我："你睡眠如何？"我告诉他，我心中有事的时候就睡不好。阿登纳说，他从早年开始就睡眠不佳。我问他想了什么办法。

"我吃安眠药片，"他回答，"我吃安眠药已有三十年。"

我问他，安眠药不起作用时怎么办。他笑着说："我去找医生，再换一种安眠药。"

经他授权的传记作者说，阿登纳的失眠症始于1933年，那时他为纳粹所逼而四处漂泊。在出任总理之后，他每天六点起床，比他的家人早得多，然后坐在阳台上或花园里，细听鸟声，并注视正在升起的太阳把光芒洒在爱费尔的群山之巅。他说这可以补偿他的不眠之夜。

阿登纳有时早上把笔和纸带进浴室，因为他的一些好主意经常是在刮胡子的时候想出来的。早饭之后阅读报纸，并同家人待一会儿。他总是在九点五十分走出房子，步履矫健，一口气走下五十三级石阶，一路看看他的紫丁香和玉兰花花丛。如果有记者、警卫人员和园丁等着他，他就向他们欣然致意，然后跨进他的大型高级轿车。和教皇庇护十二世一样，阿登纳喜欢坐快车。他通常只花十分钟就到达他在波恩的办公室，他的邻居可以根据他每天早晨刻板的例行程序来调准他们钟表的时间。

和戴高乐、吉田茂一样，阿登纳是少有的眷恋家庭的人。他一生两次遭受沉重的个人悲剧的打击。他的前妻艾玛，长期患病之后于1916年在科隆去世。在她死前的几个月，阿登纳每天中午和晚间都坐在她的床边，同她谈天并给她朗读，直至她入睡。1919年他43岁那年，同25岁的古丝·岑赛结婚，她是约翰·麦克洛伊夫人的堂妹。1944年阿登纳为逃避纳粹躲了起来，但纳粹逮捕了古丝，把她同许多妓女关在一起，然后粗暴地逼她说出丈夫的藏身之处。只是在当局威胁也要逮捕她的妙龄女儿莉伯特时，她才被迫吐露实情。

古丝1948年死于白血病。深感丧妻之痛的阿登纳此后没有再娶。他抚育他的七个孩子，就像他自己过去所受的抚育一样，强调纪律和家人之间的感情。他的一个儿子说："父亲把民主挡在门外。他用铁腕统治着我们的家庭。如果要移植一株玫瑰，得由他决定何时何地进行。如果我妹妹要烤一块蛋糕，也必须由他说行还是不行。你知道，这在德国并不奇怪。事情就应当是这样的。"

古丝去世后，阿登纳访美时常带着他的一个或几个孩子。1959年和他一起来我们家同我和我的夫人共进晚宴的是他的儿子保尔和女儿莉伯特。

阿登纳曾于1955年秋访问莫斯科，同赫鲁晓夫会谈。我当时正在为我七月份的莫斯科之行进行准备。我已经同许多俄国问题专家磋商过，其中包括杜勒斯，我在他去世前四天到医院去看过他。在那天的晚宴上，我特别要求阿登纳谈谈他的想法。毫不奇怪，他的想法同杜勒斯的十分相似。

阿登纳去莫斯科，希望能够缓和苏联人对联邦德国的敌对情绪，争取他们放松对东德的控制。他发现赫鲁晓夫在这两个问题上毫不妥协，但他却得到了使上万名德国战俘获释的许可，这些战俘已被苏联人关押了十年之久。其交换条件是，他同意西德和苏联建立外交关系。

他是带着一种忧虑的心情进行这次访问的。对阿登纳来说，苏联代表着制度化了的、不信神的国家，这是自康士坦丁时代以来世界所从未有过的。赫鲁晓夫的乡巴佬式的粗野更加重了阿登纳的厌恶。他对我说，他必须强打精神支撑自己，避免在苏联领导人的面前身体垮下来。

赫鲁晓夫确实是以他通常的霸道和无礼的本性来对待阿登纳的。有一次他大叫："资本家烘烤共产党人，并把他们吃掉——而且吃的时候不放盐！"阿登纳以他通常的钢铁般的耐心制住了他。但第一轮会谈进展极小，以致阿登纳命令他的专机从法兰克福飞来待命——不过助手有意使这个命令经过公开的，而且估计是受到监听的电话下达。苏联人认为德国人打算中止会谈，于是态度明显地软了下来。

赫鲁晓夫那时掌权不久，对他将与之打交道的一些自由世界的领导人并不熟悉，他显然存心要试一下阿登纳的脾性。在一次招待会上，他没完没了地建议干杯，看看在谈判桌上难以对付的 79 岁的阿登纳，是否会被酒精搞垮。阿登纳尽管喜好葡萄酒胜过伏特加，但他的肠胃和他的钢铁意志一样坚强。他在干了十五杯之后仍然站得笔直，而且很机灵——他机灵得连赫鲁晓夫一直是以水代酒也注意到了。第二天早上，阿登纳见到赫鲁晓夫时挖苦地说，干这种事的人是不能信赖的，不管是谁。赫鲁晓夫没有料到自己被当场戳穿，只能一笑置之。

在充满对抗的整整一周里，阿登纳和赫鲁晓夫唇枪舌剑，针锋相对。赫鲁晓夫有一次在对一项德国建议作出反应时说："在我同意你这个意见之前，我要先到地狱里去拜访你！"阿登纳立即反击："如果你在地狱里看到我，那只是因为你比我先到那里！"另一次，当赫鲁晓夫气得挥舞一个拳头的时候，阿登纳从椅子上跳起来挥舞两个拳头。

俄国人在历数第二次世界大战期间纳粹对苏联犯下的暴行时，总是理直气壮，振振有词。阿登纳却不吃克里姆林宫的这一套，拒绝把那些卑鄙的罪行包揽下来。他告诉布尔加宁和赫鲁晓夫，许多德国人是反对这场战争的，并补充说，他的国家在俄国军队的手下也苦不堪言。

这一击使赫鲁晓夫暴跳如雷，他硬说阿登纳对俄国暴行的指责是"挑衅"。"究竟责任在谁？"赫鲁晓夫气势汹汹地说，"我们没有跨越任何边界。我们没有发动战争。"

阿登纳岿然不动。他提醒赫鲁晓夫，他在战前和战争期间两次被纳粹投入监狱，因此他有充分的时间思考那些支持希特勒的国家的动机。他在这里指的是 1939 年的莫洛托夫—里宾特洛甫协定。赫鲁晓夫的道德说教的气泡被捅破了，他不再坚持原来的态度，此后一段时间的对话就进行得比较心平气和了。

在 1959 年的那次晚宴上，他对当年同赫鲁晓夫的舌战津津乐道。但他告诫我，尽管这个俄国人行为粗鲁自负，但对他估计过低将犯致命的错误。阿登纳说："他非常聪明、顽强、冷酷无情。"

然而，阿登纳显然喜欢同赫鲁晓夫唇枪舌剑地交锋。我看得出来，和有些领导人不同，他对令人生厌的争斗并不望而却步，相反，他喜欢争斗。后来他谈到他从政治竞选活动中得到的乐趣时，也表现出了这种精神。毕其一生，他总是愿意进入角斗场，而不愿留在看台上。

1959 年到华盛顿访问前不久，阿登纳宣布他决定要谋求西德总统一职。他想把这个原来在很大程度上是礼宾性质的职务，变成类似戴高乐所担任的法国总统的性质。这样他就既能制定政策，又可避免当总理时那样把精力耗费在日常政治争吵上。

这项决定并不明智，但可以理解。阿登纳缔造了德意志联邦共和国，在担任总理的第十年，他已经把他自己和联邦共和国视为一体。而且他想知道，如他离去，情况将会怎样。经历了纳粹时代之后，阿登纳对他的同胞已不再充分信任。有一次他称他们是"吃肉的绵羊"。他去世前不久还对记者说："德国人民使我十分放心不下。我能够为他们说的好话只能是，他们已饱经风霜。从 1914～1918 年的战争以来，他们就没有得到过内心的安宁和稳定。"

阿登纳从未认为德国人民在政治上已经臻于成熟，所以他奋力尽可能长久地掌权。在他本应悄悄地为别人来接替自己而创造条件的时候，他事实上却在扩大自己的权力。在 1959 年的总统危机期间，阿登纳已经走得太远了。

关于他的独裁主义的故事再一次不胫而走，这一次与他对待他的内阁有关。其中许多故事说到了点子上。据一则未经核实的故事说，有一次内阁辩论，讨论他提出的具有里程碑意义的倡议——赋予工人以"共同管理"权的协定。辩论结束后有人问他："那您准备在什么时候把共同管理权赋予您的部长们呢？"

后来，在以"总统危机"而闻名的事件的发展过程中，阿登纳越来越恼火了，因为最初建议他谋求总统职务的那些基督教民主联盟的领导人，坚决支持路德维希·艾哈德接替他当总理。阿登纳认为艾哈德政治上太天真。他最后决定不当总统候选人而继续担任总理，以便把艾哈德排斥在外。但这位前财长却百折不挠，终于在 1963 年阿登纳退休时当上了总理。

年已八旬的阿登纳，尽管依然精神矍铄、身体健康，每天完成的工作和比他年轻 20 岁的人一样多，但对自己的耄耋之年毕竟不得不时时加以表白。有一次，虽然话题没有涉及他的视力，这位总理却取下他的眼镜，让一位来访者看，说这不是阅读用的眼镜，而仅仅是用来保护他的细小而敏感的眼睛，免受紫外线的损害。他每天都要午睡，但却不愿承认午睡。要是有人问他午休睡得如何，他会生气地说："我没有睡，我忙着呢！"

这不仅仅是虚荣心在作祟。阿登纳认为他对西德的生存是不可缺少的。有一天几个朋友小心翼翼地提出了他终归要离职的问题，他敷衍搪塞地回答说，是的，他有可能在车祸中丧生。1966年阿登纳90岁生日那天，当时他早已引退，一位记者前来采访并提醒这位前总理（这位记者在他80岁生日时曾采访过他），期望在他百岁生日时再来采访。这个老头子回答说："当然。我会告诉我的秘书把这件事记下来。"

丘吉尔和戴高乐也都很难设想自己能被别人所取代，更不用说由自己来培养接班人了。在这方面，他们同吉田茂和艾森豪威尔都大不相同。1952年艾森豪威尔挑选我做他的竞选伙伴。他对我说，当他发现杜鲁门由于罗斯福不让他了解重大问题而对接任总统职务没有足够的准备时，他大为震惊。艾森豪威尔决心避免犯同样的错误，保证让我了解全面情况，以便在我必须接替他的时候，对此已有充分的准备。

伟大的人物很少培养接班人，而像阿登纳这样刻薄地对待自己接班人的则为数更少。他在退休后接见记者，甚至接见来访的外国代表时，都对艾哈德冷嘲热讽。1959年夏天，我在我的副总统办公室会见艾哈德。他告诉我，阿登纳对他的态度深深地伤害了他，这时他禁不住哽咽了，眼中噙着泪水。

阿登纳在参加杜勒斯的葬礼回到西德后不久，就宣布他将继续担任总理。虽然在我们会晤时他只是顺便提到这件事，但这个决定必定一直在他的心里反复权衡。因此他找出时间，在朋友之间透露出来，以此说明他具有亲切的人情味，而这是他在公共场合中很少表现出来的。

阿登纳从童年开始就是热心的园艺爱好者。他少年时代就喜欢搞实验活动，以致当他试图培植一种"蔓延的三色紫罗兰"时受到父亲的告诫："永远不要试图去干预上帝的创作。"后来，在痛苦的纳粹时代，阿登纳从玫瑰园的劳动中得到慰藉，在担任总理职务期间，这种劳动又使他在持续不断的压力下调剂了生活。职业种花者都对他的劳动惊叹不已，在虞特森有个叫马提亚斯·坦陶的人，在1953年培植了一个新品种的玫瑰，并命名为阿登纳，这使他十分高兴。在世界各地的花园里，现在仍能看到一种名为"康拉德·阿登纳"的玫瑰，花朵饱满、颜色深红。这是一位伟大的职业政治活动家和同样伟大的业余园丁的活生生的明证。

按礼宾规格，我的夫人常常成为阿登纳在白宫和其他外交场合筵席上的伙伴。他们相处极为融洽，有一次他问起我她的家世。我告诉他，她是半个德国人和半个爱尔兰人。他捻着手指，咧嘴而笑，并说道："我能猜得出来。爱尔兰和德意志的结合生出世界上最聪明和最美丽的女人。"

他从他们的谈话中得知她也喜欢养花。当他参加葬礼后第二天来到我们家的时候，要求看看我们后院的小花园。几个星期之后，从西德空运来了一百株玫瑰花枝。

次年3月，阿登纳第七次访问美国。他先托人捎话来说要见我。我们约好某日傍晚六时在我们家里见面。在约定的时间前十五分钟，我的夫人忽然看到总理的座车已经开到屋前。她打开了门，这时他对她说，提前到来是为了看看他的玫瑰枝在严冬之后的存活情况。当我六点钟到家的时候，惊讶地发现他已经站在我们的花园里，正在同她议论着玫瑰，其神情之专注同后来和我讨论世界形势时毫无二致。

阿登纳对我家庭的访问引起了人们极大的关注，特别是因为一些摄影记者和西德新闻影片摄影师总是尾随其后。专栏作家路丝·蒙哥马利写道："84岁的德国总理同这位47岁的美国人之间的友谊强烈地吸引了华盛顿官方。两位政治活动家至少在早先举行过多次会晤和商谈，但最近这一次无疑是最为亲切的。"她还添了一句："如果尼克松入主白宫，那阿登纳似乎就已经为再一次建立像他和已故国务卿杜勒斯有过的那种亲密无间的联系奠定了基础。"

阿登纳多年来善于把新闻界作为策略性的政治武器来加以运用。据报道，那年 6 月他曾表示，让参议员肯尼迪当总统的话，他在对外事务方面是缺乏足够的训练或经验的。在此同时，阿登纳的国防部长弗兰茨－约瑟夫·施特劳斯曾下令就肯尼迪执政对国际形势可能产生的影响作出估计。《巴尔的摩太阳报》搞到了该报告的副本——这就是著名的"施特劳斯泄密事件"——并以"德国人更乐意接受尼克松"的标题报道了此事。阿登纳的一位传记作者说："就阿登纳和基督教民主联盟而言，这是千真万确的……"

从 1960 年的竞选临近时阿登纳给我的政治忠告，和他对参议员肯尼迪的贬抑性的评论来看，他对发展同我的友谊似乎另有所图。50 年代中期，他知道我可能成为总统，而且他也愿意同一名可信赖的、保守的，并有望成为艾森豪威尔的继承人建立工作关系。

但是，在 11 月份肯尼迪获胜而我失败以后，他表明他的动机更多是出于个人原因。阿登纳从 50 年代中期以来，一直邀请我们夫妇俩去西德访问，但日常大量的工作压力使我们无法接受他的邀请。我落选之后不久，接到阿登纳的一封热情洋溢的来信，他理解我必然会有的那种心情，他在信中对此表示同情，同时再次邀请我们访问波恩。

直到我在初次会见阿登纳的十年之后，才终于能够接受他的邀请。1963 年夏季，我和夫人，以及我们的两个女儿做了为期六周的休假旅行，其中包括在德国的短暂停留。我到波恩的总理办公室拜会了阿登纳，我们谈了一个多小时，在座的只有他信得过的一名译员。

我同他谈了对欧洲的一般印象以及我初次看到柏林墙时所感到的震惊。我们的下一站是法国，阿登纳特别要我向他的朋友戴高乐转达他最良好的祝愿。自他们 50 年代首次会晤以来，阿登纳对戴高乐怀有无限友爱和尊敬的感情。他对将在下个月签字的核禁试条约表示有保留的支持。他警告说，苏联人愿意签署这项条约，绝不反映他们改变了扩张主义的目标。

然而，令我吃惊的是，这位与共产主义不共戴天的敌人却表示了这样的观点，即美国不应当"把所有的鸡蛋都放在一个篮子里"，而应采取行动同共产党中国和解，使之成为苏联扩张主义的缓冲。

在我们谈话的时候，我第一次看到他已经失去了一些高昂的热忱，不免有点黯然神伤，而在过去我们谈话时，他的这种热忱表现得十分明显。在柏林墙危机之后举行的大选中，他的党受到挫折，他不得不屈从来自年纪较轻的领导人的压力，许诺再干两年就下台。现在这个时刻正在迫近。他很快就要交出权力，他对他的接班人没有什么信心。他在完全实现自己的梦想——建立一个统一的、坚定的自由欧洲以前，就要离开舞台。

1963年10月，阿登纳向联邦议院发表告别演说。演说结束以后，他收拢自己的讲稿，离开内阁成员的位置，腰板笔直、态度庄严地走到台下议员席中指定给他的座位。他在交出总理权力的时刻，举止庄严，面部毫无表情，但内心却思绪万端。虽然他花费了十四年的时间为西德的繁荣、自由和稳定奠定了基础，但他在离职时却心烦意乱，因为他担心他一手建立起来的局面可能不会维持长久。

他的接班人路德维希·艾哈德虽然是杰出的经济学家，但在外交政策方面却缺乏经验。与此同时，阿登纳认为一些不祥之兆正在国际舞台上出现。就在上个月，美国和加拿大宣布了向苏联出售价值七亿五千万美元小麦和面粉的计划。就在他向联邦议院发表告别演说的前两天，他还敦促肯尼迪总统不要批准这笔交易，除非能从苏联方面榨取一些报偿，例如在柏林问题上做出让步。那年夏天，他告诉我他担心的正是出现这种局面。在谈到"缓和"一词时，他简直不寒而栗。他说："这种关于缓和的谈论使我感到厌烦和害怕。"

他所关切的和我一样，是西方一些天真的领导人和舆论制造者表现出来的倾向。他们把缓和看成是威慑的替代物，而不是像我们两人所坚持的那样，没有威慑就不可能有缓和。

我们最后一次见面是在 1967 年，当时我为 1968 年的总统选举而在欧洲进行实地考察。

继 1963 年解除总理职务之后，1966 年阿登纳又辞去了基督教民主联盟主席的职务。作为一种礼遇，人们在联邦议院大楼给了他一间小小的办公室。我一进办公室，立即就对他的外貌感到震惊。"老头子"第一次真正成了被夺了权和不再能够支配国家命运的一介老叟。他几乎是令人痛苦地消瘦了，笔直的腰杆已经变得引人注目的弯曲。但这位 91 岁高龄的老者丝毫没有失去他思想上的机敏。我进去的时候，他穿过房间前来拥抱我。然后他把手搭在我的肩上一起走进去，这时他说："感谢上帝，你来了。你的来访就像是从天堂掉下来的玛哪①。"

我看到墙上挂着一幅雅典卫城的油画，阿登纳说这是作画者——温斯顿·丘吉尔——送给他的礼物。我也注意到杜勒斯的照片，就是八年前他曾给索尔兹伯格看过的那张。在互致寒暄之后，我们言归正传，对国际政治进行了热烈的讨论。

他对戴高乐之后的法国前途表示了巨大的关切。他说："戴高乐不是反对美国，他只是亲欧洲。"他指出，最近一次民意测验表明，百分之四十的法国人赞成改善同苏联的关系。他认为，只有戴高乐能够压住同左派对抗的阵脚，一旦戴高乐离去，左派就必然会在法国占据上风。

约翰·麦克洛伊对我说，阿登纳对戴高乐的钦佩已经接近于英雄崇拜。阿登纳在到这位法国领导人的科隆贝住所访问之后，用肃然起敬的声调对麦克洛伊说："你知道我敲门时是谁来开门的吗？不是一

---

① 玛哪是《圣经》中以色列人经过旷野时获得的神赐食物。此处喻不期而获、振奋精神的东西。

名助手或一名仆人，而是戴高乐自己。"我想得出来，他在内心是把夏尔·戴高乐想象为他所崇敬的9世纪的英雄查理曼的嫡系后裔，或者就是想象为夏尔大帝——有时人们就是这样称呼戴高乐的。

阿登纳和戴高乐之间有一些相似之处，就像阿登纳和杜勒斯之间也有相似之处一样。两人都是身材高大和在各方面予人以深刻印象的人，两人都笃信宗教，两人都有浓厚的家庭观念，两人都有巨大的内在力量而且外表威严，两人都有远见。

但在其他方面，两人却迥然不同。戴高乐是有才华的作家，阿登纳则不是。戴高乐虽然主要以军事领袖而闻名，但基本上是一个内向的知识分子和有创见的思想家。戴高乐本质上是个思想家，而阿登纳本质上是个实干家。阿登纳经常用幽默和连珠妙语使严肃的讨论变得轻松愉快，但我想不起戴高乐哪怕有一次这样做过。

至关重要的是，这两位战后的巨人互相尊重，并共同致力于医治法德两国之间长达几个世纪之久的冲突。他们两人谁也不能够单独这样干。他们能在同一时期在各自的国家行使权力，这是历史上的意外幸事。

阿登纳告诉我，他的朋友戴高乐认为美国应当撤出越南，他不同意这观点。他反问道，如果美国人让南越人垮台，那么其他国家的人，比方说，德国人是否会相信美国人会给予持久的支持呢？但他又说，如果美国留在越南，那又正合苏联人的心意。

"俄国人不会设法帮助你们离开越南，"他说，"他们要你们留在那里。他们要把你们拖垮，因此他们不会帮你们的忙，除非一些其他因素使形势发生变化，那时他们将是为了自己的利益而这样做。"

他嘲笑德国和美国一些政界和企业界领导人提出的建议，即扩大西方和苏联之间的贸易便可带来和平。他含蓄地评论道，"做生意归做生意"。我不能不同意这一点，单靠贸易不能保证和平。贸易伙伴骤然成了势不两立的仇敌，这在两次世界大战中不乏其例。

他现在主要关心的，和十四年前我初次同他见面的时候一样，是苏联人的侵略政策。他对苏联人正在修筑四条进入柏林的新的通道表示关切。他指出，他们的首要目标是德国，然后是法国。他还指出，另一方面，他们认识到，他们最大的敌人是美国，"这一点不能搞错，"他说，"他们要的是全世界，整个世界。他们首先要的是欧洲，为了取得欧洲，他们知道必须摧毁德国。我们需要你们使我们保持强大和自由，但你们也需要我们。"

他对当时正在谈判的禁止核扩散条约持怀疑态度。他指出，摩根索计划①的结果会是永远摧毁德国的工业。马歇尔计划却使德国工业得到复兴。现在，禁止核扩散条约实际上是要限制德国成为世界大国。苏联人肯定看到了这一点。在一次少有的坦率时刻，阿列克赛·柯西金向丹麦首相承认："只有德国人在上面签了字，这项条约对我们才是重要的。"

阿登纳批评德国外交部长勃兰特的"东方政策"，这项政策试图用迈出一系列"小步子"的办法来改善同苏联集团的关系，从而缓和紧张局势。和他的老朋友福斯特·杜勒斯一样，阿登纳直到去世之前都在警告，不要上俄国人"和平"建议的当。依他看，共产党的和平攻势是一种策略，旨在分裂西方，然后不战而胜。

他颇为详细地谈到了苏联和中国的关系。他回忆说，赫鲁晓夫认为中国从长远来看是一种威胁，从而表现了几乎是病态的担忧。赫鲁晓夫告诉阿登纳："中国每年出生1200万人，每人就靠一碗米生活。"讲到这里，他两手做成杯状。他相信，赫鲁晓夫对中国人获得原子武器怕得要死，认为他们将不仅威胁苏联，而且也将威胁世界所有国家。

阿登纳从地缘政治的角度看不出中国人和俄国人有什么根本区别。"他们两家都想统治世界。"他说。但像1963年那样，他再次强调只要苏联人构成更大的军事威胁，美国就应当偏向中国人。

① 美国参加第二次世界大战之后不久，当时的美国财政部长摩根索首先提出战后使德国倒退为农业国，并使之分裂成五个小国家的计划。

我们谈话之后一个月稍多一点，阿登纳便在他的吕恩多夫家中去世了。他的儿子保尔后来告诉特瑞斯·普里提，阿登纳"临终时非常担心，但不是担心他自己。他担心欧洲的不团结和孱弱，担心核战争的危险，担心人民成为他们自己幻想的牺牲品。他要继续战斗下去"。我后来从他女儿莉伯特那里得知，我是去看望他的最后一个美国人，而我也是1953年欢迎他来到美国的第一个美国人。

※　　　※　　　※

提出一种主张是一回事，在合适的时机提出这种主张是另一回事，而能够成为把这种主张付诸行动的人，又是另一回事。恰恰是这三者构成了阿登纳的伟大之处。

他的主张是：为了对付共同的敌人苏联而在各国之间建立伙伴关系，为了西德的繁荣和自由而在西德社会内部建立伙伴关系。在欧洲内部，他的目的在于重新捕捉9世纪曾经导致短暂联合的那种时机，以防止民族仇恨所引起的20世纪大灾难的重演。在国内，他主张用欧洲主义代替民族主义，并防止右的或左的专制暴政。其办法是，阻止任何社会集团聚集的权力大到足以扼杀个人自由的地步。

随着时间的推移，他的政策的正确性变得一年比一年更加清晰。1951年阿登纳的许多批评者认为，西德没有必要重新武装和加入北约组织，现在则很难想象自由欧洲可以没有西德的师团。怀疑论者嘲笑过他的信念，即在不到一个世纪的时间里曾经三次交战的法国和德国，仍然可以成为盟国和朋友。然而，阿登纳和戴高乐，欧洲舞台上鹤立鸡群的这两位巨人，却做到了用1963年的法德条约来把两国的和解推向新的高度。在整个50年代，阿登纳由于没有致力于两个德国的统一而遭到批评；现在，要设想苏联人那时会容忍一个独立、统一和自由的德国，是令人难以置信的。他由于没有像维利·勃兰特及其继任人那样通过"东方政策"来谋求同东德和苏联实现缓和，在退休以前一直受到非难，现在事情一清二楚，西德如果不是阿登纳通过与西方联盟而建设得如此强大和繁荣，那执行"东方政策"将是愚不可及的，况且"东方政策"在实践中也并没有像其设计师过分乐观地期望的那样收到效果。

在60年代，随着"冷战"趋于缓和，在西德和其他地方，"相信俄国人说的话"的看法变得时髦起来。这就是说，在柏林和德国统一这类问题上，应当比阿登纳更多地听信俄国人的意见。许多人争辩说，苏联帝国的东欧不过是对付西方侵略的缓冲地带而已，如果我们能够向苏联人证明我们的和平意愿，那么和平，甚至东欧和东德人民的自由，都会得到保证。1955年赫鲁晓夫谈到纳粹对俄国人的暴行时，就试图向阿登纳兜售这种货色，但总理没有买他的账。尽管如此，这种看法在他接班人的东西方政策中却越来越多地显示出来。然而，尽管执行了"东方政策"，苏联帝国依然存在，苏联的冒险主义不但没有收敛，反而在不断升级。

如果阿登纳今天仍然是自由欧洲的领导人，他会怎样看待当今的世界？我可以肯定，他的看法将不同于他的某些接班人。

对1979年的阿富汗事件，他不会看做是第三世界遥远角落里偶然燃起的小小火花，而会认为这是苏联为进入富饶的波斯湾而悍然采取的行动。他不会像当时的许多欧洲人那样囿于地区观念，把对欧洲提供燃料的威胁，看做超出了欧洲联盟合法利益范围的事。事实上，阿登纳为建立北约组织而奋斗，正是为了对付这种局面。他知道，如果西方的边沿被打开缺口，其中心很快也就会崩溃。

同样的，阿登纳不会把1981年的波兰事件①看成是一个国际政治问题，而会认为这是苏联人为永久征服一个要求独立的欧洲基督教民族而采取的肆无忌惮的行动。他会把镇压波兰人看做国际犯罪行为，并作出相应的反应；对西德今天的领导人而言，这是令人遗憾的麻烦

---

① 指1981年波兰政府宣布反对派团结工会为非法，并实行军管。

事，只要他们转过脸去装作没有看见，也许用不了多久就会不了了之。有讽刺意味的是，"东方政策"的目标之一在于，西德将设法对波兰人民在纳粹手中遭受的苦难进行补偿。现在波兰人正在一个新主人的手下遭受折磨，而西德人却只能搓着双手，无能为力。

当然，这些假定性的考虑只能招致诘问。如果西欧有像阿登纳这样的领导人，苏联人将不会那么信心十足地、不受惩罚地进行冒险。阿登纳一直被认为是"冷战战士"，而他也衷心赞赏这个称号。如果他今天还活着，并且能够看到这样一个不团结的和士气懈怠的欧洲，他不会同意说冷战已经结束。他会认为这是战斗的一方不再打算赢得胜利。

如果他能听到中立主义的议论，他会羞愧得低下头来。这种中立主义的议论使人联想到 30 年代的欧洲。他相信，"脚踏两只船"的欧洲会摔断脊梁骨。欧洲今天还留下来的脊梁骨在很大程度上也是阿登纳和他的法国伙伴们努力的结果。每当发生像阿富汗和波兰这样的危机时，欧洲的联合就显得惊人的脆弱。这个事实表明，阿登纳的接班人已经忘记了他留给欧洲的信息的紧迫性：欧洲面临着它过去从未遇到过的巨大危险。

更为重要的是，阿登纳会对联盟内部的现状感到震惊。1955 年，阿登纳和他的多数同胞都认为，在二次大战结束后这么快就被批准参加欧洲联盟，是一种荣誉。今天，北约组织的许多成员国，包括西德在内，对他们将出多少钱来支持这个联盟争论不休，或者对他们是否允许在自己的领土上部署北约导弹唠叨不已，而正是这些导弹将制止苏联人越出波兰和东德。与此同时，"东方政策"还在继续实施，即使苏联人越来越迫近波斯湾，俄国人的天然气不久也会输送到西德的千家万户。

阿登纳对所有这一切的反应会很简单。他将为"东方政策"暗含的意向而感到悲痛，这种意向把美国看做同苏联一样是对欧洲的巨大威胁。他将提出警告，同东方的接近使欧洲人通向西方的生命线有遭到破坏的危险。他将说，为寻求原来不是朋友的朋友而失去已经有的朋友，这是一种不值得执行的政策，特别是这些新朋友竟然是你的死敌。

同欧洲战后的另外两位巨人——丘吉尔和戴高乐——相比，阿登纳有时被形容得暗淡无华、索然乏味。这种描述不仅失之肤浅，有欠公允，而且还忽视了两个重要之点。第一，法国和英国是第二次世界大战的战胜国，德国是战败国。戴高乐的孤僻高傲和虚饰夸张，符合他作为法兰西第五共和国缔造者和领导人的身份。如果战败的德国的领导人也表现出这些特点，那将危险地不合时宜。由于同样原因，阿登纳本人虽然富有机智，但却不能像丘吉尔那样广泛运用而不遭到惩罚，当盟国在被占领的德国发号施令之时尤其如此。

但是，那些认为阿登纳才不出众的人，还忽视了领导风格不同的问题。丘吉尔是一位爱挖苦人，有时喜欢争论的知识分子，他能在恰到好处的时候讲一句经过精心考虑的刻薄话，而使反对党议员或记者的抨击落空。戴高乐的威严使人莫测高深，敬而远之。阿登纳则有耐性，有善于分析的律师般的头脑。像他这种领导人之所以能够获得成功，是由于他愿意勤奋工作，周密推理，而且比他周围的人善于等待。他用精通问题的办法来驾驭事物，用猜透和看穿批评者计谋的办法来征服批评者。他的基督教哲学的基本信条就是，好的结果只能来自辛勤的劳动。他认为，只有全力以赴、奋斗不已，西德才能赢得别人的尊重，获得主权、安全和繁荣，靠鲁莽轻率是得不到这些东西的。

阿登纳要把欧洲联合成为一个庞然大物以抗衡俄国这个庞然大物的这种抱负，是他最大的力量之所在，同时也是他最大的弱点的根源。从同一泉源涌出的，既有他对法国人的挚爱和对欧洲理想的皈依，又有他对德意志东部的持久不衰的疑虑。对他来说，柏林就是亚洲的门槛，而且已经受到现代野蛮主义的沾染。普鲁士的领导人过去经常扮演东方专制君主的角色，而很少赞助和平或关怀他们臣民的自由。查理曼的帝国，也就是欧洲文明开化所及的地域，止于易北河。在某种意义上这也就是阿登纳心目中的欧洲。

作为一个人，一个德国人，阿登纳关心每一个东德人，并渴望使之得到自由。他对设法逃来西德的人都表示欢迎并加以保护。但作为历史学者和莱茵人，他认为苏联的东德已经失去了基督教的文明。在他的灵魂深处，东德的丧失似乎是不可避免的，而且甚至可能是永久的。

由于苏联的战后政策而产生的这种根深蒂固的哲学偏见，毕竟是起不了作用的。阿登纳时代的任何外交建议，都不可能改变苏联要把东德变成它西方前哨基地的意图。因此，这类建议只会使西方在保卫其自由和理想的战斗中处于更加软弱的地位。阿登纳把同西方的和解引为己任，这是他的经历和对上帝的信念引出的直接结果。这恰巧也是他作为政治家必须作出的唯一合理的抉择，他要保护他的被打败了的人民的自由，就非同西方和解不可。

正像戴高乐的不朽业绩是造就了法兰西第五共和国一样，阿登纳的不朽业绩则是建立了自由民主的德意志联邦共和国。德国曾因希特勒而蒙受羞辱、遭到贬黜，但现已重新成为国际大家庭中受人尊重的一员。

然而，我个人对阿登纳最生动的回忆，倒未必在于他是战后时期的一位主要政治领导人，而更多是在于阿登纳其人。他坚持原则、不屈不挠，但策略却机动灵活、精明巧妙。他外表僵硬严峻，但在有幸成为他朋友的人当中，他却以其热情、敏感和富有幽默感而受到爱戴。他以同样的程度但以不同的方式热爱他的家庭、他的教会和他的人民。不管风险多么巨大，处境多么艰险，他都是可以信赖的、像磐石般坚定的人物。

一位平民式的人物对国家重任这样愉快胜任，这是少见的。

~Leaders~

第六章

尼基塔·赫鲁晓夫

——残暴的权欲

1957 年下半年，当尼基塔·谢尔盖维奇·赫鲁晓夫在莫斯科举行的一次外交招待会上同客人碰杯时，他可真是春风满面。他在少年时代当过猪倌，一天赚两个戈比。如今，他已成为苏联无可争议的统治者，掌握了最高权力。他已经击败了最后一个争权的对手，这时正兴高采烈，信心百倍地对来宾中的一群西方记者热情地讲述一则寓言。

"从前，"赫鲁晓夫开始说道，"有几个人被关在监狱里，一个是社会民主党人，一个是无政府主义者，一个是地位卑微的小个子犹太人。这个犹太人文化程度不高，名字叫宾雅。"赫鲁晓夫接着说："大家决定选一个头头，负责分发食品、茶叶和烟丝。那个无政府主义者反对任何人掌权。他轻蔑地提出，倒不如推选地位低下的宾雅，大家果然照办了。不久，大家决定挖一条直通监狱墙外的地道越狱逃走。但是大伙儿心里都明白，狱守会向第一个越狱的人开枪，因而没有人愿意带头。""突然，"赫鲁晓夫逐渐提高了嗓门，"可怜的小个子犹太人宾雅站出来说：'同志们，你们既然以民主方式推选我当了你们的头头，那我就带头先走吧。'"

"故事的寓意是，"赫鲁晓夫接着说，"一个人不管出身多么低微，一旦被选到一个岗位上，他就是能够称职的。"这位苏联领导人停顿了片刻，又说："那个小个子宾雅就是我。"

正如所有的比喻那样，宾雅的故事在某些方面是确切的，但有些地方则容易使人误解。当然，赫鲁晓夫既不是通过民主方式当选的，也不是勉勉强强被推上领导岗位的。四十年来，他两面三刀，横行霸道，杀气腾腾，施尽阴谋诡计，终于奋力爬上了苏联最高的权力宝座。宾雅从卑微的出身爬到当权地位的过程，远不如赫鲁晓夫那样惊人。赫鲁晓夫于 1918 年加入布尔什维克党之前，当过猪倌、采煤工和管道安装工。他在 20 来岁以前，没有受过正规教育。在他一生的事业中，他一向被同事及世人所低估。1957 年在他牢固地掌握权力之后，谁要是还无视或贬低这位农民沙皇，谁就得倒霉。

尼基塔·赫鲁晓夫富有惊人的幽默感、敏捷的才智、不达目的誓不罢休的顽强精神以及残暴的权欲，在这些方面，我所见到过的领导人中，没有一个能同他相比。他个人的成败对改变二次大战以后的历史进程起了更为显著和更具有决定意义的作用。

是他建筑了柏林墙——这是有史以来第一座为了禁锢人民，而不是为了抵御敌人建造的墙。

是他如此残暴地镇压了匈牙利反抗共产党统治的人民暴动，因而我在 1956 年指责他为"布达佩斯的屠夫"。

是他在古巴部署了核导弹，甚至在他决定后退，撤出核导弹时，还迫使美国保证从希腊和土耳其撤出美国导弹，并不再支持那些可能威胁到菲德尔·卡斯特罗在古巴的安乐窝的人。

是他在黑非洲以及其他发展中国家发动了巨大攻势，企图通过他的走卒帕特里斯·卢蒙巴接管刚果。

是他使苏联大规模扩充战略核武器，使苏联从古巴导弹危机时期同美国一比十五的不利地位转变为今天这样相当显著的有利地位。

是他同肯尼迪总统签署了部分禁止核试验条约，消除了笼罩在苏联上空的斯大林主义的神秘气氛，并采取重要步骤，奉行"和平共处"的政策，使苏联朝着作为一个欧洲国家的方向前进。

是他揭露了斯大林，从而永远破坏了共产主义运动的团结。

特别是，他应当对苏联和共产党中国的分裂承担主要责任。这次分裂是共产主义遭受的最大挫折，也是第二次世界大战以后发生的最重要的地缘政治事件。在外交政策方面他尽管取得了一些成就，采取了一些主动行动，但人们也许不会忘掉他最惨重的失败——失去了中国。

在我见到过的所有领导人中，我与赫鲁晓夫的意见分歧最大，然而，我对他能如此有效但十分粗暴地行使权力常常情不自禁地感到佩服。许多人会同意说他是魔鬼的化身，但是没有人能否认他是一个危险的、能干的魔鬼。

1953 年当赫鲁晓夫在苏联高级领导层中初露头角时，我正担任副总统的职务。西方世界里许多人很快对他作出了评价，然而，他们对他的初步印象往往离实际有十万八千里之远。他们对像斯大林那样严肃但秘密地在幕后操纵、控制事物的苏联领导人比较习惯。但是，身材粗胖的赫鲁晓夫一跳上政治舞台中心，就不拘行止、言谈失检、夸夸其谈，完全打破了过去的模式，这使许多人不拿他当一回事。

《生活》杂志称他为"无足轻重的小人物"，《新闻周刊》的一位专栏作家赠予他"庸庸碌碌的公务员"、"一匹普普通通的役马"的绰号，《时代》杂志则称他为"硬提拔起来的人"，意思是尽管他缺乏教养和训练，却是被形势"推上来了"。西方大多数观察家都认为，赫鲁晓夫连给斯大林擦皮鞋都不配，更不用说接替他的职务了。当他首次出国去贝尔格莱德时，他的一举一动很不利于改善他的形象。他粗鲁无礼，常常喝得酩酊大醉，在国际社交界中显得格格不入。新闻界喜欢描述他狂饮作乐的姿态，并且写道，同斯大林相比，他只是一个待不长久的无足轻重的人物。

那些比较关心外交政策，但又一知半解的华盛顿社交界人士，乃至一些职业外交官，也都低估了赫鲁晓夫。其中有一个人当时对我说，他对赫鲁晓夫评价不高，因为这位苏联领导人太贪杯，而且"俄语讲得不好"。这些观察家们压根儿就不了解，尽管赫鲁晓夫讲起话来句法混乱，衣着很不入时，趣味粗俗低下，但这些都没有使他在成功地担任领导人方面有所逊色。这些观察家过于注重风度和教育，他们忘了，举止文雅并不能使人成为一位强有力的领导。就政治家而言，关键不在于一个人的外表，而在于他的内涵。一个政治家的个人外表无论多么美好，如果缺乏久经磨炼的内在力量，他就不会成功。

赫鲁晓夫在公开场合是一个俄国的克拉霍恩参议员式人物。有一年五·一节举行军事检阅时，苏联的高级领导人都脸无表情地观看部队在他们面前通过。后来，当一中队喷气式战斗机在上空轰鸣时，赫鲁晓夫顿时在检阅台上活跃起来，他拍着尼古拉·布尔加宁总理的肩膀，像一个小男孩看到一套新玩具一般的高兴，脸上露出了笑容。莫洛托夫看到喷气式飞机时仍冷冰冰地保持着尊严，赫鲁晓夫不像他，但这并不意味着赫鲁晓夫在使用这些飞机时会手下留情。

赫鲁晓夫的个性是在斯大林极权时代锻炼出来的。斯大林手下的人员有两种类型：一种人很机灵，另一种人很死板。安东·安东诺夫·奥弗森科在其所著《斯大林时代：暴政的写照》一书中提到，在那个年代，只有那些会运用无情手段的天才和善于搞阴谋诡计的人，才能生存并晋升到高级领导岗位上去。为了奋力跻身于那个行列，赫鲁晓夫必须十分机智，必须具有坚忍不拔的精神以及钢铁般的意志。约翰·福斯特·杜勒斯看到了这一点。赫鲁晓夫掌权伊始，杜勒斯在国家安全委员会一次会议上说："在共产党那个为生存而残酷斗争的地方，任何一个能幸存下来并上升到高级领导岗位的人，必定是一个强有力的领导者、一个危险的敌人。"他的话言之有理。一位眼光敏锐的西方外交官说，赫鲁晓夫外表显得软弱，"内心却坚如钢铁"。

我初次遇见尼基塔·赫鲁晓夫在1959年。那时，我去莫斯科主持美国展览会开幕仪式。同年晚些时候他访问美国时，我又同他见了面。

1959年7月，在我动身去莫斯科之前不久，国会通过了自1950年以来国会每年都要通过的关于被奴役国家的决议。决议中包括了艾森豪威尔发表的声明，要求美国人"研究受苏联支配的各国所处的困境，并且再次表示支持这些被奴役国家人民的正义愿望"。

我从美国抵达莫斯科时，赫鲁晓夫出访波兰回国才一个半小时。

波兰人民以冷淡蔑视的态度对待赫鲁晓夫。总的说来，苏联同其卫星国的关系十分紧张。赫鲁晓夫回国后从机场直接前往会场发表讲话，激烈谴责关于被奴役国家的决议。我的飞机降落以后，我受到了冷淡但不失礼仪的接待。弗罗尔·科兹洛夫副总理致长篇欢迎词，声音很洪亮，但是没有军乐队，没有奏国歌，也没有群众场面。显然，关于被奴役国家的决议触到了他们的痛处。

第二天上午十时，我前往克里姆林宫赫鲁晓夫的办公室进行第一次会谈。当我步入他的房间时，赫鲁晓夫正站在远处角落里察看数月前苏联发射的月球卫星的模型。当他把模型放回原处时，在他手里的模型看上去像一个特大号的垒球。

他迈着蹒跚的步子向我走来，身材比我想象的要矮，最多不过1.7米高。他腰围粗壮、双腿短粗，肩膀是斯达哈诺夫①式的，身材矮胖而笨拙。当我们握手让摄影记者照相时，我感觉到这位65岁的苏联领导人很有手劲，给我的印象是，他是一个精力充沛、体格健壮、力大如牛的人。

文字记者和摄影记者在场时，赫鲁晓夫友好地同我聊天，他那对敏锐的小眼睛滴溜溜地扫视着房间四周。滚圆的脸庞、厚厚的嘴唇、坚毅的下颌，再加上狮子鼻、高颧骨，显得很生动。赫鲁晓夫对我在大约八个月前在伦敦市政厅所作的讲演倍加赞赏。他表示欢迎我在讲话中提到的那类和平竞赛。接着他挥手示意让摄影记者离开，并用手势请我到一张长会议桌边，在他的座位对面入座。

这时气氛顿时改变了。赫鲁晓夫尖着嗓子，不断用拳头敲打桌子，以激烈的言词滔滔不绝地谈论着关于被奴役国家的决议。他声称，这是一次严重的"挑衅"，是一项愚蠢的、吓唬人的决议。他要求知道美国下一步是否就要发动战争。"以前苏联政府认为，美国国会决不会通过一项发动战争的决议，"他说，"但现在看来，麦卡锡参

---

① 斯达哈诺夫是苏联早期的煤矿工人，劳动模范。20 世纪 30 年代，在苏联开展的劳动竞赛以他的名字命名。

议员虽然已死，他的阴魂却不散。正因为如此，苏联必须时刻做好准备。"

我向他解释说，决议只是表达了美国的看法，而不是一项战斗号令。我想接着谈其他问题，但是赫鲁晓夫不愿听。最后，我说："我们白宫有个规定，在讨论时间拉得很长，而又没有进展时，就中断讨论。艾森豪威尔总统说过，'我们谈这个问题谈腻了，换个话题吧'。也许你我此刻正应当这样做。"

在翻译这句话的时候，赫鲁晓夫仍然显得无动于衷，他决心再尝试一次，"我同意总统说的话，我们不该反反复复地谈一个问题"。他说，"但是我还是不明白，贵国国会为什么要在这样重要的国事访问前夕通过这么一项决议"。说到这里，他怒容满面，大声叫嚷了一番，我意识到他说的是一些粗话，他的译员奥列格·特罗扬诺夫斯基的脸顿时涨得通红——他后来担任过苏联驻联合国大使。特罗扬诺夫斯基显然觉得很窘迫，他朝卢埃林·汤普森大使看了一眼，汤普森大使懂俄语，正咧着嘴笑。过了几秒钟，译员终于将这句话翻译过来："这项决议很臭，臭得像马刚拉的屎，没有什么东西比那玩意儿更臭了。"

当译员翻译这句话时，赫鲁晓夫两眼盯着我。我决心以牙还牙，将他一军。我想起给我准备的背景材料中曾提到赫鲁晓夫年轻时当过猪倌。我还记得我小时候就知道，马粪常常被用作肥料，但是有一次我们的邻居用了一担猪粪，那可真是臭气熏天。我逼视着赫鲁晓夫的眼睛，以交谈的口气回答说："恐怕主席说错了，还有一样东西比马粪更臭，那就是猪粪。"

这句话翻译完之后，霎时间赫鲁晓夫太阳穴的青筋似乎立刻就要暴出来，眼看快要大发雷霆了。可是他突然又展颜微笑说："说得很对。你刚才说我们现在应当谈些别的，也许你说对了。但是我要警告你，你在这里访问期间，还会听到我们谈这项决议的事的。"如果说赫鲁晓夫在其他问题上很少恪守诺言，在这件事情上他倒没有食言。

在我参加的一系列高级会晤中，我很少像 1959 年那次为同赫鲁晓夫会晤而准备得那样充分。但是自从我在克里姆林宫赫鲁晓夫办公室初次会见他之后，我意识到，无论花多大精力做准备工作，都不足以对付尼基塔·赫鲁晓夫。此人全然令人难以捉摸。礼貌、礼仪、日程对他都不起作用。在我访苏期间，他一会儿在作为样板展览的美国电视演播室的摄影机前对我高谈阔论，嘲笑美国；一会儿在美国厨房展览室的洗衣机前以核导弹威胁西方；一会儿又在社交性午宴上，当着惊讶不已的我的夫人、赫鲁晓夫夫人和其他客人的面，进行五个半小时的外交政策辩论。

我每次同他会晤后回想起当时的情景时，赫鲁晓夫其人的形象总在我脑海中构成一幅写照。他总是处于进攻的地位。他本能地善于抓住对方的弱点，再加上抑制不住，一心想占对方的便宜，所以在对手面前得寸进尺，并力图压倒任何一个在他面前稍示胆怯的人。他的言谈举止十分丰富多彩，喜欢炫耀自己，尤其在人多的时候更是如此。

他做任何事都预先作好充分准备，在对手面前知己知彼，并以此自豪。由于他足智多谋，善于在走投无路或处于难以立足的困境时迂回周旋、转换话题，因而特别擅长进行辩论。虽然他表面上看来十分容易激动，但讨论重大问题时，我看到他总是头脑清醒、冷静沉着、善于分析。

在长达十一年的时间，赫鲁晓夫既令人发笑，也使人感到茫然不解。1953 年，他从斯大林的助手的行列中悄悄向上擢升。到 1964 年却因出其不意地被同事打倒而骤然从舞台上消失。他掌权时给人们留下了三种不同的形象：一个夸夸其谈的小丑，是近代历史上公开场合醉酒次数最多的俄国领导人；一个投机冒险的务实派，他不愿为教条所约束，但常常心血来潮，企图用"灵丹妙药"，而不是采纳长期的治本的办法来解决本国的问题；一个共产主义极权主义者，他踩着竞争对手和同胞的尸体获得权势地位，并对反对者使用放逐的手段以巩固自己的地位，最后却成了自己所用手段的牺牲品。

在我同赫鲁晓夫的接触中，我发现他身上小丑的一面又表现出两副面孔。有的时候他会吵吵嚷嚷、兴高采烈、豁达开朗，表现出友好和几乎是迷人的魅力来。他面带笑容，在任何场合都准备说上两句农民谚语。他同我讲话时有时抓住我的衣襟，似乎想借此吸引我的注意力。他常常侧身凑近我，小心翼翼地左顾右盼，看是否有人偷听，然后就压低了嗓门，向我透露某些有关苏联军事计划的"秘密"。

有的时候，特别是如果他面前有很多人的话，他就会变得言行粗鲁、暴跳如雷、盛气凌人，成为他自己独创的高分贝外交的专家。在他对我大喊大叫时，他会站在我对面，用食指捅我的胸部，似乎他嘴上讲的刺人的话还需要配上捅人的动作来加重语气。他往往会像一名机枪手瞄准目标那样，眯起眼睛，滔滔不绝地发表他的论点，并吐出一大堆夸大、亵渎的言词来。在我们每次会晤结束之后，我常常情不自禁地想，在讲究礼貌外交的时代，赫鲁晓夫在盛怒中说的许多话足以挑起一场战争，而在我们的时代，这些话仅仅使译员脸红而已。

我们参观美国展览会那天，从我们俩在电视演播展览室的表现中，我发现赫鲁晓夫身上小丑的形象，他熟练地施展着表演才能。一位年轻的技术人员提出，要拍摄我们互相致意的镜头，以便在展览会展出期间播放给观众看。开始赫鲁晓夫有点迟疑不决，但当他看到一群苏联工人以后，顿时壮起了胆子，登上讲台对准摄影机讲话，为观众表演起来了。

"美国已经存在多少年了？三百年？"他问我。我回答说，美国大约有一百八十年的历史。"那么，好吧，我们可以说，美国已存在一百八十年了，这就是它所达到的水平，"他说这句话时，举起胳膊朝整个展览大厅挥舞了一下，"我们存在了还不到四十二年，但再过七年，我们就达到美国同样的水平。"观众被他的大吹大擂吸引住了，他们喜形于色的表情似乎对赫鲁晓夫起了鼓舞作用。他接着说："当我们赶上你们、超过你们时，我们将向你们挥手致意。"他以夸张的手势结束他最后这句奚落美国的话，煞有介事地睁大眼睛回头凝视着后方，用他胖乎乎的小手向他想象中正在向远处消失的美国挥手告别。

如果把赫鲁晓夫其他一些可笑的形象拍摄下来，并汇集成册，不仅饶有兴味，而且很说明问题。这些照片不仅将反映他最出色的一面，也将反映他最糟糕的一面。例如，他可以以自己小丑式的表演来解脱东道主丢面子时的尴尬。1956 年，赫鲁晓夫访问南斯拉夫农村时，他乘坐的汽车轮胎瘪了，年已 61 岁的他，嬉皮笑脸地向 59 岁的副手阿纳斯塔斯·米高扬挑战，于是两人在路旁举行起即兴摔跤比赛来。在铁托手下的人修车的时候举行这场逗人嬉笑的比赛，正好给新闻记者们解闷。他们见到这个情景大为吃惊，在发回的电稿中纷纷以两位共产党要人进行路边比赛作为导语，却未就令人难堪的轮胎撒气事件加以渲染。

为赫鲁晓夫拍摄的大部分形象都毫不虚夸地表明他是一个无耻之徒。1959 年柏林危机期间，英国首相麦克米伦访问莫斯科时建议举行外长会晤以解决柏林纠纷。在赫鲁晓夫看来，这种会晤无济于事，因为外长们不掌握必要的决策权。为了说明外长们的地位如何无足轻重，赫鲁晓夫对麦克米伦脱口而出：如果我要我的首席外交官安德烈·葛罗米柯脱下裤子坐在冰块上，葛罗米柯也不得不照办。

这不是麦克米伦最后一次听赫鲁晓夫说粗话。1960 年，赫鲁晓夫在联合国大会的发言中建议这个国际组织进行几项改革，其中包括将总部迁到瑞士、奥地利或者苏联去。在联合国大会拒绝了他的建议之后，他开始对其他代表无理取闹，在他们发言时大声叫嚷并发出笑声。麦克米伦讲话时，赫鲁晓夫的粗鲁行为达到了登峰造极的地步。这位苏联领导人当着几乎全世界各国代表的面，脱下一只鞋，把它当做木槌一般在桌子上砰砰敲打。

赫鲁晓夫是个笨拙无能的家伙，是俄国老妈妈身上掉下来的一块土疙瘩。一个典型的沙俄时代脾气暴躁、言语啰唆的农民。虽然他的小丑表演自然而逼真，但只有在需要时他才充当小丑。他以举止随便、信口开河为策略。

在赫鲁晓夫统治时期，苏联的实力远不如美国，赫鲁晓夫试图以意志力来补偿军力上的不足。他进行核恫吓，并且宣称"你们的子孙后代将生活在共产主义制度之下"，以使西方害怕苏联的威力。大多数西方领导人并没有被他所骗，但他的好战言论使许多公众认为，尽管他口称要"和平共处"，但对发动世界大战不会手软。

1956年赫鲁晓夫在访问英国时所发表的讲话十分典型。他告诉听众说，他在车队行进途中看到有几个人对他的访问表示抗议，还特别注意到有一个人向他挥舞拳头。"我以这个手势回敬，"他说着，为了增强效果也挥动着拳头，"我们互相都懂得对方的意思。"听众哄堂大笑，但是赫鲁晓夫又平静地说道："我想提醒那个人，过去也有人试图以这种方式对我们说话……希特勒曾对我们挥舞过拳头，可是他现在已经躺倒在坟墓里。难道现在我们不该变得聪明一些，彼此不要再挥动拳头吗？"

赫鲁晓夫也许将作为某种务实主义者被载入史册。他不是那种能够死记硬背共产主义的经典著作乃至每个标点符号的马列主义理论家，他信仰共产主义事业，并对此有必胜的信念，但他只是在星期日才在理论的祭坛前顶礼膜拜。我很难想象他当真会把马克思厚厚的三大册《资本论》全部读完。在这方面，他和斯大林大不相同，斯大林博览群书，写过大量有关共产主义理论的著作。

赫鲁晓夫对自己的务实主义感到非常自豪。有一次他和我一起谈论副总理弗罗尔·科兹洛夫，科兹洛夫去纽约主持苏联展览会开幕式时我曾出面欢迎过他。他是个政府官员，驯服地紧跟党的路线的每一个曲折变化。赫鲁晓夫以明显的轻蔑口吻说："科兹洛夫同志是个没出息的共产党员。"赫鲁晓夫自己也是个不可救药的共产党员，但他不愿受教条的束缚。

他经常谴责马列主义的"宣传家们"，认为他们是一些"背诵"在当代"一个戈比都不值"的过时理论的"鹦鹉"。有一次他声称，"如果马克思、恩格斯和列宁能够复活的话，他们会嘲笑这些书呆子和引经据典的人，因为这些人不研究现代社会，去创造性地发展理论，而都企图在经典著作中找到一段关于如何管理机器与拖拉机站的引语。"

他对共产主义理论原则的信仰不是通过自己学习获得的，而是出于他的本能。他的脑海中装着从共产主义思想衍生的各种陈规俗套，但很少注意那些复杂的细节。他并不赞成斯大林关于"如果理论和实践不一致，就改变实践"的论调。但是，他从不错过机会去促进他的事业，或者如他所说的，"推动一下历史"。

在我访苏期间，赫鲁晓夫兴致很浓，邀我在莫斯科河上乘船游览。他先后八次停船同正在附近游泳的人握手致意，并且大声地问他们："你们受到奴役了吗？你们是奴隶吗？"这些正在游泳的人显然都是共产党的高层人士，他们齐声回答，"没有，不是"。于是他用胳膊捅捅我的胸部，大声说："请看我们受奴役的人是怎样生活的！"当时，苏联新闻记者将他的话全部记录下来了。我们上岸时，只见赫鲁晓夫眉开眼笑。我对他说，"你知道，我实在佩服你，你总是抓住一切机会进行宣传"。"不，不，我并不是在做宣传，我讲的是事实。"他反驳说。然而在他一生中，只要谎言奏效，他从不讲真话。

我访问苏联期间，赫鲁晓夫一直在兜售关于他说的都是实话的论调。我和我的夫人在列宁格勒、斯维尔德洛夫斯克以及新西伯利亚的西伯利亚城受到成千上万人的极热烈的欢迎。给我们留下的深刻印象是，俄国人很强壮、勤劳、友好，看来他们绝大多数人都由衷地喜欢美国人。但是，我们每到一个工厂或市场停留时，赫鲁晓夫都安排一个共产党工作人员向我提出一个预先准备好的政治问题。提问者总是走近来向我介绍说他是一个"普通的苏联公民"。然后，他就几乎像

尼基塔·赫鲁晓夫

背书似的问道："美国为什么阻挠人们制止原子弹试验？"或者"美国为什么要打仗？"或者"美国为什么要在外国领土上建立军事基地来威胁我们？"

美国驻苏联记者团团长哈里森·索尔兹伯格在《纽约时报》上对赫鲁晓夫指挥的公开诘问概括如下："理查德·尼克松副总统向一些当众提问者宣传言论自由的好处。一位领导人和出现在人群中的挑战者无拘无束地自由交谈——这在苏联生活中是一件十分罕见的事情。向尼克松先生提出问题以及提问者采取的手法竟如此雷同，这表明一切都是上面授意的。"

赫鲁晓夫不受教条束缚，在这个意义上他是个务实主义者，但奇怪的是，他是个不切实际的务实主义者。他处理苏联问题的态度正如一个不顾后果的赌徒对待赌场中的转盘一般，往往只凭心血来潮而不是深思熟虑。他不讲究战略，只凭预感行事，他大胆放任地将自己的资产孤注一掷，结果往往空手而归。

他思维敏捷，但行动更为迅速，常常让行动走在思想的前面。他喜欢采取冒险行动，力图一举解决国家的重大问题，推行了一个又一个宏伟的计划。他下令在边远地区开垦大片土地，结果被尘暴毁坏殆尽。他扩大饲料玉米的种植面积，结果因土壤不适宜而浪费了数千公顷的土地。他赞成使用钢筋混凝土和预制构件修造房屋，却忽视了增产水泥。

赫鲁晓夫自吹自擂说，通过执行这些和其他类似的计划，苏联将在七年内超过美国的生产水平。但是我同 50 年代曾去苏联访问过的任何人一样，注意到单凭苏联原始的交通运输网这一点就足以表明赫鲁晓夫的话是完全不切实际的。

赫鲁晓夫真诚地想使苏联繁荣昌盛起来。但是他不了解，也许了解得不十分透彻，这样做需要具备什么条件。他必须彻底改变苏联整个经济政治体制，采用的方式可能会使共产党放松对人民的控制，这正是他既不愿意去做，又做不到的事。相反，他所寄希望的宏伟规划与其说是经济学家拟定的计划，不如说是魔术师玩弄的戏法。当最高苏维埃主席团中的听众发现他这些做法看来没有一项能奏效时，他们很不平静，最后把他猝然推出了政治舞台。他们列举的罪状之一是，他盲目追求"轻率的计划"。赫鲁晓夫曾企图两全其美——既保留完全控制经济的做法，又要争取国家繁荣，结果却两头落空。

夸夸其谈的小丑表演和方向错误的务实精神是赫鲁晓夫个性的重要一面，但是同他初次较量以后，我发现他实质上还有极权主义的一面，而且表现得很充分。他那双冷峻的深蓝色眼睛里常常射出冷酷无情的目光，即使在他情绪高涨的时候这种目光也隐约可见。当他要强调一个问题的时候，他的眼睛就变得乌黑乌黑。

有点奇怪的是，他身上极权主义的一面也明显地反映在他的幽默之中。他在外交招待会上讲的笑话，常常确凿无疑地包含着讥讽。他开的许多玩笑，多数是有关俄国早期秘密警察组织契卡的活动。他似乎十分欣赏那些活动，特别是因为契卡和他自己的警察机构明显相似。

他最喜欢讲一个关于在莫斯科检阅军队的老掉牙的笑话。队伍里有个士兵打了个喷嚏，在场的一个契卡军官问是谁打的，要那人站出来，没有人吭声。于是第一排士兵整好队后全部被枪毙了。那个军官再一次问是谁打了喷嚏，还是无人回答。因此第二排战士又被枪毙了。当军官第三次问是谁打了喷嚏的时候，站在后排的一个士兵胆战心惊地小声说："是我。"那个契卡军官却说，"祝你健康"。

赫鲁晓夫还十分欣赏别人的令人悚然的幽默。1959年的一天，我们在莫斯科郊外赫鲁晓夫的乡间别墅里吃午饭的时候，米高扬评论起斯大林所特有的工作习惯。他说斯大林常常在半夜里召见下级，还说，"现在赫鲁晓夫同志当了总理以后，我们睡得踏实多了"。米高扬装了个鬼脸微微一笑，说："我想你不要只是从一个方面来理解我这句话，可以从多方面来理解。"当时赫鲁晓夫坐在米高扬的对面，听了这句双关语高兴地笑了。

赫鲁晓夫有善于以花言巧语诡辩和强词夺理以反驳的名声。在这方面，盛年时期的丘吉尔可以同他媲美。但是赫鲁晓夫的幽默又不同于丘吉尔，他的幽默往往带有火药味和挑衅性，是咄咄逼人的。与其说是为了逗人发笑，不如说是一种未曾道破的挑战或威胁。丘吉尔很机智，赫鲁晓夫却十分迟钝。

在赫鲁晓夫看来，幽默是用以打击对方的一根棍子。他因一些农民不向国家交售肉用牲畜而训斥他们时，说他们"是农民，并不是动物园里喂养动物只供人观赏的饲养员"。有人问他："俄国是否会永远保持共产主义性质？"他说，"除非虾学会吹口哨"或者"除非你可以不照镜子看到自己的耳朵"，否则俄国就不会放弃马列主义。赫鲁晓夫十分厌恶现代艺术。有一次，他在参观美术展览时，一位诗人向他解释说，某些抽象派艺术的"形式主义倾向总有一天会改变的"。他听了很不耐烦，怒气冲冲地回敬道："驼背到了坟墓里背自然会直的！"

赫鲁晓夫和我在参观美国展览会时，我们刚离开电视演播展览室，他就不断挖苦我当过律师的经历。他的意思是说我总是很不老实而狡黠地玩弄字眼，而他却是个正直的矿工。我们看过美国杂货店展览室后，我对他说起我的父亲曾经营过一家小百货商店，我和我的兄弟在上学期间都在店里干过活。赫鲁晓夫听了把手一挥，以轻蔑的口吻说，"所有的店老板都是贼"。我当即反击说，"偷窃行为到处都有。我上午参观市场时，就看到有人从国营商店里买进了食品还在过秤核对重量"。这一次说得赫鲁晓夫哑口无言，只想换个话题。

赫鲁晓夫很少讲自贬的幽默话，纵然讲也往往是用这种话来说明一个他自己实际上并不相信的论点。在厨房辩论之后，我同克利门特·伏罗希洛夫并肩走在一起，他当时是苏联最高苏维埃主席团主席，这是个挂名的职务。这时赫鲁晓夫走在我们后面，同我们有几步之隔，我招呼他，要他赶上我们。但他却说，"不，你同主席一起走，我知道我的地位"。

　　人们从赫鲁晓夫不怀好意的诙谐和侮辱人的笑话里，可以粗略地看清这位斯大林的徒弟，向斯大林学习统治方法的人究竟是怎样的一个人。在极其残酷的领头人斯大林的手下，只有适者才能幸存。那些准备接替斯大林的人必须既无情又机敏。前美国驻苏大使福伊·科勒是个极为难得的第一流的苏联问题专家，他把赫鲁晓夫描绘成俄文Khitryi 这个形容词的化身。他写道，"根据词典的解释，这个词的词义是狡猾、狡黠、狡诈、城府很深或诡计多端，但这个词的实际含义远不止此，还意味着肆无忌惮、精明、机灵、足智多谋等。把这些形容词统统加在一起，就是 Khitryi 赫鲁晓夫。他会根据情况需要，或是阿谀奉承，或是恃强欺弱，他常常作为蛊惑人心的政客或机会主义者出现"。

　　赫鲁晓夫于 1918 年参加布尔什维克党，当时他 24 岁。1928 年他在基辅任党的低级官员时，乌克兰的共产党领导人拉萨尔·卡冈诺维奇就注意到了他。1929 年卡冈诺维奇回莫斯科，把赫鲁晓夫也带走了，让他担任陆军中尉。30 年代，这两人在清洗中捞到了大量的好处。他们是比斯大林走得更远的斯大林主义者，因而在政治上青云直上。赫鲁晓夫担任莫斯科地铁工程的监督时，由于在工作中不顾鞋上溅污泥，不怕双手流鲜血，赢得了吃苦耐劳、可以信赖的声誉。就是由于有过这么一段个人经历，他于 1938 年被任命为乌克兰共产党领导人。

　　在苏联没有一项工作比这更艰巨。乌克兰民族主义火焰的余烬仍在闪烁。在斯大林实行集体农庄化的过程中，有数百万乌克兰农民被杀害，因而乌克兰民族主义的余烬随时都可能燃烧起来。赫鲁晓夫的任务就是把一切怀有民族主义同情心的人从乌克兰共产党内清除出去，加速乌克兰四千万居民的俄罗斯化和财产公有化，从而把火种扑灭。

　　赫鲁晓夫在担任斯大林的钦差大臣时，正值大清洗高潮时期。他的前任在六个月内清洗了 1937 年选举的乌克兰中央委员会中 70% 的中央委员。斯大林为了加快清洗的步伐，就把赫鲁晓夫调去接替他前任的工作。赫鲁晓夫没有辜负他的上司的期望。没有多久，1937 年选举的 166 名中央委员只剩下了 3 名。他还清洗了地方上五分之一的党委书记和数千名普通党员。

第二次世界大战中，希特勒军队入侵乌克兰时，乌克兰人民兴高采烈地欢迎他们，把他们奉为解放者，把乌克兰人民从赫鲁晓夫手中解放了出来。在 1943 年德国占领军挖掘出的九十五座"万人坑"中，发现共有上万具尸体。根据尸体身上的物品可以辨明，死者是 1937 至 1939 年间政治清洗的受害者。

1940 年在赫鲁晓夫监督下，苏联接管了波兰东部。当时根据希特勒 – 斯大林条约，波兰是被分割的。德国进攻苏联之后，赫鲁晓夫任中将，他不担任第一线的军官而是当政委，其任务是确保军队执行斯大林的命令。战后他又回乌克兰去处决勾结德国人的伪奸。不多久，他向斯大林夸口说，"那些带头的工人中，一半已经被干掉了"。

1953 年 3 月斯大林去世，但他的影响没有随之消失。在他执政的年代曾协助他进行统治而现在又继承他的人身上留下的烙印，可以说明这种影响依然存在。斯大林主义的教训是极其简单的。赫鲁晓夫凭直觉意识到，如果他不是处于最高级领导岗位上，或者没有朝着这个方向发展，那么他就将成为最高领导手下的牺牲品。智慧给他的启迪是，如果他没有能力去打垮他的敌手，或者他需要他的敌手帮他一起去消灭别人，那么他就得同敌手妥协。经验教他懂得了列宁这样一句话的价值，"重要的不是去战胜敌人，而是消灭敌人"。

斯大林去世后不久，立即展开了争当继承人的斗争。赫鲁晓夫在取得共产党第一书记的职务之后，受到主席团其他成员的嘲笑。秘密警察头子拉夫连季·贝利亚把他称作"我们的土豆政治家"。大家知道，卡冈诺维奇对于他从中尉跃升到显赫的地位是不高兴的。总理格奥尔基·马林科夫和斯大林时代十分厉害的外交部长韦切斯拉夫·莫洛托夫则认为赫鲁晓夫"不称职"。

赫鲁晓夫对这一切都耿耿于怀。他着手利用他得到的职权来伤害他的对手,正如斯大林在 30 年前对付他的对手一样。赫鲁晓夫一方面熟悉党的一套做法,另一方面又有一种不可思议的掌握时机的天赋、不达目的誓不罢休的坚毅精神以及毫不留情地争权夺利的本领,终于在 1957 年崭露头角。

他战胜了与之争权的对手。其结果是,斯大林去世以后最令人畏惧的贝利亚被逮捕并遭处决。在赫鲁晓夫的事业中起过最大推动作用的卡冈诺维奇在地方上担任一个没有公开名义的职务。被斯大林指定为接班人的马林科夫在西伯利亚管理一家小发电厂。而莫洛托夫,这位负责谈判希特勒—斯大林条约的人士,则在蒙古乌兰巴托同外交官们碰杯。

斯大林主义使赫鲁晓夫在秉性和信仰方面都成为一个极权主义者。他丝毫不能容忍反对意见,不论是出于同他进行权力之争的同事之口,还是出于同他进行辩论的我的口中。如果遇到势均力敌的情况,他会等待时机;当他意识到他处于有利地位时,就步步进逼。

我同他谈论问题时,他总是非常固执、寸步不让、毫无商讨的余地。在他看来,他永远是完全正确的,而我则总是错到不可救药的地步。在克里姆林宫的一次会谈中我以牙还牙回击他以后,他后退了。但另一方面,因为我没有就他在电视演播展览室里夸夸其谈的话作出反应,他就把我这种克制态度视为软弱而加以充分利用。

他在电视摄像机前作了咄咄逼人的表演之后,我们又去看美国住房展览室。当我们走到中间的过厅察看两边的房间时,他继续向我展开攻势。我们站在厨房展览室前开始讨论,谈洗衣机的问题。他发表了一篇莫名其妙的谈话,说什么为什么洗衣机只有一个型号要比多种型号好。我接着说:"我们比较一下各种洗衣机的优点不是比我们比较火箭的力量更好些吗?难道这不就是你要的那种竞赛吗?"

赫鲁晓夫听到翻译译完这句话后似乎生气了，他用大拇指按在我的胸口大声叫嚷道："是的，我们就是要这种竞赛，但你们的将军却说你们强大，能摧毁我们。我们也可以让你们瞧点东西，让你们知道知道俄国人的精神。我们是强大的，我们能够战胜你们。就算在这方面，我们也可以拿出点东西让你们瞧瞧。"

他已经提出挑战了。是让他摊牌的时候了。我说，"在我看来，你们是强大的，但我们毕竟也是强大的"，这时我把手指指向他，以引起他的注意，"在今天这个时代，要辩论谁更强大些，那是完全没有意义的。一旦爆发战争，我们会两败俱伤"。赫鲁晓夫想一笑了之，对我的论点不予理睬，但是我抓住不放，我接着说，"我希望总理能理解我刚才这句话的全部含义。如果你把你我两个强国中的任何一国逼到要么仰人鼻息、要么奋起作战，此外没有其他选择的境地，那你就是在玩弄世界上最具毁灭性的游戏"。

他猛烈地进行反击，他的情绪有好几次似乎已经到了失去控制的地步。但是我后来注意到，赫鲁晓夫"从来不发脾气，而是故意利用这种脾气"。这次他耍性子是想使我看起来像个坏蛋。他严肃地告诫我不要威胁他，而且极力否认他本人下过最后通牒。他大声叫嚷，"在我听来像是一种威胁。我们也是强大的。你们想进行威胁，我们会以威胁来对付你们的威胁"。

我说我们这方面从来不会进行威胁。于是他指责我间接地威胁了他。他故意歪曲我的用词，说："你刚才提到了含义的问题，我没有。我们有办法。我们的办法比你们的好。要竞赛的是你们，是的，是的，是的……"

我说我们十分了解苏联的力量，但我强调指出，在核时代，只有细微的差别，不论哪一方强些，都没有意义。赫鲁晓夫很快意识到运用这些办法捞不到更多的好处，因而想结束这场辩论。他半心半意地说，"我们要同一切国家，尤其是美国，建立和平和友好的关系"。

赫鲁晓夫性格中最本质的特点是多疑。我们离开住房展览室以后，百事可乐国际部总经理唐纳德·肯德尔给他端来一杯该公司生产的饮料。他以怀疑的眼光瞧着杯子不喝，等我先喝。我刚喝了一口，他就把这杯饮料一饮而尽。

我同赫鲁晓夫在所谓"厨房辩论"中进行的较量使我认识到他是个彻头彻尾的残暴的极权主义者。他从来不满足于各讲各的讨论。他不是凭借他的论点的逻辑性或雄辩之词，而是施展他夸夸其谈的本领和威吓人的气势，硬挑起争论来压我屈服，逼我保持沉默。

我对赫鲁晓夫性格的这种概括，在有些人看来可能过于苛刻。他们清楚地记得赫鲁晓夫开创了对审查制度稍加放松的所谓"解冻"时代，他还揭露了斯大林时代不公正的滥杀人的情况。但是这两件事都不能否定他的性格特征，相反却使其得到进一步的证实。

在"解冻"时期，赫鲁晓夫容许文艺在表现形式上有更大的自由，但是他自己却保留着什么该批判、什么不该批判的决定权。斯大林时代的许多恐怖事件遭到了抨击，但那些延续到赫鲁晓夫时代的事件不受攻击了。赫鲁晓夫严格实施文艺方面的规定，他知道要是给了知识分子一点自由，要防止其滚雪球似的不断扩大是很困难的。有一次，他对一批作家说，1956年如果匈牙利政府干脆打死几个挑起不满的作家，那场革命本来是可以制止的。他绷着脸，两眼盯着这些作家说，如果苏联发生类似的情况，"我是不会手软的"。

同样，1956年赫鲁晓夫在苏联共产党代表大会上作"秘密报告"谴责斯大林的恐怖统治，并不是因为他发现了什么道德败坏的新事例，而是一场预谋的政治赌博的一部分。赫鲁晓夫讲话字斟句酌，从不谴责斯大林残忍。他以赞许的口吻提到列宁说过的"无情地、毫不犹豫地采取最为激烈的方法"。他竟然把斯大林清洗"右倾分子"称作他对共产主义的伟大"贡献"之一。他谴责的只是可能与他的政敌有牵连的那些罪行。实际上，他通过歪曲斯大林进行大清洗的历史来推动自己发动的大清洗运动。

已被驱逐出境的持不同政见者弗拉基米尔·布科夫斯基揭发说，

尼基塔·赫鲁晓夫

当赫鲁晓夫在一次共产党会议上发言谴责斯大林的罪行时，听众席中有人给他递了一张条子，问他："当时你在哪里？"赫鲁晓夫在扩音器里念了这张条子，并大声说："这张条子是谁写的？请站出来！"过了一会儿，没有动静，显然这个人不打算站出来。"好吧！"赫鲁晓夫决心回答这个问题，他说："那时，我就在你现在待的地方。"

这段故事可能不足为信。不管它是真是假，它尖锐地说明，虽然赫鲁晓夫揭露了斯大林，但他基本保留了斯大林主义的制度。虽然赫鲁晓夫把斯大林从人民的头脑中驱除出去了，但并没有把斯大林主义从他自己身上清除掉。

我们在厨房展览室进行了一场激烈的辩论之后，赫鲁晓夫一转眼又成了宴会上友好的主人。在克里姆林宫里的一次午宴上，他要我们同他一起按照俄国的风俗把香槟酒的酒杯往火炉里扔。他也不再坚持要我们在剩下的几天访问期间乘坐俄国飞机，而允许我们乘坐自己的飞机了。

这些事例说明赫鲁晓夫为了缓和气氛改变了态度。他在实质问题上寸步不让，但在私人交往中却可以十分慷慨大方。他认为，如果在私人交往中大方些，因而在讨论重大问题时可以赢得一点优势的话，那付出的代价是值得的。他的所作所为生动地证明：个人之间的良好关系不一定有助于改善国家关系——这是政治家治国的一条颠扑不破的准则。

赫鲁晓夫知道，这种私人交往都是装点门面的。要说以亲切和蔼的态度和个人魅力作为斗争手段，那么，作为历史上最冷酷无情的领袖之一的约瑟夫·斯大林可能是最有办法的。在赫鲁晓夫以及后来的勃列日涅夫都以同样的态度对待我的时候，我更体会到哈里·杜鲁门为什么有一次把斯大林称为"好老乔"[①]。然而这种故意装出来的热

[①] "乔"为约瑟夫的爱称。

情态度丝毫不意味着他们将随之作出实质性的让步。

赫鲁晓夫在美国大使为他举行的正式晚宴上继续向我施展他的魅力。晚宴进行到一半的时候，他开始非常生动而具体地描述起俄国农村的旖旎风光。他突然提议我们立即动身去欣赏乡村景色。按照日程，我们应该在翌日上午前往他的别墅，但他很快安排我们在晚宴结束后就乘坐汽车踏上二十二英里的旅途，以便我们能在那里待一整天。

当轿车在寂静的公路上朝着赫鲁晓夫的夏季别墅疾驰的时候，我为能离开沉闷单调的莫斯科而感到快慰。我透过车窗领略夜景，回想起苏联首都毫无特色的市容，不禁寻思：与共产主义相联系的色彩不应当是红色，而应当是灰色。

赫鲁晓夫的夏季别墅坐落在莫斯科周围的密林中。1917年十月革命以前，这所房子是沙皇的夏宫，红色沙皇们接管政权若干年之后归斯大林所有。后来赫鲁晓夫登上宝座后，又转给了赫鲁晓夫。这所别墅是我所见过的最豪华的建筑，面积比白宫还大，四周是保持着原样的庭院和花园。一边还有大理石的台阶通往莫斯科河。我想，布尔什维克从从事地下革命的艰苦岁月到现在，经历了一条十分漫长的道路。

将近正午时分，赫鲁晓夫同他的夫人乘车前来。他炫耀着身上一件非常惹人注目的绣花衬衫，他就像豪华游艇上的公关经理，具有充沛的精力和无比的热情，他拉我们排成一行照相，然后把我引到一条游船上，在莫斯科河上游览。后来我们回别墅同夫人们共进午餐。我估计饭后我们将离开那里去进行正式会谈。

赫鲁晓夫把我们带到叶卡捷琳娜大帝时代种植的高大的桦树和松树林里。在浓密的树荫下放着一张长桌，桌上摆满了各种精美的俄国食品、烈性酒和饮料。虽然赫鲁晓夫素有饮酒海量的名声，但他只品尝了一些伏特加酒和葡萄酒。他十分喜爱佳肴名酒。但正如传闻所说，他始终是自己脾气的主人而不是自己脾气的奴仆，他这次完全是饮酒取乐，毫不影响办正事。在整整一下午的长时间会谈里，他头脑始终非常清醒。

开始进餐时的谈话十分轻松、热烈。上第一道菜时，米高扬副总理开始同坐在他对面、赫鲁晓夫旁边的我的夫人讲话。这时，苏联总理打断了米高扬的话，他训斥说："注意，你这个诡计多端的亚美尼亚人，尼克松夫人是属于我的。你老老实实待在桌子那一边吧！"接着他用手指头在桌子中央划一道线，宣称："这儿是铁幕，你别越过它。"

与此同时，我同赫鲁晓夫夫人谈得很愉快。这位苏联领导人没有企图对她实行礼仪上的控制。她同她丈夫一样，精力充沛，但不像她丈夫那样粗鲁。她那溢于言表、讨人喜欢的热情态度同赫鲁晓夫的严峻举止形成了对照。她不像丈夫那样没有教养，她有高雅的爱好，如古典音乐、芭蕾舞、法国和俄国文学等，而且在谈论这方面的问题时，显出她的知识相当丰富。

在头几道菜里有一盘非常精美的菜，那是西伯利亚的冻白鱼。鱼是生的，切成细条，上面撒上精盐和胡椒面，还有蒜泥。"这是斯大林最爱吃的菜，"赫鲁晓夫劝我尝尝，"他说吃这种鱼对他身体很有好处。"他要了两份，我决定也来它两份。

过了一会儿，招待员撤换盘子准备上下一道菜，这时赫鲁晓夫把谈话内容从外交寒暄骤然转到了严肃的军事问题。他开始吹嘘苏联导弹的威力和准确程度，并列举了载荷量和射程的统计数字。但接着他压低了嗓门，带着近乎遗憾的口吻说，大约一个月以前，苏联的洲际弹道导弹偏离了航线，飞向了阿拉斯加。赫鲁晓夫说，虽然这枚导弹没有携带弹头，而且最终掉到了海里，但他当时非常担心，万一落在美国领土上，就会闹出事来。

赫鲁晓夫越说越高兴，手舞足蹈地做出各种姿势，连铜管乐队的指挥也会对此钦佩不已。有时为了制止别人说话，他会像拍苍蝇一样，急速而轻巧地弹弹手。如果不能如愿，他会说上一句农民的土话来顶掉别人的话。他觉得听腻了对方的论点时，就会很不耐烦地抬眼仰望天空。当他要强调一个问题时，他总是伸出手臂，手指微屈，似乎抓住了昭然若揭的真理。当他生气的时候，总是举起双臂来回挥动，似乎要求乐队演奏的声音高一些。

我问他是否因导弹命中率提高而计划用其取代轰炸机。他回答说："我们几乎已停止生产轰炸机了，因为导弹的命中率要高得多，而且不受人的过失和情绪的影响。人常常因为情绪波动而不能把炸弹投中预定的目标，但对导弹你就不必操这份心了。"

他说他为全世界的海军感到遗憾。因为除了潜艇之外，海军舰只对导弹来说只不过是"坐以待毙的目标"而已，而且在未来的战争中，它们只能充当"鲨鱼的食物"。我问及他的潜艇规划。赫鲁晓夫回答说："我们能制造多少艘潜艇，就制造多少艘。"这时，米高扬给他使了一个警告的眼色，并说："主席的意思是我们为了防御目的，需要多少艘潜艇，就制造多少艘。"

当我问到苏联水下发射导弹所用固体燃料的研制情况时，赫鲁晓夫假装不懂。他说，"唔，这是个技术问题，我没法谈"。一位个人说了算的政府首脑，竟然还有没法谈的问题，我的夫人对此感到十分惊讶。这时米高扬又一次出来为他的上级解围。他说，"赫鲁晓夫主席要做的事太多了，即使他有三头六臂也不够用，因此需要我们这些人帮助他"。

于是我对赫鲁晓夫说，他夸大军事力量，会使国际紧张局势得不到缓和的，也不能通过谈判达成持久的协议。他似乎已同意收敛这种做法。但过了十秒钟，他又反悔了。他说他在火箭方面占优势，说要防御导弹是不可能的。接着他又笑着提到他讲过的关于悲观主义者和乐观主义者两人之间的辩论。据他说，这个笑话当时在英国流传很广，悲观主义者说只需要六颗原子弹就能消灭英国，而乐观主义者却硬说需要九颗到十颗。

我把话题转到苏联力图颠覆非共产党国家政府的问题。我告诉他说，我希望他不要天真地以为，克里姆林宫在给其他国家的共产主义运动发指示，美国毫不知情。我接着指出，他在波兰发表的一次讲话中就宣布过要支持全世界的共产主义革命。

他回答道，"我们是反对对个人实行恐怖统治的。但是如果我们支持其他国家的共产党起义，那就是另一个问题了"。他补充说，如果"资产阶级"不肯和平投降，就有必要进行暴力革命。

"换句话说，你认为资本主义国家的工人是'被奴役的'，因而他们被解放是合理的，是吗？"我问他。

他说"被奴役"这个词很粗俗，根本不科学。他还说，如果苏联支持一个国家内部的真正革命，这不算干涉别国的内部事务。

我质问他，1958年，我和我夫人在委内瑞拉加拉加斯时，遭受了共产党领导的暴徒袭击，为什么苏联报刊大加赞许？赫鲁晓夫一时不知所措。于是他侧身用低沉和激动的声音说："我们有句谚语说，'你是我的客人，但是真理是我的母亲'，因而我将回答你提出的这个十分严肃的问题。你是那里的人民表示义愤的目标。他们的行为不是针对你个人的，而是针对美国的政策，针对你们美国失败的政策的。"

我指出，超级大国的军事力量同革命者的热情一结合，那是很危险的。我还说，如果他不能做到万分小心，事态会发展到无法控制的地步。

我还对他说，他应该同艾森豪威尔会晤，并在互有得失的基础上讨论东西方之间的分歧问题，我还强调了双方都应该作出让步。我说："你口口声声说美国永远是错的，而苏联从来都是对的，这样做是不会赢得和平的。"

这再次激怒了他。他开始滔滔不绝地发表一篇关于柏林问题的长篇演说，几乎讲了一个小时，我一点都插不上嘴。当赫鲁晓夫平静下来的时候，我力图弄清楚他的立场有没有谈判的余地。我问他："假如坐在你对面的我是美国的总统，而不是副总统，那么你的立场是否也这样一成不变，甚至连总统的话都不想听？"

赫鲁晓夫说，这个问题提得"合理"，但他只能回答苏联不能接受的是什么东西。他于是干脆说，不管开不开首脑会议，他决不能允许西柏林的占领制度永久化。他要挟说，如果满足不了他的条件，那超级大国之间就有可能发生对抗。

我告诉他，不要指望艾森豪威尔总统会只是为了在苏联提案上签名而去参加首脑会议。他似乎同意这个说法，在整整一个下午头一次作了小小的让步。但他接着又说，他"宁愿去打猎，打野鸭子"，也不能单单为了批准美国的提案而去出席首脑会议。这时，他显然没有兴趣继续争论下去了，大家似乎都有点头昏脑涨了。不多一会儿，他站起身来表示午餐已经结束——从开始入座到这时已经五个多小时了。

赫鲁晓夫给我留下的印象是精力异常充沛、训练有素、具有惊人的耐心。他很像一个体魄强壮但技术不高的拳击手，他稳健地站在那里，一边发出口头攻击，一边准备接受向他袭来的口头攻击，一点也不放松。他低头躲闪，并不断移动身体，寻找机会出击、连续出拳或屈臂上击，试探我防守的力量，力图赢得一分，或削弱我的防守，或把我击倒。如果某一个论点说不通，他就变换另一个论点。如果失败了，他再试第三次、第四次。如果我把他逼到场地角落，他或是摇摇晃晃走过来，或是从场地外边窜过来，改变话题。他是玩弄那套拳术的能手，从来不让我划定辩论的范围，总是把我的问题加以重新解释，使之对他有利。后来，当汤普森大使谈起这点时过于客气。他说道："在拳击场地里，他们有一名重量级运动员，我们也有一名重量级运动员。两人打了个平局。"

当我们的飞机从莫斯科飞往华沙的时候，我有一种非常沮丧的感觉，因为我意识到，苏联人民——其中大多数人对我们表示热烈欢迎——几乎肯定是永远无法摆脱令人窒息的沉重压迫的。但即使如此，我还是很快就明白赫鲁晓夫为什么对关于被奴役国家的决议如此敏感。

当我们的车队开出巴比采机场时，我就觉察到，华沙的情况可能有所不同。波兰的仪仗队是走俄国式的正步接受检阅的，当我们的汽车经过时，仪仗队向我们鼓掌欢呼。我不禁想到，赫鲁晓夫必须重新考虑，如果同西方打仗，是否能依靠这些人。波兰政府生怕有人把我这次受到的欢迎同仅仅几天之前赫鲁晓夫受到的冷遇做对比，所以没有公布我们车队行进的路线。但是，"自由欧洲"电台广播了，这个消息犹如野火一般迅速传开了。

我和我的夫人多年来出访各国，如1953年在东京，1969年在布加勒斯特，1971年在马德里，1974年在开罗，曾受到过热烈的欢迎，但没有一次像我们那天在华沙那样受到如此热烈的自发的欢迎。估计有二十五万人挤在人行道两旁并拥向街头，一次又一次地拦住我们的车队。有人喊叫，有人歌唱，还有许多人欢呼。

人们将数以百计的花束扔进我的汽车和我夫人的汽车里，甚至也扔进跟随在我们后边的新闻记者的汽车里。有人对那些挤进人群的新闻记者说："这次用的花都是我们自己买的。"赫鲁晓夫来访时，波兰政府宣布放假一天，派车把孩子们和政府工作人员送到车队经过的沿途，并给他们买了花，让他们在"自发"表示欢迎时往车里扔。许多人将那天的花留待欢迎我们时用。当我们的汽车在华沙街道上缓慢行驶的时候，人们高呼："美国万岁！"高唱《祝你长寿》歌。

因为有了这一次经历，所以1980年几百万波兰人一拥而起反对共产主义时，我没有感到意外。历史上从来没有一国政府在将其统治领域扩大到其他国家方面如此成功，也没有一国政府在赢得那些国家人民的赞许方面失败得如此惨重。

那天我们在华沙受到的极为感人的欢迎增强了我长期以来对共产党控制的东欧国家所抱的信心。然而，不管我们对他们多么同情，我们都必须注意，不要去鼓动受压迫国家的人民挑起1956年赫鲁晓夫对匈牙利人民进行的那种武装镇压。同时，我们必须坚持不懈地努力使我们与东欧和苏联人民交往的渠道保持畅通，并且注意不要使我们的任何行动扑灭了他们所抱的一线希望，即有朝一日要摆脱沉重的共产主义压迫。正如约翰·福斯特·杜勒斯临终前几个月说过的那样："共产主义顽固地坚持谬误，让我们坚定不移地坚持正义吧。"

在赫鲁晓夫的乡间别墅举行的午宴结束以后，我把赫鲁晓夫招呼到一边，同他进行了私下交谈。我们就他刚收到艾森豪威尔邀他访美的请柬一事进行商谈。我告诉他，我们要给予他合乎礼仪的欢迎，如果在日内瓦举行的有关柏林问题谈判的僵局有所打破，那么这样的欢迎是不成问题的。赫鲁晓夫很冷漠，对此没有表态，而葛罗米柯则和他在日内瓦时一样，不肯妥协。

艾森豪威尔决定邀请共产主义世界的领导人访问美国一事引起了一场激烈的争论。主张强硬路线的保守派和东欧裔美国人强烈反对这一决定。他们认为，这一访问会造成苏联在道义上与美国平等的错觉，从而会削弱美国人民同共产主义斗争的意志。我不同意这种观点。虽然美国人生来容易相信别人并且十分友好，但他们不会仅仅因为共产主义领导人在车队的一辆敞篷汽车里向他们挥手致意就在反对共产主义的斗争中却步不前。

我认为邀他来访是个好主意，只要这样做不致引起人们的安全感。比如，很多人认为，只要我们反复向赫鲁晓夫保证我们抱有和平的意图，这位苏联领导人就会缓和其僵硬态度，解决东西方之间悬而未决的问题。新闻界的某些人，甚至政府中也有少数人，竟然天真地认为，如果艾森豪威尔对赫鲁晓夫很尊重，宽宏地以礼相待并以总统遐迩闻名的魅力去感染他，那么在解决我们的根本分歧方面就会有实质性的进展。

我不同意这种对待赫鲁晓夫的做法。根据我的经验，我觉得，赫鲁晓夫可能会把我们过分温和的态度误认为软弱。我不指望在解决根本分歧方面有任何重大进展。对艾森豪威尔来说，至关重要的是要使赫鲁晓夫认识到，他既是一个有礼貌的、通情达理的主人，又是一个不任人摆布的强有力的领导人。

我认为，赫鲁晓夫访美的首要意义是可以对他起教育作用。他知道美国在军事上和经济上是强大的，但是他所属的思想体系又使他认为，不公正的现象在资本主义社会比比皆是，并不断削弱它的实力。赫鲁晓夫从他的助手那里间接听到的情况往往加深了他这一观点，他们告诉他的是他想听的东西，而不是他需要知道的情况。事实上，赫鲁晓夫所依据的是卡尔·马克思一百多年前所描绘的已经完全过时的资本主义情景，何况这种描述即使在当时也是根本错误的。赫鲁晓夫反复叙述着关于自由社会的弊病和缺点的谎言，因为他经常说这些谎话，他自己也就确信无疑了。我觉得，如果赫鲁晓夫能到美国各地参观一下，他的这些错觉会彻底消除的。他会认识到美国的基本力量及其人民的意志。

1959 年 9 月赫鲁晓夫抵达华盛顿，他是历史上第一个踏上美国国土的俄国领导人。他十分了解这件事的意义。但他也比我以往见到过的任何其他来访的贵宾更计较礼仪上的哪怕是细小的差异。他把任何偏离正式日程的做法都看做是损害其国家荣誉的表现。他动辄挑衅，如果别人不予理睬，他就自己说个没完。

在他到达美国之前几天，我发表过一次即席谈话，说苏联人发射过三颗月球卫星，而不是像他们声称的，只发射了一颗，因为总是射不中月球，不得不重来。赫鲁晓夫听说后，认为损害了苏联的威望，而且认为这是我希望他这次访美之行失败的表示。他在访美期间宣称，他要"把手放在《圣经》上发誓"不是那么回事，并且向我挑战说，如果我真认为我的说法是正确的，那么我也得发誓。他攻击我在美国牙科协会年会上的讲话中关于苏美关系的论点。他故意无视我在美国退伍军人协会和参加过国外战争的退伍军人协会年会上的讲话。这两个组织几乎都要发表谴责赫鲁晓夫访美的声明。我极力说明给赫鲁晓夫以合乎礼仪的欢迎具有重要意义，他们才没有这样做。

艾森豪威尔邀我到椭圆形办公室出席最高级会晤的第一次预备会议。赫鲁晓夫同我握手时脸上没有一丝笑容，他以辛辣的口吻谈到我们在莫斯科的辩论。艾森豪威尔试图安抚赫鲁晓夫，说他看过从莫斯科带回的全部电视片，认为我们两人都很好地把控住了自己，并且以礼相待。

于是赫鲁晓夫抱怨我反对他访美，竭力破坏对他的欢迎。为了证实这一点，他还提到了我最近的一次讲话，他说："我读了那篇讲话以后，再看到美国人民以如此宽容和明显的友好态度欢迎我们时，感到十分惊讶。在苏联，如果我事先公开讲话反对来访的那位客人，那就根本不会有什么人去欢迎他。"我提醒他别忘了在我到达莫斯科时，他曾在讲话中对我进行了恶毒的攻击。赫鲁晓夫声称我的讲话更坏，接着要艾森豪威尔裁决，究竟谁的讲话更具有挑衅性。艾森豪威尔和我互相示意，表示如果他们两个人单独谈话，情况会好些，所以我立即找了个借口离开了会场。

我们在安排赫鲁晓夫到美国各地参观的计划时，我觉得选择合适的陪同很重要，因为赫鲁晓夫势必要对我们的政策进行莫名其妙的攻击，所以陪同必须能很好地对付他。我建议派驻联合国大使亨利·卡伯特·洛奇去，我认为他担负这项工作最合适。艾森豪威尔非常同意我的推荐。洛奇是一位老练的外交发言人，在联合国东西方辩论中能很好地把控自己，而且根据他的级别，完全有资格充当赫鲁晓夫的正式陪同。洛奇的工作很有成效。几乎每到一处都由他去打掉赫鲁晓夫讲话中的嚣张气焰，而他总是以有礼貌的方式给赫鲁晓夫以沉重的打击。

这次旅行结束之后，洛奇告诉我说，赫鲁晓夫是"苏联的哈里·杜鲁门"。尽管他们俩都很朴实、直截了当和粗俗，但我可以肯定，两人都不会喜欢这种比较。洛奇觉得赫鲁晓夫在这次于美国各地的旅行中受到了真正的教育。他告诉我，当这位苏联领导人看到加利福尼亚州的许多工厂停车场上停着成千上万辆工人的汽车以及衣阿华州玉米田的劳动生产率高得惊人时，他诧异得张开了嘴。怪不得他在访问之后告诫毛说，美国不是一只纸老虎。

赫鲁晓夫到美国各地参观访问后和艾森豪威尔一起到戴维营去商谈一些关于双边问题的协议。艾森豪威尔要我参加在阿斯彭别墅客厅里举行的第一次全体会议。赫鲁晓夫显然无意达成任何协议，他很快把火力对准了我。他双眼直盯着我说，艾森豪威尔政府中许多成员都想改善同苏联的关系，但是还有一些成员希望继续执行对抗政策。他紧盯着我看，其含意是十分清楚的，但是我没有作答的理由。因此，艾森豪威尔插嘴说，他的政府一致支持现行的对外政策。

由于赫鲁晓夫具有俄国人特有的自卑感，并且念念不忘苏联的威望，因而在人们不可能有意要伤害他的自尊心时，他也总是感到自尊心受到了伤害。全体会议结束后，我们共进午餐，我想使谈话的气氛轻松些，于是问赫鲁晓夫在假期最喜欢干什么。他说他喜欢到黑海海滨游泳或者去乡间打猎。艾森豪威尔说，他喜欢出去钓鱼和打高尔夫球，但是他发现很难避免电话的不断干扰。赫鲁晓夫听了译员的翻译之后生气地说："我们苏联也有电话，事实上，我们的电话不久就要比你们美国还多。"艾森豪威尔意识到他的客人不是在开玩笑，简直忍俊不禁了。

午饭后，艾森豪威尔和我都认为我应该回华盛顿去，但愿在我不在场的情况下他和赫鲁晓夫能进行一些建设性的会谈。总统尽量用他通情达理的态度和有感染力的风度去争取这位苏联领导人。但赫鲁晓夫却因苏联最近在星际探索方面取得了一些成就而趾高气扬，与其说他在同艾森豪威尔谈判，不如说在捉弄他。艾森豪威尔在结束同赫鲁晓夫的会谈时认识到，世界上所有的祝酒、宴会以及娓娓动听的外交辞令都不能使赫鲁晓夫从他所采取的死硬立场上挪动一步。尽管如此，赫鲁晓夫至少认识到，艾森豪威尔外表温和，但内心是个钢铁般坚强的人。

我最后一次见到赫鲁晓夫是在他回国前不久在苏联大使馆举行的招待会上。我对他说，我认为他的访问是顺利的，他受到了有礼貌的，并且往往是十分热情的欢迎。他愤然反驳说："如果访问顺利，那也不是因为你想要它顺利。据我所得到的报告，你是想使这次访问失败的。"

我意识到在这种频繁的交锋背后他可能抱有什么意图。赫鲁晓夫知道，1960 年将进行总统选举，而我又可能是候选人。"厨房辩论"之后我的名声越来越响，这显然使赫鲁晓夫很恼怒，他进行回击的方式倒说明他本领不小。

首先，赫鲁晓夫试图破坏艾森豪威尔政府的声誉。他说他可以通过影响艾森豪威尔的声望来影响我的声望，这是有道理的。他一定推想：如果美国人民认为总统能够改善美苏关系，他们就会把总统选中的接班人看成是他们最好的选择。如果总统显得无能，美国人民就会抛弃我。1960 年赫鲁晓夫的部队在俄国上空击落了一架美国 U-2 型间谍飞机，因此他使四国巴黎会议流了产，他还无耻地利用这件事，力图使艾森豪威尔显得像个蠢材。使美国难堪显然符合他的利益，而且他也不会放过一切机会去损害对手当选的可能性。

也许有人会提出这样的论点：赫鲁晓夫因为苏联领空受到侵犯而真正感到不安。但是，除 U-2 飞机事件外，我想不起他什么时候装出过一副苏联从不进行间谍活动的伪君子模样。1959 年我在他的别墅与他共进午餐时，他凑近我的耳朵说，他已得到一份"美国战争行动计划"，并怀疑我们的间谍也得到了苏联的计划，他甚至就间谍问题开玩笑。1959 年在白宫举行的欢迎赫鲁晓夫的晚宴上，我们把他介绍给了中央情报局局长艾伦·杜勒斯。赫鲁晓夫就此俏皮地说："你看的报告我也看。"还建议把我们两国情报网合并在一起，以节约开支，"这样我们就不必为同一情报付两次钱了"。我情不自禁地将这位苏联领导人介绍给 J. 埃德加·胡佛。赫鲁晓夫听到胡佛的名字后，挤了挤眼睛说："我想同样类型的人我们也有好几个。"

他对我总采取好斗的姿态是有目的的。他必欲使新闻界知道我俩水火不容而后快。这样一来，关于"赫鲁晓夫如何不喜欢尼克松"的许多故事很快就传开了。这些故事达到了预期的目的。临近大选的时候，国务卿的妻子克里斯琴·赫脱夫人极力敦促我对这些传说采取一些行动。她说，她的朋友们对她说，他们可能投肯尼迪的票，因为肯尼迪能与赫鲁晓夫"合得来"，而我与他合不来。大选之后，赫鲁晓夫公开地向记者吹嘘说，他曾竭尽全力促使我失败。几年之后，他甚至对肯尼迪说："是我们使你当上总统的。"

赫鲁晓夫的战略是否真的帮了肯尼迪的忙而损害了我，乃是一种猜测。但是，像 1960 年那种大选在即的情况下，少部分选票就可以大大改变大选的结局。几乎所有的观察家都一致认为，赫鲁晓夫的行动没有帮我的忙，他采取的行动肯定不是为了帮我的忙。

赫鲁晓夫的外交政策可以像他干预美国政治那样巧妙，也可以如同苏联装甲师那样直截了当。他的目标是征服全世界。这一点永远不变，是受到俄罗斯传统和共产主义思想鼓舞的。正如康拉德·阿登纳告诉我的，"毫无疑问，赫鲁晓夫想统治全世界。但是他不要战争。他不要城市化为废墟和尸横遍野的世界"。

赫鲁晓夫打着"和平共处"的旗子在全世界招摇过市，但是他渴望和平的诚意始终是值得怀疑的。查尔斯·波伦大使有一次告诉我，1955 年日内瓦会议之后，许多美国官员都大错而特错地相信了赫鲁晓夫对和平真有"诚意"。我问他，这是否意味着赫鲁晓夫不要和平？

他回答说："问题不在这里。赫鲁晓夫要的是这个世界。但是他和我们一样，晓得现代战争所带来的后果。他想在没有战争的情况下实现他的目标。从这一意义上讲，他要求和平。错就错在说他是真诚地要求和平。我们是理想主义者，他们是唯物主义者。"他指着摆在我们面前的咖啡桌补充说："你与其说赫鲁晓夫或其他任何共产党人有诚意，还不如说这个咖啡桌有诚意。他争取和平并非因为他有诚意，而是因为他认为，当前在没有战争的情况下推进他征服世界的目标最为有利。"

也许对赫鲁晓夫和平共处理论的最好解释是我最后一次见到约翰·福斯特·杜勒斯时听到的。那次见面后四天，杜勒斯因癌症而去世了。我当时正在作 1959 年访问苏联的准备，我到沃尔特·里德医院杜勒斯的病床边去征求他的意见。我告诉他说，一些人敦促我设法使赫鲁晓夫相信我国对苏联没有侵略意图而是真诚希望和平。我问杜勒斯他认为我主要应向赫鲁晓夫强调什么问题。

杜勒斯在回答问题时通常先停下来想一想然后再讲，这次他停留的时间比以往更长。然后他说："没有必要让赫鲁晓夫相信我们的好意。他知道我们不是侵略者，没有威胁到苏联的安全。他了解我们，但是他需要知道的是我们也了解他。他说他主张和平竞赛，其真实含意是只在我们的世界里进行他的制度与我们的制度的竞赛，而不在他的世界里进行。他所宣扬的和平共处意味着在共产党世界里太平无事而在非共产党世界里经常存在敌对与战争。"

这一评论也许比我听到的其他任何评论更有力地抓住了赫鲁晓夫"和平共处"政策的实质。赫鲁晓夫在自由世界中极力玩弄强权政治的游戏，但是他认为共产主义集团的国家是禁区。赫鲁晓夫游戏的规则根本是不公正的，但不幸的是他以强大的军事力量强行实施他自行制定的规则。

赫鲁晓夫虚张声势是要掩盖一种惶惶不可终日的不安全感，但又掩盖不住。不过他那种自找的不安全感也是俄国人特有的，彼得大帝时代就有先例。彼得大帝向欧洲打开了俄国的大门，结果暴露了他的国家实际上比世界任何其他地方都落后了几个世纪的事实。从那时起俄国人就一直在尽力赶上来。

在我出访之前，英国首相哈罗德·麦克米伦告诉我，赫鲁晓夫特别愿意炫耀俄国人的国宝。特别是沙皇的珠宝与黄金。麦克米伦发觉赫鲁晓夫非常想"被接纳进入俱乐部",而且希望不是仅仅因为他控制着苏联强大的军事力量,而是因为他本人是个重要的国际人物而接纳他。我们同意吸收他加入"俱乐部",条件是他要遵守俱乐部的规矩。

赫鲁晓夫和他的接班人勃列日涅夫为使俄国成为一个真正的欧洲国家作了很大的努力。可以说斯大林像毛泽东一样,基本上是个民族主义者;而赫鲁晓夫像周恩来一样,是个国际主义者。斯大林很少离开苏联,但赫鲁晓夫是个环球旅行者,他在当政的十一年时间里作了五十二次国外旅行。勃列日涅夫与我谈论中国时,经常向我侧过身来,好像我们是心腹朋友似的窃窃私语道:"我们欧洲人必须联合起来,建立壁垒,防备可能发生的中国的侵略。"

我想赫鲁晓夫被西方吸引主要是出于他对西方经济成就的钦佩。他极力想使穷困的苏联人民取得经济上的进展。他也明白,如果没有这种进展,他霸占全世界的目标就是白日做梦。但是,在他需要西方式进步的同时,他又坚持共产主义政策,这两者是水火不相容的。关于这一点,在他设法将西方经济思想纳入僵化的苏维埃思想体系时,他也发现了。他想要的是没有西方意识形态的西方进步,但结果他什么也得不到。

赫鲁晓夫的政治生涯急剧结束这一点只有他的个人风度可与之相比。1960年10月,当三个宇航员乘坐的火箭就要在贝克诺尔宇航中心发射时,赫鲁晓夫打电话给他们,祝他们顺利,并告诉他们他正在为他们返回地面做盛大欢迎的准备工作。赫鲁晓夫把电话挂了之后,列昂尼德·勃列日涅夫也打电话给这三位宇航员,祝他们顺利。赫鲁晓夫部下的这种举动是前所未有的。

在外层空间飞行期间,赫鲁晓夫又通过无线电话与在"东方"号飞船中的宇航员通话。电话快要打完时,他以令人奇怪的先知的语言说:"米高扬同志在我身旁,我毫不夸张,他正从我手中抢走电话,我抢不过他。"当三个宇航员经过七天的飞行返回地面时，很引人注目的是赫鲁晓夫没有在公开场合露面，他已被无声无息地清除了，成了靠政府救济金生活的失宠政客。

赫鲁晓夫的同僚为什么要赶他下台，有两个根本原因。第一，尽管大多数苏联领导人把他们的胜利归功于赫鲁晓夫，但他们都对赫鲁晓夫那种反复无常和难以预测的管理国家的办法感到越来越不舒服。每当斯大林采取一套新的政策时，他总把支持老政策的人清洗得一干二净。赫鲁晓夫亲自为斯大林进行清洗时毅然决然，但他为自己进行清洗时却不是那么果断。党的领导成员们有可能丢官，但很少会丢脑袋。苏联问题专家罗伯特·康奎斯特评论说："这样造成的后果是，赫鲁晓夫招致他同部下的对抗，但他没有把他们吓倒，这是他一个致命的错误。"

第二，俄国领导集团简直为他感到羞耻。赫鲁晓夫的小丑形象以及他对外国客人的侮辱可能会暂时把他的同僚们逗乐，也会使得苏联特权阶层高兴一时。但是，有着强烈自卑感的俄国人希望能在国际舞台上有所作为。在我与苏联领导人举行最高级会谈时，几个苏联官员向我表示说，赫鲁晓夫败坏了他们的声誉。"感谢上帝，我们已经除掉了那个蠢货。"一位苏联外交官听到赫鲁晓夫下台的消息后说，"他使我们在全世界面前显得像个傻瓜。"

赫鲁晓夫由世界上第二强国的绝对领导地位降到了苏联人所说的"无名小卒"的地位。他实际上被终生软禁了，被关在他的普通的寓所或简陋的乡村住宅中，有时也在严密监督下乘车外出。对许多有影响的领导人来说，大权旁落后的生活是难熬的，但对赫鲁晓夫来说简直比死还要难受。当他偶尔在公开场合露面时，可以很明显地看出，他靠退休金维持的生活在折磨着他。他已不再有他那令人震惊的精力，从他的眼睛里已看不到过去的神采，说话声音小得像是在耳语，你努力听也听不到。

1965 年我到莫斯科进行私人旅行，有一次我与两个苏联陪同一起吃饭时，一个加拿大新闻记者建议我到赫鲁晓夫的寓所去看望他一下。我的两个陪同履行他们的职责，天天陪着我。我就告诉他们我要去厕所，然后和我的加拿大朋友悄悄地溜出后门，乘一辆汽车前往赫鲁晓夫简陋的寓所。当我们到达那里时，两个高大肥胖的女人把着门口。其中一个一手拎了一桶水，一手拿着拖把。这位加拿大朋友会讲俄语，他当我的翻译，我问我们能否看一下赫鲁晓夫。一个女人回答道："他不在这儿，我不知道他在什么地方。"从那个女人的神气看，赫鲁晓夫简直可能已经与他的登月火箭一起上了月球了。

我给赫鲁晓夫留了一张纸条，上面写着：希望有一天我们能再见面。我想他也许永远收不到这张纸条了。几年过去了，1971 年他去世以后，我听说我想见见他的愿望曾被转告了他，他为没能见到我感到很遗憾。

当我与赫鲁晓夫进行激烈的"厨房辩论"时，我觉得有人撞了我一下。他试图从人群中挤到厨房与门厅中间的栏杆附近占一个好位置，我瞧了他一眼，他却没注意到，只是全神贯注地听我和赫鲁晓夫的辩论。他对我们的辩论只有过一次反应。当赫鲁晓夫高叫"我们也是强大的"时，他使劲地点头。当时我对此人没有在意。后来我才知道这个人的名字叫列昂尼德·勃列日涅夫。十三年之后我与他又相会了——但不是另一次偶然的撞见，而是在一次为世界最强大的两个国家的领导人举行的一次首脑会晤中。

勃列日涅夫在克里姆林宫会见我的地方正是我第一次与赫鲁晓夫见面的那间办公室。勃列日涅夫热诚地与我握手。除去呆板而谨慎的微笑外，他那大方脸和晶莹的蓝色眼睛给我留下了较深的印象。如同赫鲁晓夫一样，他打手势让我在房子另一边的长桌前坐下，他先是以一种几乎是敷衍的态度抱怨我们在越南的行动。在做这番例行公事式的声明以后，他的态度明显地变得热情起来。他说，我们之间有必要发展如同第二次世界大战期间罗斯福与斯大林那样的个人关系。

我答道，在回顾了同盟国首脑间的关系史后，我发现大战期间，低级官员间达不成的协议往往经过首脑会谈就可以解决。我又补充说："这就是我愿与总书记建立的关系。"

他以显而易见的高兴情绪回答说："那我太高兴了。就我而言，我随时随地准备这样做。"接着我又说，如果我们把所有决定留给官僚主义者们去做，那我们什么问题也解决不了。他哈哈大笑，并用手掌拍着桌子说："我们会被他们的文件埋起来的！"我们就是以这种愉快而有希望的语气结束了第一次简短的会晤，这次会晤与我同赫鲁晓夫的第一次会见形成鲜明的对照。

勃列日涅夫成了苏联的第四任绝对统治者。我将以美国总统的身份与之进行三次首脑会晤。他于 1906 年生于乌克兰一个工人阶级的贫民窟里，在列宁时代度过了青年时期，在斯大林清洗阶段是一个上升的共产党干部，在赫鲁晓夫执政时期是一个受到信赖的助手。勃列日涅夫是个组织者而不是幻想家，是技师而不是思想家，然而他却是个忠诚而无情的共产党人。他领导苏联第一次在世界上坚持不懈地谋求霸权地位。

勃列日涅夫和他大吹大擂的前任形成了有趣的对比，耐人寻味。赫鲁晓夫穿的是普通袖口的衬衫和极不合身的外衣，而勃列日涅夫的衬衫是法国式袖口，袖口上缀着金纽扣，再配上裁剪合身、料子讲究的西装。乘车时赫鲁晓夫几乎总是坐在司机旁边，而勃列日涅夫总是缩在车子后排的长毛绒坐椅上，对司机连个头也不点。

这两个人即使对某件事同样都感兴趣，各自的做法也大不相同。例如，他们都喜欢打猎。赫鲁晓夫对打野鸭子的全过程都感兴趣，从坐在船上欣赏水浪轻轻荡击船帮的声音到静待一群野鸭突然展翅起飞。而勃列日涅夫告诉我，他喜欢打野猪。但他显然缺乏赫鲁晓夫的捕猎技术。他只是坐在乡村住所的门口等候战利品的到来。如果野猪溜到他为诱捕它们而特地撒了玉米的地方时，他便用装有瞄准器的枪把它们击毙。

打猎不是勃列日涅夫唯一的嗜好，他还十分喜欢技术上的新玩意儿，例如自动门和新式电话按键等。有一次勃列日涅夫把他心爱的新烟盒拿给我看，里面装有为控制他抽烟而设计的计时器。每隔一小时他便郑重其事地从盒中取出一支定时供应的香烟，然后将烟盒盖紧。几分钟之后，他又将手伸进外衣口袋掏出另一个普通烟盒，在一小时时限来到时，他还可以抽一支烟。这充分表现了既守纪律又松松垮垮的典型的俄罗斯人特点。

勃列日涅夫这位世界上第一个"工人阶级国家"的领导人还收集资本主义国家生产的最豪华的汽车。1973 年当我们在戴维营举行首脑会谈时，为了纪念他到此访问，我送他一辆深蓝色的"林肯大陆"牌轿车作为正式礼品。他主张马上就试一下，随即跳上车坐在方向盘后面，并示意让我坐在后座。他开动引擎，我们慢速驱车到戴维营周围的一条狭窄小道上。听说勃列日涅夫常常在莫斯科一条要人车道上开车，毫无干扰。我真不愿去想，假如有一辆特工的或海军的吉普车突然开到这条单行线的小道上，会引起多大麻烦。

这条小道上有个很陡的斜坡，斜坡顶上有"急转弯，请慢"的标记。在那里即使开一辆打高尔夫球用的小车，我都认为有必要使用刹车，以免到坡底急转弯处发生车祸。当我们的车快开到斜坡时，勃列日涅夫以每小时五十多英里的速度驱车前进。我探过身去说："慢点！慢点！"但他毫不在意。当我们到达斜坡的底部时，他猛踩刹车拐弯，车轮的胶皮吱吱作响。试完车后他对我说："这辆车很好，开起来很稳。"我回答道："你是一位出色的司机，如果我按你的速度经过那个斜坡，那个弯我是拐不过来的。"我心里想，外交可不是一门简单的艺术。

勃列日涅夫喜欢过舒适的生活，喜欢划船、赛马和漂亮姑娘。1973 年戴维营首脑会谈期间，当我到他的别墅进行第一次会见时，一个非常漂亮而苗条的年轻女人刚好离开他的别墅。勃列日涅夫的翻译向我介绍说，这是他首长的女按摩师。当我与她握手时，我闻到她身上散发出一种香味。她用的是法国最好的"琴声牌"香水，我的夫人正好也爱用那种香水。

在世界各国领导人中勃列日涅夫并不是唯一的喜欢豪华与享受的人。但他是苏联第一个如此贪图享受而不以为耻的领导人。1976 年当我访问中国时，在一次与"人大"副委员长的长时间谈话中，这位副委员长再三向我重申：苏联人与中国人不同，他们是修正主义者，因为苏联政治和文化领域的领导阶层过着特权生活。他说："你可以设想，党政领导人、艺术家、科学家等都成了百万富翁，他们的行动也像是百万富翁。这就是苏联今天存在的问题！"虽然他省略了对中国社会的批评，但他对苏联的批评是击中了要害的。

勃列日涅夫和他的同僚组成的不是别的，而是一个"新的阶级"，这个阶级远远脱离了普通的苏联老百姓，把他们的利益置诸脑后。实际上，在我对苏联的每次访问中，我总不禁要想：共产党领导阶层比任何资本家集团的所作所为更符合马克思对统治阶级所下的定义。

有一次我听到一个关于勃列日涅夫的笑话，形象地表明了这种矛盾。有一天勃列日涅夫带他的母亲到他豪华的别墅参观，在他自豪地领她参观了漂亮的花园、镀金的门厅和奢侈的卧室之后，他的母亲惊异地说："列昂尼德，所有这一切都很漂亮，但是如果共产党人回来了，你怎么办呢？"

勃列日涅夫在私生活方面也许是"新沙皇"，但他的外交政策却退回到了老沙皇的扩张主义。如果他是旧政权时期的领导人的话，他会被称为"列昂尼德大帝"，这是由于他成功地把俄国的影响扩大到世界各地而赢得的盛名。在他的领导下，苏联和它的共产党盟国已控制了越南、柬埔寨、老挝、埃塞俄比亚、南也门、安哥拉、莫桑比克，最近又控制了堪称"亚洲命运的旋转门"的阿富汗。除此之外，莫斯科还在加勒比和中美洲扩大它的共产主义桥头堡，这是一个危险的征兆。

赫鲁晓夫下台以后，犹如赌博的玩家变了，赌博照样进行。勃列日涅夫的目标与赫鲁晓夫的一模一样：加强苏联实力，加强苏联的对外控制，利用一切机会输出共产主义。赫鲁晓夫是个粗俗而狂暴的领导，他必须这样，因为他手中掌握的王牌很少。而勃列日涅夫可以表现得亲切些，因为通过极为强大的军事实力他自己捞到了一些大牌。

赫鲁晓夫和勃列日涅夫在个人外交上与林登·约翰逊差不多。他们好像一定要靠手脚并用来强调他们所说的话。赫鲁晓夫的感触外交几乎总是恫吓，不是通过贴近我，就是企图伸手戳戳我的肋骨来恐吓我。当勃列日涅夫伸手触碰或抓我手臂时他是一种恳求而非恐吓。但是，如果他这些较温和的办法不足以说服我时，他也可能采用强制手段。

勃列日涅夫使我感触最深的是他的感情反复无常，一会儿讲起话来好似有一种希望将和平传统留给子孙的诚意，一会儿他又毫不含糊地强调他有权控制世界其他国家的命运。

勃列日涅夫的态度从友善变为无情，竟然能泰然自若，是很不寻常的。1972 年在我们举行最高级会谈期间，他兴致勃勃地带我们代表团中的几个成员去莫斯科河泛舟，当我们在河里航行时，勃列日涅夫嬉皮笑脸地用胳膊轻轻推我一下，并骄傲地指着时速表让我看，上面指明的行驶速度是每小时 90 公里。

这一愉快的郊游结束之后，晚饭前勃列日涅夫让我们坐在一起开个会。勃列日涅夫刚才还开玩笑地拍了一下我的后背，这时却开始愤怒地谴责我为结束越南战争而作的努力，并指责我通过我们与中国的新关系向他施加压力，我即刻想起了杰凯尔博士和海德先生①。这不过是一连串攻击的开头。紧接着，勃列日涅夫、阿列克谢·柯西金以及尼古拉·波德戈尔内轮流发动尖刻的口头攻击，就像是克格勃轮番

————————

① 指有善恶二重人格的人。

审讯一个不易攻破的可疑分子一样。这次攻击长达三小时。

然而会议结束不久，我们到楼上吃饭时，席间进行的却是十分热诚的谈话。我又开了以往开过的玩笑，说不要让基辛格喝得太多，因为过一会儿他还要与葛罗米柯会谈。这句俏皮话逗乐了苏联领导人，他们便故意不断给基辛格斟伏特加酒，就好像刚才楼下那场尖刻的会谈没有发生过似的。

勃列日涅夫和他同时代的许多苏联领导人一样，当讲到战争的痛苦时便特别容易感情冲动。第二次世界大战中苏联有两千万人丧失了生命。那些灾难的岁月就如同昨天刚结束一样，人们记忆犹新。

1972 年我向苏联人民作广播和电视讲话时，我讲了塔妮亚的故事。这位 12 岁的小姑娘用日记记载了列宁格勒被攻占时她家成员一个个身亡的情景。我最后用这样一句话结束了我的讲话："让我们尽一切努力，以保证其他孩子再也不遭受塔妮亚遭受过的痛苦吧。"勃列日涅夫后来告诉我，我的结束语使他流了泪。第二年当我在圣克利门蒂我的家中设家宴招待他时，我在祝酒词中又引用了这句话，勃列日涅夫又流了泪。他从座位上站起来，绕过桌子过来拥抱我。

有一次勃列日涅夫侧过身来对我说："我是个容易动感情的人，特别是谈到战争造成的死亡时。"但是人们不要误认为他这种感情冲动的话都是些废话，他的嗓门低沉有力，充满感染力和力量。他有力地打着手势，经常从椅子上站起来在室内踱来踱去。有一次他拿他的这一习惯对我开玩笑说："我每站起来一次，就作一次让步。"有时他讲话滔滔不绝，却又讲不到点子上，但是他很善于巧妙地把我们的话题从他容易被攻破的问题上叉开。他讲的话有力、尖锐，还会绕弯子，一点儿也不比赫鲁晓夫差。

1973 年我们进行了第二次最高级会谈。有一天晚上我们提前休会，因为勃列日涅夫说，刚到华盛顿三个小时，时差还没倒过来。但是几个小时以后，一个特工人员带着基辛格的一个信息来到我的房间，说勃列日涅夫想开始会谈。我安排在我楼上的书房中进行。当勃列日涅夫和葛罗米柯及苏联驻美大使阿纳托利·多勃雷宁相继走进我的书房时，勃列日涅夫咧开大嘴对我笑着说："总统先生，我不能入睡。"我回答说，这是一个不受影响和干扰的会谈的好机会。

在以后的三个小时内，勃列日涅夫就中东问题连续对我发动进攻。他强硬地坚持，我们必须共同向以色列和阿拉伯国家强加一个解决方案。他说，至少我们必须达成解决问题的原则，例如以色列军队撤出所有占领地区、承认国界以及解决方案要得到国际保证等。

我回答说，争端的任何一方都不会，也不应该接受一个别人指挥的解决方案，我们倒是应该尽力促使双方开始会谈。我指出，如果我同意他提出的"原则"的任何一点，将会损害以色列的权利。我又坚持说，如果我们事先提出有争议的原则的话，双方又会拒绝谈判。这样一来，就达不到这些原则所要达到的目的。

会谈中有一次勃列日涅夫看了看手表并皱了皱眉头说："也许我使你感到疲倦了，但是我们必须达成谅解。"毫无疑问，他的意图是我们的协议必须大大有利于阿拉伯国家。他大声地坚持说，如果没有这样一个解决方案，他将空手离开这次首脑会谈。接着他要挟说，他无法保证战事不会重起。他说："如果原则不明确，我们就很难阻止那里出现军事形势。"

这天夜里的会晤在情绪上的紧张气氛几乎可与我们第一次首脑会谈在他的别墅里讨论越南问题时的气氛相比。我继续否决他提出的超级大国共管的建议，重申要一劳永逸地解决问题只能通过以色列和阿拉伯国家的直接谈判。一个半小时会谈几乎由勃列日涅夫一人垄断。于是我宣布结束会谈，我说，我们今年应该集中力量争取阿拉伯与以色列争端的和平解决，因为"中东是十分重要的地方"。

在整个会谈中，我自始至终下决心注意不要因勃列日涅夫发怒而激动。勃列日涅夫和赫鲁晓夫不同，他那种冷静而又克制的态度远比赫鲁晓夫虚张声势的言词更能使人留下深刻的印象。我们无法达成协议，因为我们在谋求不同的目标。坦率地说，美国想得到和平，苏联却想得到中东。但在会谈破裂时我感觉到，我已使勃列日涅夫深刻地体会到了我是坚定地站在以色列一边的，并致力于通过谈判公正解决中东问题。

四个月之后，10月6日，我从以色列总理果尔达·梅厄那里获悉，叙利亚和埃及正处于战争的最后准备阶段。我立即回想起了那次首脑会谈。会谈中勃列日涅夫曾暗示过中东有可能重新爆发战争，我不知那时他是否已经承担了支持阿拉伯人进攻的义务。

美国和以色列的情报部门都是在阿拉伯人即将发动进攻时才发现他们在进行军事准备的，因此以色列处于很被动的地位，特别是进攻那天是犹太人最神圣的节日——赎罪日，以色列军队的很多士兵都在度假。在战争的最初几天中，以色列严重失利。到第三天，以色列伤亡的兵员就超过了它在整个1967年战争中的伤亡总数。

没过几天，双方的武器和物资都显得匮乏起来。在我们获悉苏联人已向叙利亚和埃及大规模空运物资时，我们已经着手安排向以色列补充物资。苏联人每天向他们运送七百吨装备和物资，而我们的空运却一时难以开始。问题出在五角大楼，为了研究决定派多少飞机和派什么飞机，宝贵的时间都白白浪费了。基辛格告诉我，五角大楼想只派三架C-5A型军用运输机，以避免在政治上同叙利亚、埃及和苏联人发生更多的麻烦。我问他能供使用的飞机有多少，他说大约有三十架。然后，我对他说："我将作出政治决定。我们派三架飞机同派三十架飞机一样都会引起轰动。"后来，又被一些官僚行政机构耽误之后，我让基辛格通知五角大楼把"一切能空运的东西"都派出去。第二天，三十架C-130型运输机就起程飞往以色列了，而且在一个星期之内所运送的物资就超过了1948～1949年柏林空运的规模。

到战争开始后第一周的周末，以色列人已逐步转为反攻。苏联人期待阿拉伯人速胜的希望破灭了，这时勃列日涅夫给我来了封信，要我派基辛格去莫斯科直接会谈。他们提出了一系列停火条件。10月21日，以色列、埃及和叙利亚同意实行停火，但不久又打了起来。三天以后交战国又同意再次停火。

然而，勃列日涅夫没有认输。10 月 24 日，我们的情报部门得到了一些令人吃惊的消息：七个苏联空降师约五万人已处于戒备状态，八十五艘苏联舰艇——包括登陆艇和载有军用直升机的舰艇——这时已开到地中海。此后不久，埃及总统安瓦尔·萨达特公开要求勃列日涅夫和我派一支维持和平的联合部队到中东去。显而易见，勃列日涅夫是会支持这一想法的，因为这将使他有机会在埃及重新部署苏联军队。不久，我们听到传说，苏联人正在联合国内活动，想让不结盟国家提出一项呼吁在中东派驻美苏联合部队的决议。

我给萨达特打了个电报，告诫他可能会招致大国在这一不稳定地区进行争夺。几个小时以后，勃列日涅夫的电报来了。他断言以色列仍在违反停火协议，因此他敦促我们同他一起派部队到那个地区。他要求立即得到答复，并说："我愿直率地讲，如果你感到在这个问题上无法同我们一起行动，我们将不得不紧急考虑单方面采取适当措施的问题。我们不能容忍以色列的专横。"这个电报可能是十一年前古巴导弹危机以来对美苏关系最严重的威胁。

我让白宫办公厅主任黑格将军和基辛格把我们的国家安全要员召集在一起，以对这一几乎是赤裸裸的威胁作出坚定的反应。言词已不足表达我们的态度了——我们需要行动。我的国家安全顾问们一致建议，让所有美国的常规部队和核部队处于戒备状态。10 月 25 日凌晨，我们采取了这一行动。

当我们肯定苏联人已经看到我们有所戒备的初步迹象后，我给勃列日涅夫发了一个电报。我在电报中说，我前天晚上研究了他的来电，但感到不能接受他提出的派苏联和美国部队到中东去的建议。我否认发生过任何重大的违反停火的事件，并说，根据这种情况，我们认为他采取单方面行动的建议是"一件涉及不堪设想的后果因而令人极为关切的事"。我说，我准备同意让一些美国和苏联人员到那个地区去，但不作为战斗部队。或者，他们可以包括在扩大了的联合国部队里。接着，我用毫不含糊的语言表明了我们的观点："然而，你必须知道，我们在任何情况下都不能接受单方面的行动。"

那天快到中午的时候，萨达特打来一个电报。电报说，他理解我们的立场，他将要求联合国派一支维持和平的国际部队。接着，勃列日涅夫的电报也来了。现在他只要求派七十个单独的"观察员"去中东，比起他早先来信提到的派军队的立场，这已是很大的让步了；但我还是再次表示坚决反对并表明，停火观察员由谁来担任应由联合国秘书长去决定。

戒备措施奏效了。勃列日涅夫没有派任何军事人员到那个地区去，这时就有可能开始朝和平解决冲突的目标努力了。戒备措施的成功有两个原因：第一，勃列日涅夫了解，我们在核武器方面较苏联仍稍占优势。第二，他了解我们决心要保护我们的重大利益，决心支持我们的朋友。我们通过前年在越南采取的决定性行动就表明了这一决心。在危机期间，我通过莫斯科—华盛顿热线传去的语言是严峻的，后来我在圣克利门蒂深夜会谈中坚决拒绝他有关中东的要求又给我那严峻的语言增添了分量。因此，在十月危机期间，勃列日涅夫意识到他所要对付的乃是一个拥有可靠军事力量并且有决心运用这一力量的对手。于是，他后退了。

1974年我同勃列日涅夫在莫斯科再次会见时，他表达了对以色列人的怨气，把中东所有的紧张局势全归咎于他们。他还竭力否认苏联人曾直接怂恿阿拉伯人发动1973年的战争。我从他抱怨的语气中感到，他为我们在十月危机期间所进行的交锋如此激烈而深受刺激。然而，他也申明，他并不想冒风险再把事情推向战争的边缘。

勃列日涅夫在外交上始终是一个现实主义者。但正如多勃雷宁跟基辛格说的那样，勃列日涅夫和苏联的整个领导层都有一个"痛点"——中国。似乎每次首脑会谈结束之前，勃列日涅夫总要用种种方式呼吁我们同他一起来对付他所谓的"黄祸"。

在我们举行第二次首脑会谈时，我对他说，我感到他对中国人的担心过分了。至少在二十年内他们不会获得足以冒险向苏联发动侵略的核能力。勃列日涅夫摇头表示不同意。于是我问他，中国成为一个核大国需要多少时间。

他举起双手，伸开手指说道："十年，过十年后，他们的武器将达到我们目前的水平。到那时，我们又前进了，但是我们得让他们明白事情不能这样下去，我记得 1963 年我们召开党代会时毛是怎么说的：'就算四亿中国人死了，还有三亿呢。'此人的心理状态就是这样。"勃列日涅夫接着暗示，中国整个领导层从本能来说都是富有侵略性的，甚至在毛死后还会如此。

我们通过三次最高级会谈达成了几个重要的协议，包括第一个条约即 1972 年的第一个限制反弹道导弹条约和第一个限制战略武器协议。但是，勃列日涅夫和我都把我们之间建立起来的个人关系看得与这些具体条约中的任何一个同样重要。通过相互了解，我们大大减少了对和平最为危险而又最不为人注意的危害：估计错误。

在核时代，头脑清醒的超级大国领导人都不会存心跨越战争的边缘。但是领导人如不举行会见、不谈出不同看法而又不相互了解的话，就会有不知不觉地互相推挤着越过边缘的风险——这不是因为他们想打仗，而是由于他们对什么样的行动会挑起战争作了错误的估计。在我们会晤时，勃列日涅夫和我都感到，我们俩的意志不相上下，因此双方在考验对方之前都要三思而行。显然，如果我们想在有争议的领域取得进展，我们必须在互相尊重的基础上一起行动。也就是由于这个主要原因，我无论那时还是现在都认为，如果我们要减少可能导致战争的错误估计，那么两个超级大国的领导人每年举行首脑会晤是十分重要的。

在过去的三十六年中，我有过不寻常的机会来亲自研究国际共产主义运动的战略和衡量共产党领导人。

1947 年，我看到了共产党人致力于利用西欧因遭战争浩劫而面临的困难。

同年，我协助进行了一次国会调查，揭露了钻入美国政府最高层的共产党间谍活动。

在50年代，我看到了数以十万计的难民为躲避共产党统治的压迫而冒着生命危险逃离东德、匈牙利、北越、北朝鲜和共产党中国。

1958年，我同我夫人在委内瑞拉的加拉加斯遭到一群共产党领导的暴徒的袭击，几乎因此丧生。

在70年代初期，我同勃列日涅夫建立了比自斯大林和罗斯福以来任何一对美苏领导人还要密切的关系。

在我对苏联、中国、罗马尼亚、匈牙利、波兰、捷克斯洛伐克和南斯拉夫的访问中，我看到了共产党统治的影响。此外，我还从其他共产党国家领导人那里最透彻和深刻地洞察到苏联人的一些举止行动。

虽然这些经历是实实在在的，但我不敢说对于我们各方面对苏政策已很有把握。这样的政策充其量是包含大量猜测成分的。在《真正的战争》一书中，我详细地讲述了我所认为的我们应该采取的做法。

然而，如果说经验无法使我们明确应该做的一切，那么它确实明确地告诉了我们一些不该去做的事情。

在同苏联打交道时，我们不是仅仅在对付一个大国，具体地说是同相对少数的几个控制这个大国的人打交道。通过对赫鲁晓夫、勃列日涅夫和他们可能的接班人的了解，我们就能更好地了解苏联人对各种政策选择方案时可能作出的反应。

美国国内进行的辩论似乎常常处于两个极端之间。两者的用心都是好的，都是爱国的，但是指导思想都错了。

一边是超级鹰派。他们争辩说，由于苏联人不讲真话、骗人、能抢就抢，而且又是那么死心塌地要击败西方，因此我们应该同他们断绝往来。他们说，我们应该加强我们的核能力，直到我们有不容置疑的优势为止。他们宣称，因为俄国人威胁我们，我们不应该进行文化交流、贸易和谈判。他们相信，如果我们遵循这条路线，那么东方集团不堪一击的经济必将崩溃，共产党的政权也将随之而垮台。

另一边是超级鸽派。他们争辩说，克里姆林宫的领导人是些年老、保守和谨慎的人。如果我们不威胁他们，他们也不会对我们构成威胁。超级鸽派表示，如果我们率先单方面裁减核力量，那么苏联也将仿效，会把那些资源转而用于为他们的人民建设较好的生活。

这两派意见都没有说对。苏联人不会允许美国重新获得核优势。作为一个极权国家的领导人，他们想把多少资金倾注到军备中去，就能倾注多少。拒绝举行减少核战争危险的谈判是轻率的；建议孤立苏联以促使它崩溃是不现实的，结果甚至可能适得其反。外部的冲突有时能使一个独裁政权得以加强。紧张局势的缓和有时能使独裁统治削弱。如没有 70 年代的缓和，导致团结工会在波兰出现的条件可能永远也不会产生。

从另一方面来说，在我们同苏联打交道时讲"君子之道"则是一种危险的天真。卡特总统出于最好的动机实行了单方面的节制，希望苏联也能仿效，结果却是灾难性的。他在缩减美国军备计划时，苏联人却加速了他们的计划。因此，里根总统现在不得不发展军备以恢复核力量的平衡。

缓和有两种：强硬的和软弱的。强硬的缓和是以有效威慑力量为基础的。这种缓和会鼓励苏联人进行谈判，因为这一来苏联为侵略付出代价太高。相反，软弱的缓和不会鼓励谈判，因为这一来苏联为侵略付出的代价太低，使苏联人感到侵略所带来的好处太吸引人了。

在有效威慑力量支持下的强硬的缓和是对和平的维护。软弱的缓和招致的不是战争就是不战而降。我们需要缓和，但必须是正确的缓和。

然而，如果说有什么事情我们不能干的话，那么也有我们可以干的事情。绝望地停止努力，声称因为我们不能什么都干所以什么都不应干的说法是愚蠢的。

苏联领导人是强硬、冷酷和坚强的现实主义者，他们懂得如何比较国际实力。

对于我们来说，首要的问题是要保持西方的自由，并向苏联领导人表明，我们决心采取一切必要的手段来做到这一点。我们的决心表达得越清楚，他们对我们的决心进行最后试探的可能性就越小。

这意味着要恢复军事力量的平衡，以便我们能制止战争，避免不战而败。当美国在核武器方面占优势时，这些力量便有利于和平。如果苏联威胁要采取侵略行动，我们本可以按照 1973 年 10 月的做法让我们的核力量处于戒备状态，我们的对手也就会后退。但如今这一威吓不灵了，因为不论是陆基战区导弹还是陆基战略导弹的优势都转到了苏联人那边。这种优势到了苏联这种侵略大国手中，那就成了不祥的威胁。因此，从和平的利益出发，我们得花费必要的资金来恢复力量平衡。

苏联领导人想得到军事优势并想用它来统治世界。但是，如果我们使他们相信我们不会让他们具有那种优势，那么就真会出现他们愿意认真谈判、互相限制甚至减少军备的机会。

今天，不少人建议双方同时冻结当前核武器的水平。他们的论点是，这样将会减少战争的危险并推动军备控制。具有讽刺意义的是，实际情况恰恰相反。在冻结核武器的情况下，苏联人将保持他们目前的优势，而这就会增加战争和核讹诈的可能性。冻结核武器也将降低达成减少核武器数量的军备控制协议的可能性，因为冻结核武器会挫伤苏联人进行谈判的积极性。克里姆林宫里的人也许是年老有病，但他们不是傻子。要是我们没有什么东西给他们的话，我们也不能从他们那里得到什么。

作为解决核僵局的万应灵丹，冻结核武器的方案虽然容易实施，但同样也十分空洞。它基于两个错误的前提。第一个是我们不知怎么才可以逃脱核时代的危险。然而，只要这些武器存在，危险仍将是严重的。即使双方同意减少一半数目的核武器，任意一方都还将拥有足以摧毁对方和全世界许多次的火力。

第二个错误理论是军备和武器竞赛引起战争。这种理论认为，如果我们要想使世界免遭毁灭，那么我们必须停止武器竞赛。但从历史观点来说，战争的起因不是武器的存在，而是由于没有能解决可能导致使用武器的政治分歧。武器是结果，而不是起因。任何措辞优美的裁军决议都解决不了这些深刻的政治分歧。

我们不能回避这个核难题，而只能学会同它共处。我们必须绕过军备控制这一无益的问题，集中去考虑这个问题的核心：美国和苏联之间根本的分歧。我们必须制订一套在会议桌上而不是在战场上解决那些分歧的程序。然而，在做到这一点以前，我们必须诱导苏联人进行谈判，而只有当我们的力量使他们害怕与我们为敌时，他们才会进行谈判。勃列日涅夫懂得这一点，尽管他对此并不心悦诚服。我们必须继续向他和他的继承者表明，我们也懂得这一点。

我们还必须在世界上对我们利益有重大影响的其他地方抵制苏联人的侵略冒险。我们不能成为世界宪兵，但当苏联人和它的代理人在颠覆和进攻我们盟国和友好国家的时候，我们也不能袖手旁观。我们必须准备投入力量去挫败苏联在世界偏远地区的进攻，因为决定世界命运的地方就在那里。

此外，我们现在也应利用我们巨大的经济力量来影响苏联在国际上的表现。就军事而言，我们在某些领域也许是落后了，但我们在经济上却大大领先，他们非常需要同我们进行贸易。这就给了我们一个杠杆——只要我们调整贸易，尽量使他们受到经济上的压力，并尽量减少我们自己的脆弱性。

勃列日涅夫和他在克里姆林宫的同事对于他们需要做交易的说法会嗤之以鼻，但他们确实有此需要。我们应该给他们一笔交易，但是得讲个价钱。一定要使他们明白：如果他们继续在影响我们利益的地区从事直接或间接的侵略，那么这笔交易就告吹了。列宁说过，资本家会争着把将来用于绞死他们的绳子卖给苏维埃俄国。我们应该卖给他们绳子。但要使这绳子能在他们企图伸手进行扩张之时捆住他们的双手。

在遏制苏联力量的同时，我们还能够而且也必须促使苏联势力范围的内部发生变化。要实现这一点，不能靠在这方面说很多虔诚的话——勃列日涅夫和他的一伙对这种话是不屑一顾的——应进一步推动行动的力量来实现变革。

共产主义世界不会突然一下子崩溃。但它已经发生了变化并将继续发生变化，而我们能够加速这种变化，西方的希望也就在于这一进程之中。

有些人把在共产主义世界通过和平演变实行改良的想法说成是毫无希望的。他们举起双手说不知要等到何年何月。他们忘了已经发生了多大的变化。

英国前首相麦克米伦曾经提醒我说，伊丽莎白女王一世对失宠之臣都处以极刑，但事过一百年，安娜女王在舆论压力下只能流放她的失宠之臣。他是 1958 年说这番话的，那时曾杀戮了成百万真假敌人的斯大林去世已五年。当赫鲁晓夫清洗他的对手时，只能把他们放逐到地方上，勃列日涅夫只能把赫鲁晓夫赶到莫斯科的郊区。

演变的速度是非常慢的。对于美国这个缺乏耐心的民族来说，情况更是如此。我们必须耐着性子去认识：变得慢要比不变好，必须耐着性子坚持贯彻有时为了慢慢变化而制定的长远方针。

民间往来和文化、新闻交流也许不会产生一些眼里闪着泪花的鼓吹者所宣称的那么多的效果，但是它们确实是有益的。它们是整个过程中一个愈益重要的部分。非战略物资的贸易也是如此，问题是这种贸易就如军备控制一样，须同苏联在某些方面的态度联系起来。可以把贸易变为我们可以利用的杠杆，这样，贸易所产生的相互依赖的关系将有利于我们这一方。思想具有它本身的力量，我们可以使它逾越障碍。具有戏剧性的是，代表宗教信仰统辖权力的是一位波兰籍教皇。我们最大的资本是共产主义行不通，这是明摆着的事实，在铁幕两边都可以看得清清楚楚。就连最卑鄙的共产主义卫道士们也只好退而讲述共产主义无咎，而不谈共产主义带来的悲惨后果。

俄国人民是有力量的，东欧国家的人民也是如此。在东西方的较量中，他们的力量最终会加入到西方来，因为西方的对手就是压迫他们的人。

今后几十年内的领导人必须适应超级大国不安地侧目相视的局面。无论人们怎样看待缓和，这个状况都是生活的现实，是一个要比其他选择方案显然更受欢迎的现实。缓和不是为解私怨而举行的聚餐。缓和是为了努力寻找存异的途径，而不是为了分歧去争吵。只要苏联人坚持它的扩张主义目标，那么就不会有不需要威慑的缓和。但是，威慑而有缓和要比没有缓和更易实现，也更有效。

美国必须具有强大的军事力量、强大的经济力量和坚强的意志，它将需要坚强的领袖领导下的强大盟国的合作。苏联是一个非常现实的威胁，西方领导人的首要职责就是对付那个威胁。然而，正因为这威胁是如此之大，所以我们必须继续发挥创造性来寻找缩小分歧的办法，在可以做到的领域内通过谈判解决分歧，并在无法解决时撇开这些分歧。

如果我们态度坚决，如果我们在必要时有足够力量来支持我们的言词，那么俄国领导人将会尊重我们。要是我们行动无力，他们就会以蔑视的态度来对待我们。然而，如果他们看到他们必须同我们谈判，如果他们看到我们愿意谈判，那么他们也会谈判。

克里姆林宫的领导人有一种身不由己的要保护和扩大其权力的欲望，但他们不是疯子。他们将拿走他们认为能够拿走的东西，甚至仅仅是他们认为能够拿走的东西。如果他们感到为了守住这一边阵地而必须退出另一边的阵地，他们是会这么做的。

我们的任务是加大压力，使其发生变化，等到发生变化以后，就坚持我们所希望得到的东西。

将近二十五年前我首次见到赫鲁晓夫时，他称赞我在市政厅发表的讲话。我在那次讲话中呼吁在各个领域，不但在物质领域而且在精神领域进行和平竞赛。在这场竞赛中，所有的牌都捏在西方手里。我们应该记住这一点，并继续把这些牌打出去。

第七章

周恩来

——来自达官门第的革命家

半个世纪以来的中国历史，在极大程度上，是毛泽东、周恩来和蒋介石三个人的历史。毛打败了蒋的军队后就巩固了自己在大陆的统治。这时候，中国共产党人就把毛蒋的冲突实际上说成是上帝与魔鬼间的决战。毛把自己看做功同两千年前第一次统一中国的秦始皇。他的成功造成了全中国人对他的个人崇拜，人们把领袖奉为神明。周一般使自己处于次要地位，忠实地起着使机器运转的作用。蒋则在台湾进行统治，利用他那叫人俯首听命的手段，维护了尊严。

在这三人中，我和蒋认识最早。我把他和蒋夫人当做朋友，而对另外两个人则不然。我和蒋的关系是私交，也是同信仰、共原则的产物。但是赢得了大陆战争的还是毛和周。在这两人中，周的眼光更具有持久的力量，简言之，周也是我所认识的最有天赋的人物之一，他深刻地懂得权力的奥妙。所有这三个人都去世了，但是周留下来的影响却在现代中国日益占据优势。

1972 年我首次访问中国之前七个月，派了亨利·基辛格带着秘密使命去北京，为安排这次访问进行商谈。基辛格在北京之行的两天内，花了十七个多小时同周进行了直接、广泛的讨论。他回来向我报告说，他认定周可与戴高乐并列为他曾见过的"给人印象最深的"外国政治家。

虽然基辛格像我们大家一样，讲话偶尔也有夸大之处，但他却很少背后大肆赞扬别人。在我会见了周并同他进行了一个星期的会谈之后，我就意识到基辛格为什么这样非同寻常地赞扬周了。

1972 年我在结束中国之行的最后一次祝酒时曾说："我们在这里已逗留了一周。这是改变了整个世界的一周。"有些观察家觉得我被这次戏剧性的访问冲昏了头脑，过高地估价了它的意义。我相信历史将会表明，如果在美国和中华人民共和国关系正常化方面不迈出这样的第一步，在同苏联实力对比上，我们现在几乎一定会处于危及生存的不利情况。1972年的《上海公报》以正式的形式肯定了外交突破。个人和形势对此外交突破都起了作用。周恩来就是应该首先受到高度称颂的一个人。

周是一个共产主义革命家和具有儒家风度的人物，是有献身精神的理想家和深谋远虑的现实主义者，是政治斗争的能手和杰出的调解人。一个才识不如他的人如果扮演这些错综复杂的角色，就会以思想和行动上的不知所措而告终。但是周能够担当任何一种角色，或者把各种角色同时担当起来而不给人以优柔寡断、出尔反尔的印象。对他来说，扮演这些角色并不是玩世不恭，不断改换面具，反映了一个非常复杂而又精明的人不同的侧面，这些侧面能在很大程度上说明为什么他的政治生涯如此漫长和丰富多彩。

作为共产主义意识形态专家，他能够利用各种历史性的机会，并忍受政治上的挫折和生活上的艰苦。他又拥有儒家的个人品德，能在外交冲突中出类拔萃，并成为千百万中国人的"敬爱的领袖"。现实主义者的机敏，使他能精确地估计国内政治和国际外交背后的各种力量。在内部政治斗争中不动声色，能够保证他的政策不因为他的去世而中断，并且持续到毛以后的时代。调解人的策略和礼貌，使他在这些激烈分子企图使国家分崩离析的时候，保持国家统一。

所有这些品质的交互作用，使周在共产党最高领导层中的岁月比列宁、斯大林和毛都要长。

周的早年生活是一个革命领袖政治演变的典型范例。他诞生在上海西北约三百公里的江苏省淮安城。当他的母亲去世而他的父亲又不能抚养他的时候，周氏家族收养了他，让他在各叔伯家里轮着住。周的传统的官僚世家从童年起就用中国的古典文学来教育他。但是当他同在满洲沈阳城里的伯父母一起生活时，他上了几年基督教传教士办的教会小学，一直上到 15 岁。就在这期间，他学了西方传进的"新学"。

周完成了小学教育之后，想报名去美国留学，但是他在入学考试中没有取得足够的分数，这使他非常失望。后来，他进了天津反传统主义的南开大学。不过，政治鼓动比学习更吸引他的注意力。由于他组织学生罢课和示威游行，被关进了监狱，在那里度过了四个月。

1920 年周从监狱获释时是 22 岁。他后来去欧洲继续他的学业。他到过英国和德国，但大部分时间是在法国度过的。他那罢课组织者的声誉在他到达之前就已传开了，海外中国留学生的激进团体欢迎他。他虽然入了学，但政治鼓动工作仍然耗费了他的大部分精力。

周在 1924 年返回中国，参加了孙中山领导的国民党，当时共产党同该党结成了联盟。他被任命为黄埔军校的政治部副主任，校长是一个名叫蒋介石的青年军官。蒋对周的印象很好，就把他留下来担任国民党讨伐军总政委。

蒋在 1927 年占领上海时，由于惧怕队伍里共产党力量的增长，便调转枪口对准了共产党人，周幸免于难。后来，周组织了几次反国民党的城市起义，均以失败告终，不得不带领残部进行长征。在万里长征期间，周成了毛的可靠助手。第二次世界大战期间，国共建立抗日统一战线。这时周是毛派到蒋那里的联络官，其后又在谋求终止内战的谈判中担任中共方面的首席谈判代表。共产党在 1949 年胜利后，周当了总理、外交部长（他兼任了一段时间），时间之长超过了四分之一世纪。

周恩来的独特性格，是我 1972 年中国之行最深刻的印象之一。通过许多个小时的全体会议和非正式会晤，我开始认识他，并非常尊重他。"恩来"译过来是"恩赐来临"的意思。这是一个简明地刻画出他的形象和性格的名字。周没有架子，却很沉着坚强。他通过他优雅的举止和挺立而又轻松的姿态显示出巨大的魅力和稳健。他忠实地保持着在个人关系和政治关系上从不"撕破脸皮"的中国老规矩。周的外表给人以待人热情、非常坦率、极其沉着而又十分真挚的印象。在全体会议上，他有意识地显得克制。他穿一身剪裁合体的灰色中山服，胸前口袋盖上别着一枚"为人民服务"的徽章，隔着桌子稳重地坐在我的对面。他的身子稍许前倾，两只胳膊放在桌子上，双手交叉着，他的右臂显然是萎缩了，这是在长征途中受伤后留下的永久标志。他已73岁，可是往后梳着的黑发只略带花白。他那单波发式和那黑黑的几乎是地中海人的面部肤色，都不像是中国人的特点。

在正式会议上，他那轮廓鲜明的面貌一直保持着异常的安详。周一面倾听着我发言，稍稍把头偏向一边，一面直接盯着我的眼睛。基辛格有一次把周比作一条静静地待着、摆好姿态、伺机跃过来的眼镜蛇。有句过去常用来形容19世纪爱尔兰伟大的爱国者查理士·帕尔内的成语，对周恩来也是非常适用的：他是一座冰层覆盖着的火山。

周似乎未经翻译就听得懂我在说什么。这并没有什么奇怪，因为他曾一度掌握了英语、法语、德语、俄语和日语，并有实际知识。他甚至还纠正过他的翻译，更好地表达他思想上的细微差别。他讲话时不用稿子，只是偶尔要他的某位助手参加讨论。他讲话富有逻辑性，很有说服力。为了加强他发言的力量，他微微降低声调，稍稍点一下头表示强调。

他虽然由于体瘦而可能显得虚弱，但是他的精力却超过了许多比他年轻的同事。由于工作繁重，他在兼任总理和外交部长时，就以早起和工作到深夜而闻名。他常常在凌晨前接见外宾，一直谈到旭日东升。谈话结束时，总是像开头时一样精神饱满，讲话还是那么透彻。

当我们在非正式的宴请和观光中更熟悉的时候，周的表情更加豪爽，面部更是显得兴致勃勃。他常常是背靠椅子坐着，并充分发挥那一双富于表情的手的作用。当他要扩大他发言的范围或进行概括时，就用一只胳膊在前面扫动一下；当他要把一个论据的各个要点组成结论时，就把双手的手指叉到一起。正式会谈中，周对双关语发出低沉的微笑，但在交谈中对善意的笑谑，他却报以轻松的、有时是响亮的笑声。他的笑容加深了皮肤上的皱纹，又似乎显出一种真挚的愉快，那时，欢乐使他的双眼闪出了光彩。

在国宴上，周和我彼此用茅台来祝酒，而不是在这种场合的传统饮料香槟酒。茅台是一种烈性的、浓度很高的米酒。有人曾幽默地说过，如果一个人喝了过多的茅台，餐后点起一支烟卷就会叫他爆炸。周当场用一根火柴点着了一杯茅台，来证明这种酒的易燃性，酒立即就在火焰中烧光了。

我们绕着宴会厅里同 50 多位高级官员碰杯时，我注意到他向每一位客人祝酒，只让酒杯碰一下嘴唇，谨慎地啜饮一下他的酒。我们两人回到席位上，才把剩下的酒喝光。周告诉我，在长征的特殊场合，他一天之内喝过二十五杯酒。酒性如此之烈，我听后真是惊讶不已。现在由于年龄关系他只饮两三杯。我记得曾读到过，当红军在长征中经过茅台酒的发源地茅台村时，部队把当地的酒都喝光了。周用一种烈性酒推销员的眼光对我说，在长征途中，茅台是一种"灵丹妙药"。

我们谈话的题目从政治到历史、哲学。所有这些，在谈论中周始终都是游刃有余的。周是由学者转变成革命家的，他从未失去学者思维的敏锐和深度。不过，他的意识形态有时把他的思想引进某种框框。这种框框可能使他曲解了历史。例如，在我们的谈话中，他把在美国革命战争中同殖民者作战的法国军队当成了"志愿军"。事实上，法国军队，除了像拉法叶特①那样极少数的人以外，都是真正受过训练的、在反抗英国的军队中为政治目的服务的职业士兵。

周还对我说过，林肯是为了解放奴隶才进行内战的，并由于"人民"的支持而取得了胜利。其实，虽然林肯是一位历史上少有的真正

① 法国资产阶级政治家和军事家。1777 年志愿参加美国独立战争，在华盛顿统帅的军队中担任过将军。

的巨人，而且中国人是以极大的尊敬谈到他的，可是他并不是为了解放奴隶才进行战争，而是为了把南部各州拉回联邦里来。他的《解放宣言》是一种策略，只在叛乱各州中解放了奴隶，并没有在仍然属于联邦的各州里这样做。林肯是坚定不移地反对奴隶制的，但是他最优先的目的则是拯救联邦。

周虽然是一位忠诚的革命家，但是看上去他和古老的北京灿烂辉煌的皇宫并没有不协调的地方，他以皇朝时代的圣人所具有的那种沉静与优雅风度往来其间。没有一个人在这种环境里看到他之后会想到，他是这一场运动的领袖，其公开使命竟是征服世界、改造文明和改变人性。会见厅里的装饰令人惊讶，表现出对中国传统文化的尊重。宫殿是由名贵的中国风景画和古代金、银、玉制的手工艺品装饰起来的。这里看不到北京街头随处可见的宣传标语。

艺术和装饰巧妙精微，同周的性格和处理国务的巧妙精微很相称。周所具有的这种精微之处，大大超过了我所认识的其他的世界领袖，这也是中国人独有的特性。这是由于中国文明多少世纪的发展和精炼造成的。这种精微之处出现在谈话中，周细致地区分词义的细微差异；在谈判中，他迂回地绕过可能引起争论的地方；在外交上，他有时通过看起来琐屑的事件来传达重要的信息。

周和所有同我谈过话的中国共产党领导人都特别乐于提醒我，我们两国关系的突破是从乒乓球队的互访开始的。看来，他们喜欢这种为了取得结果而采用的做法，几乎就像喜欢这个结果本身一样。例如，毛就说过，中国曾经坚持所有主要问题都必须在关系改善之前得到解决，这是"官僚主义的"。他说，"后来，我看到你是对的，我们就打起了乒乓球"。

周还有一种既注意细节又避免陷入繁琐的罕见才能。在我们到北京的第三天晚上，我们被带去看体操和乒乓球表演。天已开始下起雪来，而我们按计划次日要去游览长城。周离开了一会儿，我以为他是去盥洗室了。随后我发现他是亲自去落实清扫通往长城的道路的工作，第二天道路干净如常。这件事很有代表性。

我发现周还亲自集合机场上欢迎我们的仪仗队。他们看上去都很强壮，个子很高，而且装束无可挑剔。他挑选乐队在宴会上演奏乐曲。我晓得他事先研究了我的背景材料，因为他选出了许多我所喜爱的乐曲，包括在我就职典礼上演奏过的"美丽的阿美利加"。此行之后，威廉·罗杰斯国务卿告诉我，有一次在同周会晤之前，一位年轻的妇女还给周送上过一份次日报纸的清样，他挑出一些文章放在头版刊登。

"伟大来自对细节的注意。"就周而言，这句箴言几乎确实有几分道理。然而，即使他在亲自护理每一棵树木时，也总能够看到森林。

周还有着中国人另一种明显的品质，即坚定不移的自信心。这种自信是中国人在他们的本土上由于享有数千年文化的最高成就而获得的。不过中国人也意识到，他们的文化遗产分割成了两部分。

一方面，由于中国过去两个世纪中所蒙受的民族耻辱，更加强了周对外交粗鲁失礼的敏感。中国人对外部世界的态度曾由我的已故朋友哈罗德·里（牛津大学的毕业生和香港居民）作过生动的描述。他对中国和西方的心理的了解是异乎寻常的。我在 1965 年问过他，如果美国承认北京政府，中国共产党人会有什么反应。他的回答是格外地直言不讳。他说，他们会怀疑地问，"你们要承认我们？你们完全弄错了。唯一的问题是我们是否承认你们"。在 1954 年讨论越南问题的日内瓦会议上发生的一件事，表明周对藐视中国民族尊严的敏感程度。周代表着中国，约翰·杜勒斯国务卿代表着美国。杜勒斯对一个记者说，"只有在我们的汽车相撞"的情况下，两人才会会晤。一天上午，恰巧双方都提前到达会场，他们彼此遭遇了。周伸出手来准备握手。杜勒斯摇摇头，走出了会议室，完全藐视这位中国外交部长。六年之后，当他向他的朋友埃德加·斯诺重提这件事时，还露出痛彻心扉的表情。从当时的历史背景看，杜勒斯的怠慢是可以理解的。成千上万的美国人被朝鲜战争中的共产党中国的"志愿军"杀害，台湾蒋介石政府很快就要同我们签订共同防御条约，中国大陆和苏联联合起来对付美国。不过，我深知这件事伤害了周。因此，当我首次抵达北京走下飞机扶梯的最后一级，向他走去时，就主动伸出了我的手。我们的握手留下了此行最值得纪念的照片。

另一方面，我们在同中国人相处中发现，他们很自信，所以他们能内省其行而不为他们的缺点而惶惶不安。周在我们谈话中不断地提到，他们需要了解和克服他们的不足之处。在我们第一次会晤时，他把他们方面的平均年龄同我方的进行对比时说，"我们的领导层中上年纪的人太多了，因此在这点上我们应该向你们学习"。后来在访问中，他为我们在参观明十三陵时的一件事表示歉意。原来有位下级官员组织了一群穿着鲜艳的孩子，教他们在我们一行人到达时应该做什么。他说道："有人让一些小孩子到那儿去美化陵墓，那是一种弄虚作假的表现。你们的新闻记者向我们指出了这点，我们承认这是错误的。我们自然不想掩盖这个错误，我们已经批评了做这种事的人。"我在访问中，不禁想起赫鲁晓夫的夸夸其谈，与赫鲁晓夫相比，中国人的做法要高明得多。赫鲁晓夫粗鲁的自夸是明显地要掩盖他的自卑感。周的巧妙的自我批评却是成熟的自信心的一个证明。不过我知道这大体上是一种处事的方式。事实上，中国人坚信不疑地认为，他们的文化和哲学极为优越，确信到时候就会战胜我们的和其他任何人的文化和哲学。

周的智慧和个人魅力使许多人着了迷。这些人没有认识到这些品质是和一个毫不留情的政治实干家的特点同时存在的。新闻记者弗里德·阿特莱说：周的吸引力是"难以抵挡的……他机智，有魅力而又有手腕"。西奥德·怀特承认："在他面前，任何不信任的感觉或者对他还有些怀疑的判断，几乎都烟消云散。"在日本的一位中国新闻工作者说，"我应该说，他是我所见到过的给人印象最深的公众人物"。

周总是按照他的国家利益和意识形态行动的，讨好外国外交官和记者对这些利益是有好处的。不过一旦他的利益需要，他就会无情地与人断绝交往。在我们的关系中，周恪守我们协议的文字和精神。然而他这样做绝不是为了寻求单纯的友谊，他是为了他信奉的利益才建立友谊的。

西奥德·怀特是在延安认识周的，若干年之后的今天，他意识到对周充分信任是不太适当的，他把两种形象聚到了一起，他写道："周如同本世纪任何共产主义运动产生的人物一样，是一个卓越而又无情的人。他会以绝对的勇敢，以猫捕老鼠的灵巧，并以经过深思熟虑、破釜沉舟的决心行事。然而他还能够表现出热情亲切、自然流露的人情味和彬彬有礼。"

周的个性很适合他担任的这种政治角色，因为他如同一块由几种金属炼成的合金，较之任何一种单一的元素更为坚实有力。周的政治才能在于能够成功地扮演明争暗斗的能手和调和者这两种角色。

一个新闻记者有一次问周，作为一个中国共产党人，你首先是一个中国人还是首先是一个共产党人。周答道："我首先是一个中国人，其次才是一个共产党人。"周的同事们当然都是中国国民。但是他们大多数首先是共产党人，其次才是中国人。周也深深地信仰他的主义，但是把这种信仰推向极端不是他的本性。

周的官僚家庭背景也使他同他的同事们有所不同。他的家庭是在旧中国的那一套处世哲学中培育出来的。他的家庭的成员几世纪里都保持了他们的社会地位，用中国的古书教育他们的孩子，把他们安插在帝国官僚机构里。周在青年时期就抛弃了中国社会的哲学基础，但他绝不可能摆脱掉自己身上的旧文化的烙印，他也不愿如此。他对中国的过去，对那些值得保留的"旧社会"的因素，总是保持着一定的尊敬。

周不同于大部分中国共产党人，他对他的过去和家庭反复表示感激。1941 年在一次恢复国共两党抗日联盟的谈判的间歇中间他对一小群人谈论过。对听众里的中国人而言，他如下的一番话激起了人们发自内心的同感。他深沉地说，他的愿望是打败日本人，那就可以在他母亲的坟前祭奠，他说道："至于我，我今天的一切和我所期望于自己的一切，都多亏了我的母亲。她的坟地如今在日本占领下的浙江。我多么想能马上回到那里，去清除她坟上的野草。这是一个把自己的一生献给革命和国家的游子能为他母亲做的起码事情。"

也是在抗日战争期间，周的父亲——一个似乎在事业上毫无成就的人——写信向他著名的儿子要钱。周就客客气气地把他微薄薪金的一部分寄了去。1942 年他父亲去世时，周在共产党报纸上按家庭传统要求的方式登了一个讣告。这个行动一定会使不少革命同伙们瞠目结舌。

在 1972 年历史性会见之前许多年，周对一位记者说过，我们两国之间没有正式关系，那是美国的过错。他说任何一个美国人在中国都会受到欢迎，不过这应当是互惠的。他又说："中国有句古话，'来而不往非礼也。'"他强调说，"这是孔夫子说的，他并不是一个马克思主义者"。

把孔夫子作为一个权威来引证，对一个中国共产党领袖来说，似乎有些不相称。但是对于周来说，这件事是完全符合他的特点的。孔夫子认为统治社会的"君子"和"士大夫"有才智、尊严、风雅、仁慈、决心和毅力。周的教养使他具备这些品质。

这些品德使周处理个人的政治关系卓有成效，并帮助他同对手们共处了整整半个世纪。按照一度任中共政治局委员的张国焘的说法，周属于这样一类人，为人和顺，善于结交朋友，从不走极端，总是能使自己适应现状。

周的儒家品德也使他得到了中国人民持久的爱戴。他是唯一获得"我们敬爱的领袖"称呼的政治人物。他的深得人心在中国政治中是一种无与伦比的力量，这在他逝世时表现得最为明显。有一次电视短片里出现了这样的镜头：毛的妻子、极左分子江青在周的遗体前无礼，不肯脱帽，广东一群在街道居委会看电视的人便喊出"揍她！"

邓小平，这位周所选拔的副手，在悼词中那样高度颂扬这位已逝世的总理，致使这篇演说变成了一个政治问题。极左派在标语中呼吁毛予以谴责，说"这个评价应该推倒"。毛那时在政治上虽然是同情左派的，但是据称他回答说："对周恩来进行任何攻击都肯定会遭到人民的反对。在周的追悼会上所做的悼词里的评价不能改变。人民不支持把这个评价推翻掉。"

马克思列宁主义有一种决定论的历史观。它的信徒们相信历史必定走向世界共产主义，相信加速历史的这种进程是他们的职责。他们这样看待自己，所以就避开道德的一切考虑。

而周在政策和政治两方面更喜欢运用他的老练，而不是残忍手段。周作为总理实行了大规模的经济改革。有些改革是有益的，有许多改革是有害的。不过他的改革不一样，没有像他的对手们那样往往过快、过多地实行变革，从而引起社会动荡。周抵制了要求一步登天的过激派的反对，坚持推行一种逐步实现经济现代化的纲领。

周在中国政局中变幻莫测的联盟的问题上，不声不响地运用权力，但取得了巨大的成效。他从不给同事们以谋求更大权力的印象。每当看到毛庇护的强硬路线派结成联盟时，周尽管对他们的新政策感到厌恶，但还是会同他的对手一起工作。他会暂时保持低姿态，等到联盟陷于僵局，他的力量就成了关键。在这时候，他就转向一个采取较温和路线的反对派。

不过，如果别人把党内斗争逐步升级到使用暴力，周也会跟着做。在美国和中国宣布恢复友好关系后不久，一桩很不正常的事件发生了。红军领袖林彪鼓动反对最高领导已经变得很明显了。周和他的盟友就起来镇压他们。林发现自己显然已经失败时，就乘了一架飞机企图逃离本国。周在我们会谈期间告诉我，林的飞机是向苏联方向飞的，不过在航行途中失踪了。他补充说，从此他们再没能发现这架飞机。他于是就微笑起来。

60 年代和 70 年代初期的"文化大革命"，或许是在周掌权的年代中对他最严峻的考验。

毛担心共产党 1949 年胜利后国家的革命精神和活力已经被腐蚀了，年轻人变得软弱了。他认定只有在动荡中才能使中国保持其革命价值。他号召中国的青年同这种制度进行斗争，宣称"在我们开始干革命的时候，我们只不过是二三十岁的青年人，而那时的统治者们……则是老年，又有经验。他们有较多的学问，但是我们有较多的真理"。

青年人作出激烈的反应。他们中许多人由于缺少教育和经济方面的机会，而感到极度失望。他们焚烧数以千计的学校和工厂。哲学家林语堂把"革命总是毁掉孩子们"这句老生常谈的成语倒过来评论说，"在中国是孩子们在毁掉革命"。

毛的红卫兵模糊的使命是破坏政治秩序和官僚秩序，周作为总理却处于这种秩序的顶端。在"文化大革命"高潮时，有将近 50 万红卫兵包围了人民大会堂，把周事实上围困了起来。他以惯有的镇定，一连三天两夜忙于一连串的马拉松式会议上，对付那些围困他的人。火气被平息下来。不久这群人就散开了。

1971 年基辛格在他秘密的中国之行后告诉我，周在谈到"文化大革命"时，几乎掩饰不住他内心的沉痛。这并不使人感到惊异。周是第一代共产党领袖，他在革命中为达到平均主义的理想而斗争。他还是一位推行经济逐步现代化计划的领袖。因此，他一方面同情"文化大革命"的目的；另一方面他也知道，中国如要在以后几十年满足人民和国防的最基本的需要，就不得不使它的经济现代化。

正如埃德加·斯诺有一次描述周的时候谈的那样，他是"一个建设者，而不是一个诗人"。当他看到红卫兵狂暴破坏他精心奠定的现代化基础时，一定会极其痛苦。

中国可以把周作为保住党和国家统一的伟大的调和者来追忆，而世界则将清楚地记得他是中国主要外交家。他是中国的梅特涅、莫洛托夫和杜勒斯。谈判中他表现出本能的敏捷，善于运用国际力量的原则，并且有坚定的思想信仰带来的一种道德信念。所有这一切同他对外国的深入了解、长期的历史洞察力以及个人的丰富经验，结合起来就产生了我们时代最有造诣的外交家之一。

在外交事务方面毛给周相当的自由。谈到具体的国际问题，毛在我们1972年会晤时一开头就说，"那些不是应该在我这里讨论的问题。这些问题应该同周总理讨论。我讨论哲学问题"。我们会谈中触及了最高领导议程上的一系列问题，但是都是从哲学角度谈的。最有趣的是，在我此后同周的所有会晤中，他常常提到毛所谈的话就是他在谈判中所持立场的指南。

周是两个关键性外交事件的核心人物。这两个事件比其他任何事件都更加开创了今天的全球平衡，这就是中苏分裂和中美建交。导致中苏破裂的争论，实际上归结为一个主要问题，这就是谁要成为共产主义集团的头号人物？苏联作为第一个共产主义大国，在1917年以来的共产主义运动中享有至高无上的权威，而且顽固地要保持它的突出地位。中国可以说是第二个共产主义大国，但是，作为中国人，毛和周肯定不会甘愿接受老二的地位。

谁为盟主的问题存在于实质和象征这两个标准上。当苏联是唯一拥有核武器的共产党国家时，它的领袖们可以要求中国人跟着他们的外交走，因为中国要依靠苏联的核保护伞来保护自己。苏联的领袖们还利用他们的核垄断进行赤裸裸的威胁。在共产主义世界里，苏联为盟国提供了保护伞，同时还把剑悬在他们头上。因此，中国人要发展自己的核武器就没有什么奇怪的了。他们向苏联要求技术援助，苏联虽然勉强同意了，后来却又撤销了。

以象征的标准去看，中国领袖们感到，在同苏关系的任何事情上都没有平等，都是向野蛮人卑躬屈膝。1957年莫斯科会议之后，周强烈抱怨说，赫鲁晓夫应该学习中文，好使他们的谈话不至于总用俄文进行。赫鲁晓夫恳求说，"不过中文太难学了"。周气愤地答道："你学汉语总不会比我学俄文更难吧！"

争论之激烈到 1961 年苏共代表大会上才公开化。赫鲁晓夫力图谴责顽固坚持斯大林的做法而不顾克里姆林宫新路线的阿尔巴尼亚。周作为中国共产党的正式观察员，起而反对了赫鲁晓夫。他也许考虑过，假如今天独立思考的阿尔巴尼亚遭到谴责，那么明天中国也会遭到谴责。

赫鲁晓夫以通过代表大会对斯大林主义进行集体谴责来作答。然后周就向斯大林墓献了花圈，上面写着"伟大的马克思列宁主义者"。在这种事情上，赫鲁晓夫比任何人都敢作敢为，他竟然操纵通过了把斯大林遗体从列宁墓搬出来的决议，这是他的最后还击。周退出了党代表大会，这两个国家之间的分裂就变得无可挽回了。周在几年之后说，"约翰·福斯特·杜勒斯的阴魂现在已经在克里姆林宫里定居下来了"。

到 60 年代末，中国发现，由于中苏分裂，自己处于孤立，并为敌对势力所包围。在我做出推进同北京和解的最后决定以前，我曾试图把自己置身于周的地位。事实上，他往每个方面看去，都会看到实际的或潜在的敌人。

他往东北看到了日本。日本人虽然对中国并不具有军事威胁，不过他们的经济实力使他们具有对中国进行军事威胁的可怕潜力。

他往南看到了印度。因为中国在一系列边境冲突中击溃其军队，他瞧不起印度人。但是他知道，印度是世界上人口第二多的国家，在苏联的支持下可能成为一个潜在的威胁。

他往北看到了苏联。它有能力在轻而易举的打击中，像动了 30 分钟外科小手术一样，摧毁中国微弱的核力量。它在中国边界上陈兵 40 多个完全现代化的师。它在不到 10 年的时间里把部队增加了 3 倍以上。

他越过太平洋看到了美国。他作为一个共产党人，把美国看成意识形态上的死敌。不过，作为一个中国人，他认识到在亚洲和太平洋所有邻国中，只有美国一家现在或将来都没有侵略中国的意图。最重要的则是美国是唯一有力量牵制那不共戴天的北方敌人的国家。

所以，恢复邦交的谈判桌摆好了，并不是因为我们任何一方喜欢对方的哲学，而是因为保持敏感的力量平衡对我们双方的利益都是必不可少的。他们需要我们，我们也需要他们。当周一收到我关于打开关系的信号时，他就像毛的一首诗说的那样，"只争朝夕"地行动起来。

斯大林令人生畏的外交部长维雅切斯拉夫·莫洛托夫有一次警告一个美国记者说："如果你们认为我们是难对付的，那么你们就等着有朝一日同周打交道吧！"当我们碰头时，我发现周并不是莫洛托夫描述的那种不妥协的谈判者。作为一个献身革命的共产党人，他把我们看做是意识形态上的敌人；但是作为一个务实的中国人，他承认需要我们。

我们的分歧是巨大的，但是我们的共同利益更大。我们的任务是减少分歧，而不是使其加剧。中国领导人要使由于同苏联破裂造成的敌对的包围有所缓和。我们相信结束中国政府"愤怒的孤立状态"已是迫不及待的了，我们也看到了通过三角外交有助于遏制苏联。尽管我们在改善关系上存在着共同利益，我们仍必须在公报中确定我们的关系，还有大量的技术问题要解决。

我在谈判中认识到，要周突然放弃基于意识形态的外交立场，在政治上是不可能的。不过我知道他是一个现实主义者，他把民族利益放在意识形态之上。这正如他对基辛格说的，"舵手一定要见风使舵"。

当我们讨论到美国在日本和太平洋的驻军时，我知道这是个特别敏感的问题。我注意到，中国人呼吁从日本撤出美国军队并废除美日共同防御条约。我当时指出，尽管我们的政策同中国的意识形态是相抵触的，但它仍然符合中国的民族利益。在提到苏联时，我说："美国可以从日本的水域撤出，但是别人会进入日本水域浑水摸鱼。"我继续说："在这种情况下，日本就要寻求同克里姆林宫妥协，或者重新武装。"

我知道，周作为一个现实主义者或许会同意我的分析，但是他作为一个意识形态专家决不会明确地表示同意。他以特有的巧妙方法作答。他沉默了一会儿，便不予评论地改变了话题。会议室里谁都不会误解，他的沉默除了表示同意之外，没有别的意思。

我同周一对一的正式会晤超过 15 个小时，此外我们还一起在午餐、晚餐及其他公开活动上相处了许多时间。他有四件事给我留下了不可磨灭的印象，这就是：他的精力、准备、谈判技巧和在压力下的沉着。

他的精力是非凡的。我注意到，在我们一些冗长的会谈中，双方年纪轻一点的人由于无间歇地开会而有睡意，翻译的声音也低沉了。但是 73 岁的周却始终很敏捷、顽强而又机警。他讲话从不离题，从不拖泥带水，从未要求中途休会。如果我们下午的会议解决不了联合公报措词上的分歧，他也不把问题留给助手，而是亲自同基辛格不分昼夜地利用余暇消减分歧。第二天上午，他看上去还是好像刚从乡间度过悠闲的周末回来一样。他在处理涉及重大问题的艰苦工作中反而身心健旺起来。权力和责任感使他保持年轻。

他像我会见过的任何领袖一样，都是事先做好了充分准备。他在讨论之前就做好了种种研究，只是遇到一些高度技术性的问题时才问助手。

基辛格对我说过，周的谈判本领会使我感到惊奇。他说得对。大部分谈判涉及象征性的问题和实质性的问题。在我同毛会晤之后，周和我坐下来举行我们第一次全体人员参加的会谈，周就提出了一个象征性的问题，来巧妙地测验我的决心，看看我是否由于来了中国而正在放弃我过去强烈坚持的旧观点。

他说："正如你今天下午对毛主席说的，我们今天握了手。但是约翰·杜勒斯不愿这样做。"

"不过你说过，你并不要同他握手。"我反驳说。

"不一定，我是想同他握手的。"周回答说。

"那好，让我们握手吧！"我伸手，隔着谈判桌又一次握了他的手。

周似乎挺喜欢这个话题。他继续说："杜勒斯的助手瓦尔特·贝戴尔·史密斯先生曾经想采取不同的做法，但是他没有破坏福斯特·杜勒斯的纪律，因而他不得不用右手端咖啡。由于人们是不用左手握手的，他使用左手摇了摇我的胳膊。"大家都笑了。接着，周又说："不过，我们不会责怪你们。因为当时国际上的看法是，社会主义国家是一个坚如磐石的集团，西方国家也是一个坚如磐石的集团。现在我们知道了，事实并非如此。"

"我们打破了旧格局，"我赞同说，"我们对每个国家都要根据它本身的所作所为来判断，而不是把它们全部混为一谈，说因为它们有着同样的哲学，就全部是漆黑一团。由于我曾在艾森豪威尔政府里待过，我应该诚实地对总理说明，我的看法是同那时杜勒斯的看法相似的。但是从那时以来，世界发生了变化，中华人民共和国和美国之间的关系也必须改变。"

周坚忍顽强，但是在解决我们的分歧时却是灵活的。在联合公报谈到台湾问题的一节上，我们有十万八千里的距离。我们不愿意也不可能放弃台湾，他不愿也不可能放弃对台湾毫不含糊的主权要求。他想利用我们的联合公报把这个要求确定下来。通过双方达成的妥协，每一方都以不带煽动性的语言来陈述各自的立场。这是一个了不起的成就，基辛格和周都立了大功。周的双眼总是盯着主要问题的，他知道同美国的新关系比在台湾问题上取得胜利更为重要。

在我们整个谈判期间，他始终沉着应对。周同赫鲁晓夫的滑稽丑态和勃列日涅夫的戏剧性表演形成明显的对照。他从不提高嗓门，从不拍桌子，从不为了压人让步而以中断谈判相威胁。我在 1976 年告诉周的妻子，她的丈夫总是坚定而有礼貌。就是当他"手里握有好牌"时也极为温和，这给我留下了特别深刻的印象。我把他的镇定沉着大部分归功于他的锻炼和经历，但这也反映了他那成熟的自信心。

俄国领导人明显地认为，在助手面前证明自己的男子汉气概是很有必要的，周却不以为然。

周的谈话并不像毛的谈话那样富于色彩，但他多次用生动的形象来说明他的观点。在我们从机场乘车前往宾馆的途中，他简单明了地说过："你的手是从世界上最大的海洋那边伸过来的——双方没有往来整整二十五年。"

周是一个有造诣的诗人，有时会用一首诗来表明一个具体观点。他提到 1972 年的总统选举，并表示希望我获胜。周谈到毛的一首题为《咏梅》的诗。周说："在那首诗里，主席的意思是说，走出第一步的那个人，不一定总是伸出手来同你拉手的那个人。百花盛开的时候，也就是它们就要凋谢的时候。"周继续说，"你是那个采取主动的人，你也许不会在现在岗位上看到它的成功，不过我们当然会欢迎你再来"。

在我们于北京宾馆举行的最后一次长会上，周再一次用诗阐明了一个观点。他说："在你楼上的餐厅里，有一首毛主席书写的关于庐山的诗。最后一句是'无限风光在险峰'，你们来中国就担了某种风险。"周的诗境同毛的诗境一样，在伟大的领袖们中间并非不寻常。政治学，从其最高的境界来讲，与其说是散文，毋宁说是诗。

周同蒋及美国调停者在中国内战期间的谈判，对于共产党的胜利是必不可少的。他的拖延战术为增强红军的力量带来了宝贵时间。他那假装妥协的愿望使得蒋的美国保护者们寸步难行。

一个台湾的国民党官员甚至这样说："只要我们在内战中把周弄到我们这边来，今天被放逐到台湾的也许是毛，而我们就会在北京了。"不管说得多么言过其实，这个国民党官员却提出了一个正确的观点，这就是毛在革命中的作用被估计得过高了。毛不可能独自一人征服和统治中国。要是没有周，他能否做到这一点值得讨论。重要的是，毛实际上不是单枪匹马取得胜利的，是周毛之间的伙伴关系赢得了中国。

毛当初是个反抗地主和军阀压迫的农民，周则是一个同不平等和外国侵略作斗争的知识分子。他们代表中国社会里的两大因素，是在共产主义革命中团结起来的。

他们的伙伴关系虽然在历史上意义重大，不过一开始却是不吉利的。周在 1931 年来到毛的江西根据地时，是一个失败了的城市反叛者。周立即把军事指挥权拿了过来。毛在几年之后说，他在这个时期里，对党的事务"毫无发言权"。在国民党军队把红军赶出江西，迫使其进行长征之后，这两个人才合作制订了他们的迂回路线和战术。在万里长征跋涉途中，周挺身而出在政治上支持了毛，把毛提升到共产党主席的地位。全世界都知道，他们正式的伙伴关系有四十二年之久。

毛认为世界充满矛盾和处在经常变化的状态，他把斗争看成高于一切。周更为务实，更着重于运用有选择的斗争来达到具体的目的。周把他那卓越的行政才能和似乎不知疲倦的个人精力，都用来反对中国五千万官僚分子的占压倒之势的惰性和使之处于一种能控制的程度，好让毛超脱具体事务，做国家的精神领袖。

日本首相田中角荣说过，"周在毛的面前，像一个伺候一位杰出的国会议员的笨拙的秘书"。周具有优雅风度，很难想象他像个笨拙的人，不过在毛的面前，他确实退居从属地位，至少部分是故意这么做的。他看清了觊觎毛的宝座的危险性。

20 世纪中国这两位伟大领袖非凡的伙伴关系，在 1972 年以"文化大革命"的结束和中美恢复友好关系的成功达到了顶点。

周陪我走进毛那摆满书籍的书房去会晤毛时，我记起了来北京前几天在白宫的晚餐上马尔罗①对我说的话："你将同一个巨人——不过是一个面临死亡的巨人——打交道。"毛和我并没有进行谈判。他在估量我，我在估量他。他想知道我是否有一种同他的观点协调的全球

---

① 安德烈·马尔罗（1901～1976）戴高乐时期曾任文化部长，本人又是作家。

观点。他试图弄清美国的富裕是否使我们变得温和了，以及在越南的麻烦是否削弱了我们的意志。

他身体的虚弱是很明显的。在我进去时，他要秘书扶他起来。他抱歉地对我说，他已不能很好地讲话。周后来把这一点说成是患了支气管炎的缘故，不过我认为这实际上是中风造成的后果。他的皮肤没有皱纹，不过灰黄的肤色看上去却几乎像蜡黄色的。他的面部是慈祥的，不过缺乏表情。他的双目是冷漠的，不过还可发出锐利的目光。他的双手好像不曾衰老，也不僵硬，而且还很柔软。不过，年岁影响了他的精力。中国人安排我们只会晤 15 分钟。毛完全被讨论吸引住了，因而延长到一个小时。我注意到周在频频地看表，因为毛已开始疲乏了。

他们两者之间的差别是很明显的。周的眼光、谈吐和作为，都像一个高度文明的、彬彬有礼的外交家。毛却是直爽的、质朴的、有棱角的、洋溢着一种天生的吸引力。毛是政治局的主席，即使在风烛残年也仍然是公认的领袖，而周是总执行官。

毛有一种谈吐随便而又深奥的风度，这给人留下了一个印象：他是一个运筹帷幄的人。他提出他的观点时，声调安详平板，这在一个小型的会谈中会给人深刻的印象，但如果向大众演说，这种语调是不行的。

甚至在谈严肃的事情时，他也喜欢讲些出格的话。他爽朗地微笑说，"你们上次大选期间，我投了你的票"。我说他一定是在两害之中取其轻。他异常愉快地回答说："我喜欢右派。人们说你们是右派（即共和党是右的），希思首相也属于右派。"我猛然举出戴高乐的名字。他表示异议说，戴高乐不一样。接着他继续说："他们还说西德的基督教民主联盟也是右派。当这些右派的人掌权的时候，我是比较高兴的。"在谈到我们恢复邦交时，我说了下面的话来证明这种观点："我认为应该指出的最重要的事情是，在美国，至少在当前，左派只能夸夸其谈的事情，右派却能够做到。"

他还时常喜欢以自我贬低来转弯抹角地说明一种观点。摄影师们在我们开始会晤时工作，我们就轻松愉快地交谈着。基辛格提起了他在哈佛大学当教授时曾把毛的著作指定给他的学生们读。毛答道："我的那些著作没有什么好读的。我写的东西没有什么教育意义。"我说他的著作推动了一个民族并改变了世界。毛回答说："我可没有能够改变世界。我只不过改变了北京附近的一些地方。"

1976 年我再次来到中国时，毛的情况严重恶化了。他讲话的声音就像一连串单音节的咕哝和呻吟。不过他的思想仍是敏捷和清晰的。他明白我所说的一切，不过在他要回答时，却说不出字来。如果他认为翻译听不懂他的意思，他就会不耐烦地抓过一张便条，把他的话写出来。看到他处于这种情形是痛苦的。无论人们对毛有怎样的看法，谁也否认不了他是一位战斗到最后一刻的战士。

在那些日子里，美国正在为越南综合征而受苦，正要摆脱它以避免其成为一个世界强国的责任。毛问了我这样一个要害问题："和平是美国唯一的目的吗？"我回答说，我们的目的是和平，不过这种和平不只是意味着没有战争。我告诉毛："那必须是一种正义的和平。"

我们在同中国共产党人打交道时一定要记住这一点。他们是革命家，相信他们的利益和理想是值得为之战斗和牺牲的。如果我们用一种一味强调需要和平和友谊的说教来回答毛的问题，中国人会认为我们是犯了错误，甚至更坏，他们将会把我们看成白痴。最终，他们就要说，假如和平确实是我们唯一的目的，那么我们随时都可以用投降来达到我们单纯期望的和平。因此，我们一定要向中国人重申，我们也有我们为之奋斗的价值。

帕金森病使毛的动作全部僵化了。他的体态从来就不优美。不过在 82 岁时，毛已经由迈着大步的农民变成一个缓缓地拖着脚步走的老人了。毛像年迈的丘吉尔一样，仍然是自豪的。在我们会晤结束时，秘书们把他从椅子上扶起来，搀着他陪我走向门口。当电视灯光和摄像机要记录我们最后的握手时，他却推开了助手们，自己站在那里向我们告别。

　　路斯·特里尔在他关于毛的传记研究中写道："毛表面上的反复无常并不会引起人们的误会。他生命中的平衡——如果真有这种平衡的话——是来自对立面的冲突。他谈到自己时说，他身上有虎气，也有猴气。在他身上，交替地表现出冷酷无情的一面和充满幻想的理想主义者的一面。"毛不像周那样，他没有把他个性的各条经纬编织成一个整体，却让每条线索把他拉向不同的方向。

　　作为决策者，毛容易冲动。他彻夜工作，白天起得很晚。他常常像斯大林那样，为了一些琐事把工作人员一大早叫来。他从日常事务中抽出身来进行长期的独自省察。他会盘问政策专家们好几个小时，然后溜到他的花园里去征求一个卫兵对这些政策问题的意见。

　　马尔罗对我说过，毛身上有种"巫师般的气质"，他是"心中有幻想存在，就为幻想所占有"的人。毛想象的中国社会是一个类似大家庭的社会。当他得知他的儿子已经在朝鲜战争中牺牲时，他心平气和地回答说："没有牺牲就不会有胜利，牺牲了我的儿子，或者别人的儿子，是一样的。"不过如果毛身上的猴气被这种幻想所占有，他身上的虎气就要在实现这种幻想时震撼中国。毛要求人民中间的自发性，不过只有这种自发性适合他的幻想时他才能忍受。当他们偏离了的时候，他就要通过运用国家的法律制约和残暴的警察权力来达到自己的目的。毛直到最终似乎都没有理解，这种高压政策产生了等级制，窒息了主动性，毁灭了自发性。

　　作为中国革命的马克思、列宁和斯大林，毛通过战略上的洞察力、战术上的灵活性和令人惊恐的暴力，使他在历史上取得胜利。他修正了马克思主义，使农民成为取代产业工人的革命阶级。他修正了列宁主义，用组成军队的士兵取代结成阴谋集团的造反者，来夺取革命的胜利。他嘲笑那些把他的统治同秦始皇的血腥统治相提并论的人，而秦始皇的专制在帝王们中间是无可匹敌的。他说过："你们以为你们把我们比作秦始皇，就侮辱了我们。可是你们犯了一个错误，要知道，我们超过他一百倍！"

仅仅依靠他的洞察力和冷酷无情，毛是不能取得成功的。一种吸引狂热追随者的魅力和一种藐视巨大困难的意志力量也是必要的。毛的意志力产生了他超凡的魅力。我在会见他时，有一种感觉，他的意志力不知怎的是一种体质的特征。他的最生动的诗篇是在长征的战斗中间和战斗之后写的。当他写到斗争——特别是激烈的斗争——时的振奋情景，他似乎提到了意志的锻炼，就像别人所说的肌肉锻炼的那种情况。他以这种品质鼓舞他的同志们去完成像长征这样史诗般的任务，因为这使他因而也使他们成了似乎不可替代的人。

1972 年，毛用一种既可以囊括我们的会晤情况，也可以囊括整个中国的横扫一切的手势告诉我说，"我们共同的老朋友蒋介石委员长不赞成这件事"。过了一会儿他又补充说，"我们同他的友谊史，比你们同他的友谊史要长得多"。1953 年我第一次同蒋会晤时，这位委员长在谈到中国时也做了一个类似的横扫手势，表明他的讲话包括大陆和他在福摩萨岛①上的据点。

我发觉这两个人谈到他们国家时都有某种帝王的味道。他们的手势和谈话似乎都暗示，每人都把他国家的命运同自己本身的命运等同起来。当这样的两个领袖在历史上相遇时，他们就不会妥协，他们就发生冲突。一个成了胜利者，一个成了失败者。

说起来也许很奇怪，这两个人在许多方面是很相似的。他们都是东方人。毛离开中国只有两次，即 1949 年和 1957 年在莫斯科同苏联领袖们会见。蒋只有两次到过亚洲之外旅行，一次是 1923 年随一个代表团去莫斯科，一次是 1943 年作为四巨头之一到开罗去开会。两个人都常常长期隐居。毛利用这个时间来写诗，蒋则在山间散步时把时间花在背诵古典诗词上。

---

① 指台湾。

毛有一种轻松的不可抑制的幽默感。蒋在同我的会晤中从未表现任何幽默。毛的书法是龙飞凤舞的，那不规则的汉字分排成散乱的行列。蒋的书法则是刻板的，那方方正正的字体全是由完整的线条构成的。

在我同毛的第一次会晤中，他提到蒋在最近一次演说中把共产党领导称为"匪"。我问他，他把蒋叫做什么。毛笑了。周答道："一般来说，我们称他们为'蒋介石集团'。我们在报纸上有时候称他为匪，他反过来也称我们为匪。总之，我们是互相对骂。"周和蒋之间的关系就像过山车忽起忽落。周在 20 年代初作为蒋的部下在黄埔军校工作过，据称蒋说周是一个"讲道理的共产党人"。可是几年之后，蒋却用八万美金来悬赏周的首级。总体来说，无论如何，我发现周和一些其他问起过蒋的官员，在对蒋的态度上，都有着奇怪的矛盾心理状态，这使我感到惊讶。作为共产党人，他们恨他；作为中国人，他们尊敬甚至还钦佩他。在我同蒋的所有讨论中，他从来没有过相应的尊敬对方的表现。

我第一次见到蒋介石在 1953 年，我认为他是 20 世纪中国的一位领袖。我当副总统以及下野后，都与他有联系，我们成了朋友，我十分珍惜与他的友谊。所以，与中国接近对我个人来说很痛苦，觉得对不起他。

蒋夫妇常在台北富丽堂皇的官邸接待我。他的夫人做他的翻译，但她也经常参加讨论。蒋夫人曾在美国威尔斯理大学学习，没有比她更合适的翻译了。她的中英文都讲得很地道，而且她对她丈夫的思想非常熟悉，所以当在两种语言间找不到相应的词来表达时，她就准确地加以解释。

蒋夫人不仅仅是她丈夫的翻译。时下人们往往贬低夫人的作用，认为她们在历史上无足轻重，她们个人也起不了什么作用，是婚姻使她们出了名。这种观点不仅忽视了领导人的夫人在幕后所起的作用，而且否定了她们本人的能力和素质。我认为，蒋夫人的智慧、口才和品德完全可以使她成为一位重要的领导人。

蒋夫人和毛的第四任夫人江青之间反差远比毛和蒋之间的反差要大。蒋夫人彬彬有礼，服饰美观大方，既有女人的温柔，又有男子的刚强。江青则是蛮横无理，毫无幽默感，完全不像女人。我从来没有见到过像她那样冷若冰霜、缺乏风度的人。我访问中国时，江青为我安排了一台宣传性的文艺演出，她坐在我旁边，既无毛的热情，也无周的风度。她看来很紧张，手背和额头上都渗出了汗珠。她那唐突和好战的态度在她问我的第一个问题中就表现出来。她问我："为什么你不早一点来中国？"

周的夫人，邓颖超和江青完全不一样。我见过她两次，一次是1972年，另一次在1976年，周去世后不久。她和周一样，很有魅力，很有涵养。她不仅是周的夫人，她本人是一位献身于革命的共产党员，在党内独立发挥作用。尽管如此，她仍保持了女人的温柔。

蒋夫人家庭的痛苦结局集中反映了中国内战造成的分裂。蒋夫人的父亲宋耀如是一位富有的制造商，笃信基督教，做散发圣经的工作。他共有三个女儿，蔼龄、美龄和庆龄。蔼龄和中国银行行长结婚，在大陆失陷后，逃亡到美国。美龄嫁给了蒋介石，和蒋一起打共产党，一起流亡福摩萨（台湾），蒋去世后，她到美国定居。庆龄嫁给了中国革命运动之父孙中山，在内战期间站在共产党一边。晚年她成为受人尊敬的革命的象征。1981年庆龄在北京逝世，受到国葬的待遇。

蒋向美龄求婚时，宋家是反对的，因为蒋不是基督教徒。宋家坚持要蒋皈依基督教，才能与美龄结婚。在信教问题上，蒋不愿人云亦云。他说，如果他不能自由选择他的宗教信仰，他不会是一个好基督教徒。他答应结婚后认真学习圣经，得到了宋家的同意。三年后，蒋皈依了基督教。从此他们夫妇俩早上都要一起祈祷一小时。蒋的性格多疑，不易亲近，但他完全被美龄争取过去了，变得离不开她了。在国务问题上，她是他的亲信，在第二次世界大战期间和大战后，她多次作为蒋的私人代表到美国访问。她的魅力和优雅的风度使她成为国际上的名人，而且往往有助于改善蒋本人的凶狠形象。

蒋常披一件整洁无暇的黑色斗篷，剃着光头，在私下会晤中和他严峻的表情以及沉默寡言正好相配。当我的话使他感到有些紧张时，他习惯用急促的语气说："好，好！"但他的眼睛闪烁着自信和顽强。他的眼睛是黑色的，有时闪着光，在谈话开始前，他的两个眼珠扫视着整个房间。一旦谈话开始，他的眼睛就一直紧紧盯着我的眼睛。

蒋和毛的个人习惯形成鲜明的对照。蒋的一切都是有条不紊的——他的服饰、办公室和官邸。他在各方面都很自律，井井有条。用"干净利索"来形容他的形象不为过分。毛正好相反，他的书房里到处是书和报纸。如果桌面的整洁是衡量一个经理好坏的标准的话，那毛肯定不够格。

蒋是少见的那种政治动物，他是一个保守的革命者。美国革命最终建立了自由有序的国家，因为领导革命的人本质上是保守的。他们进行斗争是要夺回失去的自由。法国革命部分是失败的，因为革命的领导人企图实现一个纯粹是书本上的、抽象的理想，这一理想在法国是没有根基的。

蒋的意图更接近美国的理想，他想恢复中国的传统，他认为旧秩序损坏了传统，因此要反对。他还反对吸鸦片，缠小脚。但他不是民主派，尽管他引进了制宪政府。他认为，问题不是自由不够，而是自由太多。正像孙中山说的那样："我们变成了一盘散沙。"所以中国需要纪律。蒋说他所寻求的纪律能够把中国人的创造力和生产力充分发挥出来。

蒋把他的主张在台湾实施了，创造了经济奇迹。诚然，他直到1965 年，还一直接受美援，但美援的数额不足以使台湾经济如此快速发展。在大陆，共产党把农业生产集体化了，结果是人均粮食产量低于革命前。蒋对地主是实行赎买政策，然后把土地分给农民。地主把大部分的钱投资于工业，同时政府鼓励外国企业来投资。今天，台湾人均收入是大陆的五倍。1800 万台湾人的出口额比 10 亿大陆人的出口额多一半以上。

蒋是一位实干家，在他动荡的一生中，他多次是对的，这导致他非常自信。他喜欢读王阳明的儒教哲学，王阳明说"知而不为，为不知也"。

甚至1949年的溃败也没能动摇蒋的自信。对他来说，这只是又一次暂时的挫折。我每次见到他，他都大谈"光复大陆"。即使他的一些助手已放弃了希望，他仍相信有一天会打回去。

他给自己起的名字叫"介石"，意思是"不可动摇的石头"。从他的性格来看，这名字挺适合他。我很钦佩他的决心。有些人会告诫某一位公众人士，他提出的目标是不可能实现的。这些人缺乏创造性眼光，他们认为不可能做到的事，只是因为前人没有做过。蒋懂得这一点，他曾撰文说："我总被敌人所包围，有时还被敌人压倒，但我知道如何坚持下去。"

虽然蒋有坚忍不拔的精神，但他也有过错。不过，类似大陆陷落的悲剧不是一个人的过错所造成的。蒋是一位出色的政治和军事战术家，但他拘泥于书本上的教条，充其量不过是二流的战略家。在他预先设想的战略形势下，他的行动迅速、果断，他按照他所知道的战争规律行事。如果战略形势不变，能胜过他的人极少。一旦战略形势大变，他就不能创造新战略了。许多历史人物能够反其道而行之，他们的创新在当时被认为是"离经叛道"的，历史书上充满了解释他们创新的脚注。那些能利用当时的机会，创造新的战略的人才是创造历史的人。毛正是这样的人，这是蒋的不幸。

当蒋的军队进行北伐，企图用武力统一中国时，中国的有些地方仍处于外国统治下，有些地方由军阀控制，还有些地方是无政府状态。蒋在前进中逐渐壮大了自己的军队，成为中国最强大的军队，几年后，他成为统一中国的统治者。

但是当时中国并非真正统一，蒋打败了他的敌人，但未能使他们屈服。他根据中国传统，让他的敌人成为他的盟友，给他们留了面子。这是他最大的失误。按照 16 世纪意大利政治家马基雅弗利的理论来看蒋的做法：他保留了军阀政权，允许军阀保留他们的军队，这样他就不可能巩固他的胜利，因为只有使战败者依附他，才能使他们忠诚于他。

马基雅弗利的理论是对的。蒋从未真正控制全中国。他的军队疲于奔命，力图保持国家统一。他对一个地方增加军力，另一地方的军阀就会趁机闹独立。结果，蒋不得不频繁地应付军阀的挑战。他无法遣散军队，集中一定的精力和资源用于经济的现代化及改革。更糟的是，他无法集中他的军力对付共产党。总之，他的战略是保住了面子，却丢了中国。

胜利以后，毛在中国各地，社会的每一级都建立了共产党的统治。事实上，历史大概要把这一成就看做毛的最伟大的成就。

但是，周的历史性贡献就难说了。他在内战中为共产主义的胜利作出了巨大的贡献。不过，1949 年以后，周要用奉行一种经济逐步现代化的政策，使务实主义缓和意识形态。但是毛政策中堂吉诃德式的政策的摇摆不断阻挠了周的努力。周还几乎孤军作战，试图缓和共产党在中国生活上的严酷性。允许少许的自由讨论，给中国社会灌输伯克①称之为"有钱难买的优美生活"。不过，他的努力又一次失败了。

周将以他的外交成就而博得崇高的声誉。他引导一个潜在力量远远超过现实力量的国家，虽然如此，他还是利用各种机会在历史上留下了他的印记。我在 1976 年周逝世后不久会见他的遗孀时，我对她说没有必要给他建立纪念碑，因为历史学家们会把他维持全球力量均衡的行动看做是他的伟大的明证。然后我用这样的话来概括周的非凡经历："你未能看到的常常比你能看到的更有意义。"

---

① 伯克（1729～1797），英国政治家。

在我同周和毛的谈话中，两个人几乎都宿命论地谈到还有大量工作要他们去做，而他们能用来做这些工作的时间却很少了。他们转回到年龄的问题上来，我感到他们明白自己快与世长辞了。

他们的晚年也没有用来追求同样的目的。据信，在周生命的最后一年，后来以"四人帮"闻名的小集团要逼他下台，这或许有毛的心照不宣的支持。那时，由于预感到随着毛的逝世会发生权力斗争，周不显眼地把他的政策的支持者尽可能多地安置在关键的岗位上。毛在无法捉摸地从一种政治倾向偏到另一种政治倾向中度过了他的晚年，在这个过程中给中国造成了无可估量的损害。他支持一个温和的务实派一段时间，然后就变得不耐烦，接着就联合极左派发动一场文化大革命，然后自己又颠倒过来。

共产党中国的这两个伟大领袖，在1976年都去世了，相隔不到九个月。他们没有一个达到了自己的目的，不过周的政策的生命力超过了他的寿命。

中国共产主义运动如果没有毛，就会缺少神秘性。这种神秘性不仅吸引了那些征服了中国的狂热的支持者们，而且鼓舞了全世界的千百万人。但是毛像那些最革命的领袖们一样，会破坏而不会建设。

周也会破坏，不过他有着革命领袖少有的才能，能够做比治理废墟更多的事。他能保住过去那些最好的东西，并为未来建立一个新社会。

中国革命没有毛，就决不会点燃起火来。没有周，它就会烧光，只剩下灰烬。中国革命是否会幸存下来，而且最终做出的好事能否比坏事多，这要看目前中国共产党的领导人，是否像周那样决定，他们要使自己成为一个共产主义者，但更是一个中国人。他们如果这样做，中国在20世纪里就不需要担心北方的苏联、南方的印度、东北的日本甚至东面的美国。有着世界上最能干的十亿人民和庞大的自然资源的中国，不仅能够成为世界上人口最多的国家，而且也能够成为世界上最强大的国家。

第八章

一个新世界

——变动时代中的新领导人

温德尔·威尔基在 1940 年的总统竞选中败于罗斯福，并打算在 1944 年再次参加竞选，于是在 1943 年写了一本书，题名为《一个世界》。该书的内容在很大程度上早已被人们遗忘，但书名却留在人们的记忆中：书名用四个字概括了当代的一个主要现实。有史以来第一次，我们是真正生活在"一个世界"里，世界上任何一部分，不管多么遥远，都逃避不了其他部分动荡的影响。

威尔基撰写《一个世界》以来，四十年已经过去，在这期间，世界上发生的变化比历史上任何可以相比的时期都要大。这种对世界现状的概括很可以称作是"一个新世界"。

我们所生活的新世界是由新一代的人所组成。当今世界上有百分之七十的人是在第二次世界大战之后出生的。

这是一个新兴国家崛起的世界。联合国于 1945 年创建时，只有五十一个会员国，而现在已拥有一百五十多个，其中二十七个国家的人口少于加利福尼亚州的圣何塞。

这是一个新思想层出不穷的世界。战后很长时期以来，存在着一种简单地把世界划分成两个部分的倾向：共产党世界和自由世界。今天，由于中苏之间的严重分裂，共产党世界已不再是铁板一块，自由世界也一样。在新兴国家里，形形色色的政治、经济观念和宗教信仰都在竞相争取人民的支持。

在这一世界里，核武器的出现改变了战争的性质。把大国间全面战争作为推行国家政策的工具的想法实际上已经过时。世界大战的概念以及战争中的胜负问题几乎是不可设想的。但是，随着世界大战危险的减少，小规模战争的危险反而增加了。如果一个大国警告另一个大国，假如后者在其外围地区进行侵略，它就有遭受核报复的危险，对方是不会听信这种警告的。

本书介绍的领导人属于一个特殊时期。第二次世界大战是近代史上的一次大动荡，它解放了某些力量，这些力量永远改变了世界。它开创了核时代。它结束了西欧国家对世界上其他地区的统治，开始了老殖民帝国解体的过程。它把东欧置于苏联的控制之下，使掠夺成性的俄国成为世界上两个超级大国中的一个。第二次世界大战为两种不同的社会观念和制度之间巨大的斗争创造了条件，也就是今天我们不太确切地称作"东方"和"西方"之间的斗争——渊源于西欧文化的民主思想同起源于莫斯科的极权制度之间的斗争。

战前，在野的丘吉尔的意见和者甚寡，他被视为怪物，为人所不齿；戴高乐也是单枪匹马、徒劳无益地寻求支持；阿登纳在本国则是一名流亡者。他们每个人当时就具有后来出色地为自己国家服务的才华，但是他们的才华得不到承认，也无人需要。对他们来说，时机尚未到来。

像丘吉尔、戴高乐、阿登纳这样的领导人是少有的，不仅因为他们个人能力超群，还因为造就他们的环境也是罕见的。第二次世界大战及战后局势不仅要求非凡的领导才能，而且为演出伟大的戏剧提供了舞台。

除了以上所说的战后巨人之外，还有数以百计的其他领导人在缔造新世界中发挥了作用。他们不像上述三位领导人那么闻名于世，人们对他们的生平研究得也不太多，但是在很多方面，他们同这三位领导人一样重要。恩克鲁玛、苏加诺和尼赫鲁是反对欧洲殖民主义国家的革命家中的主要代表人物。菲律宾的拉蒙·麦格赛赛如果不是早逝的话，可能会成为远东最灿烂的明星之一。中东还有四位领导人——两位国王：巴列维和费萨尔，以及两位埃及人：纳赛尔和萨达特——他们属于不被旧势力压服，奋力使自己的国家成为新世界一员的人物之列。

还有些领导人，如果处于不同的环境里，是可以名垂史册的，然而，由于他们处于平静时期或领导的是不太强大的国家，他们的名字不为人们所熟悉。比如，假使李光耀和罗伯特·孟席斯是英国首相而不是新加坡和澳大利亚的总理，他们的名字就会同格拉德斯通和迪斯雷利并驾齐驱。他们的生平引起人们种种遐想：假如尼赫鲁跟李光耀一样了解经济现实的话，战后的印度历史将有何不同？假如孟席斯是战后英国的一位首相的话，欧洲的发展方向又会有何不同？

最后，还有一些人是值得人们怀念的，但却被遗忘了，不是因为他们在平静时期当领导人，而是因为他们默默地领导着人民。我们往往能生动地回忆起锋芒毕露的煽动家，而忘却那些默默无闻的调解人或小心谨慎、兢兢业业的建设者。

拯救了意大利的"好人"——加斯贝利

在上述最后一类领导人中，我遇到的第一位，也是印象最深的领导人之一，是意大利战后的总理阿尔契德·加斯贝利。

第二次世界大战之后，意大利极端贫困，比欧洲其他国家都穷，意大利文艺复兴时期宏伟的宫殿仍然保持着昔日的光辉，但是人民需要的是粮食。几根面条、一片面包在战后的意大利被认为是富足。

处于绝境的人们往往走向极端。意大利的贫困为斯大林提供了机会。莫斯科源源不断地向意大利共产党的金库输送金钱，企图增强其力量，把它作为夺取意大利的工具。形势曾一度显得莫斯科稳操胜券，但是阿尔契德·加斯贝利瘦长的身躯阻挡了他们走向胜利的道路。

1947 年，我作为研究西欧重建需要的赫脱委员会的一员，访问了意大利，在那里会见了加斯贝利。当时，意大利战后最重要的一次大选还有不到一年时间就要举行。意大利共产党是苏联集团之外最大的、得到苏联的资助最多的一个共产党，欧洲和美国的评论家们都预言意大利共产党将取胜。意大利的贵族纷纷制订计划，一旦共产党执政就逃离祖国。这次大选将是一个重要的转折点，不管是朝哪一个方向转。我们知道这一点，加斯贝利知道这一点，苏联人也知道这一点。

加斯贝利自1945年12月以来一直任总理。他的意志力、智慧和决心给我们委员会的每一个人都留下了深刻的印象。但是，常用来描绘伟人的形容词，诸如出类拔萃、高瞻远瞩、精明老练等等，一个也不适用于加斯贝利。他有几分书呆子气。实际上，他就是一个书呆子。法西斯时期，他的大部分时间是作为政治犯在监狱中度过的，释放后在梵蒂冈的图书馆里当职员，抄抄写写。他身材颀长、面容瘦削、前额很宽，长着一双炯炯有神的蓝眼睛，戴着一副圆形眼镜，嘴巴很大。两片薄薄的嘴唇仿佛有点闹情绪似的，而他那富有表情的眼睛表明，他根本没有闹情绪。1954年他去世时，已73岁，头发仍然很多，基本上没有花白。

我在1947年访问意大利时会见的意大利两位主要领导人加斯贝利和朱塞普迪·维托里奥之间有着鲜明的不同。维托里奥是共产党人，他是意大利劳工联合会的总书记，也是战后意大利最有势力的领导人之一。我到他的办公室去拜会他，办公室摆设阔绰：仿古家具，华丽的红窗帘，地上铺着厚厚的红地毯。当我走进他的房间时，他显得生气勃勃、风趣活跃、殷勤好客。他谈笑风生，不时发出朗朗的笑声。乍一看，他是个热情洋溢的人。但是，话题一转到美国和苏联问题，他那和蔼可亲的态度就消失了，他变得冷冰冰的、十分好斗。他的衣领上佩着一面小红旗，他的言论和举止都明白无疑地表明他完全效忠苏联，完全敌视美国。

相比之下，加斯贝利的办公室虽然也很舒适，却没有那么多的家具。他会见我们委员会成员时彬彬有礼，不苟言笑。维托里奥是位典型的性格外向的人，而加斯贝利则是一位典型的性格内向的人。我不能想象他会去拍群众的肩膀，大声地同他们拉家常，或者说一些活泼的俏皮话。那天他的眼神显出几分忧郁，这在一些领导人身上是常见的，戴高乐和战后墨西哥最伟大的总统阿道夫·鲁伊斯·科尔蒂内斯都有这种表情。

浅薄的观察家也许会打赌说，在政治竞选中，维托里奥会轻而易举地战胜加斯贝利，因为维托里奥善于给人以热情开朗的印象，热情的意大利人喜欢这种性格，而加斯贝利则做不到。但是同加斯贝利交谈了几分钟之后，我们大家（包括委员会中最顽固的倾向孤立主义的政治人物）一致认为他有着一种难以形容的秉性吸引着我们。加斯贝利充满了内在的力量，他谈话时从容不迫，使人倍感有力。人们可以感到，他对自己的人民、国家和教会无限信任。

确实，在政治竞选中，哗众取宠者往往能得逞。但是，这位沉静、谦逊的人，虽然不过是个二流演说家，既没有显而易见的魅力，又装不出政治上需要的和蔼可亲的样子，却具有一位伟大的领袖所特有的毅力、智慧和性格。幸运的是，意大利人民看到了这些品质。要是他们没有看到，今日之意大利很可能是个共产党国家，丘吉尔曾称之为欧洲的软腹部就会被致命地刺破。

加斯贝利的举止谦逊，但他相信自己和自己的能力。他以愿意同政敌妥协而著称，但在坚持基本的道义和政治准则方面，他又是靠得住的。他被称为"我们时代最不引人注目的杰出人物"，自两千年前罗马共和国灭亡以来，他是意大利最伟大的民选领袖。

战败后重建国家是一位领导人所面临的最困难的任务之一。但是，战乱和失败也常常使具有特殊才干的领导人崭露头角。正如麦克阿瑟和吉田茂对战后的日本、阿登纳对德国是不可或缺的那样，加斯贝利对重建战败的意大利也是不可或缺的。

跟西德的阿登纳一样，加斯贝利使意大利重新回到世界各国的大家庭中。因为世界已经看清，借用一位意大利人的话来说，"他是个好人，他说话算数"。他那平心静气而不是盛气凌人的作风同法西斯时期的意大利政治生活中耸人听闻的夸夸其谈恰成鲜明的对照。意大利人民欢迎这种使他们心情舒畅的作风，世界各国也为此感到宽慰。

墨索里尼迫使意大利人民听他那一套辞藻华丽的演说，而加斯贝利讲起话来却是平淡无奇。加斯贝利认识到他当演说家没有多少才能，但他觉得，意大利人民被那位"领袖"墨索里尼训导了二十三年之后，现在宁愿听听他这位"教授"讲课了。加斯贝利的演说往往没有明确的主题，有时甚至叫人摸不着头脑。他不会戏剧性地挥动手臂，而只会拘谨地微微做一下手势；他的演说中没有花哨的比喻，有的是仔细斟酌、无懈可击的说理。有时候，他讲着讲着停了下来，在讲台上的一堆文件中寻找他所需要的数字进行论证。如果他找了几分钟还没找到，他就会叹一口气，喃喃地说："没关系，我们讲下去。"

加斯贝利善于熟练地利用表决机器，他在这方面的长处弥补了他在演说方面的弱点。他的一位助手曾说过，在战后最初几年动摇意大利政府的多次议会危机中，"一个信任案胜过一百句警句"。加斯贝利在每次危机中都设法使信任案得以通过，维持了他所组成的历届政府。

治理战后的意大利需要有坚持不懈的精神。在西德和日本，最终的决定权掌握在盟国占领军的手里，他们逐渐把主权移交给选举产生的政府。因此，这两个国家的官员在对付食品匮乏，工潮和政治极端分子的阴谋诡计方面，有盟国占领军的帮助，人民有不满时，他们至少可以把一部分责任推给"洋鬼子"。

意大利与西德、日本不一样，几乎战争一结束，就由自己管理了。尽管当时意大利经济问题严重，共产党进行了往往是穷凶极恶的活动，加斯贝利却能执政八年之久，从 1945 年到 1953 年，在此期间，他在自己的政党天主教民主党控制的各党联合的基础上，先后组成了八届内阁。

加斯贝利成功的原因之一是他在政治危机前面决不轻易表现出惊

慌失措。有一天，他在靠近众议院会议厅的一间休息室里工作，一位惊慌失措的警官跑进来，告诉他议会厅里的辩论已发展到无法控制的地步。这位总理听了无动于衷，仍然埋头记他的笔记。最后，那警官说："总理先生，他们扔墨水瓶子！……还有，总理先生，他们甚至把桌子的抽屉抽出来互相扔！"加斯贝利抬起头来，"哦?"他淡然地问道，"扔了多少?"

起初，加斯贝利的内阁里有共产党人。他获得了善于妥协、熟悉议会事务的名声。后来，他渐渐认识到，共产党一心一意企图从内部使政府瘫痪，于是他在1947年组阁时排除了共产党。

这一果敢的行动使人们惊愕，对维护他的政府的稳定也有很大的风险。加斯贝利在54岁以前一直热衷于爬山运动。在他54岁那年，他爬多洛米特斯山时发生了事故，他抓住一根绳子，身子悬在半空，来回摇晃，下面是万丈深渊，他这样坚持了二十分钟之久，最后终于爬到了安全地带。他在政府内清除共产党之后，也是用同样的顽强精神坚持下来的。结果是，在1948年秋季的关键性大选中，1200万意大利人投票支持天主教民主党和加斯贝利的反共联合政府，结果他以压倒的优势取胜。1948年之后，他以巧妙的手段维持了联合，使政府不至于分裂。在他的联合政府中，除去新法西斯主义分子和共产党人，其他人都受欢迎。这样，他的政府直接代表了从农民到实业家的各种不同人的利益。

1948年大选胜利的一个关键因素是，庇护十二世教皇决定在意大利24000个教区中动员"天主教行动"的志愿人员支持加斯贝利，反对共产主义。我于1947年和1957年两次会见庇护，发现他跟加斯贝利一样，把对人类炽热的同情心同对世俗政治事务的实事求是的认识结合起来。许多人抨击他，因为他决定利用梵蒂冈的权威全力支持加斯贝利的反共联合政府，而庇护却认为他这样做符合教皇的职责。我看得出，他认为共产党对教会造成的威胁同对意大利政治自由的威胁一样大。

但是 1948 年选票的差距非常大，单用教会干预这一条原因是解释不通的。加斯贝利在竞选中是以一位支持民主、自由的诚恳的进步人士面貌出现的。没有他，天民党很可能会遭到惨败，西方就会失去意大利，意大利就会失去自由。

加斯贝利了解他的人民。我们访问意大利时，他颇为感人地向我们叙述了意大利人民的困苦处境，尤其是他们如何急迫地需要食品。共产党同意大利人只谈论食品，很少谈其他问题。而加斯贝利认为意大利还需要其他东西。米兰的一家大歌剧院斯卡拉歌剧院是意大利文化财富的重要象征，在战争期间遭到了一些破坏。尽管意大利政府可以把所有的资金和钱财全用于解决食品问题，但是它还是抽出了足够的资金来修复斯卡拉歌剧院。加斯贝利很自豪地谈到这一修复工程，他知道，在这一重要时刻，意大利人不仅需要物质食粮，而且也需要精神食粮。我们访问期间在斯卡拉歌剧院看了一次演出。在我们包厢上面挂着一面美国国旗，水银灯照到我们身上，乐队奏起了美国国歌，整个剧院爆发了热烈感人的掌声。此时此刻，我懂得加斯贝利对人民的了解是正确的，而共产党对人民的了解是错误的，于是我的信心增强了，相信他在下一年的大选中会取胜。

加斯贝利在任总理期间仍然过着简朴的生活，孜孜不倦地工作。他刚就任时，曾为了买一套新衣服而不得不预支工资。

同许多其他领导人一样，加斯贝利每天起床后第一件事就是散步，散步时他带上新闻秘书，边走边听新闻秘书报告要闻，他口袋里还装着糖，分给他在罗马的山脚下遇到的孩子们。每天晚上，他一直工作到九点半，然后亲自把每个办公室的灯关掉。他上任后的好几年中，他和他的夫人弗朗契斯卡以及四个女儿仍旧住在他在梵蒂冈当小职员时住的那套窄小的公寓房间里，房间里的家具是他按分期付款的方式买来的。他卧室里仅有的装饰是一个钉着耶稣的十字架和一张圣母像。

加斯贝利当总理的头几年，住在他对面的邻居是一位年纪很大的伯爵夫人，她把意大利君主政体的崩溃归咎于加斯贝利个人。（在1946 年意大利人选择其政府形式的公民投票中，加斯贝利是共和制度的主要支持者。）为了发泄她对加斯贝利的怨恨，她把垃圾桶放在过道里，企图绊他一跤。夜深人静时，她又大弹钢琴。加斯贝利对此茫然不解，但他仍和和气气，安之若素。

加斯贝利掌权后，他和他的全家过上了舒适但决非富裕的生活。他逝世后，我曾访问意大利，拜会了他的遗孀，看到她住在罗马近郊一套不大的公寓房间里。

加斯贝利是个热诚的天主教徒，他在梵蒂冈图书馆工作时创建了天主教民主党。他有时候被指责为听命于教皇，尤其在 1948 年教会支持他反共之后。面对这些指责，他的助手们常常回答说，加斯贝利从年轻时起全部思想就都浸透了天主教的影响，因此没有必要让梵蒂冈来提醒他坚持基督教教义。

战后在意大利和西德涌现出了一批高举基督教民主的旗帜，致力于恢复和维护个人自由，认为它是高于一切的领导人。对加斯贝利和阿登纳来说，基督教政治本质上是中间派政治，根据基督教政治主张，只要国家干预不妨碍个人按自己意愿思考、行动和祈祷的自由，社会上实行有限的国家干预不仅是许可的而且是可取的。

加斯贝利每天都做弥撒，他常常一清早到小教堂去，避免人们注意。他的天主教教义始终是无所不包的，是公私"事务的精神和核心"。

不过，加斯贝利在 1952 年证明自己是独立于教会的。当时，教会为了防止共产党接管罗马市政府，主张建立天民党和包括新法西斯分子在内的所有非共产党政党的联合政府。在这个问题上，加斯贝利违抗了教皇的意见，把新法西斯分子排除在外。

加斯贝利同阿登纳一样，都热烈地赞同欧洲联合的思想。加斯贝利和阿登纳的原籍都是边境省份，对欧洲的共同传统都有着切身体会。他们都认为，一个统一的欧洲是防止本国人民的自由遭受来自东方的共产主义敌人侵犯的唯一办法，也是减少内部的民族主义和排外主义对欧洲和平的威胁的一个办法。

加斯贝利坚定地支持欧洲经济共同体和北大西洋公约组织。他对欧洲防务共同体投入了大量的资金，通过欧洲防务共同体，西欧各国应对建立一支欧洲联合军队提供经费。1954 年 8 月，他卸任已有一年，在电话里他恳求他的前内务部长、当时的总理马里奥·谢尔巴使意大利继续忠于这一思想，73 岁的加斯贝利在电话里说着说着情不自禁地哭了起来。几天后加斯贝利因心脏病去世时，有些人认为，他确实由于法国坚持不同意这一计划而伤透了心。

他是使意大利成为西欧共同体的坚定成员，这一政绩在他去世后仍有影响。在他卸任后，我曾多次出访欧洲，其中包括 1969 年我任总统期间的一次访问。在这些访问中我发现，当北大西洋公约组织内部出现分歧时，意大利总是可靠的、最忠实的欧洲成员国。意大利的曼利奥·布罗西奥是北大西洋公约组织最有力的秘书长之一是毫不奇怪的。要是布罗西奥不是一个小党的成员，他很可能成为意大利又一位伟大的总理。

※　　※　　※

加斯贝利的外表和言谈都不像是个英雄，然而，他是战后的英雄之一。他的例子可以说明这样一点：政治家不一定要会夸夸其谈，甚至不一定要能言善辩；一位不声不响、不大喊大叫的领导人，也能领导人民；好人是会胜利的。

战争结束时，意大利面临危险的政治真空。法西斯分子是在 1922 年上台的，所以意大利的青年人没有经历过和平时期的其他政府形式。加斯贝利使意大利人得到了他们最需要的东西：建立在讲究实效而不是意识形态，自由而不是高压的基础上的稳健、始终如一的政府。尽管国内有西方世界组织最健全的共产党搞阴谋诡计，加斯贝利仍建成了共和国，并使之坚持下来。

加斯贝利于1945年就任总理时，意大利的工农业生产水平已下降到危险的程度，失业人口剧增，无法控制。意大利的库存粮食一度只能维持两个星期。然而，他领导意大利六年后，农业生产几乎完全恢复，工业产值已高于战前。

他还使意大利重新获得了各国的尊重，同美国和西欧各国建立了持久的关系。意大利中央政府至今仍被天民党人控制，它同自由世界其他国家仍保持友好关系，这在很大程度上要归功于加斯贝利。事实上，意大利始终是目前变得困难重重的西方同盟中最可靠的一员。

世界进入1982年之后，波兰危机考验着西方领导人的意志。不能想象丘吉尔、戴高乐、阿登纳式的人物或者加斯贝利式的人物，在面临波兰的自由运动遭受苏联导演的镇压时，会像欧洲的一些政治界和知识界领导人那样作出反应。他们根本不可能容忍那种被动应付、含糊其辞，但愿一切都会过去的回避态度，而这种态度在欧洲政治中，特别是欧洲对苏联威胁的反应中却表现得越来越突出。戴高乐固然是专横跋扈的，他顽固地我行我素，往往使美国耿耿于怀。但是，在古巴导弹危机期间，他写信给肯尼迪总统说："一旦发生战争，我将站在你们一边……"戴高乐、阿登纳和加斯贝利等领导人的政治原则都扎根于深刻的宗教信仰。他们这种人是吓不倒的。

近来美国有些人对西方联盟的性质、一致性甚至可靠性十分忧虑，他们越来越感到，也许美国不得不单枪匹马地干，而不去冒险依靠那些靠不住的欧洲盟国。而欧洲人呢，他们则日益把美国说成是好战的、爱轻举妄动或容易惊慌失措的，他们以种种借口避免采取任何行动来对付苏联的威胁。令人寒心的是，80年代的欧洲在这方面酷似30年代的欧洲，现在的问题是在80年代人们是否会，而且是及时地汲取30年代的教训。

反殖民主义的革命家：恩克鲁玛、苏加诺、尼赫鲁

对西欧国家而言，战后时期意味着殖民帝国的终结。对它们的许多前殖民地而言，战后时期意味着突然陷入独立后的种种变化；而对前殖民地的领导人来说，战后时期对他们则是严峻的考验。有的经受得住这一考验，有的则经受不住。有三位领导人尤其举世瞩目，他们是：加纳的恩克鲁玛、印度尼西亚的苏加诺和印度的尼赫鲁。他们三人都具有领导人的魅力，都胜利地摆脱了殖民统治，都雄心勃勃地卷入了国际第三世界政治的大旋涡。他们三人既相似又不同的经历说明，领导一场革命和建设一个国家的要求是多么不同。

我作为赫脱委员会的成员于 1947 年访问欧洲时，看到各国领导人正艰苦奋斗，在难以想象的大规模破坏所造成的废墟上重建国家。他们需要别人来帮助他们重建，也需要食品以使几百万人免于饥馑。但是，他们不是在丛林中建立新的国家，他们可以利用几百年来先进的文明所积聚的智慧，他们可以振奋人民的精神，人民便会像在每次危机中那样作出反应。废墟下隐藏着极为能干的劳动大军，他们有着管理现代化工业经济的经验，只要给他们工具，他们就能干起来。

十年后，我代表美国参加了加纳的独立庆典。我所读过的材料表明，虽然加纳缺乏欧洲国家所具有的训练有素的劳动力和工业基础，但是在它走上自治的道路时，它成功的希望也非常大。

加纳是黑非洲殖民地中第一个赢得独立的国家。它是通过和平革命而不是暴力革命获得独立的。加纳独立运动的领袖克瓦米·恩克鲁玛曾在美国的林肯大学和宾夕法尼亚大学受过教育。当时人们称颂加纳是英国"创造性让权"政策的典范。和在其他殖民地一样，英国在加纳训练了一批文职人员，并把他们放到负责的岗位上，从而为该国的独立作了精心的准备，这是非常值得赞赏的。加纳的经济也很强

大，还拥有一批受过教育的上层人物。加纳的可可生产居世界首位，所以它有充足的外汇储备，它的对外贸易出超。

今天加纳成了经济和政治的重灾区，造成其悲剧的主要原因之一是克瓦米·恩克鲁玛。恩克鲁玛的例子最能说明一个人如何在领导革命中取得了辉煌的胜利，而在建设国家中又遭到了彻底的失败。

世界各地的代表团都到加纳来参加独立庆典。我们住在为来访代表团以及以后可能来的旅游者建造的新旅馆里，我对在那里度过的第一夜的情景依然记忆犹新。我们几乎一夜没睡着，因为人们在大街上通宵达旦地唱歌，跳"海莱夫"舞。

肯特公爵夫人代表英国女王参加了独立庆典。她坐着罗尔斯－罗伊斯轿车抵达游行的广场，尽管天气闷热，她仍然显得典雅端庄、雍容华贵。她在议会开幕式上宣读女王的致词时，加纳的部长们和当时反对党的代表们头上都戴着英国式的白色假发。整个仪式非常庄重。

英国总督查尔斯·阿登－克拉克举行了盛大的招待会。世界各国的要人和排成长队的主人一一握手，当我们夫妇俩走到站在队首的阿登－克拉克跟前时，一小时已过去了。我很可怜阿登－克拉克，他本来就很胖，还穿着很厚的毛料制服，英国要求所有的外交人员都穿这种服装，热带地区也不例外，站在那里满头大汗。我们握手时，他说："该休息一下了。"他把我们引进一间有冷气的休息室，服务员端来了冰镇柠檬水。我问他，他认为加纳的试验是否会成功。阿登－克拉克，这位加纳独立准备工作的主要负责人想了一下，耸耸肩说："成功的可能性是百分之五十。我们已经尽可能地为他们做了各种准备。不过，请不要忘记，只不过六十年以前，我们才在丛林里开辟了一个地区，当时各部落还互相交战。也许昨晚你听到在大街上跳舞的那些人获得独立太早了。但我们迫于国际舆论，不得不这样做。"

温斯顿·丘吉尔曾对我说过，他认为富兰克林·罗斯福激烈地反对殖民主义，对英国、法国和其他殖民国家施加压力，迫使他们过早地从非洲和亚洲撤出。丘吉尔相信，最终实现自治是每个民族的权利，但他进一步说："民主政府是最难管理的政府形式，人民需要进行多年的准备，才有能力处理一个自由、民主社会里会遇到的种种问题。"

尽管如此，在 1957 年，我跟几乎所有参加独立庆典的美国人一样被当时的乐观情绪所感染。那时，我第一次见到了马丁·路德·金。一天晚上，我们俩谈了一个多小时，讨论加纳的前景。他那非常敏锐、冷静、客观的估计，使我很佩服。但他目光炯炯，慷慨激昂地对我说："加纳只能成功不能失败。全世界都在注视着，这个第一个获得独立的黑非洲国家能不能管理好自己。"

恩克鲁玛显得非常敬佩美国的民主和成就。当我代表美国政府向他赠送正式礼品——一整套技术书籍时，他显得很高兴，说这些书籍将帮助他在非洲应用西方文明的科学成就。他还告诉我，亚伯拉罕·林肯是他所崇拜的英雄之一，他决心按照加纳的政治、经济和社会的实际情况来实践林肯的原则。

恩克鲁玛 1909 年生于英属西非洲的一个边远地区，其父为村里的金匠。他就学于天主教教会学校和黄金海岸的一所有名的大学阿奇莫塔大学。他学习成绩优异，于是他的叔父，一位钻石开采者，决定送他去美国留学。他在林肯大学获神学硕士学位，后来又继续在美国和英国深造。他于 1947 年回到黄金海岸，当时已获两个大学毕业生的学位，对社会主义和泛非主义有着浓厚的兴趣。不久，他建立了自己的政党——人民大会党，结果跟萨达特和尼赫鲁一样，因参与倾向独立的活动而被捕入狱。1951 年，人民大会党以压倒优势在大选中获胜，阿登－克拉克释放了他，第二年他就任总理。

恩克鲁玛从年轻时起就表现出了演说的才能。他那洪亮的嗓音和若有所思的英俊的外貌吸引了无数群众，1957 年我亲眼看到他如何迷住了参加独立庆典的人们。他在平时跟人交谈时声音不大，但是当他走到群众中间同他们说话时则判若两人。他三言两语就能把群众激励起来。显然，他的人民是忠于他的，我同他谈话时得到的印象是，他看来也是忠于人民的。

独立庆典的激情过去后，加纳就从一个灾难走向另一个灾难。恩克鲁玛把大量的资金花费在落后国家看做是现代化象征的工程上：一座大坝、一家航空公司和一个飞机场。他决心使加纳经济独立，开始由本国生产其所需的一切产品，以便取消进口。按照恩克鲁玛的观点，这就意味着一切由政府生产，不管政府有无能力做到，也不管本国产品比进口产品还要贵。他把工业、种植园和商店全部国有化，其结果是灾难性的。他不仅把自己看做是加纳的国父，而且是非洲独立之父，他白白地花了许多钱建设非洲统一组织的总部，结果总部却设在埃塞俄比亚。他还把国家的钱财大量地用来支持非洲其他地方的独立运动。

在这一时期，如果加纳同工业化的西方建立较密切的关系，就会受益匪浅；但是，那时恩克鲁玛反西方的偏执狂和好斗的泛非主义越走越远。他提倡个人崇拜，用迅速枯竭的政府资金为自己精心修筑了许多纪念碑。

60 年代中期，仍然是加纳主要出口商品的可可价格猛跌，于是加纳不再有任何外汇储备可依靠了。

在经济恶化的情况下，恩克鲁玛不是集中精力采取必要的强硬措施来振兴经济，而是企图向外扩张，把自己的贫困强加于他人。在加纳的北面是几内亚，一个得天独厚的国家，拥有包括金矿和钻石在内的丰富的自然资源。1960 年，几内亚的领导人塞古·杜尔访问华盛顿，是我陪同他去白宫的。他给人以热情可亲的印象，但是他是虔诚的马克思主义者，力图把马克思主义原则强加于几内亚，其结果可想而知。如果说几内亚同加纳有什么不同的话，那就是几内亚搞得比加纳还糟，尽管它有着丰富的自然资源。恩克鲁玛跟印度尼西亚的苏加诺、埃及的纳赛尔一样，无力解决国内问题，但他却贪得无厌地在国外搞冒险，企图把加纳和几内亚合并起来，结果失败了。

随着岁月的流逝，恩克鲁玛越来越脱离人民了，他自称为"救世主"，把自己关在警备森严的院子里。1964年，他宣布所有的反对党为非法，监禁了大批批评过他的人。两年之后，由于可可价格的波动以及他搞的那些得不偿失的建设项目，加纳的经济不稳定了。恩克鲁玛那一年在访问北京期间，国内军警推翻了他。1972年，他在几内亚流亡期间逝世。

加纳独立二十五年来，发生了五次军事政变，有过三届文官政府。它的经济支柱可可生产只及独立前的一半多，黄金生产减少了三分之二，国有化的种植园的烟草生产相当于八年前的十分之一，粮食也减产。全国领工资的劳动者中，百分之八十五的工资由国家支付。

恩克鲁玛留给后人的是为他自己竖立的纪念碑，一个贪污腐化的政府机构和破了产的经济。要消除恩克鲁玛所造成的恶果，需要一个致力于国家建设的，而不是搞破坏的人，而且需要许多年才行。

在某些方面，加纳是动机好效果不好的一个悲剧性例子。恩克鲁玛在热情地为争取独立而奋斗的时候，也许相信自己能创造奇迹。但是一旦大权在握，他便变得妄自尊大，不可一世。西方那些要求加速非殖民化进程的人是出于理想主义，现在回过头来看，当时采取更为谨慎态度的人可能更符合现实。

世界曾经历了这么一个时期：在殖民主义的一系列前哨阵地上，唯利是图、剥削成性的新领导人能够从人民身上捞到不少油水。老殖民主义大厦的倒塌为争权夺利的新斗争打开了道路，在许多情况下，谁夺得权力的杠杆，谁就能获得大量的财富。当这些前殖民地获得独立时，许多国家的人民得到了一些表面的民主，但没有执行民主制度的经验，其结果是暴政或者贫困，甚至两者兼而有之。

加纳的困境尤其可悲，因为它是完全可以避免的。最有力的证明是加纳的邻国象牙海岸的情况。象牙海岸与加纳和几内亚形成鲜明的对照。现在象牙海岸正在开发海上石油资源，它显然快要进入新的经济繁荣时期。在此之前，它缺乏几内亚所拥有的矿藏资源，它独立前的经济状况也不如加纳。但是象牙海岸有一位非常了解现实的领导人——菲利克斯·乌弗埃·博瓦尼。博瓦尼曾在法国内阁中多次任职，包括在戴高乐手下任国务部长一职。他一方面坚定地支持象牙海岸人民独立的愿望，另一方面他又认为，一下子获得他所称的"绝对独立"会把新兴的国家推向混乱。当 1960 年象牙海岸从法国手里获得独立时，他断绝了同法国的某些关系，但仍保持必要的联系。他没有赶走法国和其他欧洲人，相反还邀请他们到象牙海岸来；他没有开展国有化运动，相反基本依靠私有企业。结果象牙海岸成了西非最繁荣的国家，国民生产总值年增长率为百分之八，人均收入是加纳的三倍多，是马克思主义的几内亚的九倍。

在政治方面，象牙海岸在建立民主社会方面的进展不像有些人期望的那么大，那么迅速。但是它没有急功近利而一事无成。可以肯定的是，在所有黑非洲国家中，象牙海岸的自然资源比别的国家贫乏，但取得的成就却比他们都大。

乌弗埃·博瓦尼坚持说，象牙海岸在他领导下取得的经济发展为将来的政治进步打下了基础，这只有时间能够证明。然而，一条战线上取得进展总比两条战线都失败要好得多。任何人要想对非洲的未来打赌，必须把象牙海岸的前景估计得高于其邻国。

现在世界上正在对富有的、工业化的北方是否有必要将大量资金转入不发达的、贫困的南方的问题进行激烈的辩论。这种想法的热情支持者们说，我们需要有一项马歇尔计划来援助非洲、拉丁美洲和亚洲的穷国。这种主张的动机是好的，但是太天真了。根据马歇尔计划向西欧各国提供经济援助的总数为 120 亿美元。美国只向日本提供了 23 亿美元的援助。鉴于这些先进国家的工业能力，若无外援，它们也能恢复，外援只是起了促进作用。

而第三世界不发达国家的经济情况却相反。自第二次世界大战以来，美国向这些国家提供的经济援助几乎达 900 亿美元。有些钱用得很对路，但大部分是浪费掉了。总的来说，结果是令人失望的，把这些国家的情况同欧洲和日本相比就更明显了。恩克鲁玛的加纳的悲剧证明，今后要吸取的教训是：技术知识和建立一个鼓励私人投资的、稳定的政府是获得经济发展的必不可少的因素。

　　跟加纳的恩克鲁玛一样，印度尼西亚的苏加诺也是一位非常有魅力的领导人，他成功地领导了争取独立的斗争。跟恩克鲁玛一样，一旦获得独立，却带来了灾难。他们俩只会破坏，不会建设。

　　苏加诺长得英俊动人，对此他十分得意，他过分自信到了傲慢的程度，他的出现能像魔术般地振奋群众。然而，他是一位革命家，他把革命变成宗教——革命成了目的而不是达到某种目的的手段。

　　30 年代时，苏加诺不断遭荷兰人的监禁和流放，这一经历使他对荷兰人的怨恨始终未能消除。即使在印度尼西亚共和国已建立并巩固后，他仍继续他个人对前殖民主义老爷的革命，不断同荷属新几内亚捣乱。

　　1953 年我们第一次见面时，他把大部分时间花在滔滔不绝地谈他对荷属新几内亚的领土要求上，印度尼西亚人称这个地方为西伊里安，而闭口不谈他自己国家所面临的可怕问题。对此我并不感到惊奇，因为几天前我在堪培拉时，澳大利亚的总理罗伯特·孟席斯已经预先警告过我，苏加诺一定会大谈这一问题的。我同苏加诺交谈时，不断想把话题引到他本国人民和政治问题上去，但他根本不谈。不过，他确实转了个话题，对我大谈越南问题以及法国人如何凶恶。我问他我们在越南应做些什么，他生硬地说："什么也不要做。你们不支持胡志明已经使你们失去了机会。"

　　60 年代初，苏加诺下令袭击荷属几内亚，并最终占领它。但是他的"光辉胜利"是付出了很大代价换来的。仅仅几年之后，他就被推翻了。正当他在伊里安问题上大骂荷兰人时，印尼共产党利用国内贫困和动乱，印尼与中国大陆日益友好的关系以及苏加诺愿意让共产党加入他的政府等形势，变得越来越强大。苏加诺自称是反共的，他于

50年代中期访问华盛顿时曾向我夸口说："我可不担心共产党，我有力量对付他们。"但是在1965年，共产党却发动了政变，遭到了军人的残酷镇压，后来军人夺取政权，并于1966年软禁了苏加诺，他于四年后去世。

我所认识的革命领导人中，苏加诺是一个最好的例子：他能巧妙地粉碎一个制度，却不能集中注意力进行建设。资源是有的：印度尼西亚的人口在非共产党世界里仅次于印度和美国，占第三位，但自然资源也比任何东南亚国家丰富，只是缺乏正确的领导。苏加诺暂时转移了人民的视线，使他们不注意自己的问题，但他从未着手去解决这些问题。

尽管印尼很富饶，但苏加诺领导下的人民却很穷。他企图向人民提供的不是物质繁荣，而是他所称的"丰富的具有象征性的想象力"。为纪念1945年8月17日印度尼西亚从荷兰获得独立，他发表了长达五千一百页的经济计划，该计划共分为八卷，十七章，一千九百四十五个项目，但只是一纸空文，从未付诸实施。同时，他和恩克鲁玛一样肆意挥霍国家钱财，做了许多蠢事，造成了印度尼西亚战后最严重的通货膨胀。

苏加诺在政治上和肉欲方面都充满了激情。我在1953年会见他，他谈论革命就跟他谈论充斥雅加达国家宫殿里的漂亮女人一样柔情绵绵。他认为革命是一种全国性的精神发泄，革命本身完全是一件好事，虽然它可能造成一些破坏，革命应该无止境地继续进行下去。他曾说过：

> "我被革命迷住了，完全被它融化了。它那浪漫主义色彩使我发狂，使我着魔……几乎在地球的每一个角落里，革命在兴起，革命的火焰熊熊，革命的雷声隆隆……来啊，兄弟姐妹们，把那熊熊烈火扇得更旺吧……让我们大家都变作木头，投入革命的烈火吧！"

一个新世界

我在印度尼西亚时曾目睹苏加诺在数千群众参加的大会上讲话。他讲了一个多小时，群众都听迷了，最后像念经似的不断喊着"默迪卡!"这是印尼革命的战斗口号，意思是：自由、尊严、独立。群众也一次又一次地喊着"默迪卡"来回答他，全场激动得发狂，令人难以置信。我看了看苏加诺，他的激动心情是显而易见的。他满面红光，洋洋得意。

苏加诺长得极其英俊，他自知对人民有磁铁般的吸引力。我遇到的一些最有号召力的政治演说家在非公开场合说话声音不大，甚至有些腼腆。我当时感到，他们在公开场合的魅力是专门留着在必要的时候使用的。而苏加诺却是表里如一，身上毫无矫揉造作之气。群众的激情是他生活的养料，就像粮食和水一样重要。革命燃起激情，引导人民不顾一切地鲁莽行动，而苏加诺企图无止境地继续他的革命。我曾在赫鲁晓夫的回忆录中读到，印度尼西亚刚开始向苏联要求援助时，苏加诺一开口就要求赫鲁晓夫资助建设一座巨型体育馆，我对此并不感到惊讶。而这位苏联总理却迷惑不解，他原以为苏加诺会要食品或武器的，但苏加诺要的是他能不断举行群众大会的地方。

第三世界国家面临的主要问题之一是缺乏庞大的中产阶级，因此富裕和赤贫常常是同时存在。但是我在苏加诺的雅加达看到的贫富差距比任何其他地方都大。1953年，我们从机场穿过市区，看到的是阴沟和一排排简陋的棚户。而苏加诺居住的却是宫殿，周围是长满树木花草的花园，面积有几百英亩。我们到达正门时，他正在台阶上等我们。他穿的衣服缝制考究、洁白耀眼。宫殿也是纯白色的，在灿烂的阳光下熠熠发光，我们不得不眯起眼睛。

苏加诺是一位不卑不亢的主人，毫无许多小国领导人会见大国代表时的那种卑躬屈膝的态度。他跟他们不同，没有任何自卑感。相反，他给人的印象是：他觉得自己与对方不仅是平等的，而且还更优越。他英语说得很好，当他带我们参观国家宫殿时，显得非常殷勤，但又带有几分傲气。宫殿里到处摆设着印度尼西亚贵重的艺术珍品，还可以看到许多漂亮女人。那天的晚宴搞得十分精致。我们在一千把火炬的照明下进餐，附近是一个很大的人工湖，碧波粼粼的水面上盛开着朵朵白莲花。我们用的盘子都是镀金的。

然而，苏加诺仍喜欢简朴的东西。他告诉我，在客人用的盥洗室里，既有现代化的淋浴设备，也有老式的水桶，他喜欢用水桶洗澡。尽管他过着奢侈的生活，却与本国最穷苦的老百姓保持着融洽的关系。在我整个政治生涯中，我很喜欢在车队经过的路线上停下来同人们握手交谈。我在其他国家遇到的一些领导人以及我国许多外事人员——尤其是驻亚洲的，都认为这样做有失身份。但苏加诺却不这么想。在我们经过印度尼西亚的农村地区时，他也停下来与人们交谈。印度尼西亚的农村比我们看到的雅加达棚户区更穷。我们在一户农民家门口停了下来，看他做晚饭——煎红薯。我们还拜访了一家农村咖啡店，同店主聊了几句。人们看到美国副总统和他们在一起似乎有点出乎意外，但他们看到自己的总统却一点也不惊奇。他定期到农村去走走，和群众在一起，夜里就睡在破烂不堪的农舍里。

苏加诺的魅力不仅吸引了印度尼西亚人，而且也吸引了美国人。1956 年他对美国进行国事访问时，我是他的陪同。欢迎仪式中有一项是到哥伦比亚特区大厦，即首都的市政厅接受哥伦比亚特区的钥匙。他彬彬有礼，笑容可掬，他穿着一套黄褐色制服，头戴穆斯林小圆帽，手拿象牙镶嵌的轻便手杖，显得精神抖擞、仪表堂堂。忽然，他越过警戒线同男人握手，同儿童愉快地交谈，还亲吻了妇女，被吻的许多妇女都高兴得尖叫起来。这一举动使我国的警卫人员大为恐慌，但群众却非常高兴。

苏加诺在政治上和生活上都同样放纵。最近，我曾向突尼斯总统哈比卜·布尔吉巴谈到了苏加诺。布尔吉巴本人是与苏加诺同时代的革命领袖，但同时也是一位致力于国家建设的人。我对布尔吉巴说，苏加诺是一位伟大的革命领袖，他皱了皱眉头，摇摇头说，不。他反对的第一条理由是，苏加诺在第二次世界大战期间同日本人勾结，作为把荷兰人赶出印度尼西亚的一个手段，所以是日本人把苏加诺扶植上台的。此外，布尔吉巴还补充了一条理由，"我记得很清楚"，他说，"苏加诺访问我国时，我们有许许多多重要问题要谈，而他向我提出的第一个要求是要'一个女人'"。

苏加诺至少结了六次婚。在他执政期间，关于他在性行为方面的本领和性欲有种种谣传和故事。1953 年我访问印度尼西亚之前看了国务院写的材料，材料强调了苏加诺性格的这一方面，还表示苏加诺喜欢别人在这些问题上恭维他。显然，性行为和革命满足了他内心的同一需要——要人们敬慕他，献身于他。不幸的是，这并非一个发展中国家强有力的领导人所应有的品质。他应该把人民巨大的、迫切的需要放在首位，而不是他自己的需要。然而，他却沉湎于利用政府来表现他政治和肉体上的活力。对他来说，荷兰殖民主义是他个人的奇耻大辱，是对他这个堂堂男子汉的挑战。在他执政的二十年中，他个人生活放荡不羁，对荷属新几内亚常常大声威胁，以表明自己是个男子汉大丈夫。最后，这些占有欲吞没了他自己。

苏加诺和恩克鲁玛两人不幸的例子说明了关于领导人的一条真理：最善于在感情上激励人民的领导人，他的施政纲领往往是最糟糕的。

煽动性的宣传是起作用的。正因为蛊惑民心的政客缺乏责任感，所以他可以随意用最有感情色彩、最能打动人心的语句来宣传他的主张。恐惧和仇恨是强大的力量，蛊惑民心的政客能够动员这些力量。希望也是强大的力量，蛊惑民心的政客擅长于唤起虚假的希望，他们善于诱骗那些绝望轻信的人们对未来寄于幻想。

苏加诺只有一个纲领——摆脱殖民统治。他围绕这一点提出自己的主张。实现这一目标之后，他的统治给印度尼西亚人民带来了灾难。但是他仍能抓住人心，一方面是由于"默迪卡"这一口号所产生的激情；另一方面是由于他个人生气勃勃，磁铁般地吸引着人民；还因为他那趾高气扬的态度正符合人民崇拜英雄的心理。

在殖民主义灭亡的时候，新兴国家出现的许多领导人本质上都是蛊惑民心的政客，这也许并非偶然。摆脱殖民主义统治的问题很单一，特别适合于蛊惑人心的宣传；反过来，蛊惑人心的宣传也特别适合于这种问题单一的运动。它要求极大程度地煽动起感情，实际上把全民族变成一支全民大军，或者至少让人相信这个民族有变成全民大军的危险。它不需要民主统治的任何基本因素——谨慎复杂的平衡工作。只要把老百姓组织成一股强大得足以威胁统治国的力量，使它认识到，企图继续控制下去将是危险的或徒劳的。

印度的贾瓦哈拉尔·尼赫鲁与恩克鲁玛和苏加诺都不一样，他既是一位有魅力的革命领袖，又是其国家的建设者。但他同他们，尤其是同苏加诺一样，有着致命的缺点。苏加诺念念不忘西伊里安，尼赫鲁念念不忘克什米尔。尼赫鲁还十分关心自己在第三世界政治中的作用，这种关心往往超过甚至削弱了他对印度的需要的关心。

尼赫鲁才华出众，目空一切，贵族气息重，脾气暴躁，高傲自负。他满腔热情献身于印度以及独立和民族团结的理想，但是，和当时许多知识分子一样，他被社会主义理论深深地吸引住了，这给印度带来了不幸。印度有着几百年的反抗传统，亿万人民过着仅能糊口的生活，而他和他的女儿决心把这种理论强加于印度胼手胝足的芸芸众生，印度为此付出了极大的代价。

尼赫鲁1889年生于阿拉哈巴德，阿拉哈巴德现在属巴基斯坦。他的父亲是克什米尔富有的婆罗门，也是印度最杰出的律师之一。他祖上同克什米尔有联系，这也许至少是他后来老是抓住克什米尔问题不放的原因之一：他坚定不移地决心把克什米尔纳入印度版图。还同样坚决地反对让克什米尔人民自己来决定如何解决这问题，因为一旦由克什米尔人民自己作决定，结果肯定是有利于巴基斯坦而不利于印度的。

尼赫鲁本人受过英国绅士派的教育，他曾就学于哈罗公学和剑桥大学，1912 年获得英国律师资格，回到印度后，他当了一段时期的律师。1919 年英国在阿姆利则对印度军队进行大屠杀激起了他的义愤，从此他便致力于印度的独立事业。他虽然是圣雄甘地的信徒，但在政治上比甘地左，也不像甘地那样完全主张非暴力；他鼓吹别人不要使用暴力，但是当使用暴力符合他本人或印度的目标时，他不会弃之不用。竞选时，他不知疲倦。1937 年大选前，他是国大党执行委员会主席，二十二个月内他行程十一万英里，在一个星期里，发表了一百五十次演说。

30 年代，尼赫鲁因参加抵抗活动而不断被监禁。第二次世界大战期间，他主张如果英国不立即让印度独立，就不支援英国，为此他又坐了牢。在监狱里他完成了他最好的著作，包括他的自传和以给女儿的信件为形式的世界历史。战争结束时，他参加了导致次大陆分裂，诞生了印度和巴基斯坦两个独立国家的谈判。1947 年，尼赫鲁成为印度第一任总理，他担任此职直至 1964 年去世为止。

尼赫鲁中等身材，约五英尺十英寸高，五官端正，长着一个鹰钩鼻子，一双十分严肃的深褐色眼睛，有时目光犀利逼人。他的举止很有贵族气派。他的英文，无论是书面的还是口头的，都十分完美、严谨。他还是一位雄辩的、有魅力的演说家。虽然我从未听过他向群众发表演说，但是他能够吸引住大量的听众，这是有口皆碑的。听说有一次他把一百万听众都迷住了，有几十万人根本听不见他讲的话，只是因为他在那里而不肯离去。

我所见过的世界各国领导人中，尼赫鲁当然是最有头脑的领导人之一。他有时还很傲慢、刻薄、自以为是、咄咄逼人，他还毫不掩饰地流露出强烈的优越感。

他还能应付一般人感到束手无策的局面。

1979 年，我在墨西哥的奎尔纳瓦卡最后一次见到伊朗国王巴列维时，他谈到了尼赫鲁和印度其他领导人面临的某些问题。他拿印度和中国作比较，说"中国人是一个整体。他们讲的方言各有不同，但文字是统一的。不管在中国还是在外国，中国人都有一种同胞感，这使他们能凝结在一起。他们在政治问题上可以激烈争论，但归根结底，他们都认为自己是中国人，并为中国的文化感到自豪。"而印度呢，他说："印度是由不同的种族、形形色色的宗教信仰和多种语言组成的大杂烩。印度没有基本的国语，议会里印度人只有讲英语才能让别人听懂。"

他指出，印度次大陆人民有六大教派，主要语言有十五种，还有成千上万的小部族语言和方言。印度的历史十分复杂，以至于少数民族都无法包括在内。在英国统一这块地方、实行殖民统治以前，印度根本不是一个国家。他还说，印度人太多，资源太少；而中国人虽然多，资源却很丰富，有自力更生解决衣食问题的潜力。

巴列维认为，印度这个国家几乎无法管理，只有政治上的天才才能维持印度的统一。尼赫鲁做到了这一点。他还有一大功劳是，尽管面临极为困难的经济和社会问题，以及由此产生的转向独裁政权的诱惑力，但他却坚持保留并发展了民主制度。

※　　　※　　　※

1953 年我在印度会见尼赫鲁之前，有些人对我说他是反美的；有些人说，他是反英的；还有些人说，他就是反对白人。这些指责也许都有点道理，但是根据我同他谈话后的印象，我同意已故的保罗·霍夫曼的看法：尼赫鲁只不过是非常热爱印度。

尽管尼赫鲁长期参加反英斗争，还在英国监狱里备受折磨，他仍然热爱英国诗歌，有时还去英国度假。他自诩为第三世界的代言人，不结盟运动的缔造者，但是他的一举一动表明，他希望世界真正把印度作为大国对待。他是个高傲的人，对于印度人在英国统治下受到二等公民的待遇，他一定是非常不满的。不过，他后来同其他国家的人谈话时的那种轻蔑、傲慢的态度看来是天然生就的，而且可能由于印度人民对他的阿谀奉承而变得更加严重。30 年代他在人民中威望日益提高，他的夫人和女儿有时故意逗他："嗳，印度的宝贝，现在几点钟了？""嗳，自我牺牲的化身，请递给我面包。"

1953年我见到尼赫鲁时，他只花了四分之一不到的时间谈美印关系，而用一半以上的时间长篇大论地谈他认为印度面临穷兵黩武的巴基斯坦的威胁。虽然他当时讲的是巴基斯坦对印度的所谓威胁，他的举动却是十八年后发生的事件的前兆。十八年后，用苏联武器装备的印度军队在他女儿的领导下，肢解了并威胁着要消灭巴基斯坦。如果在那次印巴冲突中，我采取偏向巴基斯坦的政策，可能会有助于阻止印度人实现这一目标。

回顾过去，我们可以看到，尼赫鲁的最大弱点是：过多地把他那无可否认的出众天才和精力用于印度同巴基斯坦的冲突。如果他还活着，完全能够而且也有力量在巴基斯坦问题上忍痛作出牺牲，和平解决这一问题。然而不幸的是，终其一生他都未能使自己做到这一点。印巴冲突是战后历史上无谓的军事开支中一个最可悲的例子。几十年来，世界上这两个最贫穷的国家——亿万人民生活于赤贫之中——每年却要花几十亿美元购买和制造武器，主要不是防止来自北方的侵略威胁，而是互相厮杀。

然而，在我们的谈话中，尼赫鲁确曾讲过一个意见，我认为是有道理的。他说，印度有四亿人，正努力通过实行民主制度获得繁荣、进步和公正。中国有六亿人，正努力通过实行专制制度来实现这些目标。因此，他强调说，美国和西方尽一切努力保证印度成功是符合它们的利益的。这样，当第三世界其他国家开始自治时，他们会看到，获得成功的是民主制度的试验，而不是共产主义制度的试验。尼赫鲁提出这一观点是别有用心的：他要求得到更多的援助。但这一观点是相当正确的。

印度经济长期困难的原因之一当然是尼赫鲁自己顽固坚持社会主义。尼赫鲁说的诚然是对的，中国和印度分别代表极权主义制度和民主制度的竞争，但印度进行的绝非自由企业的试验。尼赫鲁在狱中读了马克思的著作，到 30 年代中期，他已经开始鼓吹社会主义，竭力鼓动他的追随者组织农会、工会。他最初受到社会主义学说的吸引是不足为怪的。他生来就有特权，接受的教育培养了他的社会正义感。他成长时期的印度不是工业民主国，连农业民主国都不是。印度社会实行的是森严的等级种姓制度，一些人家财万贯，生活豪华奢侈，而亿万人民却过着痛苦贫困的生活，他们毫无希望，只盼早死以摆脱痛苦。

印度需要自下而上地提高生产率，实际却正好相反。在经济领域里，是自上而下地灌输意识形态，重重叠叠、办事拖拉的官僚机构束缚人的手脚，阻碍了前进。印度独立以来，光美国一家就向它提供了九十多亿美元的援助，但这些援助都用于补偿社会主义制度失败所造成的后果，而不是用来建设自给自足经济的基础。

尼赫鲁对社会主义的喜爱和对巴基斯坦的夙怨不幸都传给了他的女儿英迪拉·甘地，她继承了尼赫鲁的这些偏见。1953 年我同尼赫鲁谈话时，她很有兴趣地在一旁倾听着，她还为她父亲担任了女主人的角色，招待我和我的夫人。在我们访问期间，她对我们十分殷勤，照顾周到。若干年后我又遇见了她，那时她是总理，我是总统，我无疑从她身上看到了她父亲的影子。如果有差别，那就是她对巴基斯坦的敌意比她父亲还深。

贾瓦哈拉尔·尼赫鲁无疑是一位伟大的革命领袖。在我同他的谈话过程中，我可以感到他为什么对印度人民有那么大的号召力。他几乎有一种非凡的神秘力量。但是我能看出，他把这一点同他精通权力的要素、愿在必要时使用权力（甚至充分使用）结合了起来。

他死后留下的是印度，以及印度同巴基斯坦持久、尖锐的矛盾。

在早期的关键岁月里，只有非常强有力的人才能战胜一切企图分裂的势力，使印度结成一体，维护印度的统一。因为，按照伊朗国王巴列维的看法，把整个印度变成一个国家并不比把整个欧洲变成一个国家更符合自然规律。在语言、种族和文化方面，印度比欧洲更为庞杂多样，至于这种多样性对印度人民是否有利则是另一码事。有时候，统一对进行统一的人来说比被统一的人更重要。假如能少花些精力来对付该国自然的离心势力，那么也许可以多花些精力来改善人民的生活条件。

说印度是"世界人口最多的民主国家"，已经成为陈词滥调。不管印度分成几个国家是否情况会好一些，尼赫鲁使它成为一个国家，成为一个民主国家，并维护了民主制度。他的女儿有时为了保住权力或重新获得权力，诉诸独裁手段。我非常怀疑尼赫鲁本人会这么做。他给我的印象是，他坚定不移地献身于保持和扩大民主制度和民主程序的事业，考虑到他所面临的艰巨任务，他能成功地完成这些任务，应该被看做是战后最巨大的成就之一。

菲律宾国家的建设者：麦格赛赛

历史充满了耐人寻味的问题："要是……"，"假如不是这样，又会发生什么情况？"我认为，最令人痛心的一个问题是：假如菲律宾总统拉蒙·麦格赛赛没有在 1957 年 49 岁时因飞机失事而身亡，又会是什么样的情况呢？

在第二次世界大战后出现的所有新兴国家领导人中，麦格赛赛是最了不起的领导人之一。他不像恩克鲁玛、苏加诺和尼赫鲁那样，领导自己国家获得了独立。1946 年，美国慷慨地给予菲律宾独立。1953 年麦格赛赛成为菲律宾总统。如果他不猝然死去，是可望在竞选中获得压倒优势的选票，连选连任的。

他不是一位革命领袖，这也许是他成功的原因之一。他没有心理上或政治上的需要来制造不断革命，也无需进行对外冒险来代替不断革命。他非凡的才干都集中于使菲律宾人民得到安全、稳定和进步。

然而，为实现这些目标，麦格赛赛进行的顽强斗争并不亚于战后任何一位领导人面临的斗争。麦克阿瑟把菲律宾从日本人的手中解放出来，但并没把它从战争的破坏中拯救过来。菲律宾的经济和精神面貌都遭到了战争和日本占领的破坏。1946 年菲律宾获得独立后为生存而进行了斗争，其艰苦性不亚于第二次世界大战的战败国。美国同菲律宾之间的自由贸易协定以及美国在 1945～1955 年期间所提供的八亿美元的援助对菲律宾的斗争有所帮助，但是菲律宾政府要对付的不仅是崩溃的经济，而且还有激烈的政治分歧所造成的国家的分裂状态。

在某些关键方面，战后的菲律宾酷似战后的意大利。两个国家在精神上和经济上都受到了战争的破坏，两个国家所面临的共产党的威胁比日本、西德或任何欧洲国家都严重；战争结束时，两个国家基本上都只能依靠自己，所以它们不得不单独对付共产党的威胁，无法求助于某个占领国的最高权力。而且，这两个国家在重要的关键时刻，都出现了果断、富有创造性、敢于挑重担的领导人。在意大利，从 1945～1953 年是加斯贝利执政；在菲律宾，从 1950～1957 年是麦格赛赛，他先任国防部长，后任总统。

当共产党答应要把意大利人民从贫困和绝望中解救出来时，加斯贝利无法像阿登纳那样，只要把手往边界那边一指，对人民说：若要了解共产党的诺言是怎么回事，且看东德的情况。加斯贝利必须在智力和手法上都胜过共产党，而且还要向意大利人证明，他提倡的道路是走向繁荣和自由的唯一道路。他的任务由相互关联而又往往相互分离的两个方面组成：击败共产党人和为人民提供衣食、激励他们。

在菲律宾，麦格赛赛掌权后也对共产主义开展了两方面的斗争。正如意大利经过战争和法西斯统治后情绪低落一样，菲律宾经过战争和日本占领后人民也是无精打采的。实际上，麦克阿瑟曾向我指出，菲律宾人民死于太平洋战争的比例大于任何一个国家。加斯贝利必须对付组织周密、资金充足的共产党，麦格赛赛必须同强大的共产党叛乱组织——人民抗日军作斗争，同时还必须使筋疲力尽的人民振作起来，并跟加斯贝利一样，向人民提供生产的出路，使他们不被共产主义危险的、娓娓动听的宣传所迷惑。虽然他没完成自己的事业就离开了人世，但他在短短时间里做了许多事，他的事迹犹如一盏明灯，照亮了自由亚洲。

麦格赛赛是一位罕见的、把自己对人民的巨大号召力同无限的精力和实事求是精神结合起来的领导人。我在1953年见到他时，他已当选但还未就职。我立即注意到他的身高，他大约有六英尺高，在菲律宾人中算是相当高的。他谈吐自然，待人十分亲切，对人民有一种强大的磁石般的吸引力，每当他在群众中出现，这种吸引力就生动地表现出来。1953年访问期间，我曾于一天下午在马尼拉向两万名菲律宾青年商会成员讲话，麦格赛赛迈步进入会场，坐在台上旁听，群众一看见他就激动得发狂。麦格赛赛和他们之间热烈的感情交流如闪电一般迅速。

麦格赛赛在第二次世界大战期间积极参加了抵抗运动。在日本占领菲律宾期间，他是一名游击队领导人，引起了麦克阿瑟的注意，麦克阿瑟让他当上了三描礼士省的军区司令。而他对另一个敌人——人民抗日军斗争的胜利使他成为全国闻名的英雄。

在战争结束后几年之中，人民抗日军就变得非常强大，他们居然能够在马尼拉公开设立一个总部。到1950年，人民抗日军人数达到一万六千多人，在有些地方，他们竟然收起税来，用来支付他们开办的学校和工厂的经费。

菲律宾军队士气极端低落，无法有力地抵抗人民抗日军。农村情况糟糕透顶。麦克阿瑟曾说过，假如他是个菲律宾农民，他很可能会参加人民抗日军。人民抗日军力量的源泉之一来自他们关于土地改革的承诺。在地里劳动的农民从收获所得的微薄收入中必须拿出百分之七十交给世袭的地主阶级。

麦格赛赛当时是菲律宾国会议员，于1950年任国防部长，他迅速而有力地对人民抗日军采取了双管齐下的行动。首先，他整顿了军队，亲自从一个兵营飞到另一个兵营，搞突然袭击，进行视察，开除玩忽职守的军官。他捕获了共产党高级领导人，同时，他还开始执行一个雄心勃勃的重新安置农民的计划。这样，对人民抗日军形成了某种政治钳形攻势，摧毁了他们力量的基础。"我简直找不到地方收容所有投降的人民抗日军成员。"他曾自豪地说。

1953 年我见到他时，他向我解释了他对人民抗日军的做法，"光用枪杆子是解决不了问题的"，他说，"我们必须让年轻人看到，他们的衣食住行将得到改善。如果我们做到了这一点，激进分子就会逐渐失去力量"。虽然他认为光用枪杆子是不能解决问题的，但他也不是那种天真的理想主义者，以为抵抗极权主义的侵略不需要枪杆子。他坚决支持菲美的共同防务事业，在战斗中击败了人民抗日军恐怖主义分子。在反对共产党的斗争中，必要时，他坚定不移地使用武力。"在我们的生活方式和共产主义之间，"他断言道，"不可能有和平、涣散力量的共处或者灰色的折中主义，而只有冲突——全面的、不可调和的冲突"。

我第一次见到麦格赛赛时，他刚以压倒多数当选为总统。当菲律宾国民党提名他为总统候选人时（他拒绝了国民党领导人要他发动军事政变的建议），他接受提名的演说是有史以来最短的。他站起身来说："我是实干家，所以不是演说家。"然后就坐下了，他就是这样开始了竞选。我于 1956 年第二次访问菲律宾时，看到他作为演说家行动起来了。五十万人在马尼拉的露内塔公园集会，举行庆祝菲律宾独立十周年的仪式。我代表美国先发言。随后，当麦格赛赛刚走上讲台时，忽然热带暴雨突破灰色的云层倾盆而下。副官们冲上去给他打伞，他把他们推开了。他带来的那篇发言稿放在他面前的讲台上，此刻已被大雨淋湿，毫无用处了。他干脆推开发言稿，发表了一篇即席演说。刚开始下雨时，我曾预料人们会四处跑散去躲雨。确实有不少人跑了，但是成千上万的人留在原地，眼睛盯着麦格赛赛，忘了下雨，完全被他的声音、语调、每一个字、每一句话吸引住了。他讲完后，人们仍不顾滂沱大雨，发出了一阵狂热的掌声。这是我所见到的最惊人、最了不起的演讲之一。

麦格赛赛打破了菲律宾政治的常规。在这么一个贪污盛行的国家，他却一贯廉洁奉公。在1951年选举中，他是国防部长。他努力削弱地方财主和军界对政治的影响（在某个城镇，警察部队竟然杀害投反对党票的选民），他胜利了。那一年的选举是公正的。他当总统后，打开马尼拉总统宫的大门让人民进来，他耐心地听取农民和工人的意见。他不相信所谓研究问题的专家们的意见，宁愿亲自到村镇和农村去了解人民想些什么、需要什么。一路上，他从车里伸出手来，和那些特地来看他的菲律宾人拉拉手。

菲律宾伟大的政治家、作家、教育家卡洛斯·罗慕洛常常就菲律宾的政治发表一些尖锐而古怪的看法。有一次我访问马尼拉时，一位菲律宾参议员对美国进行了恶毒的攻击。我向罗慕洛问起这个人。他答道："他是美国的好朋友。"我说："哦？那他表示友情的方式可太特别了。"罗慕洛眨了一下眼睛回答说："你不了解菲律宾的政治。一个政客获得成功的基本秘诀是：'既要跟美国人过不去，又盼他们别走。'"还有一次他对我说："你们美国人教会了我们许多东西。我们吸取了美国政治制度中所有的弊病，并加以发展。"

麦格赛赛是个例外，可能部分是因为他很有自信心，但我认为，这也是因为他对自己的国家和人民抱有彻底的献身精神。就他谋求达到的目标而言，他是个理想主义者。但是他也亲身经历过战争，打败了两个敌人：日本侵略者和共产党恐怖分子。他懂得要在秩序和自由之间保持平衡是多么困难。他看穿了新极权主义者的虚伪面目，决心不让这种人在菲律宾得逞。他是个现实主义者，认识到道路是漫长的，充满着困难和失败。但是他领导着国家在渺茫的希望和过高的承诺之间小心翼翼地前进。他热忱地认为自己的使命是向菲律宾人民群众提供一个诚实的、进步的政府。

我在1956年访问菲律宾时，麦格赛赛带我去看了八打雁被围期间科里吉多岛上麦克阿瑟一家居住过的一个漆黑阴森的坑道。虽然麦格赛赛同日本人打过仗，但他以政治家的眼光看到，日本注定要在亚洲再次起重大作用。他对我说，日本人是伟大的民族，他相信，受日本人蹂躏最深的菲律宾人将会接受日本人为亚洲大家庭的一员。

我们是乘坐总统游艇去科里吉多岛的。那天日程很紧，我们俩进舱躺在小床上。他显得疲惫而又安详，两只手垫在头下，眼睛望着天花板，若有所思地谈起了他所获得的成功和遭到的失败。当时土地改革正在进行，许多农民迁出了人口拥挤的吕宋岛，在其他岛上分得了土地和房屋。他已着手执行整顿政府的宏伟计划。这一切都需要时间。而他有着充沛旺盛的精力，对未来充满乐观情绪。

他还知道他所从事的事业不仅对菲律宾是重要的。他说："亚洲各地的人民都在注视着菲律宾，他们知道美国的社会准则正在这里受到检验。我觉得，假如我们能使人民获得繁荣、自由和公正，我们的榜样，以及我们所代表的美国的榜样对这一地区乃至世界其他地区的人民将产生巨大的吸引力。"

第二年他就去世了，他是在一次飞机失事中遇难的，许多人认为那次飞机失事可能不是事故所致。他的去世对菲律宾和全亚洲是一个悲剧。他是一位有魅力的领导人，谙熟困难的建国艺术。他的国家需要他的领导，世界需要他的榜样。

以色列的先驱者：本－古里安、梅厄

在20世纪世界发生巨变的年代里，老牌殖民帝国土崩瓦解，核超级大国兴起，相互竞争，地球变小，一天内可以到达世界各地，相隔千山万水的两地之间能够直接拨号通电话。同时，在中东也发生了急剧的变化：新兴国家诞生，古老国家重新获得完全独立。凤敌之间战火骤起。急于实现现代化的人士和旧制度狂热的卫道士发生冲突。

各种文化相互对垒。各种冤仇郁积潜伏，时而平息，时而爆发。

中东处于世界的十字路口，是文化的摇篮，中东的圣祠神殿对于三大宗教来说都是神圣的。今日之中东是游牧者和学者、集市和实验室、油田和以色列的集体农庄、议会和阿亚图拉①共存的地区。有些地方，农民耕种的仍是几世纪前他们祖先耕种的多石土地；而在另一些地方，衣着时髦的妇女在前往现代化办公室的路上翻阅着开罗或伦敦出版的最新杂志。中东局势复杂多变，容易出事，是东西方冲突的关键地带。这个地区卷入了政治冲突的旋涡，它激起的情绪几乎比世界上任何地区都更富有爆炸性。

在这充满变化的非常时代，中东地区出现了一些非凡领导人。

以色列的国父、第一任总理，戴维·本–古里安就是最卓越的领导人之一。本–古里安把自己的全部生命贡献给了震撼中东的事业，这一事业以其独特的方式，深刻地变革了世界。

艾森豪威尔总统曾称两个人是"《旧约全书》的先知"，这两个人是约翰·福斯特·杜勒斯和本–古里安。我觉得这对他们两个人都是具有讽刺意味的。杜勒斯是美国一位虔诚的新教徒，他将《新约全书》的教义铭刻在心。本–古里安是一名研究圣经的学者，但他说自己是俗人，不是教徒。有一次他解释道："由于我经常引用犹太教的经文，我要申明，我本人并不相信经文中的上帝。我的意思是，我不能'求助于上帝'，或者说去向一个生活在天上的超人祈祷……然而，尽管我信奉的哲学是世俗的，但我深信耶利米②和以利亚③的上帝。我确实认为，这是犹太遗产的一部分……我不是教徒，以色列早期的创业者多数也是不信教的。可是，他们对这块土地深沉的爱却是来自《圣经》。"他把《圣经》说成是他"生平唯一最重要的书"。

不管艾森豪威尔的说法如何富有讽刺意味，但仍然是贴切的。这

---

① 伊朗什叶派宗教领袖。

② 耶利米是圣经中的人物，公元前 7 世纪末到 6 世纪初希伯来的先知。他曾预言人民要回归故土，重整家园。

③ 以利亚也是圣经中的人物，公元前 9 世纪希伯来的先知，最后被上天接去。

两人都从《圣经》中汲取了一种使命感，这是他们性格中最突出的特征。杜勒斯的使命是保护自由不受极权主义之侵犯；本－古里安的使命是在巴勒斯坦重建犹太人的历史家园。

本－古里安长得很矮，只有五英尺三英寸高，但他给人的印象却是大块头。部分原因是他体格结实粗壮，脑袋很大，面容红润，长着一头蓬松的银丝。同时，他那突出的下嘴唇、坚毅的下颚，以及他雷厉风行的作风都加深了他的存在给别人留下的印象。有些人兴风作浪，本－古里安则是力挽狂澜的人物。

1906 年，本－古里安从波兰到达以色列，同一年，果尔达·梅厄从俄国移居到美国。本－古里安到达雅法时是一个 20 岁的非法移民，他后来去加利利地区一个名叫塞杰拉的村庄里当农民。如果说犹太复国主义运动是他的生命的话，那么正像他自己一再说的，务农——使沙漠地区草木葱茏，鲜花盛开——则是他最大的乐趣。末了他退休后就回到沙漠地区，在那里度过了晚年。

本－古里安一生都如饥似渴地读书学习，并写下了大量的著作、文章。他 50 多岁时为了读懂柏拉图著作的原文，学习了希腊文，他还研究过印度教和佛教，他会讲九种语言。1966 年，我和我的夫人，以及我们的两个女儿特里西娅和朱莉到他当时在特拉维夫郊区的家里去看望他。他把我带到他的书房，四壁书架上放满了书，密密麻麻的，堆得十分零乱，似乎书房里的书泛滥成灾了。1972 年和 1976 年，我会见毛泽东时，又想起了这间书房。毛的书房里也一样，到处都堆放着书和手稿。他们在书房里放那么多书，显然不是为了摆样子，这些书是他们日常生活中经常用的。这种情况与我见过的华丽住宅中摆得整整齐齐的书房迥然不同，那里的书上面虽然没有尘土，但很少打开。

从本－古里安到雅法时起，到 1948 年 5 月他在特拉维夫博物馆对着话筒向世界宣读以色列的独立宣言那天，已过了四十多个春秋。在这四十多年里，先是在土耳其、英国的统治下，后来是在国际管制下，他为实现自己的梦想奋斗不息。然而，他与其他革命领袖的情况不同，当独立到来时，他不能庆祝和平。以色列宣布独立后不到一天，埃及、叙利亚、黎巴嫩、约旦和伊拉克就对这个新生的国家发动了战争。

在军事上，以色列经历的最艰苦的战斗不是在独立之前，而是在独立之后。从这个意义上说，以色列进行的是不断革命，先是反对英国统治，然后是同敌对的阿拉伯邻国作斗争。本－古里安证明，他不仅有能力成功地领导一场革命，不管这场革命根据形势的需要是和平的还是暴力的，而且有能力在革命后领导国家的建设。这的确是以色列的幸运。

本－古里安是一个理想主义者，他为实现犹太人的梦想奋斗了八十年。他又是一个现实主义者，因为他懂得，由于敌对势力的包围，以色列疆域的扩展是有限的。他自豪地确信，以色列有能力充分利用它已有的一切。同时，他还是一个空想主义者，因为他相信以色列南部的内格夫沙漠有朝一日会花木繁茂、欣欣向荣，成为兼有城乡特色的犹太人的家园。

当时和后来的其他以色列领导人均曾想占领更多的土地，但本－古里安不是这样。他自称是"疯狂的内格夫分子"，认为以色列的使命是开拓沙漠。他说，沙漠不加以改造，是"人类的耻辱"，是"在一个不能养活世界人口的世界上的罪恶浪费"。他坚持认为，沙漠一经改造将向以色列人提供所需要的全部空间。他严词斥责那些想凭借武力扩大以色列领土的恐怖主义和扩张主义分子，指出，如果以色列一不是犹太国家，二不是民主国家，就没有存在的理由。他说，那些主张吞并阿拉伯领土的"极端分子"会使以色列放弃它的使命："如果这些人得逞了，以色列将既非犹太国，又非民主国。阿拉伯人口将会超过我们，那就需要采取不民主的镇压措施来管制他们。"

1967年"六日战争"之后，他提出的一项主张得罪了许多以色列人，使他们感到惊讶。他说，除去东耶路撒冷和戈兰高地外，以色列占领的埃及和叙利亚的领土"不过是房地产",应当归还给阿拉伯人。他还指出,"对以色列最大的考验……不是同边界以外的敌对势力作斗争,而在于将目前占以色列领土百分之六十的沙漠荒原变为沃野绿洲"。

本－古里安是以色列的托马斯·杰斐逊、乔治·华盛顿和亚历山大·汉密尔顿,他对今天的以色列和以色列生活的影响遍及各个角落。是他起草了以色列的独立宣言;是他建立了第一支地下犹太军;1948 年后,又是他一身二任,担任总理和国防部长,在四条战线上同阿拉伯人作战,保卫了以色列。在血腥的独立战争后,他提出了以先发制人的进攻为基础,旨在减少以色列方面伤亡的防御战略,该战略今天仍在应用。他批准公开审讯纳粹战犯阿道夫·艾希曼,但同时又同西德建立了非正式的关系。他不顾国内的强烈反对,接受了康拉德·阿登纳的战争赔款。他的国内政策是以平均主义的观点为基础的,主张全国人民团结一致,共同为一个目标——建设和保卫现代化的犹太国家而努力。

许多毕生只为单独一项事业而努力的领导人往往眼界狭窄,但本－古里安却不是如此。我觉得他不仅对以色列和美国之间的关系,而且对世界事务的看法都很明确、坚定和果断。他看问题比较全面。1967 年"六日战争"后,戴高乐公开批评以色列,并在火头上讲了些贬犹太人的话。果尔达·梅厄对此一直耿耿于怀。可是,本－古里安后来却说:"我觉得我们对戴高乐很不公正。他是否喜欢犹太人关系不大,重要的是他挽救了法兰西。"

本－古里安对人既宽厚又有耐心。1959 年,他正式访问美国时,到我们在华盛顿的家去做客。特里西娅当时正在公谊会学校七年级学习犹太教,第二天要考试。她问了本－古里安许多问题,他给特里西娅讲了半小时犹太教和基督教的共同历史遗产,还解答了诸如为什么犹太教的安息日是星期六而不是星期日,犹太教堂大烛架的含意之类的问题。特里西娅第二天考试得了一个"优",从此这次会见成了她难忘的经历。

戴维·本－古里安是独一无二的人才，是历史的基本力量。他具有英雄豪杰那种激情、信念和信心，敢于做前人从未做过的事，知道自己的行动将改变世界。有人也许会争辩说，以色列的创建是不可避免的，但他殊不知只有一个异常刚强的人才能使不可避免的事情发生。

美国和以色列之间有一个共同点，它是把两国联结在一起的强有力的纽带：两国都是欧洲犹太移民的主要目的地，也是犹太难民主要的避难所。世界各地的犹太人对以色列在精神上和感情上的热爱，使历届以色列总理和美国总统之间建立了一种特殊关系。许多人认为，这种关系不过是政治需要而已。这当中固然有政治因素，因为双方的理想和战略考虑是共同的。但更为根本的是，对许多美国人来说以色列具有独一无二的重要性，因此对美国也就具有独一无二的重要性。每一届美国总统都意识到这一点，也是据此采取行动的。对于美国总统来说，以色列绝不可能只是另一个普通的国家而已。

同样，对于我来说，果尔达·梅厄也不是一位普普通通的领导人。我们俩都是在 1969 年就职，1974 年辞职的。她在我宣誓就职后两个月当上了总理，一直担任到我辞职前两个月。的确，她是"我的"以色列总理，我是"她的"美国总统。

对于两国来说，这几年是困难的，有时是令人焦头烂额的。我们之间的关系有时候相当紧张，她想得到的东西常常比我准备给的要多，我有时采取的行动和坚持的条件使她觉得难于或无法接受。我们双方都知道，我们的行动事关重大。因为在中东富有爆炸性的冲突中，东西方的平衡、工业发达国家的生命线和以色列的生存都受到威胁。在这样的形势下，每一方都睁大眼睛盯着对方，深知不管哪一方，一步失误，双方都会完蛋。由于不存在完全明确的解决办法，所以对应当如何解决冲突的观点就必然大相径庭了。

然而，在患难与共的人们之间是可以建立十分深厚的友谊的，因为了解另一方领导人经受的考验就可以很好地了解他或她是怎么一个人了。

乔治·蓬皮杜有一次对我说，果尔达·梅厄是"一个了不起的女人"。的确如此，但她不仅了不起，还是我三十五年在国内外因公或因私旅行中见到的最坚强有力的人物（不管是男还是女）之一。如果说本－古里安是历史的基本力量的话，那么，果尔达，梅厄就是自然的基本力量。

凡是好的领导人都有维护祖国的强烈情感，但是她维护以色列的情感却与众不同。这种情感犹如母亲对待自己的孩子一样，是本能的、炽热的。对她来说，以色列不仅是她的祖国，而且象征着高于国家的事业。

有些领导人善于搞阴谋诡计，花言巧语，欺世惑众，他们巧于心计，老奸巨猾，时时刻刻甚至是情不自禁地密谋策划，玩弄权术。对于林登·约翰逊来说，这是他的第二天性。富兰克林·罗斯福在这方面是行家里手。对许多人来说，玩弄权术是治国之本，是通过对立权势之间的各种险滩、暗礁，达到某种目的最有效的、有时甚至是唯一的途径。但是，果尔达·梅厄不在此列。她坦率正直，从不两面三刀，因此，她做事必然是坚定果断。果尔达·梅厄持什么立场，要求达到什么目的，为什么这样做，人们始终是一清二楚、毫无疑问的。在一种情况下，她是不可抗拒的力量；在另一种情况下，她又是不可动摇的对手。作为对手，她是坚定不移的；作为一种力量，她是不可抗拒的。

果尔达·梅厄的外表说明她是位终日操劳的妇女。多年繁重的体力劳动在她身上留下了印记；思想和精神上的紧张在她面部留下了痕迹。但是她脸上有一种亲切的表情，照片往往表现不出来。虽然她是个冷静固执的谈判者，但她又能公开地、毫无顾忌地流露内心的感情。勃列日涅夫也能做到感情丰富，他可以热泪盈眶地表示友好，显得似乎很自然真挚。但是勃列日涅夫的这种感情流露是有时间性的，几个小时以后，他又开始同你针锋相对，纠缠不休了。对果尔达·梅厄来说，她的感情是始终如一的，与她的决心来自同一源泉。她在谈判中十分顽固，这是因为她非常关心通过谈判要维护的东西。

她的感情自然、质朴、合乎人之常情。1969 年她以总理身份第一次到白宫来的情景我记得很清楚。访美对她来说一定有着某种特殊的含意，因为她 8 岁时从俄国移居到美国，生活十分清苦，她在密尔沃基就学，于 1921 年到巴勒斯坦。在我们为她举行的国宴上，当海军陆战队的军乐队奏起以色列国歌，然后又奏美国国歌"星条旗永不落"时，她的眼眶里饱含着泪花。宴会后的文艺节目中，我们专门安排了艾萨克·斯特恩和伦纳德·伯恩斯坦①的演出，她坐在我和我的夫人之间，全神贯注地聆听着音乐。演出一结束，她激动地站了起来，跑过去拥抱这两位音乐家。

在她任期中，最使她痛苦的一件事是 1973 年的斋月战争。当以色列受到失败的威胁时，我下令把"一切能飞的东西"动员起来，向以色列大规模紧急空运补给物资。事后她写信给我说："空运真是雪中送炭，它不仅给我们鼓了气，而且也向苏联表明了美国的立场。毫无疑问，空运帮助我们取得了胜利。当我听说运输机在利达降落后，自战争开始以来我第一次流了泪……"她后来还告诉我，她认为我所采取的行动——包括空运和在苏联人威胁要派军队去那里时，美国在世界各地的军队处于戒备状态——拯救了以色列。第二年 1 月，埃以军队脱离接触的协议公布后，我打电话给梅厄夫人，当时正是水门事件危机在美国的新闻报道中铺天盖地的时候。谈话快结束时，她说："注意身体，多休息。"这使我非常感动。

如果说在危机中坚忍不拔是果尔达·梅厄的特点，那么上述那种慈母般的劝慰同样是她的特点。

---

① 两人都是犹太人。

以色列人民亲切地称她为 Golda Shelanu，即"我们的果尔达"。她对人民不摆架子，很容易和他们打成一片。她这个当总理的，还为她的内阁煮汤烧咖啡。那些内阁成员坐在她厨房桌子周围，她则一边穿梭于桌子和炉子之间，一边同他们商讨国家大事。

当她已是 70 多岁的高龄时，她仍无情地迫使自己拼命工作，每天工作到凌晨，既注意大问题，又注意政府工作的细枝末节。她对任何信件，即使是最普通的例行公事的信件，也要看了之后才签名。她还亲临机场迎接来以色列的移民，常常是一看到他们就热泪盈眶。斋月战争期间和之后，她收到许多在战争中阵亡战士的父母来信，指责她的政府应对他们孩子的死亡负责，这使她精神十分痛苦，每牺牲一名战士对她个人都是一次打击。当纳赛尔在西奈发动消耗战时，她下令说，每当牺牲一名以色列人，不管是白天还是黑夜都得立即通知她。人们非常认真地贯彻了她的指示，有一次，他们把她叫醒，告诉她损失了二十五头羊。

许多领导人是在个人野心驱使下爬到最高地位的。他们谋求权力，是因为他们权欲熏心。果尔达·梅厄不在此列。她的一生只是为了干好工作，不管是什么工作，她都全力以赴、兢兢业业地去干。1921 年她移居以色列，是因为她忠于犹太复国主义的理想，她想为实现这一理想贡献自己的力量。她成为以色列第四任总理时已是 70 岁高龄。列维·艾希科尔因心脏病而猝死，工党其他领导人立即想到了她，认为她是唯一受到全体工党成员尊敬的人，她当总理可以避免党内分裂。起初她不同意，后来同意了。事后她写道："我成了总理，事情就是这样，就像我的送奶工人成了一名赫尔蒙山前哨的指挥官一样。我们俩并不特别喜欢自己的工作，但是我们都尽力把工作做好。"

梅厄夫人觉得人们对她是位身居要职的妇女这一点过分注重了。对她而言，她是位妇女这一事实只意味着她要干的工作比别人多。尤其在她早年生儿育女时期，她必须安排好时间，既要完成公职又要料理家务。我的女儿朱莉·艾森豪威尔曾为写《特殊人物》一书采访了梅厄夫人，她请梅厄夫人谈谈 1956 年被任命为第一位女外交部长时的心情。梅厄夫人的回答很有特点，她莞尔一笑，说："我说不上来，我从来不知道当男部长是什么滋味啊。"

1971 年，我同法国总统蓬皮杜在亚速尔会晤。有一次，国务卿罗杰斯想使谈话轻松一点，说世界上两个主要麻烦地区南亚和中东，正好都是妇女当总理。他说："印度是英迪拉·甘地，以色列是果尔达·梅厄——又是一位妇女。"蓬皮杜淡然一笑，说道："真是这样的吗?"

蓬皮杜说这话并无贬义，而是带着几分令人意想不到的钦佩。当然，重要的是果尔达·梅厄当总理的表现，这使她是男人还是妇女变得无关紧要了。果尔达·梅厄和英迪拉·甘地的相似之处在于她们俩在同异性谈判时都非常坚持自己的立场。不过，我同她们俩都打过交道，我发现她们的做法极不相同。虽然她们两人都很有女性气质，英迪拉·甘地把性别当做资本，而果尔达·梅厄却不然。甘地夫人希望别人把她作为女性来对待，而她自己却像男子一样心狠手辣。果尔达·梅厄希望别人把自己看做男子汉，她自己的行动也像男子汉一样。她从不要求别人因她是妇女而让她几分，她自己也不让别人。

她穿着朴素，从不化妆，头发往后梳，在脑后紧紧扎成一个发髻。她承认她留长发是因为她丈夫和儿子喜欢。她同我的夫人谈话时总是十分热情有礼，明显地表现出对我们孩子和个人琐事十分关心。但是她通常的做法是在会谈时匆匆讲几句初次见面打破冷场的寒暄话，接着就开门见山谈起面临的严重问题。我们在椭圆形总统办公室第一次会面时，按惯例闲扯了几句，让记者照相，等记者一离开，她就交叉两腿，点燃一支香烟，直截了当谈起正事来，提出一份她的军队所需装备的清单。

梅厄夫人一旦受辱是不会原谅和忘却的。她有一大堆怨言。她永远也不能原谅戴高乐在 1967 年战争后对她的公开批评，她永远不能原谅德国人屠杀犹太人的罪行，甚至不能原谅德国战后的新领导，她永远不能原谅使无辜平民流血死亡的阿拉伯恐怖主义者及支持恐怖主义的阿拉伯国家。本－古里安自60年代从执政的工党分裂出去后，她对他也一直耿耿于怀。

她尤其不信任苏联。尽管她本人是一位虔诚的社会主义者，她对苏联暴政及其对以色列的威胁从不抱任何幻想，她幼时记得的第一件事是沙俄时代对犹太人一次又一次的大屠杀。手持棍棒和匕首的暴徒横冲直撞地寻找犹太人。那时他们住在基辅，她父亲不得不在家门口钉上木板，希望这样能保护全家免遭杀戮。她还向我描述了每当星期六晚上，喝得醉醺醺的警察来敲她家门时她的恐惧心情。警察每次都把她父亲痛打一顿，就因为她父亲是个犹太人。她对幼时居住在俄国的情况记得不多，所记得的大多是寒冷、饥饿、贫穷和恐惧——尤其是恐惧。她认为，沙俄时代对犹太人的大屠杀至今以不同形式在苏维埃俄国继续着。她觉得苏联支持立志要消灭以色列的纳赛尔，这对犹太人是又一次侮辱。

有一次她访问华盛顿时向我表示，她觉得许多欧洲领导人在与苏联缓和的问题上态度过于天真，她非常不赞成。她说，她对我们为改善苏美关系所采取的行动深为关切，我向她解释了我对缓和的态度与欧洲领导人的不同之处，并对她说，我们对苏联的动机不存幻想。我说，就国际关系而言，我们的金科玉律与《新约》有所不同，我们的做法是"以其人之道，还治其人之身。"

这时亨利·基辛格插话说："还要厉害百分之十。"

梅厄夫人微笑着表示同意，说："只要你们是这么看问题的，我们就不担忧了。"

有时候，她甚至对她认为最严肃的问题也能讲几句俏皮话。她不断对我说，以色列的阿拉伯邻国一个也不能信任。当时，我正力图改善美国和某些主要阿拉伯国家之间的关系，这是争取中东和平总努力的一部分。我向她指出，从以色列本身立场出发，美国成为以色列邻国的朋友比某个敌视以色列的国家充当这一角色要有利得多。她承认这一点，但还是坚持说，在同阿拉伯国家打交道时，我们不应该相信协议，而只应相信其行动。有一次，在这样的会见结束时，我向参加会见的人每人送了一个小礼品盒，里面装着印有总统标记的镀金链扣。大家都打开了礼品盒，结果有一个盒子是空的。梅厄夫人笑了，说道："现在你该明白我讲的信任的意思了。"我任命亨利·基辛格为国务卿后，曾对她说，现在我们两国的外交部长都是犹太人了，她又说了一句俏皮话，影射基辛格的德国口音说道："是的，不过我的外长讲的是英语。"

在国际上，果尔达·梅厄被誉为胆略过人、精明强干、坚毅顽固的政治家。她足智多谋、诚实坦率，而又坚定强硬。她有能力在任何一个大国里当最高领导，但是也许只有在以色列她才能成为最高领导，因为她对祖国忠贞不渝的热爱和她为之奋斗的事业把她推到了最高领导岗位。她并不把权力当做特权，而把使用权力作为一种义务——对以色列应尽的义务。

美国人对她评价很高，认为她是最受敬佩的妇女之一。而在以色列人民的眼里，她是一位敬爱的祖母和保护者，是一位肩上既挑了治理以色列的重担，又能抽出时间在厨房为自己的助手端汤的坚强、踏实、可信赖的妇女。

1969年我在艾森豪威尔总统的追悼会上致的悼词中曾说，伟大的政治家一般是在国内受人民爱戴，在国外受人们尊敬的。但是，只有少数几位政治家，如艾森豪威尔受到国内外人民的爱戴，果尔达·梅厄也是其中之一。跟艾森豪威尔一样，她之所以受人们爱戴，不是因为她做了什么，而是因为人们都了解她的为人。

我最后一次见到她是在1974年6月，正好是以色列国内对1973年战争时以色列的战备情况发生争论，她辞职后的十二天。我们到耶路撒冷她的寓所拜访她，那是一个不大的公寓套间，她又一次感谢美国在那次战争中支持了以色列。当她费劲地想从椅子上站起来迎接我们时，我注意到她脸上露出了痛苦的表情。直到后来我才得知，她当时和我一样患着静脉炎，还得了淋巴腺癌，但几年来她一直没告诉别人。后来，在以色列议会的国宴上，我决定打破惯例，在向国家元首祝酒前，特别加一句，我说，在我所遇见过的领导人中，没有一个人像果尔达·梅厄那么勇敢、睿智、刚毅、坚定、忠诚于祖国。我还说："我想，由于我同她合作过，又是她的朋友，她一直是我的朋友，也许可以允许我请大家同我一起为前总理干杯，为果尔达·梅厄总理干杯，为果尔达干杯！"

她十分激动，我也很激动。我说这些话是出自内心的，我当时应该说："为亲爱的果尔达干杯。"我想她是会领会我的意思的。

古老国家里的现代派领导：
纳赛尔、萨达特、巴列维、费萨尔

地球上没有什么地方能与中东相比：它是传奇逸事的中心，又是战略要地；它的历史可追溯到几千年以前。中东历经朝代的更迭，文明的兴衰。大风仍跟几千年前一样掠过古老的沙漠，炽热的太阳照旧晒白了尸骨。

忽然，在第二次世界大战后的短暂年月里，在这片古老的土地上爆发了骚动。以色列的创建是其中的一个发展，它打破了旧秩序，带来了新冲突。

当伊朗突然被推回到中世纪时代时，西方得到一个严峻的教训，认识到在这一新世界里，现代化的外表是多么不堪一击，新旧冲突会带来多大的痛苦。它还使我们想起，自己生存也让别人生存不是中东的传统思想，在那里，人们感情激烈，缺乏理智，也不够克制。他们严于责人，复仇心切。在那里，传统习惯更为古老，有些人还死抱住不放。

然而，和其他地方一样，中东也在发生着变化。

一个新世界

近几十年来我们在中东看到的政治形势犹如造成绵延山峦，形成大陆和海洋的火山爆发，尽管其具体问题和斗争形式是中东特有的。但它们说明，把需要几个世纪才能实现的变化集中在几十年内完成，世界会面临什么样的问题。今天，一个人在他短短的一生中必须去适应以前要经历几代人之久的演变和发展。这种情况无论对个人还是对国家来说都会引起不安定，而且可能导致爆炸性局面。

我们可以从四位领导人的生平中生动地看到这些情况。这四位领导人观点迥然不同，而目标却出奇的相似。他们是：埃及的加麦尔·阿卜杜勒·纳赛尔和安瓦尔·萨达特，沙特阿拉伯的费萨尔国王，伊朗国王巴列维。四个人中间，伊朗国王巴列维是被推翻的，在流亡国外期间去世。费萨尔和萨达特是被暗杀者的子弹打死的。只有纳赛尔是自然死亡，死时仍是一位英雄，而要是他的生命不是在他52岁时因心脏病而突然结束，那他的命运也可能会有所不同的。

四位领导人都是维新派，他们都力图恢复本国人民的自豪感。为此，纳赛尔、萨达特和巴列维都有意搬出几千年前本国古老的文化渊源，以便恢复和发扬他们国家伟大的象征。纳赛尔和萨达特搬出了法老，而巴列维则大谈居鲁士大帝的波斯帝国。费萨尔无需求助于古人，他的国家是穆罕默德的故乡，是穆斯林最神圣的圣地，全世界穆斯林每天祷告时都向沙特阿拉伯的方向朝拜。

我第一次见到纳赛尔是 1968 年，但是我觉得我好像早已认识他了似的。

1952 年，纳赛尔还是一位无名军官，他策划并领导了推翻腐败的法鲁克王朝的政变，安瓦尔·萨达特是他的同谋。最初，他把一位有名望的将军穆罕默德·纳吉布推向前台，但是两年之后，即 1954 年，性子暴躁的纳赛尔逮捕了纳吉布，自己当上了总理。1956 年，他又使自己当选为总统。

纳赛尔的领导特点是爱炫耀自己。他像一颗流星，在中东上空从一个地方窜到另一个地方，不仅把自己看做是埃及的领袖，还俨然以阿拉伯世界的领袖自居。他始终想把阿拉伯国家组成泛阿拉伯统一体，由他自己当领袖。他被这强烈的愿望所驱使，干涉其他阿拉伯国家的内政，发动政变，策划暗杀。和他打过交道的人不是他坚定的朋友，就是与之不共戴天的敌人，没有几个人对他不是爱恨交加。

他不断地进行宣传，鼓噪声传遍了阿拉伯世界。1957年我访问中东时没有在埃及停留，但是，不管我走到哪里，都能在收音机里听到他的声音。在利比亚、苏丹、突尼斯和摩洛哥的城市里，在市场和大街小巷，我看到男女老少，穷人和富人，都在聆听他的声音，脸上露出近乎兴奋入神的表情。他利用无线电和电视的本事达到了登峰造极的地步。他不仅通过无线电和电视进行说教，还利用文艺来进行宣传。他把阿拉伯世界中最优秀的文艺工作者动员起来，编出各种歌曲来唱，例如《我们建设阿斯旺高坝》，在人民中很受欢迎。

纳赛尔梦寐以求的东西之一是建设阿斯旺高坝。几个世纪以来，埃及一直盼望尼罗河水能使沙漠变成绿洲。现在纳赛尔要治理尼罗河，使它能提供廉价的电力，再开出一百五十万英亩的耕地来。但是，他在国外的冒险行动阻碍了这一梦想的实现。纳赛尔同莫斯科的调情导致他同东方集团签订了一项军火协定，因此美国就取消了建设水坝的援助项目。据说当纳赛尔听到这一消息时，他说，"美国人，气死你们活该！"他把苏伊士运河收归国有，作为回答。以色列、英国和法国派军队进攻埃及。美国坚定地挫败了它的盟国，参与拟订了联合国停火协议，这一协议使埃及控制了运河。

艾森豪威尔对此进行干预的主要原因是，以、英、法三国采取行动之日正好是俄国坦克隆隆穿过布达佩斯大街之时，俄国人残酷地镇压了匈牙利人勇敢争取自由的要求。美国对苏联使用武力提出了强烈抗议，因此就难以默许以色列、英国、法国使用武力。不管是出于什么原因，反正艾森豪威尔的干预使埃及免于失败——北大西洋同盟却为此付出了高昂的代价。现在回顾起来，我认为艾森豪威尔当时的决定是错误的。事后，纳赛尔曾私下对美国表示了感激，但在事件发生时他对美国的决定是嗤之以鼻的。其结果是，纳赛尔向莫斯科典当了自己的国家，以换取武器和建设阿斯旺水坝的援助。萨达特后来写道，同时，纳赛尔"开始对这种神话津津乐道，他是打败英法两大帝国军队的英雄。他完全无视实际上是艾森豪威尔在这方面所施加的影响才把埃及军事上的失败转变成政治上的胜利，所以他最愿意相信是他赢得了胜利的话"。

纳赛尔反复无常、脾气急躁、专横跋扈、野心勃勃，他的雄心常常脱离本国人民的实际需要。大多数埃及人处于贫困和绝望之中，他却把国家有限的资金浪费在对外冒险行动上。他对以色列的刻骨仇恨加强了他在阿拉伯世界的地位，但也导致了他的军队在 1967 年六日战争中的毁灭性失败。他在也门坚持参与一场代价高昂、长达五年之久的战争，企图推翻那里沙特阿拉伯所支持的伊玛目，以建立一个埃及的附庸国。最终，他在也门也遭到了失败。在国内，他确实实行了广泛的土地改革，使人民对获得新的繁荣和自由充满希望。但是，当死亡结束了他的统治时，人民仍跟过去一样贫穷，监狱里关满了政治犯。

尽管如此，1970 年他的猝然去世还是引起了极大的悲恸，这在世界上是少见的。出殡那天，五百万人挤满开罗的街道，有的爬在树上，有的爬到路灯杆上，歇斯底里地痛哭流涕，拥向送葬的行列，从他棺材上撕下旗帜。不少埃及人悲痛万分，竟自杀身亡。贝鲁特的一家法文报纸《今日报》写道，"一亿人——阿拉伯人——现在变成了孤儿"。

纳赛尔的功绩在于他使他的人民鼓起了干劲，振奋了精神，重新获得尊严。他是个邮政局职员的儿子，从小种下了对英国殖民主义的刻骨仇恨。当时那个时代的特点是，像他这种年轻人，由于先学会的是阿拉伯文而不是法文，因此被蔑视为土包子。他一执政，不仅急于要结束君主制度，而且要消灭殖民主义的残余。英国人和法国人刚从中东撤走，纳赛尔就匆匆用他的声音填补他们留下的真空。他所坚持的那种泛阿拉伯主义既是亲纳赛尔反殖民主义的，往往又是反西方的。从某种意义上来说，阿拉伯国家人民最重视的不是他在国际上干了什么事，而是他是否干了。他痛骂西方，人民就高兴。他骂得越凶，越夸大其词，他们就越喜欢。表明他很了不起，那么，广而言之，他们也就很了不起了。这种精神上的鼓舞对于那些物质生活极为贫困的人要比对于那些生活舒适的人更为重要。

纳赛尔在公开场合是个慷慨激昂的演说家，但他在非公开场合可以显得既殷勤好客，又通情达理。

1963 年，我和我的夫人、两个女儿到欧洲和中东度假。纳赛尔请我们去他家做客。他仍然住在当军官时住的开罗郊区的一所不大的平房里。他长得瘦削、英俊、身高六英尺，昂首挺胸、仪表堂堂，颇有军人气派。他极为好客，向我们介绍了他的全家，带我们看他书房里收藏的关于林肯的书籍。他十分敬重艾森豪威尔，还对艾森豪威尔在1956 年拯救埃及的行动表示感激。他讲话声音柔和，举止端庄，显得很有头脑又通情达理。他深情地谈到他想改善埃及人民生活的愿望。他要我谈谈对苏联领导人目前的态度和意图的估计，并很认真地倾听着。虽然当时埃及已经相当依赖苏联，他显然不喜欢受制于苏联，表示愿意改善同美国的关系。他热切地邀请我们去看看阿斯旺高坝，他做出慷慨好客的姿态，一定要我们坐他的私人飞机去。我们接受了他的盛情邀请。一路上，在经过金字塔和国王河谷①上空时，他的驾驶员把飞机飞得很低，以便让我们能看清楚。

我们对大坝的访问是一次神秘怪诞的经历。由于日间温度高达华氏一百度以上，我们是在半夜到大坝挖土工地上去的。纳赛尔曾告诉我，大坝的建设工作基本上都是埃及人自己干的。但是，当我们看到巨型推土机在灯火通明的工地上挖土时，我的夫人敏锐地注意到，开推土机的司机没有一个是埃及人，他们全是俄国人。

---

① 埃及历代国王庙宇的集中地。

60 年代，纳赛尔在国际事务中不断到处插手。他在其他阿拉伯国家煽动革命，在也门内战的泥潭里越陷越深。在国内，他依然无视埃及的经济问题，继续进行政治镇压。尽管他声称害怕苏联控制，但对苏联经济和军事援助的依赖性却有增无减。

纳赛尔根本不考虑这一事实：革命时期已经结束，巩固成果的时候已经到来。他就是这么一个革命者。他的泛阿拉伯运动在口头上讲讲是很有用的，在阿拉伯人中培育了一种整体精神和民族自豪感。然而，它的中心信条是仇恨以色列，不信任西方，这是具有破坏性而并无建设性的。

1970 年 9 月，当我们得到纳赛尔因心脏病发作猝然去世的消息时，我正好在地中海的一艘航空母舰上视察美国第六舰队的演习。我曾考虑去开罗参加葬礼，但觉得这样做不明智。当时埃及政府仍同苏联人保持着密切的关系，仍然非常敌视美国。倘若纳赛尔的继承人想改善埃美关系，我认为应由他们迈出第一步。所以，我派了一个代表团代表我去参加葬礼。

纳赛尔去世时，萨达特已在幕后等待了近二十年之久。纳赛尔是个嫉妒心极重的人，但萨达特却平安无事，因为他没有显露出个人野心。纳赛尔交给他什么任务，他总是欣然接受。有人说他是"纳赛尔的巴儿狗"，还有些人说，他额头上的那块痕迹不是因为一天五次祈祷（每个虔诚的穆斯林都这样做）时头碰在地上碰出来的，而是开内阁会议开出来的，因为纳赛尔老是敲打他的额头，看他是不是在认真听着。

安瓦尔·萨达特观察倾听了十八年。革命前，当埃及还是英国人统治的时候，他蹲过监狱，懂得了要耐心以及耐心的重要。他知道纳赛尔嫉妒心极重，所以他万事小心翼翼，不使人感到他在为自己谋权。萨达特是个可信赖的人，他讲交情，说话算数。但是他执行纳赛尔的任务到国外访问时，也结交了其他朋友，其中包括沙特阿拉伯的王储费萨尔。他当总统后，曾私下告诉费萨尔，纳赛尔搞阿拉伯社会主义，依靠苏联，都失败了。

1970 年纳赛尔去世后萨达特上台，当时许多观察家颇有把握地预言，萨达特干不了几个星期就将下台。他们说，他缺乏纳赛尔所具有的那些魅力。但他们没有认识到，有各种各样的领导魅力，只有当一个人登上了领导的宝座，才能看出他究竟有没有这种难以捉摸的秉性。萨达特并不想继承纳赛尔的衣钵，他在历史上留下了自己的脚印。他首先巧妙地挫败了种种夺权企图，把反对他的人关进了监狱。他很快就建立了公认的权力。

萨达特迅速采取行动，砍断了使埃及依附于苏联的锁链。纳赛尔去世后，他派代表出访世界各国并向它们致意。他的特使在北京会见了周恩来，两人谈话时，中国总理问特使："纳赛尔才 52 岁，你知道是谁把他整死的？"特使目瞪口呆，无言以对。周说："是俄国人。"周用的是形象化语言，并非说俄国人真的杀死了纳赛尔。但是埃及对苏联的依赖，以及它同大多数阿拉伯邻国、同美国都关系冷淡，这是纳赛尔留下的沉重包袱。纳赛尔的自尊心和独立性都极强，在他晚年，埃及的孤立对他造成了很大的精神负担。萨达特认为，这损害了纳赛尔的精神和健康。

萨达特就职不久，我们便获得了他希望美埃关系解冻的信号。他执政十一年的特点就是采取了一系列引人注目的行动。第一个行动是在 1972 年，他突然赶走了一万六千名苏联军事顾问。他采取这一行动不仅因为他断定俄国人不可信赖，也因为他本能地不喜欢俄国人。1974 年我访问开罗时曾对他说，我认为中苏分裂的原因之一是中国人觉得他们比俄国人有文化。萨达特听后笑了笑回答说，"你知道吗，我们恰好也是这么想的：我们埃及人比俄国人有文化"。

纳赛尔有使不完的精力。政府工作不论巨细他均亲自过问，他常常在办公室批阅文件至凌晨。而萨达特则比较孤僻，喜欢一个人考虑问题。他常常不同部长们交换意见，而是在每天午饭后独自一人沿着尼罗河散步时作出各种决定。他起得比较晚，一天的工作时间也不长。他讨厌琐碎的小事。他的政府日常工作杂乱无章，效率很低，但是一切重大决定都是萨达特亲自作出的，这些决定令人瞠目结舌，无与伦比。其中有些决定，比如驱赶苏联人和 1977 年访问耶路撒冷，从根本上改变了中东的政治格局。一个人能够打破这么多国际关系的常规是很罕见的。

由于纳赛尔和萨达特在外交事务方面所起的作用，世界将会铭记他们。他们都力图修补阿拉伯受到伤害的自尊心。萨达特挑起 1973 年斋月战争，其目的之一是要改变以色列 1967 年胜利所引起的心理上的不平衡。但是萨达特比这走得更远。苏伊士运河事件之后，以色列人和阿拉伯人之间的敌对情绪更加深了。萨达特认为斋月战争中阿拉伯人表现强硬实际上是向和平目标迈进了一步，他从实力地位出发，可以作出慷慨漂亮的姿态，而处于软弱地位就不可能做到。

纳赛尔浮夸，萨达特踏实；纳赛尔凭感情用事，萨达特则小心谨慎。萨达特所采取的一切行动都是经过深思熟虑的，并充分考虑了可能产生的后果，是为了达到某个目的服务的。萨达特想结束埃及经济孤立状态。同以色列媾和就意味着扩大贸易，从苏伊士的石油中获得更多的收入，苏伊士运河的航运也可带来源源不断的收入。纳赛尔的对外政策对国内没有带来什么好处。从某种意义上说，他的外交政策成了转移人民对国内问题注意的一种手段。而萨达特的外交政策则是解决这些国内问题的一个步骤。

纳赛尔失败之处正是萨达特成功之处，因为萨达特把埃及民族而不是"阿拉伯民族"的幸福看做是自己的首要任务。他对推动世界前进的力量的了解比纳赛尔更广泛、更正确。他一方面在世界上发挥积极的作用，另一方面又谨慎地把他在国外的行动同在国内改善人民生活的目标联系起来。

我最后一次见到萨达特是 1981 年 8 月他访问美国期间。他邀请我去纽约埃及驻联合国代表团与他会见。他那黝黑的肤色、五官端正的面容和潇洒的风度又一次给我留下深刻的印象。萨达特曾犯过两次心脏病，所以十分注意保养自己。看来他是把精力集中到脑力劳动上去了，他很少做不必要的或夸张的手势，也不说废话。他具有非凡的涵养和自制力。

在那次会见中，我发现他对里根政府持乐观态度。他说他确信里根在解决中东问题上将会继续前进，反对苏联的冒险主义也将是坚决的。关于美苏关系，他说美国在过去四年中丧失了许多地盘，主张"西方现在应当寸步不让了"。他估计苏联在波兰会有所行动，认为西方不应当直接回击，而应利用苏联的干涉做借口，在诸如古巴、安哥拉或利比亚等其他地方采取行动。他说："我们要在我们选择的地方，而不是他们选择的地方跟他们斗。"

两个月前，以色列对伊拉克的核反应堆进行了先发制人的袭击。我对萨达特说，我认为以色列总理梅纳赫姆·贝京的行动是不负责任的、反复无常的。他脱口而说："是的，他疯了。"随后他又补充了一句，"他很可能是像狐狸一样既疯狂又狡猾。"我说，虽然我理解以色列在敌人面前需要自卫，但我认为贝京这么干是不明智的，因为他使自己的朋友，如萨达特和里根，感到为难。萨达特表示同意我的看法。

然而，当我讲到如果不让贝京继续执政，中东问题可能已经取得更大的进展时，萨达特表示不同意。他说："我宁愿和他打交道。这个人很强硬，能够就一项协议拍板定案，而别人则不能。以色列需要一项协议。我相信贝京、里根和我三个人一起，能够取得比卡特时期更大，更持久的进展。"

在我们谈话结束时，萨达特邀请我于几个月之后到阿斯旺冬宫去看他。他说，他想同我好好地长谈一番。

我们未能进行这样的长谈。我确实去了埃及，但是是为了参加他的葬礼。10 月，萨达特在开罗检阅部队时，被一帮杀人犯枪杀了。里根总统要求三位前总统代表他出席葬礼。在赴开罗的途中，福特总统、卡特总统和我互相谈起了对萨达特的印象。我们一致认为萨达特勇敢果断、眼光远大、足智多谋、精明能干，可是，我们到达埃及后发现街上几乎空无一人，与十一年前纳赛尔逝世时人们疯狂地涌上街头形成了极为鲜明的对照。萨达特的继承人胡斯尼·穆巴拉克告诉我们，埃及人民惊愕的情绪还没过去，所以没有出来公开悼念他。

我认为，埃及人对萨达特的矛盾心理有着更为深刻的原因。纳赛尔有庶民作风。他虽然大权独揽，但从不喜好奢侈。萨达特的生活比纳赛尔豪华得多，他有十座总统别墅，有一个温文尔雅、善于交际、穿着讲究的夫人。他本人衣着讲究，抽的是进口烟丝。

萨达特虽然从不忘记自己是农民出身，但也不努力使老百姓把他看做是"他们的一员"。其实，真正有成就的领导人之中很少有几个是老百姓中的一员。萨达特从理性上对本国人民是有深厚感情的，但他同戴高乐对待法国人一样，并不十分喜欢埃及人。尽管如此，埃及人民在很多事情上应该感谢萨达特。在他去世的时候，已经没有埃及士兵在打仗了；虽然埃及经济不稳定，但埃及人民的生活比十年前好；萨达特还采取了许多措施，例如放宽新闻检查，扩大公民的自由权，限制秘密警察的活动等，改造了纳赛尔建立的警察国家。

纳赛尔是一个易动感情的领导人，萨达特是一个善于思考的领导人。纳赛尔能了解人民内心的感情，萨达特能预见未来。由于萨达特脱离群众，所以人民对于他尊敬多于热爱。同时，正因为他爱好独自冥思苦想，他才能把中东问题推进到一个新的、更高的阶段，使之似乎不像过去那样无法解决了。

举行萨达特的葬礼时，没有感情冲动的人群涌上街头，这应该说是意料之中的。只可能有一个纳赛尔，群众之所以为他涌上街头，是因为他是第一个，也是唯一的一个现代埃及的创始人。人民本能地知道，像纳赛尔这样的人再也不会出现了，他是无法替代的。虽然他们觉得纳赛尔正是这样的领袖，但他们真正热爱的是历史中的突变，是民族自豪感的迸发，是一个民族的历史上只出现一次的自我觉醒。

萨达特弥补了纳赛尔的不足。他发展了纳赛尔的成就，并在必要时纠正了纳赛尔的错误。穆巴拉克总统现在能够对萨达特采取同样的态度。参加完萨达特的葬礼后，我访问了几个中东和北非国家的首都，私下会见了这些国家的领导人。由于萨达特签订了戴维营协议，他们都批评萨达特，认为他不关心巴勒斯坦人民的苦难。他们之中许多人长期忍受着纳赛尔的干涉造成的祸害，因此最初把萨达特视为盟友。但是后来，他们认为萨达特同以色列单独媾和，所以极为失望。当他们拒绝支持萨达特的和平战略时，萨达特就骂他们是"猴子和嘶嘶作响的毒蛇"，他们对此也非常不满。我理解这些领导人的情绪。但我同时认为，由于有了萨达特，埃及才终于有了一个把本国人民放在首位的领导人。埃及人为巴勒斯坦人和阿拉伯事业所流的鲜血比任何其他中东国家都要多。所以，萨达特才提出，该换一种新的做法了。

萨达特是一个大胆的革新者。他向中东和平迈出了最伟大和最勇敢的一步，现在要他的接班人来完成他所开始的进程，同时修补埃及和保守的阿拉伯盟国的关系。从某种意义上说，埃及在 1981 年就像在 1969 年一样，已具备进入新阶段的条件。这样说未免对死者过于残忍，但是，我相信性格神秘、笃信天命的萨达特是会接受这一想法的。一个领导人最伟大的功绩往往在他死后，当他的接班人在他奠定的基础上继续发展时才能显现出来。

萨达特是被旧世界的势力杀害的，这些势力钻进新世界，结束了他的生命。由于他寻求的是和平而不是圣战，杀害他的凶手就指责他背弃了伊斯兰教。埃及比起它在中东的许多邻国来说，在许多方面都要更为现代化，更为开放。纳赛尔虽然是一个虔诚的穆斯林，但他却通过流行歌曲来宣传他的革命，而当时在沙特阿拉伯仍然是禁止播放电视的。然而，在埃及如同在沙特阿拉伯和伊朗一样，存在着好斗的伊斯兰教的信徒。萨达特每向和平迈进一步，他个人所面临的危险就增长一分，因为他的许多敌人对和平是不感兴趣的。中东地区的领导人每当踩上新与旧的分界线时都要冒很大的风险。萨达特像巴列维和费萨尔一样，都越过了这条界线，最后为此而牺牲了自己的生命。

萨达特死前十四个月，我和他一道在埃及为伊朗国王穆罕默德·礼萨·巴列维送葬。巴列维国王死于癌症，萨达特则是死于凶手的枪弹，但是，他们两人都是中东富有爆炸性的紧张局势的受害者。巴列维国王流落异乡，孤寂地死去。他之所以在生命的最后时期还能够保持一定的尊严，完全是萨达特的功劳。在各国领导人中，只有萨达特敢于收留他，而其他人在他执政时对他奉承、讨好，他一下台则冷眼相待。

我到达开罗后在送葬仪式开始前见到了萨达特，他伸出手朝我走来说道："你来了，太感谢了！"我对他说，美国把巴列维国王推出门外，他却收留了巴列维，这需要多大的勇气啊。他似乎不相信地答道："先生，你说是勇气？为一位朋友挺身而出不需要什么勇气。我只是做了应该做的事情。"这至少反映出萨达特作为一个人和作为一个领导人的品德，他对于朋友，不管是有权、无权，都同样忠诚。举行葬礼的那天，我去亚历山大他的官邸拜会他时，他也表现出同样的品德。我们讨论了美国即将举行的大选，他知道我是支持里根的，而且卡特在群众中的威信下降，可他对卡特没有说过一句坏话。谈到卡特时，他总是亲切地称呼"我的朋友吉米·卡特"。

巴列维国王所梦想的未来和纳赛尔的一样宏伟，他也像纳赛尔一样对本国人民的未来抱有强烈的希望。这两人比较起来，巴列维国王是一个更好的政治家，而纳赛尔则是一个更好的政客。我认为，巴列维国王是中东最有能力的领导人之一。但是，他低估了自己敌人的力量，又未及时认识到这一点，所以被自己的敌人整下了台。20世纪的人们对于革命都有着美好的向往，加上伊朗革命后，世界上大多数的朋友，其中包括美国的，都把他视为不可接触的人，所以他在世界各地几乎都受到了诽谤。

伊朗革命归根结底不过是那些上层宗教人士的夺权行动，而这些人过去由于巴列维国王所推行的自由化的改革丧失了对政治、文化和社会领域的控制。那些叛乱分子由于大喊左的口号而被新闻界，特别是电视台美化了，而阿亚图拉·霍梅尼就是利用了这些电视台来欺骗容易上当的群众的。巴列维国王很快就失去了西方的支持，最后丢失了江山，而伊朗则失去了自由、繁荣以及巴列维国王和他的父亲所带来的进步。巴列维最后心力交瘁，悲痛而死，他不是为自己，而是在为伊朗人民悲痛。

在他流亡国外期间，1979 年他还住在墨西哥时，我曾去看过他，我们已经有二十六年的交情了。我第一次见到他是在 1953 年，当时他年仅 34 岁，他那沉静、端庄、好学的态度给我留下了深刻的印象。那时，他虽是国王，但不掌权，政权掌握在那位极为能干的首相法朱拉·萨希迪将军手里。（萨希迪的儿子阿德希尔在我任总统期间是伊朗驻美国的大使。）巴列维国王当时问了些深刻而得体的问题。我当时相信，一旦他亲自领导起自己的国家来，将是一个天才的领导人。

四分之一世纪之后，巴列维国王仍保持着国王的威严风度，不过他青年时期的那种进取心却已荡然无存，取而代之的是近乎绝望的惆怅。从他手里夺去权力的领导人代表着立志要与他背道而驰，把伊朗推回到中世纪黑暗时期的运动。看来，霍梅尼对伊朗人民所犯下的罪行使巴列维深感痛心。他是一个被人误解、冤枉、受到摧残的人。他知道这一点，而且，他也知道曾在他手下工作的许多人的遭遇，这一切，和他患的疾病一样，严重损伤了他的身心。

但是，他忍受着精神和肉体上的痛苦，殷勤地招待了我。吃午饭时，他自豪地说，沙拉是他的儿子王太子礼萨亲自做的，我感动极了。我们当时不仅讨论了伊朗问题，而且还讨论了内容广泛的世界问题，他像往常一样，表现出对国际事务有着渊博的知识。

有些领导人需要权力，是为了使生活有所依托；有些领导人则是为了实现某种梦寐以求的目标，因此，他们需要权力来推进这一目标的实现。

巴列维国王是为他的国家而活着的。他把自己和国家紧密结合在一起，这个国家不仅是现代伊朗，而且是萨西斯、达理阿和居鲁士大帝的古老的波斯，这个帝国的版图曾一度包括现今世界的许多地方。巴列维像古代波斯帝国的那些皇帝一样，生活奢华，拥有各种光彩夺目的帝王装饰品。但是，生活奢华并不是他不肯放弃孔雀王位的原因。他之所以要固守王位，是因为在他看来，王位代表着伊朗，是伊朗人民过美好生活的希望所在。他在父亲奠定的基础上，利用自己的权力，开展扫盲，解放妇女，进行农业革命，兴建工业等，使伊朗从中世纪跃入现代世界。

那些一味埋怨国王的秘密警察作恶多端的人忘记了他在彻底改造自己国家的过程中得罪了多少人。他受到毛拉、旧商人、拥有土地的贵族、地位牢固的官吏、贵族出身的社会名流以及共产党人的仇视。具有讽刺意味的是，和他不共戴天的仇敌竟包括青年知识分子，他们之中的很多人是他派到国外留学的。这些人回到国内想要进行更多的改革，而且速度要超过国王的意愿。国王所解放的妇女举行游行示威反对他。这些急躁的伊朗人竟不知不觉成了毛拉发动政变的炮灰。他们以为，通过支持伊朗革命，就可以加速国王的现代化和自由化的运动，但是适得其反，他们帮助了那些野心勃勃的宗教人士，使伊朗倒退了。

巴列维国王本可以无所事事，继续统治贫困、落后的波斯，依靠王室的产业收入穷奢极欲，牺牲那些平民百姓的利益，同那些有钱有势的人们建立一种相安无事的关系，维持现状，那样，他就能够避免树敌了。但是，巴列维国王在有所作为和碌碌无为之间选择了前者。我在墨西哥见到他时，他对我说，他可能是雄心太大了。他想使伊朗成为一个人民有文化，农民有土地的经济、军事大国。西方很多人见过国王服饰华丽、坐在嵌着珠宝的王位上的照片，他们可能不会想到，国王的大部分时间是在一间比较朴素的办公室里度过的，他穿的是便服，埋头批阅各种文件。有客人来时，他还站起来和他们握手。他不大信任自己的顾问，不愿意分权，而宁愿一天工作十五小时，尽可能做到事必躬亲。

他对伊朗经济发展的一切细节都一清二楚。在巴列维国王统治时期，伊朗的国民生产总值和人均收入有了急剧的增长。到发生革命时，伊朗三分之二的人有了自己的房子。

巴列维国王在美国的帮助下建立了一支强大的军队，成为美国在中东至关重要的盟友，成为从地中海到阿富汗地区的一支稳定力量。70 年代后期，当国王在国内遇到日益严重的困难时，美国支持他的态度也开始暧昧起来。很多人认为，国王依赖美国是他致命的弱点，实际上这些批评者是本末倒置了。在当今时代，没有大国的支持，小国很难进入世界各国的前列。美日安全条约就是这种联盟的范例。就伊朗而言，是美国本身的致命弱点导致国王垮台。假如在战后的年代里，当日本国内开始出现动乱时，美国的态度犹豫动摇，那也会造成像伊朗一样的灾难性后果。在伊朗，当一位朋友最需要我们的时候，我们却抛弃了他。

对一个领导人的盖棺定论往往要被更有权威的历史所推翻。当领导人离开政治舞台后，有些人的形象逐渐黯淡，有些则日益高大。智利的阿连德、埃及的纳赛尔和中国的毛泽东就是现成的例子，他们去世时，被奉为圣人，但是随着时间的流逝，他们的缺点也就越来越明显地暴露出来。巴列维国王去世时，人们对他的评价是有争议的，但是我确信，随着岁月的流逝，他的形象会愈益高大。

这位想要实行现代化的国王面临的任务是，异常困难地平衡各派势力。要想取得成功，他必须十分注意掌握人民的脉搏；进行改革时应当坚定不移，但又不能操之过急。在改革和实现现代化的过程中如果那些将蒙受最大损失的势力进行反抗，他就应当迅速而充分地行使自己的权力。他一旦选定了自己想走的道路，就不应该轻易地向批评者让步，如果让步太大，他就会迷失方向。

与广为流传的关于巴列维国王垮台原因的奇谈怪论相反，他垮台不是因为他是一个冷酷无情的暴君。事实恰恰证明，这种奇谈怪论是错误的。他之所以垮台，原因之一是他急躁冒进，他可能太急于求成了；原因之二，这也是同样重要的，就是他镇压威胁国家稳定的势力不够果断。当危机出现时，如果他不是草率地对敌手作出种种妥协让步，而是及时予以镇压，那才是挽救伊朗免于陷入当前的黑暗与混乱的最好办法。正如我们后来非常痛心地看到的，巴列维国王的敌人，也就是伊朗人民自由和进步的敌人。

费萨尔·伊本·阿卜杜勒·阿齐兹·沙特，从 1964 至 1975 年是沙特阿拉伯的国王。他和巴列维国王一样，是在一个传统观念和旧的习惯根深蒂固的国家里从事改革的一位专制君主。然而，费萨尔没有犯得罪强大的穆斯林原教旨主义教派的错误。十分明显，他本人就是一个虔诚的穆斯林，而且，他生活俭朴，无可指责。他在实施伊斯兰教法律方面也像他的前任一样刻板、严格。但与此同时，他却着手改革自己的国家，实现现代化。费萨尔的一生表明，一个现代世界的优越性和对伊斯兰教真主的信仰二者和谐共存的社会具有何等的潜力。费萨尔在继承王位后不久就指出："不论我们喜欢与否，我们应当进入现代世界的民族之林，并在里面占有体面的一席……革命并非一定要出自阴谋家的密室，它也可以出自国王之手。"费萨尔像日本的吉田茂一样，鼓励有益的西方影响，但与此同时，又特别注意国家的传统性质——对费萨尔来说，就是伊斯兰教——不致遭到破坏。

我第一次会见费萨尔是 60 年代初期，在纽约的华尔道夫阿斯托里亚旅馆。那时，他哥哥沙特是国王，他是王储。他给我的突出印象是，他是一个知书达理、出类拔萃的外交家。他在西方的环境里感到十分自如，讲一口漂亮的英语。当时，沙特阿拉伯渴望得到美国的支持来对付其在南也门境内受到纳赛尔支持的叛乱分子。费萨尔没有丝毫奴颜媚骨，但态度是有节制的，和解的。

　　若干年后，我作为总统于 1974 年访问了沙特阿拉伯。这时，费萨尔已即位当了国王，国际舞台上的形势也和过去大不相同。纳赛尔已经去世，费萨尔的朋友萨达特统治着埃及。沙特阿拉伯及其在中东的盟友不久前向西方显示了它们掌握了石油这一经济杠杆的威力。费萨尔以他自己的方式方法来接待我。他到机场来迎接我，尽管温度超过了华氏一百度，他仍穿着一层又一层黑白相间的袍子，身旁跟随着许多谢赫和贝督因卫士，卫士们佩带的长长的马刀在阳光下闪闪发亮。费萨尔在吉达简朴的私人办公室会见我，和我第一次会见他时的那一套豪华的旅馆房间形成了鲜明的对照。

　　费萨尔在 1974 年与我的会谈中从不说英语，他对大权在握显得踌躇满志，并使人明确感到，他打算充分利用手中的权力来达到自己的目标。他是一个很精明的谈判对手。他向我转达了沙特阿拉伯在中东和穆斯林国家中的某些盟国希望得到美国武器的要求，我提出产油国应当采取行动，扭转前不久出现的油价急剧上涨的现象，对此他谈了一通外交辞令，未作任何承诺。尽管如此，在欢送我的仪式上，他却一反礼宾惯例和传统，对我政府中的国内的反对派进行了间接的、但又是明白无误的抨击。

　　在费萨尔及其继承人领导下的沙特阿拉伯是动荡的中东地区的重要稳定因素。在我与费萨尔的会谈中，我觉得他对外交政策十分内行，但他有一个明显的缺点：他始终顽固地认为共产主义和犹太复国主义从根本上说是联系在一起的。1974 年我们会谈时，他一开始就谈到共产党人对阿拉伯半岛的野心，认为共产党的阴谋和犹太复国主义运动之间有联系。想要消除他这块奇怪的心病是不可能的。我向他保证说，美国虽然坚决支持以色列，但对苏联的动机是不抱幻想的。最后，我终于改变了话题，谈到我们希望鼓励中东出现负责任的温和派政府。在这方面，费萨尔是我们最能依靠的对象之一，而他也确实表现出了真正的政治家风度。他协助推动他的朋友萨达特摆脱苏联人，同时，他悄悄地而又坚定地支持我们在这个地区的外交努力。除去他顽固坚持的犹太复国主义和共产主义是相互联系的观点外，他对国际事务的看法是全面的，而不是狭隘的。我在1974年和他会谈后确信，他是当时世界上在位的最了不起的政治家之一。

费萨尔说话语调平和、声音很轻，他同我或同他的顾问交谈时话都不多。但他很注意听别人讲话，他常说："真主让人长两只耳朵，一个舌头，因此我们听的应当比说的多一倍。"费萨尔和戴高乐一样，会谈时讲本国语言，用一名译员。这样，他对我提出的问题和看法就可以听两遍，因而可以用两倍时间来考虑他的回答。

费萨尔还有一点像戴高乐，他也是一个军人出身的政治家，是靠自己的力量掌握政权的。他对自己的国家及其在世界上的使命都有着坚定的看法。

沙特阿拉伯的国父伊本·沙特有一次谈到他最能干的儿子时说："我巴不得能有三个费萨尔。"费萨尔几乎是一生下来就受到了为将来掌权所需的训练。他14岁时就首次被派去完成一项外交使命，后来很快成长为一名剽悍、老练的沙漠骑手，他父亲让他当了一支军队的司令。1932年，伊本·沙特在儿子费萨尔的协助下将一盘散沙似的各个贝督因部族联合成为一个新的国家。

伊本·沙特死后，他的长子沙特继承了王位。沙特荒淫无度，使国家的经济濒临崩溃的边缘。他大肆挥霍，尽情享乐，并毫无计划地建造了一些公共工程项目，恩赐给老百姓。传说当王储费萨尔在1958年接管政府的日常工作时，国库里只剩下不到一百美元现款。费萨尔严格控制王室的开支，使国家走上了财政收支平衡的道路。沙特国王忌妒自己弟弟的治国才干，引起国内局势日益紧张。1964年，沙特阿拉伯的长老们决定废黜沙特，从而结束了这一紧张局势。

费萨尔当了国王后，执行了妇女教育计划，废除了奴隶制，兴建公路、学校和医院。他把巨额石油收入用来开办新工厂，在国外投资，以便当石油开采完了，人民仍能过富足的生活。

费萨尔不苟言笑。一位观察家说，一旦他真的笑了，那样子就像是咬了一口柠檬后发现里面是甜的一样。他面容清癯、布满皱纹、眼神疲惫、眼睑沉重。他每天工作十六小时，连他的年轻助手都说有些吃不消。他像意大利的加斯贝利一样，每天晚上，总是他最后走关掉政府办公楼的灯。

费萨尔患有胃溃疡，只能吃最清淡的食品。1974 年在为我们举行的国宴上，他招待客人们吃美味的烤羊肉，他自己则吃米饭、豌豆和豆荚。他用叉子将食品捣碎，用勺舀着吃。他工作很忙，加上他又是苦行僧的天性，所以很少娱乐。费萨尔要领导九百万沙特阿拉伯人，还要对数以百万计的国外穆斯林承担宗教上的责任，肩上的担子是沉重的。

当其他保守的阿拉伯国家都纷纷建立了立法机构时，费萨尔仍拥有绝对的权力。他是通过遍布全国的几千名亲王来进行统治的。他身旁雇佣的顾问都很能干，费萨尔注意倾听他们的意见，然后择其善者而从之。许多沙特阿拉伯人虽然同意他总的计划，但仍批评他拒绝分权。

费萨尔虽然拒绝民主制度，但同他统治的人民仍保持密切联系。他继承王位后不久，他的妻子带他看了重新布置的马特宫。当他看到富丽堂皇的国王卧室时，便问道："这是谁的卧室？这卧室给我住太豪华了。"他没有住这间卧室，而是选择了楼下大厅旁的一间小屋，里面只放了一张单人床。他讨厌人家吻他的手和称他为"陛下"，而喜欢别人叫他"兄弟"，或者干脆叫他"费萨尔"。沙特阿拉伯传统的谒见是他的政府工作不可分割的一部分。国王在每周一次接见庶民时，总是耐心地听取臣民们对牲畜被盗或财产纠纷提出的诉讼。

费萨尔的死因是特别具有讽刺意味的。1974 年，在我们会谈时，他对他的空军里某些青年军官是否忠诚感到忧虑。这些青年军官是在美国受训的，他担心这些人受到左翼革命病毒的感染，这种病毒后来使伊朗深受其害。他当时没有认识到，对他致命的威胁不是来自左派而是来自右派。他提出了一项改革，即允许在王国内建立电视台，尽管他命令对电视节目进行严格的控制，结果引起了争议。1965年，一名持不同政见的亲王认为电视是宣传邪恶，就带人袭击了利雅得广播电台，结果没有成功。这位亲王退到自己的宫殿里，被保安部队打死了。十年后，费萨尔被这位亲王的弟弟杀害，很多人认为，凶手是为了复仇。费萨尔在与我会谈时说，他认为电视和宣传工具在当今世界上至多不过是一种必不可少的邪恶。他很可能成为世界上唯一因为电视而丧命的领导人。

费萨尔被暗杀后，权力和平顺利地移交给费萨尔的弟弟哈立德，哈立德成为1932年以来沙特阿拉伯的第四位国王。甚至就在这时候，一家新闻周刊还说，这次暗杀"再次表明中东产油国政局不稳"。同样，1981年秋天，萨达特总统被暗杀后，权力也和平顺利地移交给了萨达特亲自挑选的接班人，他的接班人因而成为1956年以来埃及的第三任总统。也是在这个时候，许多人却主张，美国不应当卖武器给中东"不稳定的"政府。上述两次的权力移交都和1963年肯尼迪总统被刺后权力移交一样有条不紊。

用美国的标准来衡量，中东许多国家的政府确实是"不稳定的"。埃及的宪法包含有秩序地移交权力的规定，沙特阿拉伯则没有宪法。然而，比较而言，世界上没有几个国家有可靠的权力继承的规定。没有一个共产党国家有这种规定。那些说沙特阿拉伯政权不稳的人大多数不过是以此来表示他们对君主专制的憎恶。鉴于西方的民主历史悠久，他们这种态度是可以理解的，但他们忽视了沙特阿拉伯的现实，这个国家是没有这段历史的。君主制是沙特阿拉伯人所习惯的、而且目前仍相当适应的一种政府形式。约旦和摩洛哥也是君主制，这两个国家分别处在侯赛因国王和哈桑国王的领导下，是阿拉伯世界中治理得最好的国家。突尼斯的哈比卜·布尔吉巴自封为终身总统。尽管他那仁爱而又极权的领导方式受到人们的批评，但实行西方式的民主未必能取得布尔吉巴总统给突尼斯带来的进步与稳定。

由于更多的沙特阿拉伯人受到教育，他们必然会呼吁建立西方式的政府。但是，这应该是对沙特阿拉伯的君主制进行改革的结果，撇开改革是谈不上建立西方式政府的。尽管君主制最终可能会被抛弃，代之以一种新的政府形式，但是，君主制将会完成费萨尔所要求它完成的使命：即稳妥、和平地将沙特阿拉伯改造成一个现代的国家。

民主制对沙特阿拉伯未必有益，正如君主制对它未必有害一样。1982 年 6 月，继承王位的法赫德国王直言不讳地说道，他的国家还不具备建立共和制政府的条件。他说："我们要任用我国的杰出人才，但是，我们确信在教育普及之前，选举并不能导致杰出的人才执政。"费萨尔也说过："对一个政权来说，重要的不是它的名称，而是它的行动。有腐败的共和制，廉洁的君主制；也有廉洁的共和制，腐败的君主制……判断一个政权的好坏，不应该看它的名称，而应该看它的行动和执政者是否正直。"

纳赛尔和萨达特是革命家；巴列维和费萨尔是推行革命性变革的国王。因此，纳赛尔和萨达特在人民的心目中就比两位国王要强。一个取得革命胜利的领导人对人民有一种天生的吸引力，这是国王所望尘莫及的。革命家是昙花一现的人物，是处于动态的力量；国王是静止的力量。前者被认为是生气勃勃的，后者则是静止不动的。一个国王即使有比革命家更好的主张，他也需要克服巨大的惰性，才能达到自己的目的。

对于革命家来说，过去的传统和做法不过是推动革命发动机运转的燃料，他可以随意抛弃或修改。可是，国王就得依靠传统势力来维持他的政权和权威。当传统势力干涉他为未来制订的计划时，他必须改变计划，或者将计划纳入传统的轨道，而不损害他的精神统治和权威。这是一项艰巨的任务，是政治家最为头痛的问题之一。

一个新世界

　　纳赛尔上台时，两袖清风，毫无负担。1952 年，当他废黜了法鲁克国王，让国王流亡国外时，他同时也驱走了埃及近代以及不很遥远的过去的痛苦回忆：英国人、土耳其人、罗马人、希腊人、波斯人对埃及的统治。若干世纪以来，他第一次使埃及人民有了一个民治、民享的政府；同时，他还力图使埃及和其他阿拉伯兄弟联合起来，这是一个极好的革命主张——既令人神往，又无法实现。

　　纳赛尔政权是独裁政权，但他是在一个虚假的共和制政府的外壳掩盖下进行统治的。他被称为纳赛尔"总统"，而不是"埃及的铁腕人物"或"埃及的独裁者"。他的政权是极端专制的，但由于他是一个受人爱戴的革命领袖，这一政权就显得不那么专制了。

　　纳赛尔具有超国家的目标，他的部分号召力来自他给予本国人民一种超越边界的使命感——阿拉伯民族主义。巴列维国王的目标主要是在国内，但其中也包含着地缘政治的考虑：使伊朗成为西方反对共产主义侵略的堡垒。他要把伊朗建成一个经济和军事大国，所以他把自己的大部分注意力集中在纳赛尔所忽视的方面。结果，巴列维国王的事业就缺乏戏剧性：他没有苏伊士运河要收归国有，没有派军队去和犹太复国主义的匪徒作战，自己也不是在欢呼革命和反对殖民主义的浪潮中上台的。他实际上是伊朗历史上许多国王中的一个，也是少有的几个自然死亡的国王之一。有人曾经问他，为什么许多人不信任他。他淡淡一笑，坦率地回答道："有几个国王曾经得到信任？"

　　巴列维国王才华出众、工作勤奋。他的政权并不比纳赛尔政府更为独裁，他在国内的成就则要比纳赛尔大得多。他给伊朗带来了进步和稳定，而纳赛尔既未带来进步又未带来稳定。但是，巴列维未能拨动本国人民的心弦，而纳赛尔却做到了这一点。

　　巴列维国王在他的反对派向他挑战时犹豫动摇，所以结果被旧势力战胜、吞没。费萨尔国王也是一个专制君主，但他却制服了旧势力。

　　费萨尔的成功既有个人原因，也有制度上的原因。沙特阿拉伯有五个国王：第一个是创造沙特阿拉伯的伊本·沙特，另外四个是他的儿子。这五个国王中只有第二个国王沙特腐化堕落，但即便如此，他也是比较宽厚的，而不是暴虐成性的。而且沙特国王实际也开始了某些改革，这些改革由费萨尔完成了。

费萨尔作为一个实行现代化的君主具有较好的条件。他在宗教和世俗方面均享有权威，这种权威似乎和人民有着有机的联系。沙特阿拉伯国王是世界上少有的、任何公民都可以接近并与之交谈的国家元首之一。沙特阿拉伯比巴列维的伊朗内部要更统一，而且它尚未开始经历迅速工业化和城市迅速发展所带来的紧张，这种紧张是导致巴列维下台的原因之一。

费萨尔在沙特阿拉伯完成了巴列维希望在伊朗完成的大部分工作。他无需同顽固对抗的宗教势力较量，因为在沙特阿拉伯政教是不分的。他在进行改革的同时，还注意改革对国家造成的影响。他只容忍那些不致对沙特阿拉伯的文化结构造成破坏的、可以接受的影响。

正如伊朗的悲剧所表明的，沙特阿拉伯巨大的石油财富并不能买来安全和繁荣。费萨尔的任务是使沙特阿拉伯走上向现代化迈进的道路，同时又不破坏他和他的父亲在阿拉伯沙漠里建立起来的这个敬畏的真主国家的本质。他在执政的十一年中，正是这样做的。

小舞台上的大人物——李光耀、孟席斯

我会见过的所有领导人中有两个最为能干，一个是小小的城市之国新加坡的总理李光耀，另一个是澳大利亚的总理罗伯特·孟席斯。他们两个人真可谓小舞台上的大人物，他们若是处于另一个时代、另一个国家，就可能成为像丘吉尔、迪斯雷利或格莱斯顿那样的世界性人物。

这两个人的性格迥然不同，但阅历和观点却出奇的相似。他们都

是前英国殖民地的领导人，两人都是出类拔萃的律师。他们本可以靠当律师发财，但他们俩都认为当律师在精神上和智力上局限性太大。他们俩都精力充沛、娴于辞令、才华出众，由于历史的偶然，他们只担任了小国的领导人，但他们对于世界的看法却不是从狭隘的或纯地区的观念出发的。由于他们对世界上广泛的问题有全面的看法，我和他们的交谈是我所经历的最有趣味的谈话之一。

他们俩的观点基本上是亲西方的，但他们像麦克阿瑟一样，都意识到世界力量的对比逐渐而稳步地朝着有利于他们地区的方向发展。他们都竭力使自己的国家成为西太平洋地区最繁荣、最安全、最有影响的国家。

李光耀和孟席斯的外貌也很不一样。孟席斯颇像澳大利亚的幅员，身材魁梧、豁达大度、目光远大。他身高六英尺二英寸，体重二百五十磅，面容和蔼，五官端正，长着一头浓密的卷发，有一对约翰·刘易斯①式的浓眉，一双诙谐的眼睛。他那心不在焉高人一等的神情虽然对付讨厌的议员和记者是有用的，但却得罪了政府里的许多同事。结果是，他像丘吉尔那样，人民敬佩他，但不太喜欢他。

李光耀身体结实，肌肉发达，像一名职业拳击家。他目光炯炯，锐利逼人。我觉得孟席斯有风趣，好交际；李光耀则老谋深算，城府很深，善于随机应变。孟席斯喜欢有意思的交谈，而对他十分擅长的议会手腕则从不喜欢。他很会鉴赏美酒佳肴和调制合味的马提尼酒。李光耀则认为大多数娱乐是浪费时间。

孟席斯与我会见时往往抽一支高级雪茄，向我提出某些政治上的忠告，就外交事务发表一些敏锐的评论或讲一些挖苦澳大利亚政界人士的话。我们的谈话既紧张、热烈，又愉快、活跃。与此相反，1967年我第一次见到李光耀时，他像一只被关在笼子里的雄狮，在房间里走来走去，急促地谈论着各种问题。他的举止似乎表明他在精神上和

---

① 约翰·刘易斯（1880～1969），美国工会领导人，曾任美国产联和矿业工人联合会主席。他的两道眉毛特别浓密。

肉体上都感到这个小国总理的职位对他的束缚，他想冲破这一束缚，寻求更广阔的领域去施展自己的才干。他没有闲扯。

李光耀和孟席斯最大的相似点是他们追求的目标。他们两人谁也不是理论家。孟席斯是英国式的议会民主派，他最重要的义务是在紧急时期忠于英国国王，支持英联邦的团结。他在经济上的保守主义只是在他第一次当总理之后才真正表现出来，他把自己看做是追求舒适与安全的中产阶级的盟友。李光耀首先是一个讲究实际的人，他对政治理论不感兴趣，对那些不能直接有助于实现新加坡繁荣富强目标的事，他都漠然置之。对这两个人来说，保证本国人民的安全和繁荣重于一切。

由于两个人都不注重意识形态，有人就讽刺他们是功利主义者，只关心人民的物质需要，而无视他们的精神需要。这两人在国内的主要成就都在经济方面。在孟席斯的领导下，澳大利亚取得了本国历史上最大的工业跃进和最迅速的经济发展；李光耀则将新加坡变成了一个贸易中心。这两国人民都进入了这个地区最富有的人民的行列。

追求富裕的生活常常遭到那些未体验过贫困生活的人们的耻笑。战后有几十位领导人给他们的人民带来了革命、民族自豪感和独立，但人民仍然贫困、饥饿。在我们生活的时代，人们评价一个领导人往往只看他言论调子的高低以及他的政治色彩，而不看他的政策是否成功。特别是在发展中国家里，许多人晚上上床睡觉时耳朵里灌满了宣传口号，肚子却是空的。

※　　　※　　　※

李光耀是一个革命家，但他是一个不同类型的革命家。他从不将言词与实质混为一谈，决不允许意识形态压倒常理。他于 1957 年上台时，新加坡是一个缺乏自然资源的弹丸之国，国内印度人、华人和马来人混居，潜伏着多变的因素。国内反对英国殖民主义的情绪高涨到了危险的程度。李光耀意识到，他只有一反常态，表现得非常激

一个新世界

进，才能防止一场共产党人发动的革命。因此，他想出了一个玩弄政治手腕的计划，用"唱左派的调子，走右派的路"来形容这个计划是最恰当不过的了。

在大选之前，李光耀的人民行动党不过是共产党的外围组织，这个党的言论全是从毛泽东那儿抄来的。他充分扮演了反对殖民主义、反西方的急先锋的角色。他穿着衬衫发表竞选演说，声讨白人的罪恶。可是他当选之后，就把一百多名曾与他共事的共产党人投进监狱，并立即着手安抚富有的华人上层人士，保证外国人在新加坡的任何投资以及派往新加坡的任何经理和工人的安全。今天，他穿着细条西服，领导着一个繁荣昌盛的国家，有人称之为"新加坡股份有限公司"。这个国家的生计是依靠日本、西欧和美国在那里进行有利可图的投资。

新加坡的繁荣是来之不易的。这个城市除去其人民外，唯一的资源就是它处于国际交通要道的重要战略位置。李光耀用轻蔑的口气谈起那些依靠征收矿产资源开采税而生活的第三世界国家。他说："我们这里要有奋发图强的决心才能生存下去。我们除了意志和勤奋之外一无所有。"自从李光耀执政以来，新加坡越来越需要自谋生路。英国驻军曾长期是新加坡工人就业的主要门路，60年代中期，英国驻军开始撤走。大约是在同一个时期，马来西亚和新加坡成立才两年的联邦解体了。很多人说，这是李光耀企图控制联邦的结果。李光耀对此也非常沮丧，他在电视台宣布新加坡退出联邦时，在大庭广众之下流了眼泪。但是，他感到气馁只是暂时的。李光耀善于做形象的比喻。他说："坐在凳子上比坐在手杖凳①上舒服。现在我们不得不坐在手杖凳上了，我们没有别的凳子。但是请别忘记新加坡人民有的是钢做的手杖凳。"

人们常常感到李光耀好像期待新加坡人民也是钢做的。他规定了

---

① 一种顶端可以打开做凳子的手杖。

青年男子的头发长度，反对吸毒和淫乱。他告诫本国人民不要去开赛车，或在家里铺大理石地板，来炫耀自己的富裕。有人批评他是带有维多利亚时代道德教育色彩的纪律严明的官员。但是，他却认为，为了减少新加坡三个民族之间的敌对情绪，鼓励他们同心协力地工作，强调纪律和进行强有力的引导是必要的。他要求本国人民把自己看做新加坡人，而不要看成是华人、马来人或印度人。他在很大程度上获得了成功，新加坡成为许多多民族社会羡慕的榜样。

李光耀和尼赫鲁一样，在英国接受教育，带着强烈的社会主义激情回国。但他和尼赫鲁不同的是，他对社会主义没有采取教条主义的态度。他认识到一个社会首先要有强大的经济，然后才能向人民提供住房补贴，建设学校、住房和医院。他关心本国人民的需要，但他首先关心的是满足这些需要的经济。他把自己对经济问题的态度简要概括为："我们不指望白白地得到什么东西。"

李光耀的许多社会改革都是为一个实际目的服务的。他在50年代后期曾说过："这是唯一的希望。如果我们不努力，新加坡就会变成共产党国家。如果我们的努力失败了，新加坡也会变成共产党国家。对我们来说，重要的是要努力。"他经常要求政府机构自己负担开支，结果出现了异乎寻常的现象：国家邮政局居然盈利了；政府的印刷厂也接受商业性的业务。在其他发展中国家，懒散和浪费现象比比皆是，但在新加坡这些却是极大的罪过。

李光耀虽然非常关心本国人民的福利，但在与我谈话时却很少谈到国内问题。有些领导人不愿意谈国内问题，是因为他们被国内问题压得喘不过气来，或者是像苏加诺那样，不愿意正视国内问题。然而，李光耀的情况不同，他没有必要去谈国内问题，因为新加坡治理得很好。在我担任总统的初期，我派财政部长约翰·康纳利去周游世界，进行实地调查。他回来后到白宫汇报情况，一开头就他的新加坡之行提出了简短明了的看法。他对我说："新加坡是世界上管理得最好的国家。"

一个新世界

在我 1953 年出访亚洲之前，1948 年竞选总统失败后访问过远东的托马斯·杜威州长对我说，他访问期间会见的最了不起的人物是罗伯特·孟席斯。后来当我见到孟席斯时，我立即明白了为什么杜威对他评价如此之高。他显得对影响太平洋地区乃至全世界形势的问题都非常熟悉。

这位颇有成就的澳大利亚总理必须掌管一个幅员辽阔、人口稀少的国家，其情况千差万别，既有温文尔雅的阿德莱德市，又有近乎原始粗犷的维多利亚大沙漠地区。孟席斯连续担任总理的时间比任何前任都要长。他具备治理这么一个国家的条件。他既有英国上层人士的涵养和高贵的风度，又有对付反对派和记者的敏捷、泼辣作风，善于机智、辛辣地回击对方。我第一次见到他时，他对我说："我从头到脚都像个英国人，但我热爱美国。"我总觉得，在他身上集中了英、美政治家最优秀的品质。

实际上有两个罗伯特·孟席斯，我所认识的是第二个，他是澳大利亚叱咤风云、领导该国经济取得空前发展的、自信而又老练的政治家。而第一个孟席斯，即第二次世界大战初期澳大利亚的一位年轻、傲岸的领导人，我从未见过。他虽有良好的愿望，但最后由于没有顺应时势而下台。

孟席斯曾两度任澳大利亚总理：第一次是 1939 至 1941 年，第二次是 1949 至 1966 年。他在第二次担任总理时认识到了他必须为之奋斗的事业：为那些被遗忘的中产阶级的利益服务，而 1941 年从他手中接管政权的工党所推行的社会主义政策却使中产阶级大吃苦头。孟席斯作为总理，注意维护人民的福利，同时又不妨碍私人企业的发展。他像李光耀一样鼓励外国投资。结果生产率大幅度提高，经济全面繁荣。1949 至 1961 年期间，澳大利亚的国民生产总值增长了两倍。与此同时，孟席斯制订了一整套全面而又明智的外交方针，它是以澳大利亚作为远东大国的作用日益增长为中心的。

在孟席斯下台后的岁月里，情况很清楚，他想要再度掌权将会面

临巨大的障碍。在他 1941 年辞职、工党取得胜利后，他的声誉一落
千丈，连议会反对党的领袖也没当上。1944 年，他创建了自由党。在
巩固并控制该党，继而争取澳大利亚选民支持的过程中，他的政治才
干受到了很多磨炼。

孟席斯像许多其他伟大领导人一样，经过在野年代的锻炼变得更
加坚强了。当他再度掌权时，他比过去更为胸有成竹，相信自己的目
标一定能达到。他被认为是杰出的议员、强有力的竞选者、口若悬河
的演说家。有人指责他瞧不起内阁，实际上他对自己的力量有足够的
信心，所以能让部长们充分发表自己的意见。

他的权威是毋庸置疑的，因此，他的政府不可能像战争期间那样
被从内部搞垮。1941 年，他的内阁内部四分五裂，他低三下四地要求
部长们告诉他应该怎么办。1949 年之后，他对待内阁的态度迥然不
同。孟席斯最喜爱的项目之一就是美化首都堪培拉。有一年，他特意
在预算中增加了一百万镑，用以在首都修建一个人工湖。然后，他就
去英国了。在他出国期间，财政部把这一项从预算中砍掉了。

孟席斯回来后笑嘻嘻地对内阁说："我不在期间财政部将修建人
工湖初期工程的一百万镑砍掉了。这消息是否属实？"部长们回答说，
是的。"那么，我是否可以认为大家一致同意把这一项再列入预算？"
第二天早晨，建湖工程就动工了。

丘吉尔在《当代的伟人》一书中写道，"伟大人物的特点之一就
是能够给他所会见的人留下不可磨灭的印象"。有些人一出现就给人
以深刻印象，有些人则以智力服人。我见过的所有杰出的领导人都非
常善于面对面的谈话。我认为，这绝非偶然。领导艺术在于使人信
服。如果一个领导人谈话枯燥无味，不能给人留下深刻的印象，就不
能说服别人，因而就当不了领导。

麦克阿瑟精彩的独白、戴高乐雄辩的讲话、吉田茂自我贬低的幽
默、周恩来富有诗意的语言，这些与今天人们的闲聊相比犹如伦勃朗

的绘画与手指画一样大相径庭。他们的谈话既有风度，又有丰富的内容；既生动又深刻，使听者对于他们的智慧肃然起敬。一位成功的领导人给人们留下这种印象是建立权力、使人们追随他的方法之一。

每当我要去会见这样的杰出人物时，我的心情就像是盼望观看一位伟大的艺术家表演一样迫切，他们也确实是伟大的艺术家。如果要我评价战后各国领导人中谁最出众的话，我要提出的将不是欧洲或美国某个传奇式的人物，而是罗伯特·孟席斯。

罗伯特·孟席斯诙谐而不刻薄。他能言善辩、语言精练。他喜欢有来有往活泼的交谈，他也很注意倾听对方的谈话。他既善于写作，又善于演说，这是颇为难得的才干。有些人往往会写而不会说，还有些人会说而不会写，只有少数几个人，如丘吉尔、伍德罗·威尔逊和戴高乐二者俱佳。但是，对于一个想在政界平步青云的人来说，具有既善于在大庭广众之中演说、又善于私下交谈的能力要比具有写作能力重要得多。谈话的本领简直是必不可少的。

由于孟席斯善于辞令，所以没有几个人愿意同他公开较量。早在他进入政界的初期，他就像丘吉尔那样懂得，对付具有敌意的问题或评论，与其长篇大论地辩解或解释，不如用两三句挖苦讽刺的话顶回去要有效得多。在孟席斯当总理后的第一次记者招待会上，一名左派记者奚落他说："我估计你在选择内阁成员前，先要征求控制你的大老板们的意见。"孟席斯回答道："那当然，不过，年轻人，请别把我老婆的名字纳入此列。"

他这个办法用在议会里也很灵。议会里颇有些边远地区的粗俗习气，孟席斯有时候觉得很讨厌。有一次，一位议员指责他有优越感，他回敬了一句："考虑到我在此所接触的人物，有优越感是不足为怪的。"他在回答另一位议员时说："这位尊敬的议员的一番思想漫游，若不是越说越糊涂，倒是颇有教益的。"工党一度老是被孟席斯的这一类话刺痛，所以告诫其党员非到不得已时别惹他。

1941年孟席斯被自己的党抛弃，使他感到切肤之痛，"那是致命

的一击"，他事后说，"当时一切都完了"。他在 40 年代为摆脱政治上
被打入冷宫的处境，曾经奋斗多年，练就了对付批评者，尤其是新闻
界的批评者的本领，即对他们采取一种健康的冷嘲热讽的态度。他并
不害怕和他们唇枪舌剑地大干一场。有一次他在一个有威望的记者聚
会上——相当于"华盛顿烤肉俱乐部"晚餐会被毫不客气地"烤"
了两个小时，最后他举杯为"英联邦内工资最高的非熟练工人（新闻
界）干杯"。他曾向我夸耀说，他对新闻界采取"明显的藐视态度，
取得了显著的成功"。孟席斯也瞧不起工商界的批评者，特别是那些
在他下台后的漫长岁月里抛弃他的人。他对我说："那些做买卖的家
伙，坐在舒适的扶手椅上，看见哪一个政治家失败了就落井下石。"
他说他在败于工党以后，为东山再起而奋斗时就尝到过这种苦头。
"他们声称我不可能取胜了，"说到这里他莞尔一笑，1949 年他用事
实证明，那些人失算了。

孟席斯时常对我说，政治家的脸皮要厚。他对我国脸皮最薄的总
统之一林顿·约翰逊发表了几句相当精辟的评论。他虽然十分尊重约
翰逊的能力，称他为"杰出的政治家"，但他对我说，早在 60 年代中
期，他就发现这位得克萨斯州人过于重视公众舆论和新闻界的看法，
所以他在担任总统的后期以及下台之后，曾为此痛苦不堪。孟席斯对
我说："现在你我都知道，新闻界的看法算不了什么。我过去常对约
翰逊说，'对那些家伙们写的关于你的文章，不必过分介意，人民没
有选他们干事，人民选举的是你。他们说话只代表他们自己，而你说
话是代表人民'。"

孟席斯不仅懂得谈话的艺术，而且懂得如何运用这种本领。他还
指出了约翰逊另一个大毛病，就是他一刻也坐不安宁。"你总觉得他
没在认真听你讲话，"孟席斯说，"他老是在谈话过程中伸手去抓电
话"。

约翰逊在他的总统办公室里有三架电视机，可以同时看三家电视
台的节目。孟席斯则不一样，他的管家告诉我，在同反对派论战过程

中，孟席斯总理从不阅读报上关于他本人的报道。"可有一次他对我说，"管家接着说道，"一旦他们不再骂我了，我就完蛋了。"

孟席斯对美国政治的观察非常敏锐。我曾寄给他一本《六次危机》，那是我写的第一本书。书中谈到 1960 年我同约翰·肯尼迪的电视辩论。他回信说，他始终认为我同意辩论是错误的。"我这么说并非因为我认为你输了……我在电视上看了你们的两次辩论，我认为你赢了。但是，我觉得竞选开始时，熟悉你并对你有好印象的人比肯尼迪多两倍，他充其量不过在东海岸有点名气罢了。我当时和现在都认为，你同他在这么多电视观众面前辩论，其主要后果之一是使他和你一样出名。恕我冒昧，我认为你这样反而丢了一张王牌。"

收到他这封信之前不久，我在 1962 年加利福尼亚州州长竞选中失败。他写道："我不相信你从此就在政界销声匿迹了。"他在结尾还开了一句玩笑——真是本性难移，他写道："请向你的夫人转达我热情的问候。她和我的夫人一样，应当授予金质奖章，以表彰她们能毫无怨言地同搞政治的丈夫共同生活。"

许多批评越南战争的人是从新孤立主义的观点出发的。他们说，不管援助一个受到共产党进攻的国家正确与否，南越太远了，与美国关系不大。在新世界里，任何一个角落发生的事件都会影响到世界其他地方。道格拉斯·麦克阿瑟曾创造了"北大西洋孤立主义"这个词，并与之斗争了一辈子，然而，四分之一世纪之后，这种主张又时髦起来。

李光耀和孟席斯对世界的看法与新孤立主义者截然不同。他们都支持美国在越南的事业，而且实际上孟席斯还派遣了澳大利亚军队去越南和美军并肩作战。这两位领导人都认为北越的侵略是对整个地区稳定的威胁。正如孟席斯所说："对你们美国人来说，这是远东；对我们来说，这是近北。"

李光耀和孟席斯都是坚决反共的。早在 1949 年，孟席斯就认识到，第二次世界大战结束后，应该建立包括德国、法国、英国和意大利的西欧联盟来遏制苏联西进。他和李光耀一样，都懂得自己的国家处在远东反共的前线。

李光耀的新加坡处在自由亚洲的交通要道上，依靠邻国之间不断的贸易往来生存。李光耀认为，共产主义的蔓延将会使生产和贸易陷于停顿，就像一场大雪会把一切都冻结一样。早在 1967 年他就对我说过，一个共产主义的亚洲将会在经济和社会方面经历欧洲的中世纪时期。十年之后，如他所料，印度支那退回到了中世纪。

李光耀能够高瞻远瞩，从全球和地区的角度观察越南战争。他对我说："像美国这样一个大国，特别应当站在那些期待它维护其安全的小国一边。如果美国不能做到这一点，那么苏联的扩张主义和镇压的洪流将席卷全世界。"

"一个国家领导人的首要职责是求得自身和国家的生存"，他接着说，"假如他对美国失去了信心，那么，他就别无选择，只有同苏联达成尽可能对自己有利的妥协"。

李光耀认为，只有美国强大才能保证自由亚洲的国家生存下去。1973 年他来华盛顿时，我在秘密会谈中告诉他，我的政府的目标是建立一个包括中国和苏联在内的、稳定的世界秩序，所有国家均将从中得益，取得更大程度的安全和进一步的繁荣。那天晚上，在我们为他举行的国宴上，他提到了我这句话，表示赞同。随后，他又轻松而生动地描述了一个小国生活在掠夺成性、肆行无忌的共产党大国之中的惶遽心情。他说："我国是一个非常小的国家，地处亚洲的最南端，战略位置重要。当大象横冲直撞时，如果你是它们身旁的一只小老鼠，又不懂大象的习性，那你的日子是很不好过的。"

孟席斯也认为，美国放弃自己的全球责任将是危险的。他曾对我说："如果共产党人在越南得手，那他们就会到别处去尝试。" 1965 年当我们谈到越南战争时，他显然对美国愿在远东进行抵抗感到高兴。他说："越南是你们在新的地区承担的新的重大义务。"当我们谈到反战运动时，他的一只手在空中挥舞了一下，说了一句："哼，这些知识分子！"孟席斯积极支持美国在越南的行动可以说是对美国的一种报恩。在第二次世界大战期间，美国在离澳大利亚海岸几百海里的珊瑚海战役中，阻止了日本人，使澳大利亚免遭日军的蹂躏。

孟席斯推行积极活跃的外交政策。他使澳大利亚与新西兰和美国结盟，签订了澳新美条约，他认为这是他最大的成就；他参加了东南亚条约组织；50 年代后期，他开始同日本和解，这在政治上不得人心，但在战略上却是高明的，最后促成了日本首相岸信介对澳大利亚的国事访问。在孟席斯领导下，澳大利亚在亚洲事务中起着十分积极的作用，因此，澳大利亚外交人员对去新德里和雅加达任职比去罗马和巴黎更为向往。他说："我们可以很巧妙地抵制共产主义。我们当然有可能成为亚洲的领袖，但是，光靠自封是不会成为领袖的。"

由于新加坡是一个小国，李光耀作为政府首脑的活动余地要比孟席斯小。尽管如此，他却是很有洞察力的外交政策分析家。李光耀是华人，他家在新加坡已经生活了好几代，所以，他对亚洲最大、最古老的国家有特别深刻的了解。1967 年他对我说："毛泽东是在镶嵌瓷砖上绘画，一旦他去世，雨一来就会把他的画冲刷得一干二净，但中国还是中国。中国总是能溶化并最后摧毁外来的影响。"李光耀是在毛泽东逝世前九年说的这番话，当时，中国的"文化大革命"正如火如荼。然而，事实证明，他关于毛泽东的影响将要削弱的预言是正确的。

李光耀用同样形象的语言将世界分成对世界局势有影响的国家和没有影响的国家。他说："有大树、树苗和匍匐植物之分。俄国、中国、西欧、美国和日本是大树；其他国家有些是有潜力成为大树的树苗，绝大多数则是匍匐植物，它们由于缺乏资源，或缺乏得力的领导，永远不会成为大树。"

在谈及亚洲的一棵"大树"时，李光耀说："日本必将再次在世界上发挥主要作用，而且不仅是在经济方面。日本人民是伟大的人民，他们不会也不应当满足于自己在世界上的作用只是制造质量更好的半导体收音机和缝纫机，教其他亚洲人种稻子。"我本人从 50 年代初期以来就有这样的看法，当时我曾第一次要求日本重新武装，作为亚洲的自由堡垒发挥其应有的作用。李光耀是一个新加坡华人，他本有充分理由对日本在 30 年代和 40 年代的帝国主义行径耿耿于怀。但他上述态度表明，他是一个现实的、勇敢的领导人。

在国内，李光耀不为受到伤害的民族自尊心所左右，把自己和本国人民的精力引导到建设国家方面，而不是怒气冲冲地去搞破坏的革命，这在结束殖民统治后的第三世界国家的领导人中是少有的。他对国际问题的看法也表现出同样的气魄，他能够摆脱一时的感情冲动，既往不咎，去构想未来的新世界的性质。这是真正伟大的表现。像李光耀这样一位高瞻远瞩的领导人不能在更广阔的舞台上施展才干，对世界是一个不可估量的损失。

Leaders

第九章

政治舞台的竞技场上

——领袖之道

领 袖 们

　　戴高乐曾写道，"非伟人成不了大业，伟人之所以伟大，是因为他们立意要成为伟人"。

　　有建树的领袖人物都具有坚强的意志，而且懂得如何调动别人的意志。本书论及的领袖人物，都是用自己的意志影响了历史进程的人，其中有的成就大些，有的成就小些。他们是与众不同的人物。他们之所以能这样不是凭愿望，而是靠他们的意志。区别这点，对理解权力和掌权人物极为重要。凭愿望是消极的，凭意志是积极的。拥护者凭愿望，领导人凭意志。

　　斯科特·菲茨杰拉德①指出，极富极贵者是不同凡响的人，我发现那些掌大权者也是与众不同的。只有特殊类型的人，才能在权力斗争中获胜。一旦获胜，权力本身便会使他们更加与众不同。街上走着的好好先生或者隔壁的男人，并非都和权力有缘。

　　我当总统时，在人们向我提出的问题中，最有见地的几个乃是关于掌权和不掌权有什么不同的问题。而最恼人的则是劈头盖脸地提出的那句万变不离其宗的诘问："当总统有趣吗？"

　　约翰·麦克洛伊有一次告诉我，他同亨利·斯廷森②谈过话，亨利几乎同本世纪前50年中的历届总统都认识。他问斯廷森，就组织能力和政绩而言，哪位是最佳总统。斯廷森思索了一会，出乎意料地回答说，"威廉·霍华德·塔夫脱能力最强、政绩最卓著"。但他又说，"塔夫脱的问题是，他并不喜欢权力"。那么谁喜欢权力呢？麦克洛伊问道。斯廷森的回答是："两位罗斯福。"

――――――――

　　① 斯科特·菲茨杰拉德（1896~1940），美国著名作家，其代表作有《大亨盖茨》等。

　　② 亨利·斯廷森（1867~1950），曾任美国国务卿、陆军部长等职。

阿登纳、丘吉尔和戴高乐，他们三位也喜欢权力。不过，因此就认为当领袖"有趣"，未免是庸人之见了。一个深信自己的见解即便有错误也属最高水平的人，一个看到无能之辈乱谋其政便恼怒的人，一定向往甚至渴望把权力掌握在自己手中。坐视别人蛮干一气把事情搞得一团糟，几乎会感到切肤之痛。一旦他上台，自然会乐于运用权力。

要从权力中得到快活，就必须认识到，错误是难免的，有错误也是可以的，只是希望在小事而不是在大事上犯错误。只有两者具备——既喜欢权力，又不怕犯错误，才能像一个伟大领袖那样敢作敢为。

领导人只有一心扑在其必须处理的各种问题上，而不是去关心"有趣"的事，否则就不应该当领导人，或者可能会成为无所作为的，甚至是危险的领导人。领导人应该划出娱乐活动的时间，其中可以包括干"有趣"的事的时间，不管他对"有趣"作何解释。但是，必须把娱乐和工作分开。必须冷静地、不带个人成分地对待工作，这既适用于有实质内容的事情，也适用于礼宾活动。

当人们想象，做总统、总理或者掌握实权的国王——有什么"乐趣"的时候，他们头脑里也许会出现一幅笑容可掬的领导人站在欢呼的群众面前的画面。但是，他们偏偏忘记了，要召集这批群众，要保证领导人在摄影机前笑容可掬，需要花费多少心思。或许人们会想到那些徒有其表的礼宾场面——全副武装的士兵、身穿制服的卫队，传令官的号角、飞机、游艇、车队、旗帜。然而，布置这些东西，并不是为了让总统高兴。就像法官的长袍，这是为了表明身份，有助于履行职责。有点气派是需要的，有时甚至还得有点帝王气概。外国元首，尤其是一些小国家的元首，需要有照片来显示他们如何受到总统，受到总统所代表的国家通过这些表示敬意的仪仗队向他们表示的欢迎。在烈日下笔挺地站着，要记住一大堆姓名，努力确保典礼的每个细节都如事先计划的那样准确无误。如果有人认为，这些都是很

"有趣"的,那他本人一定从未干过这类事,这是工作啊。

我并不想让人以为,我把当总统看做是什么"光彩的烦恼事",也不想用有时用来描写这一处境的别的顾影自怜的说法。我是自己要当总统的,曾为取得这一职务而奋斗过,为保住这一职务而苦战过。我大部分时间从当总统中得到快乐;但是,跟多数领导人一样,并不是从"有趣"这层意思上感到快乐的。

历史上有过为谋权而谋权的暴君。但是,对大多数攀升到高位的领导人,当然大多数会被我们称为伟大的领袖的人来说,他们之所以要权力是为了利用权力来有所作为,他们相信自己能比别人更好地运用权力。

我在本书中提到的领袖人物中,没有一个是只有一面性的,没有一个是完全单纯的,没有一个是没有复杂动机的。但是,也没有一个是光为了个人飞黄腾达而争权的。有的领袖,如苏加诺,过分沉湎于女色。有的领袖,如赫鲁晓夫和毛,对自己的方针政策所造成的苦难太不以为然。然而,他们除为自己打算外都还另有目的。无论正确与否,他们人人都相信自己在为一个伟大的事业效劳,都相信自己对推动历史前进起着积极的影响。

说起领袖人物,我们惯用高度来作比喻。我们会说他们跃居高位、随机应变、高瞻远瞩。我们一般把政府首脑会议说成最高级会议。丘吉尔在第一次世界大战中的加利波利①危机期间,曾写过一封未寄出的信。他在信中敦促英国外交大臣不要"把自己降低到穷于应付事态变化的水平。"

有一些领袖人物作为个人在同一代领袖人物中确实是出类拔萃的。但是把"高度"的比喻用于全体领袖人物,仍是十分贴切的。领袖人物一定要能够看到凡人所看不到的眼前利害以外的事情。他们需要有站在高山之巅极目远眺的眼力。

---

① 土耳其的一个半岛,第一次世界大战期间,英法军队在此失利。

有些人只管现在，却记不得过去，也看不到未来；有些人抱住过去不放。极少数人则善于把过去应用于现在，并且在应用中看到将来。伟大的领袖就有这种本事。正如布鲁斯·卡顿①描写林肯那样："对此人说，有的时候天空会接触不到地平线，而他却看得到天际之外正在移动的物体。"

戴高乐和麦克阿瑟作为军事战略家，都属于高瞻远瞩的人物。戴高乐在反对一味依赖马其诺防线的主张时曾经质问，如果敌人不肯进入分割地形地带，将会发生什么情况。麦克阿瑟则丢开日本防卫森严的岛屿，而在其毫无戒备的岛上登陆作战。

在以上两例中，他们二位都是从本次战争、本年的技术水平出发考虑问题的，其他人却从上次战争出发考虑问题。机动灵活是克服马其诺防线弱点的关键，也是麦克阿瑟太平洋战略的关键。有些事，过后想想一清二楚，但身临其境时，却往往并非如此。伟大的领袖是这样的一些人，他们首先看到那些过后想来（也只能是过后想来）一清二楚的事，并且有意志力与权威性推动他们的国家同他们一起前进。戴高乐在30年代时尚未当权，但他已表现出一个未来执政者的极为关键的素质。麦克阿瑟在40年代已经当了权。倘若戴高乐再早点当权，丘吉尔在英国早点当权，那么欧洲会有一部不同的历史，也许就没有第二次世界大战了。戴高乐和丘吉尔在30年代时的情况是超越他们的时代的。或者说，欧洲的悲剧在于尚未吃够苦头，没有认识到他们二位是正确的。

理论家喜欢把权力当做似乎是个抽象的概念，但领袖人物才更了解情况——权力使他们置身于现实之中。教授们可以想入非非，钻进荒唐可笑的学问堆。当权者们却必须牢牢盯着后果、影响和效益。领导人是跟具体事物打交道的。

好莱坞影剧家们通过电影和电视对美国的自我印象产生巨大影

---

① 布鲁斯·卡顿（1899～?），美国历史学家。

响，他们十分向往权力，但却动辄对军界、商界和政界的行政领导冷嘲热讽。行政领导可不能跟着大家坐上容易头昏目眩而引起情绪紧张的滑行铁道车，在幻想的王国转圈。于是人们就把他们看成古板、迟钝、没有理性。他们不能认为自己似乎生活在一个虚构的抑或是理想的世界里，并以此来进行活动。他们必须要对付一个现实的，还有种种缺陷的世界。于是，人们就认为他们对周围的苦难漠不关心。其实，他们并不是漠不关心。不过，他们必须关心那些有助于——即使是渐渐地，因而也是平淡无奇地——减轻这些苦难的事情。好莱坞的演员只要摆摆姿势就行，行政领导则必须付诸行动。

在政治和国务活动中，权力意味着成千上万乃至千百万人的生死存亡、昌盛贫困和悲欢离合。这是任何当权者所永远不会忘记的，即使他有时在作某个决定时必须把这一点置诸脑后。权力就是创造历史并推动其向不同方向发展的一个机会。对那些关心这类事的人来说，很少有其他东西能比权力更使他们得到满足。但这并不就是快乐。寻求快乐的人不会有权，有了权也用不好。

一位异想天开的观察家曾经说过，热爱法律和香肠的人们，既不应观看制定法律的过程也不应观看制作香肠的过程。

根据同样的道理，我们敬仰领袖人物的成就，但又常常对他们取得成就的途径充耳不闻。小学生都学过乔治·华盛顿和樱桃树的故事。道学先生赞扬威尔逊[①]式的理想："公开的协议，公开达成。"空想的学究敦促领袖人物"坚持原则"，拒绝妥协，"宁可当政治家，而不当政客"。

在现实世界上，政治就是妥协，民主就是政治。要当政治家，首先就得是个成功的政客。同样，领袖人物要与之打交道的就是人民和国家，而不是什么样的人民和国家。其结果，当领袖所需要的素质就不一定是我们要求自己的孩子去学习的东西，除非我们想让自己的孩

---

① 伍德罗·威尔逊（1856～1924），美国第二十八届总统。

子当领袖。

在评价一位领袖时，对于他的行为特点，关键不是看他们是否得人心或令人讨厌，而是看他们是否有用。在一般情况下，诡计多端、爱慕虚荣和装聋作哑是令人讨厌的习性。然而对领袖人物来说，却可能是至关紧要的。联合阵线常常是由对立的利益集团组成而又变换不定的，为了维持这种联合阵线，领袖人物就得诡计多端，这正是施政的需要！为了给公众一个恰当的印象，需要有一定的虚荣感。有时还不得不装聋作哑，为的是在某些关键问题上能占上风。戴高乐早在公开表态之前就在私下说过，阿尔及利亚问题的唯一解决办法，就是让它独立。罗斯福一面公开说不让美国参战，一面却进行美国参战的部署。

领导人可以站出来，走在舆论的前面，但不要太靠前了。为了设法争取公众，常常要掩盖自己的部分意图，因为过早透露会使他达不到目的。戴高乐写道，政治家"应该懂得何时要装聋作哑，何时要诚恳坦白……只有在采用了千条良计并作出种种庄严承诺之后，他才会被委以全部权力"。他还指出，"每个实干家都具有强烈的私心、自尊心、冷酷无情和狡诈的本领。如果他们能以此作为达到伟大目的的手段的话，所有这些都可以得到谅解。说实在的，甚至还会被看做是优秀品质"。

领导人的那些不大体面的方面，不仅限于政界。我认识的企业界领导人就跟政客一般冷酷无情，有些教会和学术界的领导人就跟华盛顿的官僚一样，狡诈专横、诡计多端。其实，从学术界进入政界，其后又回到学术界的人，经常评论大学里你争我夺的倾轧，这种倾轧比政界的更为低级和恶劣。学术界装得更加神圣一些，但未必有更多神圣的地方。

但是，不论哪个领域，道义上的关键问题实际上还是一个如何画线的问题。完完全全为私利的人可以不去管他，不论他谋私利时对竞争者飞扬跋扈也好、道貌岸然也好，那些披着品德高尚的外衣，使别人遭殃，自己落得一身清白的人——欺世盗名的道学家们，完全跟实业界巧取豪夺之徒一样可鄙。不管是白领阶层，蓝领阶层还是小职员，都不是有无道德的标志。

政界的竞争要比企业界、教育界和新闻界的竞争更容易引起注意。但这并不是因为政治具有更大的竞争性，而仅仅是因为体育和政治两个领域里的竞争是最公开的。在其他领域里，竞争照样很激烈，但掩盖得比较好。我承认我的看法有偏见，但我以为，如果竞争涉及的是大政方针，甚至是国家兴亡的大问题，而不是某一牌号的粮食在市场上供应多少份额或电视台争夺观众得分的多寡①等问题，那么，这样的竞争就比较高尚。不过我发现，在夺分竞赛中表现得那么冷酷无情的几个评论员，在评论我们这些人时，却经常变得假正经起来。

整个大众哲学领域中最为人熟知的争论之一，就是目的好坏是否可以证明手段的正当与否。这一问题有的时候谈得相当深刻，但大多数的讨论是肤浅而愚蠢的。

认为良好的目的证明任何手段都正当，未免荒唐。有时，为了达到某个伟大目标，必须采取一般情况下所不能接受的手段。如果认为这种手段在任何情况下都是不正当的，那也同样荒唐。第二次世界大战中，为了击败轴心国的侵略，人类付出了惊人的代价——千百万人被杀害、致残、饿死。但是目的证明了这样做是对的。如果不打希特勒或者战争失败了，情况会更糟。

领袖应该不断权衡后果，使之成为自己的第二属性。他不能让那些不负行政责任的人们在全然不同的情况下武断地制订的死规定束缚住手脚。

无论手段还是目的，都不能孤立地用来衡量领导人的好坏。领导人如果没有一个伟大事业，就永远不能名列前茅。领导必须为某个目的服务，目的越崇高，领袖的潜在形象就越伟大。不过，光有目的还

---

① 美国有专门的统计公司统计并公布各商业电视台的收视率，得分多的可以争取到更多的广告。

不够，还要行动，要产生效果，必须用一种为崇高目的服务的手段，不应采取玷污或败坏这个目的的手段。但是，如果产生不了效果，那就辜负了事业，也辜负了历史。

我们一想起亚伯拉罕·林肯，就把他看成是卓越的理想主义者，他也的确是如此。不过，他也是冷静的实用主义者，一个地地道道的政客。使他的理想得以实现的是他的实用主义和他的政治手腕。作为政客，若论小恩小惠之类的手法，他可谓运用自如。作为实用主义者，他解放了黑奴，但只在南方邦联各州实现，而不在继续留在合众国边界内的各州实现。作为理想主义者，在最紧急的危机时刻，他满怀激情地维护合众国。为达此目的，他不遵守法律，违反宪法，篡夺仲裁权，践踏个人自由。他的借口是必须这样做。1864 年，他在一封信中解释了为什么要大肆违反宪法规定的原因：

> 我曾发誓要维护宪法，因此，采取一切必要手段维护以宪法为组织法的本届政府和国家，对我来说是责无旁贷的。是否可能丢掉国家而维护宪法呢？按常理，生命和四肢都应该保护。然而，往往为了救命而必须截肢。聪明人绝不会为挽救一条腿或一条胳膊而丢掉性命。我当时觉得，为维护宪法，从而维护整个国家，有些本来不符合宪法但属于必不可少的措施，是可以成为合法的。不管正确与否，我就是这个理由，现谨公开声明此点。

四十多年前，麦克斯·勒纳①为马基雅维里②著作的一个版本写过一篇精彩的序言，其中提出，我们"至今一听到马基雅维里的名字还有点不寒而栗"的一个原因是：

① 麦克斯·勒纳（1902～），美国著名政论家。
② 马基雅维里（1469～1527），意大利著名哲学家、政治家。

我们认识到，他当时形容的现实现在还是现实，无论在政界，企业界还是私生活中，人们都并不根据其职业道德行事……马基雅维里今天给我们出了一个大难题，即如何使我们的民主方法和概念适应当今世界的要求。当今的世界上，支配外交事务的是赤裸裸的强权政治，在国内则是一意孤行的寡头政治之间争权夺利的斗争。这都是前所未有的。

要同勒纳的下述结论争辩是很难的：

让我们弄清一点：理想和道德观作为准则在政治活动中是重要的，但作为方法却几乎毫不生效。一位有建树的政治家也是一位艺术家，他要关心公众情绪的细微差别，注意种种相近似的活动方式，猜测对手的策略手段，并呕心沥血地通过妥协和让步维持自己一派力量的团结一致。宗教改革派往往得以成功地使公众的精神境界更接近某些伦理准则，但是他们当政治家却永远不会成功。

人们常说，在包括政治在内的一切领域中，成功的关键在于"你是什么样的人就做什么样的人"。不过，我认识的大多数伟大领袖，都是造诣颇深的演员，尽管只有戴高乐一人坦率承认这一点。他们像出色的演员那样，把公职的角色扮演得如此惟妙惟肖，实际上自己就跟创造出来的角色融为一体了。

赫鲁晓夫擅长装腔作势，夸夸其谈；戴高乐则巧于运用象征法国伟大的事物。各自用不同的方法弥补自己国家的不足。赫鲁晓夫扮演恶棍，戴高乐扮演傲慢的贵族。彼此都在搞心理战和小动作。虽然两人均属老奸巨猾，但是谁也不假。赫鲁晓夫就是个恶棍，戴高乐确实傲慢。赫鲁晓夫是举止粗鲁，戴高乐是一个相信祖国确实伟大的洋溢着爱国心的法国人。要紧的是：要演好角色，领导人必须与角色相匹配。

阿道夫·希特勒是 20 世纪最大的煽动家。他能用自己的声音迷住一大批人，还能煽起千百万人疯狂的仇恨、恐惧和爱国热情。假如戴高乐的目标与希特勒一样，他能不能也做到这一步呢？不能。因为戴高乐的伟大力量、号召力，很大程度上在于他品德方面的威望。如同不能想象戴高乐会在公开场合脱光衣服一样，不能想象他会煽动一批暴徒去杀人。他的成功是因为他的为人与角色相匹配，而他的角色就是要使法国成为一个至善的国家。有些领袖尽量掩盖自己的美德；有的则加以炫耀，甚至夸大其词。戴高乐的高雅华贵和林登·约翰逊的粗俗质朴在风格上大相径庭。然而，两人都以各自的方式取得了良好的效果，其部分原因就是他们每个人都确实是超群的。约翰逊"疗法"是传奇式的，既有事实，又带夸张。戴高乐像乔治·华盛顿那样，总是自缚于帝王般沉默寡言的蚕茧之中。约翰逊要想说服一个人，那个人就会觉得自己已被林登·约翰逊的话吸引住了。

没有坚强的意志、不是强烈地要突出个人的人，成不了伟大领袖。近来十分时髦的做法是试图掩盖突出自我，认为根本不存在个人主义，而在外表上显得很谦虚。但是，我还从来没有认识过一位不是自我主义者的伟大领袖。有些领导人装出一副谦虚的样子，但没有一个人是真正的谦虚。谦虚是一种姿态、一种装饰品，正如麦克阿瑟把玉米芯烟斗作为装饰品，而丘吉尔的昂首阔步只是一种姿态一样。一个人如果要像领袖那样克敌制胜，就必须相信自己。如果要像领袖那样自找苦吃，就必须相信自己的事业。只有自己相信自己，才能说服别人相信自己。

1947 年，一位对戴高乐作过评论的人对我说，"在政治问题上，他认为自己同上帝之间可以直通电话。他作出决策时只需接通电话，直接从上帝那里聆听启示就可以了"。那些成功地用自己的意志推动历史的领袖人物，有时对，有时错。但是，他们很少有信心不足的时候。他们信服自己的本能。他们也征求别人的意见，但仍根据自己的判断行事。我在本书中写到的领袖人物，他们有时也会犯错误。但他们还深信，如果遵循自己的见解，依照自己的本能行事，在多数情况下会十拿九稳地正确的。他们深信自己之所以能身居高位的一个原因是：他们最适合做这项工作。既然是最适合，就不必去听从稍次于他们的人了。

领导人的耳朵善于倾听他们本人的心声，这是惯于发号施令锻炼出来的。当领导人看到自己作出的决定不断产生重大后果时，他们在决策时就更觉得心情轻松，也更愿意不惜由于自己的过错产生后果而冒风险，而不愿意接受由于其他人的过错而产生的后果。

领导人在决定该做什么时，有可能经历思考的痛苦过程。但是，几乎没有哪一个有建树的领袖在一旦作出决定后还会花很多时间为考虑此决定是否正确而忐忑不安。我对于我不得已而艰难地作出的试图使美国不再卷入越南战争的决定，往往不予进一步考虑。当参与决策的顾问事后私下对决定的正确与否表示怀疑时，我经常说："别忘了罗得之妻①的教训，永远不要往后看。"如果领导人过多地考虑其决定正确与否，就无能为力了。对于明天要作的决定，唯一能给予足够重视的办法就是，坚决把昨天的决定抛在脑后。

这并不是说领导人就不从错误中吸取教训了，而是说，要以分析的态度看待错误，不要采取被迫的或充满内疚的态度，而且这种反省基本上要在空闲的时候去做。戴高乐在"在野"的岁月里，阿登纳在监狱和修道院时，丘吉尔在不当政的时候，加斯贝利在梵蒂冈图书馆的日子里——都有时间去反省，并都利用得很好。我发现，在我不当副总统以后到就任总统之前，是我最宝贵的一段岁月。在这个时期，我得以从纷繁的事务中脱出身来，更加仔细认真地回顾过去，展望未来。

---

① 根据圣经故事，罗得是犹太始祖亚伯拉罕的侄子，得悉其住地索多姆即将被毁的消息后举家逃离，但其妻违背上帝旨意，回头看了看索多姆，当即变成盐柱。

我所认识的伟大领袖，内心深处都是非常富于感情的，换句话也可以说，是非常有人情味儿的。有的人，如丘吉尔，公开地表露他的感情。其他人，如赫鲁晓夫，无耻地滥用自己的感情。戴高乐、阿登纳、麦克阿瑟、周恩来和吉田茂，都是在公众面前掩饰个人感情、能自我克制的领导人的榜样。但凡是了解他们的人，都会在他们外表热诚的小天地里发现十分易动感情的内核。

为什么在阅读有关政界领导人的著作时，要想区分现实和神话往往如此之难呢？其原因之一是，政界领导人的部分工作就是编造神话。这是丘吉尔的拿手好戏，他经常登台表演。对戴高乐来说，故弄玄虚、名誉、超然和公众的赞扬，全是用来促进法兰西事业的从政手段。世袭君王之所以能强烈地在感情上控制其臣民，更多的是浪漫主义神话，而不是个人性格的问题。我们常把电影明星、摇摆舞明星以及如今的电视名流裹上神话的外衣，使得人们神魂颠倒，蜂拥前去买票。

政客跟演员、电影工作者一样，都懂得如果使观众厌烦就等于失去观众。因此，几乎没有哪个伟大领袖是生性迟钝的，迟钝了可不行。政治上的领导对人民不但要晓之以理，还要动之以情。领袖如果不能在感情上赢得人民，他们提倡的路线再英明也会失败。

在史书干巴巴的字里行间，我们不可能找到当领袖的材料。要找的话，必须留意人的精神，了解一下是什么力量支撑和推动着他，并使他能推动或说服别人的。我们在麦克阿瑟和丘吉尔身上看到了这种精神——自豪、虚荣、自相矛盾、装腔作势，但又才华出众、深谋远虑、具有长远的历史眼光；他们自己精力充沛，又能推动别人，对他们自己的命运的看法往往和对他们祖国的命运的看法不谋而合。我们还必须留意传说故事。传说往往既有事实又有神话，富有艺术性，可供人消遣；哗众取宠、鼓舞人心，有时纯粹就是为了引起别人的注意。不过，传说对于领导艺术还真是不可缺少的东西。

在某些方面，企业界、体育界、艺术界、学术界等各个领域的领导层都有共同性。但是有的方面却为政治活动所特有，或者至少可以说是特别突出的。

光靠声望不能称领袖，单凭人才出众也不行。在单一的领域内干得好就可以人才出众，不需要领导别人。作家、画家、音乐家不领导别人，同样能搞艺术。发明家、化学家、数学家可以独自发挥他们的天才。但是政界领导人必须鼓舞拥护者。伟大的思想可以改变历史，但只能在产生了能给这些思想以力量的伟大领袖之后才能实现。

根据同样的原因，"伟大的"领袖不一定就是好人。阿道夫·希特勒把整个民族都煽动起来了。约瑟夫·斯大林掌权手段残暴，但得心应手。胡志明超出越南国界成为亿万人心目中的人民英雄。好人和坏人可以同样地有干劲、有决心、有技巧、有说服力。领导本身在道德上是中性的，可以用来干好事，也可用来干坏事。

因此，美德不是使伟大领袖高于其他人的因素。其他人的品德可能更好些，但是不那么成功。"老好人最后一个完结"这句格言对政治比对运动更加适用。使伟大领袖超出第二流人物的是，他们更加坚强有力，更加足智多谋，具有敏锐的判断力，使之避免犯致命的错误，并能抓住瞬息即逝的机会。

智力上的异彩也不是确定领袖人物的特色。本书谈到的伟大领袖个个聪明过人，具有透彻的分析能力和深刻的思想。但是，他们经常具体地，而不是抽象地思考问题；经常考虑事物的后果，而不是创立种种学说。一般教授依照自己的价值观来看待世界，所以偏重学说。对领导人说来，学说可以成为分析问题的有用工具，但学说永远不该代替分析。

关于领袖之道，有一个既是最明显不过又是最难以捉摸的问题。有建树的领袖人物应该具备的最重要特征是什么？当然，不会只有一个答案。不同的情况需要不同的品质。但可以肯定的是，聪明过人、勇气、勤奋、坚忍、有判断力、对伟大事业的献身精神，以及一定的魅力，都是关键的因素。我在历次竞选中曾经说过，我们必须在"工作、思想、斗争中压倒"对方。伟大领袖需要深谋远虑，要甘愿冒巨大而又适当的风险，也需要运气。最要紧的是，必须坚决果断。要精明地、不带个人感情地分析种种选择的可能性，但一经选定就必须付诸行动。不要当哈姆雷特[1]。不要变成"一味分析，一无所成"。还必须主动争取这份差使，甘愿付出代价。经常流传这么一个神话，如果某人很好，符合条件，官职就必然会找上门来。这是不会的，也不应该的。这个关于"勉强参加竞选的候选人"的神话，对知识界的多数人说来，是艾德莱·史蒂文森[2]之所以引人注目的一个方面。不过，如果有人指给我看一位勉强参加竞选的候选人的话，我就可以指给你看此乃一位败北的候选人。这样的候选人不会在竞选中按需要尽力而为，也不会接受当领袖需要作出的牺牲：对私生活的粗暴侵犯，使人筋疲力尽的日程，被不公正而又往往是恶意的批评刺痛以及人身攻击的漫画。要是一个人不准备接受这一切，却又准备满怀激情地去任职，那么一旦上台就没有这份毅力坚持下去。

有一件需要做但又往往被忽略的事，曾使许多杰出的、有前途的领导人断送了通向最高职位的道路。温斯顿·丘吉尔把一位可能成为19世纪英国重要领导人之一的人写成："他不会屈从别人，也没有征服别人。"在本国，托马斯·杜威[3]和罗伯特·塔夫脱[4]缺乏这种条件，可能就因此而未当成总统。1952年，在纽约的一次宴会上，我坐在杜威旁边，一个喝得醉醺醺的客人上来随手拍了一下杜威的背，用被杜威认为是过于随便的亲昵态度跟他打招呼。杜威把此人推到一

---

① 英国莎士比亚名著《哈姆雷特》中的主角，是个犹豫不决的人。

② 史蒂文森（1900～1965），美国民主党人，曾任驻联合国大使，三度竞选总统失利。

③ 杜威（1902～1971），曾任美国纽约州州长，两度竞选总统失利。

④ 塔夫脱（1889～1953），美国参议员、共和党保守派代表人物，曾与艾森豪威尔争当共和党总统候选人，被击败。

边，问我："那蠢货是什么人?"此人乃是纽约州北部地区一家规模虽小但却很重要的报纸联合企业的老板。在 1952 年新罕布什尔州的预选中，一个小女孩要塔夫脱签名留念。塔夫脱拒绝了，生硬地解释说，他愿意同女孩握手，因为要是花那么多时间为大家签名，就无法完成竞选活动了。也该塔夫脱倒霉，这件事被摄入了电视镜头，在美国人家里一遍又一遍地播放。尽管他的逻辑无懈可击，但其政治效果却糟糕透顶。

因为领袖人物事情繁多，而且有个人的大目标，不喜欢别人打扰分心，又认为自己优越，所以对自以为不如他们的人就缺乏耐心，不能"容忍蠢人"的思想带来了三方面的麻烦问题。首先，领袖人物需要有拥护者，而许多他所需要的人恰恰具有被他认为是愚蠢的想法。其次，被他认为是蠢人而想打发走的人不一定蠢。第三，即使是个蠢人，领袖人物也还可能从他身上学到东西。领袖人物和公民之间保持一种神秘联系，是当领袖所必需的。如果领袖不屑与人民为伍，那么上述的联系很可能就烟消云散。然而，必须牢牢记住，领袖其人决非寻常。不要试图装出平平常常的样子，否则反而成了矫揉造作——不仅虚假，而且给人以屈尊俯就的感觉。

人们兴许对隔壁的小伙子有好感，但不等于要他当总统，甚至当议员。有建树的领袖同人讲话并不都高人一等，而是激励他们。永远不要目中无人，要甘愿并且能够"容忍蠢人"。对要争取支持的人，应当表示尊重。但是，也应保持与众不同的气概，使人们肃然起敬。如果想得到他们的信任，就应该激起他们的信念。这种做法不仅是诚实的——假如是凡夫俗子，也就当不了领袖——而且是在民主社会中制造领袖神秘论所必需的。

领袖不仅应该学会如何说话，而且同样重要的是，要学会何时沉默。卡莱尔①曾说过，"沉默乃是创造伟绩的因素"。戴高乐尖锐地指

---

① 卡莱尔（1795～1881），英国著名作家、哲学家。

出，沉默可以成为领导人手中强有力的工具。同样，我们能在倾听别人讲话时，而不是在自己侃侃而谈时学到东西。

我多次看见一些新来到华盛顿的人，似乎对一切问题都能高谈阔论，并迷惑了新闻界甚至他们自己的同事。但为时不久，新鲜劲过去了，他们自己就发现，别人不是以他们如何讲话，而是以讲什么来评价他们的，而且还会认为他们"不够严肃"而不屑一顾。油嘴滑舌者常常是思想浅薄之辈。对那些可能会当领袖的人来说，有一条很好的规律：凡有可能的话，就该少摆弄舌头而多开动脑筋。

丘吉尔在关于罗斯伯里公爵的一篇文章中写道："不管人们对民主政体有何想法，最好还是参加一些体现其基本原则的粗野而肮脏的活动。再没有比选举中的奋战更能教育吃政治饭的人了。"

丘吉尔懂得何谓胜利、何谓败北、何谓在政治的密林中被人猛搂。他对竞选活动的教育意义的认识是正确的。选举"粗野而肮脏"，但对民主制度以及领导和被领导之间的相互影响却是必不可少的。民主政体是无数集团、势力和行业之间进行交易活动的一种极为复杂的过程。所谓领袖人物必须是政治家而不是政客这种陈词滥调，是对民主制度的不恭，也是对广大选民的蔑视。端坐高塔对政治活动不屑一顾的博学之士，其心灵深处才是真正的独裁者。

领袖人物当然要突出地走在老百姓的前面。在国家该朝什么方向前进、为什么要这样前进、怎样达到目的地等问题上，要比老百姓有更清楚的认识。但是，领袖必须带领老百姓前进。如果吹起冲锋号之后，回头一看，没人跟上来，那就没意思了。领袖必须做说服工作，要争取老百姓同意他提出的想法。在争取时要做耐心的说服工作，在这个过程中，就可以大量地了解到他们关心的是什么，对什么问题有保留，希望什么，害怕什么，而这些都是做领袖的应该处理的问题。在同一过程中，还可以更好地考虑如何对待将来不得不作出的各种妥协。

赞扬"坚持原则",谴责妥协的博学之士,其实是在要求领袖自取灭亡。愿意这样做的领导人太少了,他们也不应该这样做。博学之士未能看到的是,为了争取多活一天,多战斗一天,领袖不得不经常妥协。懂得何时妥协,是选择轻重缓急过程中的一个组成部分。空想战略家很容易激动万分地得出结论说,领袖必须进行并取得这场或那场战斗的胜利,而不去考虑他还必须进行的其他战斗。有的时候,在职的人会得出结论,如果他想赢得整个战斗的胜利,那么为赢得某次战斗胜利而付出的代价就未免太大了。他必须选择打什么仗,不打什么仗,以便积蓄力量,将来去打大仗。

如果说有建树的领袖必须懂得何时妥协,那他也必须懂得何时要一意孤行。今天,完全根据"盖洛普民意测验"达到自己目的的从政人员太多了。老老实实地紧跟民意测验结果的候选人可能会当选,但他们不会是有作为的领导人,甚至不会是好的领导人。民意测验可以有助于了解哪些地区需要特别进行游说工作。但是,如果竞选者仅仅根据民意测验来制定活动方针,那他就放弃了领袖人物的作用。领袖的作用不是跟着民意测验转,而是让民意测验跟着他转。

有建树的领袖必须懂得何时战斗,何时退却,何时严峻,何时妥协,何时讲话,何时沉默。

他必须具备长远观点——既要有目标和想象力,也要有明确的战略。

他必须具备全面观点——要看到一项决策同其他决策之间的关系。

他必须站在前列,但也不要太靠前,免得失去拥护者。

在"粗野而肮脏"的选举活动中,他有机会推动其拥护者前进。并有机会衡量自己可以走多远。倘如伊朗国王当初也非竞选不可的话,他也许就不会丢掉伊朗了。

将军需要部队,但也需要司令部。政界领导人需要拥护者,但也需要一个组织。

许多领导人最难接受的事情之一，就是授权别人替自己办事。艾森豪威尔曾就此简略地对我说起，作为一个行政长官，他必须克服的一个大难题就是学会签署水平低劣的信件，也就是说，明知自己可以把信写得更好，也得在别人代写的信上签上他的名字。

领导人最宝贵的财富是时间。如果在无足轻重的事情上浪费时间，就会失败。他们有各种最重要的选择，其中就有什么事该亲自处理、什么事可以让别人去办，以及选择什么人代表自己办事。领袖必须能网罗到能干的人，也能淘汰那些不管何种理由做不出成绩的人。格拉德斯通曾说过，当首相的首要条件是做一个好的屠夫。解雇人可以成为领导人面临的一个最艰巨的任务，但也是最要紧的任务。有的下属贪污枉法、变节不思时，比较容易处理。有些人忠诚可靠，专心致志地工作却碌碌无为——或者完全找得到更能干的人，这时处理起来就比较棘手。此时，领导人就必须磨炼自己，不能感情用事，首先要对公众负责。然而，即使这样做，也需要有条件。忠诚是两方面的事。如果采取走马灯式的手段，就无法保持一个忠诚的班子。所以，必须公平合理。要如此，还必须抵制那种觉得一动不如一静的惰性。要做这样的屠夫：既要保证委派别人办的事一定办好，也要保证自己可以随意委派别人办事。领导人行使权力的时间很有限，必须充分利用。如果自己成不了好屠夫，身边就需要有能成为好屠夫的人。沃尔特·比德尔·史密斯将军①曾对我说："我不过是替艾克②盯梢的人而已。艾克离不开这么一个人。"他边说，边哭了。我当总统时，鲍勃·霍尔德曼③以冷酷无情著称，原因之一就是，他曾替我执行过许多不能由我直接执行的屠夫任务。

尤其在官僚机构庞大的情况下，屠夫职能的重要性还有另一层原

---

① 史密斯（1895～1961），美国将军，第二次世界大战期间曾任艾森豪威尔的参谋长，后任驻英大使、副国务卿等职。

② 对艾森豪威尔的昵称。

③ 尼克松当总统时的白宫总管。

因。我发现，官僚机构中有些人的动机是出于对领袖人物的忠诚，另一些人是出于对领袖人物所代表的事业的忠诚。但大多数人却主要是从个人利益出发的。有的想得到提拔，竞相在功名的阶梯上步步高升。有的想得到保障，保住手中的饭碗。一个组织最忌讳的，莫过于提供过多的保障，使人松弛疲沓，机构低效无能。为振作士气，积极的鼓励是需要的。但是，有时根据明显而充分的理由解雇一些人，则会震动一群人，为每个机构提供一剂他们所需要的滋补良药。

归根结蒂，委派别人办事决不能代替领导人自己对问题进行的反复思考，拿出主意，以及在主要问题上作出关键性决定。可以而且应该把办理一些事情的责任委诸他人，但不可以而且不应该把决定办什么事情的责任委诸他人，大家推选他是要他拿主意。如果让工作人员替他思考，他就成了追随者，而不成其为领袖了。

在建立工作班子的过程中，保守派的领导人比自由派的领导人面临的问题更大。总的说来，自由派希望政府进行更多的干预，渴求成为政府官员，保守派希望政府少管些事情，不愿政府参加。自由派要管其他人的生活，保守派不愿被人管而愿自己管自己的生活。学术界人士往往成为自由派；工程技术人员往往成为保守派。自由派纷纷涌向政府；保守派非得人家连劝带说才干。由于选择的余地较少，保守派的领袖往往不得不从那些忠诚而不机灵和机灵而不忠诚的人中进行挑选。从某种意义上说，不是以个人品德，而是以对领袖人物的保守原则的忠贞不渝为标准。

领导人比较容易委派别人去做的是那些别人显然会比他自己做得更好的事情。戴高乐、阿登纳和吉田茂都不是第一流的经济学家。他们都最明白该让谁掌管经济事务，这就是蓬皮杜、艾哈德和池田勇人。

艾森豪威尔签署水平低劣的信件，说明还有一种更难的选择：领导人还必须把自己能做得更好的事情也委托别人去做；因为他不能也不应该花那么多的时间。这就要求能够区别什么是必须做的事情和什么是重大的事情，也要求具有能让别人处理重大事情的自我克制精神。很多领导人往往陷于鸡毛蒜皮的小事情，因为他们不能"签署一封水平低劣的信件"。林登·约翰逊坚持要亲自选择在越南的轰炸目标便是一个例子。

从某种意义上说，可以认为凡是经过总统办公桌的案子都是重要的，否则永远到不了那里。但是，总统不能事必躬亲。大人物是被请来作重大决策的，而不是要他们把时间和精力浪费在小事情上的。对总统来说，不时地会需要他注意有关社会和经济方面大政方针的迫切问题，也常常需要他集中考虑外交政策的关键问题，有时，他还必须避开眼前的迫切问题，把注意力集中在绝非一般的、有关遥远未来的问题上。今天他委派别人去办的事，明天就不一定委派别人去办。他要具有根据不断变换的需要而变换工作重点的灵活性。然而，他又必须具备把某些决定从自己的办公桌上推出去的才能。这些决定虽然逐个看来都重要，但将会影响他处理主要职责范围内应做事情的能力。

这跟棒球运动有相似之处。许多好的击球手稳扎稳打，一般的得点分，一点一点积累到三百分。但这还不是轰动报界，吸引千万人到公园去看比赛的高手。像雷吉·杰克逊这样的高手，打得准，他打球不是为了一般得点分，而是为了回到决定胜负的本垒。领袖应该把自己的生活组织好，集中精力，脑子里有一个压倒一切的大目标：要在舞台上演出有声有色的戏剧。这才是使他名垂青史的业绩。他可以做些平凡的事，他本人也可以是平凡的人。如果他过于努力想把每件事都做好，那就不会把真正重要的事做得十分出色，他就不会是鹤立鸡群了。如果要当一个伟大领袖，就必须集中解决重大决策的问题。

伍德罗·威尔逊当总统前曾讲过一次话，其中谈到他区分思想家和实干家的问题。我的一贯看法是，政界里的思想家常常不会干，实干家常常不思考。理想的人物就是像威尔逊本人那样，既是一个伟大的、富有创造性的思想家，年富力强时又是一个果断的实干家。一般说来，我所认识的最强的领袖，就出在那些既是思想家也是实干家的少数人当中。法国哲学家亨利·伯格森曾经提出，要"像思想家那样干，像实干家那样想。"

领导在思考和行动上保持适当平衡的时候，也就是领导艺术趋于炉火纯青的时期。当然，丘吉尔、戴高乐、麦克阿瑟、吉田茂、加斯贝利、尼赫鲁和周恩来，都是深刻的思想家，同时又是果断的实干家。如果从表面上评价阿登纳的话，那会得出这样的结论，他是个感人至深的实干家，而不像其他几位那样是个思想家。其实，了解阿登纳的人都会看出这种评价是荒谬的。阿登纳没有公开表露他智力上的超人之处。但那些看不到他智力超人的人，简直就无法了解在公开的外表下面还隐藏着他的内心深处的东西。

即使是容易冲动的赫鲁晓夫，尽管他跟勃列日涅夫一样，在哲学思想和智能方面没有表现出较大的深度，但在行动之前也还常常要思考一番。然而，那些领导俄国共产主义革命的人——列宁、托洛茨基，以及斯大林——全都既是思想家，又是实干家。斯大林没有这个名声，但研究过他出身来历的人发现，他起码是个求知欲极强的读者。尽管如果没有这三位的成就，世界也许会更好一些，但在名垂青史的人们中，他们还应名列前茅。

罗伯特·孟席斯曾对我说，他的日程都作好安排，以便从星期一到星期五每天留出半小时，星期六和星期日各留出一小时，读点书作为消遣。不是逃避现实式的阅读，而是读历史、文学、哲学。这使他从报告、分析材料，以及花费领导人时间和脑力的其他阅读材料中解脱出来。尽管我的时间安排不那么精确，但也决心找时间阅读一些类似的东西，即使处在危机时期也不间断。如果领袖人物要保持长远观点，就要从当前的事务中跳出来。有时，在危机最紧迫的情况下，这样做是最为必要的，因为那时正是最需要长远观点的时候。有志于当政界领导人的青年人问我，应该如何做好准备，我从不劝他们去学习政治学。相反，倒是劝他们埋头苦读历史、哲学、文学，学会动脑筋，开阔眼界。党派政治也好，政府工作也好，其要旨最好是从实践经验中去学。但是，培养读书习惯，训练思考能力，掌握严谨的分析技术，熟悉社会准则的框框，打下哲学基础，这些都是未来的领导人从学习活动一开始就必须，而且一辈子都必须继续不断地致力去做的事情。

我的良师益友、已故的埃尔默·博布斯特 90 高龄时，依然机智敏锐，记忆力非常好。我有一次问他，怎么把事情记得这么牢。"我惩罚我的记忆力，"他回答说。在与人谈话时，他不记笔记，而是在第二天强迫自己记下全部细节。他还提醒我，大脑像一大块肌肉，越锻炼越发达；不用的话，就萎缩了。

我所认识的伟大领袖几乎都有一个共同特点，即博览群书。读书不仅开阔思想，鞭策自我，而且能使大脑活动，得到锻炼。今天坐在电视屏幕旁如醉如痴的青年人，成不了明天的领袖。看电视是消极的，读书是积极的。

另一个共同特点是，他们全都埋头苦干，很多人一天要工作十六个小时。领导人会掉入的一个最危险的陷阱是，工作时间过长。有的人因此而业绩卓著。但大多数人还是需要脱开身去，换一个环境，改变一下节奏，以便在必要时以最良好的状态全力以赴地工作。杜鲁门去基韦斯特，艾森豪威尔去科罗拉多和佐治亚，肯尼迪去海恩尼斯港，约翰逊回他的得克萨斯牧场。他们都因此而受到非难，其实不应该非难他们。对领袖人物说来，重要的不是看他在办公桌上花多少小时，或者看他的办公桌放在哪里，而要看他是否善于作出重大决策。如果打一场高尔夫球可以使他心旷神怡，那就该把文件搁在一边，到高尔夫球场去。

导致领导人成功的还有各种运气的因素，其中机遇是最关键的因素。

不同的文化创造出不同类型的领袖，不同的时代也创造出不同类型的领袖。很难想象迪斯雷利能在 20 世纪 80 年代美国的一场选举中获胜。康拉德·阿登纳和乔治·华盛顿也同样不行。

有时，会出现这么一个人，要是他早出生几年，或者晚出生几年，兴许会成为具有世界地位的卓越领袖。我深信，如果理查德·拉塞尔参议员不是处在因出生南方而被剥夺资格的时代，他可能成为美国最好的总统之一。其实，他在参议院是极有影响的幕后力量，而受到他教诲和指点的一个门徒，即林登·约翰逊不是入主白宫了吗？在我当参议员、副总统和总统期间，我对他的意见要比对其他任何参议员的意见都重视。除了民权问题以外，我俩难得有不同意见。他在内政问题上是个温和的保守派，在国防、外交问题上则是个强硬而深谋远虑的务实主义者。

拉塞尔是又一种人杰的典型。他在衣帽间、委员会大厅、内部会议上提供指导性意见。尽管他在参议院全会上发言时大家都洗耳恭听，但他却很少发言。他最能运用自如的，不是实际决定权，而是影响力。他的影响已大到成了一种权力，其根源就是其他参议员和各届总统对他真心诚意的尊敬，以及他本人的苦心钻研，对细枝末节的关注，以及对参议院和各位参议员的广泛深入的了解。

新世界的一个重要特征，就是事物的变化日趋迅速。一个国家在其发展的某一时期需要某种领袖，而在另一个时期也许就需要另一种领袖了，并且这些不同时期是迅速地接踵而至的。就其对领袖历史地位的影响而言，在适当时候下台有时可以同在适当时候上台同样重要。

要是恩克鲁玛在加纳取得独立之后就把领导权让给别人，他就会作为一个英雄人物退出领导地位，而且永远成为英雄。如果纳赛尔不是因为过早去世而中断其统治，他今天的名声也许会更大。戴高乐最厉害的一步棋乃是他 1946 年主动地让权，这样在他 1958 年东山再起时，政治上就无懈可击了。乔治·华盛顿懂得何时该让路。他拒绝第三次竞选总统，结果从此成为一种传统，一直延续到 1940 年。这种传统遭到破坏后，就被正式写入了宪法。当林登·约翰逊1968年宣布不再竞选总统时，全国都惊诧不已。作为后四年在席卷全国的急风暴雨中身历其境的当事人，我想尽管他多么不愿意退休，但他在那个时候下台，还算是交了好运。如果他继续留任，将会碰得头破血流。

不同的制度，需要各种不同的领袖。具有不同文化背景和处于不同发展阶段的国家，需要不同的制度。

美国在同世界各国相处时，最常犯的一个毛病，就是我们往往用西方民主的标准来衡量各国政府，用西欧的标准来衡量各国的文化。西方民主是经过几个世纪才发展起来，并扎下根的，它并不是笔直的阳关大道。在欧洲，自由是高一浪、低一浪地向前发展的，一个时期前进了，另一个时期却被推向了后面，就如20世纪30年代在部分西欧国家发生的和近来在东欧发生的情况那样。

在世界各国中，民主政体还只是极个别的例外，不是普遍现象。正像美国驻联合国大使珍妮·柯克帕特里克所指出的："实际情况是，根据我们的标准，世界上大多数政府都是坏政府。它们不是，也从来不是民主的政府。民主政体在世界上一直是罕见的。根据我们的标准，大多数政府都是腐败的。"在多数国家采用独裁主义和极权主义的办法实行统治的情况下，我们必须更好地学会如何区别对待。无论独裁式统治者的目的是剥削人民还是发展国家，他们都起码要把一些反对者投入监狱。但是，这与武装起来准备侵略和努力维护和平的人们之间，有着天壤之别。有的是好邻居，有的是坏邻居；有的是良性的，有的是恶性的。这些差别是实在的，也是重要的。

我们可以不喜欢独裁式统治，但是对许多国家说来，在目前阶段尚无其他切合实际的抉择。倘若明天早上民主降临在沙特阿拉伯或埃及，其结果很可能是灾难性的。它们没有准备，不知如何处置。坚持把对我们行之有效的结构强加于欠发达国家，对这些国家是没有好处的。明知实质上未必可能，偏要坚持民主政体的种种形式，是自欺欺人的伪善。我们要学会少管闲事。

　　新世界发生了各种变革。其中，对未来的领导层将产生特别具有戏剧性影响的是，过去阻挡妇女前进的那些障碍正在纷纷消失。迄今，担任最高领导的妇女还不多。英迪拉·甘地、果尔达·梅厄，以及玛格丽特·撒切尔，这只是个别例外，并不普遍。但是，越来越多的妇女正在进入涌现领袖人物的行列。希望担任最高行政职务的女候选人，还必须克服一种旧思想的残余，即认为此类职务是专门留给男人的。不过，随着更多的妇女被提升上来，这种思想将会逐渐消失。

　　假如妇女能担任高级职务的观点，在1952年时就能像今天这样被人们广泛接受，克莱尔·布思·卢斯就很可能成为一个强有力的副总统候选人了。她头脑敏捷、富有魄力，政治上敏感、判断力很强。她是第一位蜚声于美国政坛的真正令人瞩目的女士。她练就了一套在政治冲突中短兵相接地进行搏斗的本领，并被认为是一个坚定不移的反共分子——艾森豪威尔把我挑选出来的时候所要求的条件中就包括了这两个特点。如果他不是选中了我而是选中了她的话，也许本书就永远不会问世了。而她则一定会做出赫赫政绩的。

　　1952年对克莱尔·布思·卢斯来说真是生不逢时。但我相信，我们在本世纪结束之前，很可能会选举一位妇女当副总统，甚至可能当总统。

　　这个时期很多伟大的领袖人物都年事很高。乍一看，这似乎会令人感到惊讶。但仔细一想，便不会大惊小怪了。很多人都经历过"在野"的阶段。在那段时间里，他们积累知识，增长才干，并在从在野的地位回到执政地位的斗争过程中不断增强自己的力量，这些都是他们后来之所以变得伟大的重要因素。丘吉尔、戴高乐和阿登纳都是在我们一般认为已到了退休年龄时作出了最伟大的贡献的。丘吉尔开始成为战时英国的领袖时已经66岁了。戴高乐是在67岁时创建第五共和国的。阿登纳担任总理时是 73 岁。戴高乐在 78 岁时仍任总统，丘吉尔在 80 岁时仍是首相，而阿登纳在 87 岁时还是总理。

20 世纪经历了一场医学革命。大家都比以前健康长寿了。但除此以外，十足的干劲和充沛的精力把伟大的领袖人物推上了台，而当其他人早已退休安度晚年时候，这种干劲和精力又往往使这位领袖人物得以继续干下去。我们所以会变得衰老往往是因为自己服老了，是因为自己认输了，自馁了，不想有所作为了。丘吉尔、艾森豪威尔和麦克阿瑟临终前时刻守在他们身旁的人们当会记得，即使在他们已经不省人事后的很长一段时间内，他们是如何顽强地进行挣扎的。伟大的领袖人物行事有他们自己的规律，他们不是那种仅仅因为人人都有尽其天年的一天便温顺地向时间屈服的人。

一个伟大的领袖人物有时必须团结自己的人民，在痛苦而困难的道路上前进，正如丘吉尔令人难以忘怀地向英国人民提出"流血、苦干、掉泪、流汗"时所做的那样。更经常的是，他必须为一种不受欢迎的主张争取支持，或克服知识分子赶时髦的汹涌潮流。哲学家兼神学家迈克尔·诺瓦克曾经指出：今天，"在拥有迅速、普遍而有广泛影响的报纸、广播、电视等宣传工具的世界上，力量均势业已转移。各种观念向来是现实的一部分，而今天他们的力量却已经超过了现实的力量……专门出主意想办法的那类人物似乎既异乎寻常地被假象和谬论所迷惑，又能巧妙地把那些假象和谬论强加给不幸的人。领袖人物所进行的最艰苦的斗争往往并不是他与其他政治运动领导人之间的斗争，而是他同圆滑的、表面的、具有破坏性的观念的斗争。这些观念充塞于广播之中，迷惑了电视观众，毒化着公众舆论"。

今天的电视已经改变了国家领导权的行使方法。实际上也改变了那类有希望选进领导班子的人。亚伯拉罕·林肯相貌平平，说起话来尖声尖气。如果凭借电视屏幕上出现的形象，他是绝对当选不了的。他演讲时往往插进冗长散漫的奇闻逸事，这种风格也不会在广播里奏效。现在受欢迎的是直截了当、短小精悍的演说，而不是冗长的教诲。

电视也大大地缩小了公众注意力的范围。它还改变了人们观察事物和事件的方法。它像一种洗脑剂，实际上它也确实就是洗脑剂。它歪曲了人们对现实的认识。我们从屏幕上所看到的简短的戏剧并不是生活的镜子，无论是作为娱乐节目，还是作为"新闻报道"，或是作为以调查为名用以娱乐的杂志版面的一部分。这些戏剧是歪曲现实的镜子。现实生活中所发生的事件很少会有那么干净利索的起因、发展和结果，好人和坏人也并不是那样容易区分。领袖人物辛苦了几个星期才作出的决定往往只凭评论员的一张嘴，就可以在二十秒钟之内遭到否定。

在电视时代，知名人士进入了一个崭新的天地。一个电视演员应邀去参议院卫生问题委员会当顾问，因为他在家喻户晓的每周节目里扮演了一个医生的角色。另一位扮演编辑的演员则被请到新闻学校去讲课。事实和幻想的界线已经被混淆到不易被人们察觉的地步，而且还越来越受到公众的欢迎。

电视是家庭化了的好莱坞①，它像一块梦幻的土地，人们越是习惯于通过电视屏幕去观察世界，他们的思想就越会被梦幻世界所左右。

有人说，电视最糟糕的是它充斥着左派言论。另一些人则说，电视最糟糕的是它使大事显得平凡无聊，热衷于丑闻和报道丑闻，不愿意也无能力反映阴暗和错综复杂的事件，或从每个引人注目的问题中套取易产生感情的新闻。不幸的是，所有这些都使电视歪曲了公开辩论。

在电视时代，民主国家在一个顽固的极权主义敌人面前，是否能继续得以生存，仍是一个悬而未决的问题。电视硬把事件编排得像肥

---

① 美国电影工业中心。此处意指电影。

皂剧那样，它的感染力这么大，观众这么多，简直使合理的辩论变得黯然失色。而当一些场面容易被拍成富有戏剧性的、带有感情色彩的镜头时，如一个鲜血淋淋的士兵，或一个饥饿的孩子，电视就更能冲淡合理的辩论了。困难的抉择常常要在不同类型的痛苦结果中作出。而电视却如此大力地集中反映其中的一种痛苦，从而歪曲了辩论，实际上堵塞了公众言论。由于电视纯粹以肥皂剧的方式报道了伊朗人质危机，人们终于同意用在全国带着黄色缎带示威的方式来替代国家的政策。电视对越南战争所进行的那种片面报道，可能是使我们的选择余地受到极大的限制，以致战争被延长而我们最终遭到惨败的最重要因素。

除非电视逐渐地履行它更加准确地反映现实的义务，否则在未来的岁月里不论谁来执政，定会困难重重。

然而，电视确实也为领袖人物提供了一种能起决定作用的有利条件，特别是在充满危机的情况下更是这样。电视能使领袖人物直接走向人民，走进他们的起居室，并在没有记者和评论员的干扰下向他们阐述自己的观点。但他只能偶然地这样做。而一旦有了这种机会，哪怕只是几分钟，他就能够在评论员们接过去讲话以前向人民说明自己对形势的看法，并按照自己的想法努力说服人民同意必须采取的行动步骤。在善于利用这种方法的人的手里，这可以变成一种十分有力的工具。总统在危机时刻公开露面常常会带来戏剧性的效果。这种效果会招揽越来越多的观众，吸引他们的注意力。然后，他必须把自己想说的告诉观众，他能这样做的时间是很短暂的，因为听演讲的观众往往在二十几分钟以后就变得心不在焉了。但他偶尔是有那样的机会的。

在宿命论者和"伟大人物"对历史研究的态度之间，事实很可能是两者都各有其正确的部分，但又都并不全部正确。

历史确实有它自己前行的势头。如果掌权的"领袖人物"只是向空中伸出潮湿食指去试探民意的风向，历史就会不顾他们而按照自己的方向发展。但如果是由那些对未来能高瞻远瞩，而又有能力左右国家的领袖人物执政，他们就能改变历史进程。这就是当历史成为荒无人烟的野地里的几条小路时，可以看到有一个人首先踏上一条小路，接着又说服别人跟着自己走。

伟大的领袖人物会引起激烈的争论。他们既交了好友，也树了死敌，不同的人会从不同的角度看待同一个领袖人物，各种评价会相互矛盾或发生变化。这些都是不足为奇的。

领袖人物总是在各种层次的人员中进行工作。他既要在公众中露面，也要在小圈子里露面，他有一副几百万人所看到的面孔，和一副仅为帮助他进行统治的少数人所看到的面容。那少数人可能看到领袖人物的内在性格，也可能看不到。他在说服那些少数人时，往往要作出与他说服广大听众时同样大的努力。盟友和敌人也许会从不同的角度来看待他，他所必须走到的许多不同选区的代表也会从不同角度看待他。有关三个盲人和大象的寓言适用于观察领袖人物的方法。三个盲人每人只摸到大象的一部分，便以此进行推断。同样的，每个批评家和评论员，每个敌人和盟友，也只是接触到领袖人物的某一方面，但他们就企图以此进行推断。

萨达特引用了一句阿拉伯格言：假如统治者是公正的话，他必然会受到一半居民的反对。所有领袖人物都是在反对声中生活的，也都希望自己能被历史证明是正确的。他们中有的在离职后声望逐渐升高，而另一些人的声望则日趋减退。历史所作出的评价有时会使巨人变成侏儒；而有的时候，以前曾被看做是侏儒的人又变成了巨人。哈里·杜鲁门总统 1953 年离职时曾受人奚落，但今天他却是一位受人尊敬的领袖人物。

历史的最终裁绝不是一朝一夕或是几年之内能作出的，而是需要几十年，甚至几代的时间。只有少数领袖人物能活到听见历史对自己所作出的裁决。赫伯特·胡佛是个例外。美国历史上的任何一个领袖都没有受到过那样恶毒的诽谤。朋友抛弃了他，敌人中伤他，而他最后却在逆境中赢得了胜利。在他晚年期间，他昂首挺立在他的诽谤者之中。他的一生说明了戴高乐喜欢引用的索福克勒斯①那句话的真谛，"人们要到晚上才能看清那一天是何等美妙"。

本书所谈到的所有领袖人物都曾取得过成就，也曾遭受过失败；既有优点，也有弱点；既有美德，也有缺陷。至于历史学家在一个世纪之后将如何评价这些领袖人物各自留下的成就，我们只能进行猜测。对领袖人物的评价一部分取决于谁将赢得世界范围内的斗争，取决于由谁来撰写历史。但这些领袖人物并没有在斗争面前退缩不前。他们走上了舞台。而且，正如西奥多·罗斯福 1910 年在巴黎大学发表的一次演说中所说的：

> "批评家的话不算数，对那些有才干的人的失误，对实干家的事迹品头论足的人也无关紧要。功劳归于这样的人：他是一个脚踏实地的实干家，他脸上沾满尘土、汗水和血迹，他奋勇进击；他也犯错误，并有种种缺点，因为任何努力都包含着错误和缺点。他竭尽全力地办好事，他具有高昂的热情和伟大的献身精神，他能为高尚的事业而献身，他在最顺利的时候知道自己最终会取得有卓越成就的胜利，而在最不利的时候，如果他遭到失败，那他起码已经过一番勇敢的拼搏，因而他就永远不会与那些麻木不仁、胆小如鼠、既不懂胜利也不懂失败的人为伍了。"

---

① 索福克勒斯（约公元前 496～406），古希腊三大悲剧作家之一。

作者按语

本书是我大半生的研究和经历的成果。我是通过阅读、观察，通过听取精通业务的实干家的意见，并通过亲身实践而了解到领袖人物的情况和领导艺术的。

我在当总统时发现，准备一篇重要的讲话稿是一种非常有效的训练方法，它不仅能帮助自己记住已经作出的决策，而且能锻炼自己的思维。撰写本书时我有同样的感受。在更深入地探究我所熟悉的领袖人物生涯的过程中，我发现自己对这些领袖人物所面临的问题以及他们是如何成为有成就的人理解得更深了。我学到了许多东西，其中有些东西是令人惊讶的。他们给我解释了为什么这些领袖人物有时要采取他们所采取过的行动，他们又是如何这样做的；同时也使我更多地了解到那些在当今时代里叱咤风云的人物的性格。

像许多政治领袖一样，我很久以来总喜欢废寝忘食地阅读历史性传记。即使我在白宫执政的岁月里，我仍挤出时间去读这些书。离开白宫以来，我更有时间这样做了。本书涉及的所有领袖人物都是我个人所认识的，我对他们的主要印象都是通过自己的观察和亲身体会才形成的。但我从撰写这些领袖人物传记的作家那里也得益匪浅。在撰写本书的过程中，我参阅了几十本其他书籍。我想向那些希望更全面地研究这些领袖人物生平的读者推荐的书有：由伦道夫·S. 丘吉尔开始，后来由马丁·吉尔伯特继续撰写的多卷著作《温斯顿·S. 丘吉尔》；莫兰勋爵所著的《丘吉尔》和维奥莱特·博纳姆·卡特所著《温斯顿·丘吉尔》；弗朗斯瓦·克萨迪所著的《丘吉尔和戴高乐》；

安德烈·马尔罗所著的《伐倒的橡树》；布赖恩·克罗泽所著的《戴高乐》；戴维·舍恩布伦所著的《夏尔·戴高乐的生命三部曲》和威廉·曼彻斯特写的道格拉斯·麦克阿瑟的传记《美国的恺撒》；特伦斯·普雷蒂所著的《康拉德·阿登纳》，以及与此同名的由保罗·韦马写的正宗的阿登纳传记；爱德华·克兰克肖的《赫鲁晓夫》；许凯玉所著《周恩来：中国的幕后掌权者》；罗斯·特里尔所著的《毛》；布赖思·克罗泽的《输掉中国的人》，等等。

那些曾经帮助我理解领导艺术的人中包括本书中描写过的所有领袖人物以及其他几十个领袖人物——特别是德怀特·艾森豪威尔，我在他手下当过八年副总统。对他们给予我的教诲，无论是有意的，还是无意的，我都表示感谢。对许多曾为本书提过建议或回忆过情况的人，我也同样表示感激。我要特别感谢日本医学会会长武见太郎医生，他曾是日本首相吉田茂的可信赖的顾问和知己。他回答了许多关于吉田茂的问题，并向我提供了许多在西方一般还不了解的细节。

还有其他一些人也为本书提供了特别的帮助。对他们，我也特别表示感谢。我依靠了我的夫人，她以敏锐的眼光帮助我选择了照片，帮助我回忆了许多事件和人物。我的老助手洛伊·冈特在翻阅档案方面给我提供了十分宝贵的帮助。卡伦·梅萨与凯思琳·奥康纳和苏珊·马龙一起出色地负责手稿，还帮助我进行了一些研究。

两位刚从大学毕业的学生，圣迭戈加利福尼亚大学的约翰·H.泰勒和哈佛大学的马林·斯特梅基工作起来不分昼夜，在研究和编辑方面都提供了很大的帮助。富兰克林·R.甘农在进入我的白宫班子之前曾随伦道大·丘吉尔工作，他对本书有关丘吉尔的那一章帮助极大。曾任白宫演讲起草班子负责人的雷蒙德·普赖斯就像我写的前一本书《真正的战争》那样，又一次为本书担任主要编辑顾问和协调者。

理查德·尼克松

1982 年 6 月 21 日于

新泽西州萨德尔河

附　　录

尼克松图书馆和诞生地

位于加利福尼亚州约巴·林达的尼克松图书馆和尼克松诞生地于1990年对外开放，是第一个不花联邦政府一分钱建造、运营的总统图书馆。图书馆所在地有尼克松出生时的房子，是他父亲建造的，现已全面修复。馆内陈列品介绍了尼克松从出生到逝世前的生活轨迹。

尼克松的著作

《六次危机》

本书为尼克松所创作的第一本书，1962年第一次出版。本书回顾了作者早期政治生涯中的几个转折点：阿尔杰·希斯案、切克斯演说，与赫鲁晓夫的"厨房辩论"，以及1960年同肯尼迪竞争总统一职。是尼克松任总议员、参议员、副总统时所作所为的杰出写照。

"尼克松用流畅的语言讲述了令人陶醉的故事……敍事公允、精确，并对自己作了无情的剖析。"

旧金山纪事报

《理查德·尼克松回忆录》

本书为尼克松自传。书中作者深刻地审视了自己的一生、事业及任总统期间的工作。作者以惊人的坦率披露了自己的信念、怀疑和幕后决策的情况，对他里程碑式的外交行动、政治竞选，乃至辞去总统的历史性决定提供了新的视角。

"信息量大，语言鲜明，甚至颇有悬念……对研究尼克松总统任期的学者是一本重要的参考书。"

纽约时报书评

《真正的战争》

本书为1980年畅销书。尼克松对美国战略的缺点进行了犀利的分析，并提出了重振雄风的办法。尼克松的强硬观点成为里根总统加强军事力量和采取战略行动的蓝图，有些人认为，里根的战略最终为目前东西方关系的缓和铺平了道路。

"本书以尖锐、鲜明的语言公开说出了许多研究外交政策的专家相信却不敢明言的话，书中所述对世界的观点有着内在的联系，迫使读者去研究他的结论。"

新共和杂志

《真正的和平》和《不再有越战》

尼克松关于美国外交政策最深刻的两本书重新印刷时合成一部。在《真正的和平》一书中，尼克松认为，持久和平只能通过"理性的缓和"实现，即军事上有备，军控有效，东西方经济关系改善，三者有机结合。《不再有越战》是一本畅销书，作者在书中分析了美国在东南亚的军事卷入，其中包括他自己从 1969 到 1974 年期间作为美军最高统帅的作用，提出美国应采取新的方法来应对第三世界的冲突。

《1999：不战而胜》

本书出版后，好评如潮。在这本畅销书中，尼克松为西方提出了全面的战略。他研究了苏联的改革和高峰会议，思考了军控和"星球大战"的前景，对处理我们今天面临的棘手问题提出了深思熟虑、实事求是的建议。

"尼克松提出了针对当今世界的所有问题，然后系统地、彻底地予以解答。"

纽约时报

《竞技场上：胜利、失败、重振的回忆录》

尼克松以前的几本书敍述了他的公职生涯，研究了美国在世界上的作用。在本书中，他首次披露了他对自己长期的政治生涯、美国和世界的领导人、家庭等的想法和情感，内容出乎意料，富有戏剧性。可以说，《竞技场上》是所有重要政治人物撰写的回忆录中最暴露作者内心世界的一本书。

本书内文图片由如下机构提供：

Wide World

United Press International

Wide World photos

White House photo

Ed Clark，Life magazine，© Time Inc.

Wu Chung－yee

Punjab Photo Service

　　曾参与此书翻译的还有张企程、沈寿源、张子凡、郭懋功、尤飔等老一辈翻译家。我们曾多方寻找，有些人仍未能联系到，敬请看到此书后与我们联系。